五禮通考

十八

軍禮

〔清〕秦蕙田 撰
方向東 王鍔 點校

中華書局

目録

五禮通考卷二百三十三

軍禮一

軍制

蕙田案：大宗伯「以軍禮同邦國，大師之禮」居其首。蓋先王以禮治，神人和，上下將，合斯世于大同，而四方邦國不能無變禮易樂自悖于王章者。禮之所不能治，則兵以威之，初非勞民動衆，以快一人之私。易曰：「剛中而應，行險而順，以此毒天下而民從之。」此邦國之所以同也。成周之制，以田定賦，以賦出兵，征伐隸之司馬，而伍籍屬之司徒。居則爲比、閭、族、黨、州、鄉，出則爲伍、兩、卒、旅、師、軍，故兵即農也，吏即將也。國不知有養兵之費，而將亦不得擅兵之權，其法最爲盡善。三代以後，兵與農分，其規畫經制，代各不同。史家具在，可略而言也。史志之例，以軍制入之兵志，以出師、命將、告祭、凱旋諸儀入之禮志。然制軍、定賦，實爲國以禮之一大端，其所繫尤爲重大。兹編次軍禮，特以軍制爲首，鄉、遂、都、鄙，出軍多寡不同，由于田制有異。略述先儒之説，以類附見焉。

軍禮之綱

周禮春官大宗伯：以軍禮同邦國。注：同，謂威其不協僭差者。

陳氏傅良曰：儀禮闕軍禮，蓋司馬法即古軍禮也。古法多亡，以其有者求之，必非衰世權謀變詐者所能爲也。

大師之禮，用衆也。注：用其義勇。　疏：大師者，謂天子六軍，諸侯大國三軍，次國二軍，小國一軍。出征之法。大均之禮，恤衆也。注：均其地政、地守、地職之賦，所以憂民。　疏：大均必在軍禮者，謂諸侯賦税不均者〔一〕，皆是諸侯僭濫無道，致有不均之事，當合衆以均之，故在軍禮。大田

〔一〕「税」，諸本作「役」，據周禮注疏卷一八改。

之禮，簡衆也。注：古者因田習兵，閱其車徒之數。大役之禮，任衆也。注：築宫邑，所以事民力强弱。大封之禮，合衆也。注：正封疆、溝、塗之固，所以合聚其民。疏：知大封爲正封疆者，謂若諸侯相侵境界，民則隨地遷移，不得合聚，今以兵往正之，則其民合聚。鄭兼言溝塗者，古境界皆有溝塗，而樹之以爲阻固。

蔡氏德晉曰：大師以征强暴，使士卒咸致其死，故曰用衆。大均以平賦役，使貧弱咸樂其生，故曰恤衆。大田以習兵教戰簡衆，謂閱其車徒之數。大役以築建浚鑿任衆，謂事其强弱之力。大封謂封建諸侯，如召伯城謝，山甫城齊，與凡釐正疆域皆是。合衆者，地有定域，民有常主，所以合聚而不散也。此五者軍禮之目也。

蕙田案：軍禮之目有五，大師、大田之外，有大均以平賦役，周禮均人職云「均地政，均地守，均地職。三年大比，則大均」是也。大役以興工作，大司馬云「大役，與慮事，屬其植，受其要」，大司徒云「大役，以旗致萬民」，鄉師云「大役，則帥民徒而至，治其政令。既役，則受州里之役要，以考司空之辟，以逆其役事」，鼓人云「以鼖鼓鼓役事」是也。大封以正疆域，大司馬云「制畿封國，以正邦國」，封人云「爲畿封而樹之，凡封國，封其四疆。造都邑之封域，亦如之」是也。此三者，當爲司徒、司空之職掌，而屬之軍禮者，建大事，起大衆，以軍法制之，則嚴明而有紀律。先王以講禮而寓馭衆之權，其義固深且遠矣。自封建廢而大封之禮無聞。歷代史書所述賦役之制，即周禮大均、大役之遺意。然自通典、開元禮、政和五禮新儀、文獻通考、會要、集禮諸書及歷代史志，未有以賦役入軍禮者。今因其體例，更不編入，仍取大宗伯一條，冠于軍禮之首，以存古典之舊云。

右軍禮之綱

出軍之制上

書胤征：惟仲康肇位四海，胤侯命掌六師。傳：仲康命胤侯掌王六師，爲大司馬。

周官司馬：掌邦政，統六師，平邦國。傳：夏官卿，主戎馬之事，掌國征伐，統正六軍，平治王邦國四方之亂者。

魏氏校曰：大司馬之職，唐虞無之，議者謂古以兵刑合爲一官。然考夏書「胤侯命掌六師」，夏承唐虞之制，則古當有大司馬之官，但于經無考耳。

周禮夏官大司馬：凡制軍，王六軍。疏：經言「王六軍」，詩常武、文王言「六師」者，此皆軍也。故鄭答臨碩云：「軍者，兵之大名，軍禮重言軍，爲其太悉，故春秋之兵，雖有累萬之衆，皆稱師。詩

「六師」即六軍也。」然伍、兩、卒、旅皆衆名。易師彖云：「師貞，丈人吉。」止言師者，出兵多以軍爲名，次以師爲名，少以旅爲名，言衆，舉中言之也。次以師爲名，謂君行師從；少以旅爲名，謂卿行旅從之類。

葉氏時曰：合六遂、六鄉，則可制十二軍。有十二軍之衆，僅制爲六軍，可見先王之不盡民力也。

李氏覯曰：此則六鄉爲六軍。又按遂人職云「稽其人民，而授之田野，簡其兵器」，康成謂「遂之軍法如六鄉」，則六遂亦爲六軍。注疏謂天子六鄉六遂，合有十二軍，而止六軍，何也？蓋六鄉爲正軍，六遂爲副倅。至于大國之三鄉三遂，次國之二鄉二遂，小國之一鄉一遂，莫不皆然。但以王家迭用之，則常六軍爾，故止言六軍。此鄉、遂制軍之法。

蕙田案：葉氏以六軍用車五百一十二乘。近時沈君冠雲又謂一車百人，一軍一百二十五車，六軍合七百五十乘。不知六軍千乘，古之定制。諸説皆無據，不足信。

漢書刑法志：殷、周以兵定天下。天下既定，戢藏干戈，教以文德，而猶立司馬之官，設六軍之衆，因井田而制軍賦。地方一里爲井，井十爲通，通十爲成，成方十里；成十爲終，終十爲同，同方百里；同十爲封，封十爲畿，畿方千里。有税有賦。師古曰：「税者，田租也。賦謂發賦斂財也。」税以足食，賦以足兵。

何氏曰：成周之制，兵籍具于司徒，行征則屬之司馬。居則爲比、閭、族、黨、州、鄉，出則爲伍、兩、卒、旅、軍、師。凡擐甲而即戎者，皆農也；秉麾而馭衆者，皆卿大夫也。兵無坐食之費，將無握兵之權，此先王之制所以爲善也。

李氏曰：先王足兵而未嘗有兵。士不特選，皆吾民也；將不改制，即吾吏也。有事則驅之于行陣，事已則歸之于田野。無招收之煩而數不缺，無廩給之費而食自飽，故曰先王足兵而未嘗有兵。

詩大雅棫樸：周王于邁，六師及之。

常武：整我六師。

小雅瞻彼洛矣：以作六師。傳：天子六軍。疏：一卿將一軍。

書泰誓：時厥明，王乃大巡六師。

蕙田案：鄭答趙商問，釋臨碩難，並以六師即六軍。蓋對文，則二千五百人爲師，萬二千五百人爲軍；散文則師、軍通稱。

孟子：萬乘之國。注：萬乘，兵車萬乘，謂天子也。

漢書刑法志：天子畿方千里，提封百萬井，定出賦六十四萬井，戎馬四萬匹，兵車萬乘，故稱萬乘之主。

禮記坊記正義：許慎五經異義云：「天子萬乘，諸侯千乘，大夫百乘。」此大判言之，尊卑相十之義，其間委曲細别不同也。

蕙田案：天子六鄉九等田、六遂公邑都鄙，各不同；諸侯國中與野外，亦不同，故云「其間委曲細别不同也」。

又案：以上天子六軍之制。

禮記王制：方一里者，爲田九百畝；方十里者，爲方一里者百，爲田九萬畝；方百里者，爲方十里者百，爲田九十億畝；方千里者，爲方百里者百，爲田九萬億畝。

蕙田案：王制此段，總論千里地方實數極明。一里一井也，十里一成也，百里一同也，千里一圻也。明乎此，可得軍賦之大凡，故録于此。

鄭康成地官載師注：凡王畿内方千里，積百同，九百萬夫之地也。有山陵、林麓、川澤、溝瀆、城郭、宫室、涂巷，三分去一，餘六百萬夫。又以田不易、一易、再易上中下相通，定受田者三百萬家也。

朱子曰：郊地四同，鄉遂井田在内；甸地十二同，公邑在内；稍地二十同，家邑在内；縣地二十八同，小都在内；畺地三十六同，大都在内。甸地之外，皆謂之野；

家邑、小都、大都皆謂之都鄙。

蕙田案：朱子此條，總舉王畿大數，最佳。但郊地四同，只有六鄉在内，遂不在内。又其地爲溝洫，不爲井田。載師「以公邑之田任甸地」，鄭謂甸爲六遂，餘地爲公邑，不得以甸與遂爲二。又甸、稍、縣、都皆有公邑，非單屬甸。遂人云「凡治野」，遂亦稱野，則遠郊外皆謂之野，非甸地之外爲野。此數項，皆朱子未定之論。

又案：葉氏禮經會元於王畿千里之圖王宫之南列近郊、遠郊、甸地、稍地、縣地、畺地，王宫之北列場圃、宅田、士田、賈田、官田、牛田、賞田、牧田、公邑、家邑、小都、大都、考場、圃九等田，即在遠郊内；公邑即在甸地中，稍、縣、畺即家邑、小都、大都。葉俱分爲二者，謬。陳祥道禮書王畿之圖，近郊五十里，遠郊一百里，邦甸二百里，邦削三百里，邦縣四百里，邦都五百里，最確，勝葉氏之圖遠矣。

周禮地官大司徒：五家爲比，五比爲閭，四閭爲族，五族爲黨，五黨爲州，五州爲鄉。

注：閭二十五家，族百家，黨五百家，州二千五百家，鄉萬二千五百家。　疏：大司徒主六鄉，故令

六鄉之内五家爲一比云云。

鄭氏康成序官注：六鄉，地在遠郊之内，則居四同。鄭司農云：「百里内爲六鄉，外爲六遂。」

疏：案司馬法「王城百里爲遠郊」，于王城四面，則方二百里開方之，二二如四，故云居四同。言此者，破賈、馬六鄉之地在遠郊五十里内，五十里外置六遂。

蕙田案：司馬法「百里爲郊」，杜子春亦同此説，見載師注。又鄭衆説，見尚書正義。

又案：蔡氏德晉謂比、閭以五爲數，族獨以四爲數者，以用四則成百數，復用五則奇零不整齊也。與訂義朱氏「第三便著四數」之説相發明，極精。

陳氏禮書：詩曰「邦畿千里」，春秋傳曰「天子一圻」，周語曰「規方千里以爲甸服」，王制曰「千里之内曰甸」，則天子畿内，面各五百里，中爲王城，百里爲郊，二百里爲邦甸，三百里爲邦削，四百里爲邦縣，五百里爲邦都。郊之内置六鄉七萬五千家，而宅田、士田、賈田在近郊，官田、牛田、牧田在遠郊，任其餘地謂之郊，以其與邑交故也。一鄉五州，二十五黨，百二十五族，五百閭，二千五百比。自比長下士以上，其官三千五十六，六鄉之官凡一萬八千三百三十六。鄉官謂之鄉吏，而其爵皆加遂一等。然鄉之田法同於遂，遂之軍法同於鄉。

小司徒：頒比法于六鄉之大夫，乃會萬民之卒伍而用之。五人爲伍，五伍爲兩，四兩爲卒，五卒爲旅，五旅爲師，五師爲軍。以起軍旅，以作田役，以比追胥，以令貢賦。注：伍、兩、卒、旅、師、軍，皆衆之名。兩，二十五人；卒，百人；旅，五百人；師，二千五百人；軍，萬二千五百人。此先王因農事而定軍令者也。欲其恩足相恤，義足相救，服容相别，音聲相識。作，爲也。役，功力之事。追，逐寇也。胥，伺捕盜賊也。鄉之田制與遂同。疏：六軍之士出自六鄉，故預配卒伍。百人爲卒，五人爲伍。「而用之」者，即軍旅、田役是也。下文云「凡起徒役，無過家一人」，六鄉之内，有比、閭、族、黨、州、鄉。一鄉出一軍，六鄉還出六軍。今言「五人爲伍」者，五家爲比，家出一人。在家爲比，在軍爲伍。「五伍爲兩」者，在鄉五比爲閭，閭二十五家；在軍五伍爲兩，兩二十五人。「四兩爲卒」者，在鄉四閭爲族，族百家；在軍四兩爲卒，卒百人。「五卒爲旅」者，在鄉五族爲黨，黨五百家；在軍五卒爲旅，旅五百人。「五旅爲師」者，在鄉五黨爲州，州二千五百家；在軍五旅爲師，師二千五百人。「五師爲軍」者，在鄉五州爲鄉，鄉萬二千五百家；在軍五師爲軍，軍萬二千五百人。云「鄉之田制與遂同」者，此經不見田制，案遂人職云：「夫間有遂，遂上有徑。十夫有溝，溝上有畛。百夫有洫，洫上有涂。千夫有澮，澮上有道。萬夫有川，川上有路。」是遂制也，故云「鄉之田制與遂同」。鄭注遂人遂之軍法如六鄉，以遂内不見軍法，彼此各舉一邊，互見爲義。

蕙田案：説文「四千人爲軍」，今世俗本説文，蓋非許慎之舊，不足爲據。

陳氏傅良曰：軍旅之法，立於伍，成於卒。五人爲伍，則手足耳目以相及，不待徽幟可以别識，不待旌旗可以指揮，積而兩、卒、旅、師、軍，手足耳目不相及，而徽幟、旌旗用焉。故以兩爲卒，縱横皆兩，其爲軍賦，因此而已。

鄭氏鍔曰：説者謂五人爲伍，則左右前後四人，而一人居其中，伍則二十五人矣。兩兩相比則謂之兩，二十五人縱横皆五，何以謂之兩耶？蓋自二十五人而四之以爲卒，則縱横皆兩矣，其法起于五人之伍，故以兩名之。

朱氏曰：出軍之制，五人爲伍，五伍爲兩，四兩爲卒，到第三便著一个四，成一百人，若又是五，則成百二十五人，便有奇零不整齊處。

鄭氏鍔曰：會卒伍以爲軍法，宜屬大司馬，而小司徒掌之，何也？蓋事不預備，不可以應猝。司馬主于用兵，苟非司徒教之有素，合之有法，司馬一旦欲合而用之，不可得矣。

又曰：遂人言貢賦、師田、政役，與此先後不同，何也？小司徒會六鄉之民以爲卒伍，軍法起于鄉，故先言軍旅，後及貢賦；遂人治邦之野，以供財用，財用出于野爲多，故先言貢賦，後及師田。

陳氏禮書：先王之於家也，既以五家爲比爲鄰，積之至萬二千五百家爲鄉爲遂。其於人也，既以五人爲伍爲兩，積之至萬二千五百人爲軍。而又十家爲聯，以聯其居，十人爲聯，以聯其事，如此則居作相友，戰守相衛，有同心而無離德也。管仲相齊，使居則五家爲軌，十軌爲里，十里爲連，十連爲鄉；出則五人爲伍，十伍爲戎，十戎爲卒，十卒爲旅；蓋倣先王之遺制然也。

高氏愈曰：成周教民之法，自比、閭、族、黨始。至管仲，專以其法課軍政，則親遜之風微矣。秦法五户爲伍，十伍爲什，百户一里，里有魁。五里一郵，郵有督。十里一亭，亭有長。長有兩卒。五亭一鄉，鄉有秩、三老、游徼〔一〕。十亭曰聚，聚有嗇夫。十聚一縣，縣有令、丞、尉。蓋總計之，以二百五十萬家爲一縣，亦大略本周制而變之也。

蕙田案：五伍爲兩，一兩之中以一甲士領之。三兩而成一乘，故一乘甲士三人。蓋甲士者，步卒之領袖也。

觀承案：三兩而成一乘，故一乘甲士三人。出軍之制，相配如此。然案之田

〔一〕「秩」，諸本作「牧」；「三」，諸本作「之」，據爾雅注疏卷八改。

賦，一甸共出一乘，甲士止有三人。蓋合四丘始出三甲，則一丘固不能正出一甲也。今如此配合，則一甸當容四甲，而合三甸，便可多出一乘矣。魯人作丘甲，正是如此，乃增賦之術也。然甸出一乘，雖止七十五人，而又有炊家子等二十五人，將重車在後，則一車原有百人，或者七十五人，但舉甲士所領每一甲有二十五人，而將重車之二十五人，亦有一甲士在内，但以爲副貳，而正數不算故乎？

高氏愈曰：先王因教民之法，即推之以定軍令，而行於鄉遂，達於都鄙，且兼及於天下者也。蓋比、閭、族、黨、州、鄉，部署一定，則凡起軍旅由此，作田役由此，比追胥由此，令貢賦由此。凡同里合伍之民，恩足相恤，義足相救，服容相别，音聲相識，如身使臂，臂使指，不召而來，不趨而至，何事不濟，何功不成哉？至管仲倣之，以爲軌里連鄉之法，而桓公以伯。後世廢其法，而民情涣散，不可團結。即以賦役一事言之，或東家而與西鄙爲朋，南鄰而與北里爲伍，以言其地則相遠，而徵召無從，以言其人則異心，而義同秦越，無惑乎舉動乖張，牴牾百出，而天下之事，無一可爲矣。

蕙田案：以上六鄉出軍之制。

地官載師：以廛里任國中之地，以場圃任園地，以宅田、士田、賈田任近郊之地，以官田、牛田、賞田、牧田任遠郊之地。注：故書「廛」或作「壇」。「郊」，或爲「高」。鄭司農云：壇，讀爲廛。廛〔一〕，市中空地未有肆，城中空地未有宅者。民宅曰宅。宅田者，以備益多也。士田者，士大夫之子得而耕之田也。賈田者，吏爲縣官賣材與之田。官田者，公家之所耕田。牛田者，以養公家之牛。賞田者，賞賜之田。牧田者，牧六畜之田。玄謂：廛里者，若今之邑里居矣。廛，民居之區域也。里，居也。圃，樹果蓏之屬。季秋于中爲場。樊圃謂之園。宅田，致仕者之家所受田也。士相見禮曰：「宅者在邦則曰市井之臣，在野則曰草茅之臣。」士讀爲仕，仕者亦受田，所謂圭田也。孟子曰：「自卿以下必有圭田，圭田五十畝。」賈田，在市賈人其家所受田也。官田，庶人在官者其家所受田也。牛田、牧田，畜牧者之家所受田也。曰「以廛里任國中」，而遂人職授民田，「夫一廛，田百晦」，是廛里不謂民之邑居在都城者與？凡王畿内方千里，積百同，九百萬夫之地也。有山陵、林麓、川澤、溝瀆、城郭、宫室、涂巷，三分去一，餘六百萬夫。又以田不易、一易、再易上中下相通，定受田者三百萬家也。遠郊之内，地居四同，三十六萬夫之地也。三分去一，其餘二十四萬夫。六鄉之民七萬五千家，通不易、一易、再易，一家受二夫，則十五萬夫之地，其餘九萬夫。廛里也，場圃也，宅田也，士田也，賈田也，官田也，牛田也，賞田

〔一〕「廛」，諸本脱，據周禮注疏卷一三補。

也，牧田也，九者亦通受一夫焉，則半農人也，定受田十二萬家也。疏：司農云「廛，空地」，若空地，何因下文有二十而稅乎？後鄭以爲民居之區域，與孟子「五畝之宅」及遂人「夫一廛」一物解之也。士相見禮致仕者有宅在國、宅在野，依彼解之。司農云「士田，士大夫之子得而耕之田」，禮記士之子不免農，大夫之子免農矣。故後鄭破士爲仕，依孟子圭田解之。王制「圭田無征」，復是殷法。司農云「賈田，吏爲縣官賣財與之田」，依周禮内賈人皆仕在官，府史之屬，受禄公家，何得復受田乎？故後鄭以爲賈人家所受田。司農云「官田，公家所耕田」，下文云「近郊十一」，皆據此士官田等。若是公家所耕，何得有稅？故後鄭以爲府史等所受田也。司農云「牛田，以養公家牛」，若養公家牛，何得下文有稅？故後鄭謂牛人家田也。司農云「賞田，賞賜之田」，即夏官司勳云賞地一也，故從之。牧田，司農意即牧人掌牧六牲者也。若是，則公家放牧地，何得下文有稅？故後鄭亦云牧人家田也。云「遠郊内地四同，三十六萬夫之地」者，以遠郊百里，内置六鄉，四面相距二百里，二二而四，故四同。每同九萬夫，四九三十六，故三十六萬夫之地。據畿内千里，山陵之等，三分去一，更據四同之内，山陵之等，三分去一，餘二十四萬夫。鄉有萬二千五百家，六鄉七萬五千家，通不易、一易、再易，一家受二夫，則十五萬夫之地。據二十四萬夫，除十五萬夫，餘九萬夫也。廛里已下九者，雖未必各整萬家，以大抵九者各爲萬家解之，據整數而言耳。其中亦有不易、一易、再易，相通而各受一夫焉。云「半農人」者，農人相通，各受二夫之地，此受一夫，故云半農人也。總計六鄉七萬五千家，此九者二夫爲一夫，九萬爲四萬五千，四萬五千添七萬五千爲十二萬夫，據實受地定數也。

蕙田案：此段於國中四同之地，推算最精。

觀承案：此條鄭氏但有不易、一易、再易通算一夫而受二夫之地，尚未有另立治溝洫之夫不出税之説也。古者寓兵於農，兵尚即在農内，安得農夫治田出税之外，另有治溝洫不出税之夫乎？後來既立都水使者，因别有治河之夫。康成乃以此擬古者井田之法，别有治溝洫之夫，此與以口率出錢解三代田賦者何異？其辨另詳於後。

蕙田案：以上廛里以下九等田。

地官遂人：掌邦之野，以土地之圖經田野。五家爲鄰，五鄰爲里，四里爲酇，五酇爲鄙，五鄙爲縣，五縣爲遂。以歲時稽其人民，而授之田野，簡其兵器，教之稼穡。注：鄰、里、酇、鄙、縣、遂，猶郊内比、閭、族、黨、州、鄉也。異其名者，示相變耳。遂之軍法、追胥、起徒役，如六鄉。疏：鄉遂彼此相如，細論之，仍有小異。以六鄉上劑致民，六遂下劑致甿，六鄉上地無萊，六遂上地有萊也。

陳氏禮書：邦甸之内置六遂，七萬五千家，而公邑任其餘地，謂之甸，以甸法在是故也。邦甸亦謂之州，司馬法「二百里曰州」是也。一遂五縣，二十五鄙，百二十五鄼，五百里，二千五百鄰，自里宰下士以上，其官六百五十六。六遂之官，凡三千九百三十六。

蕙田案：甸地十二同，每同九萬夫，共一百八萬夫之地。載師注云：「甸稍縣都，合居九十六同，八百六十四萬夫之地，城郭、宮室差少，涂巷又狹，於三分所去六而存一焉。以十八分之十三率之，則其餘六百二十四萬夫之地，通上中下，六家而受十三夫，定受田二百八十八萬家也。」鄭志答張逸問云：「六鄉之民，上地家百畝，中地家二百畝，下地家三百畝，相通三夫六百畝。六遂之民，上地家百畝，萊五十畝；中地家百畝，萊百畝；下地家百畝，萊二百畝；相通三夫六百五十畝。」又云：「三分去一之法，十八當餘十二，遂地以有五十畝萊，于三分去一，乃得十三。」據此則甸地共十二同，內六遂二同五十成二十二萬五千夫，十八分而去五，得十六萬二千五百夫，六遂七萬五千家。康成云：「異其名，示相變耳。鄰、里、鄼、鄙、縣、遂，猶比、閭、族、黨、州、鄉也。」則六遂七萬五千家。通率六家而受十三夫，則受此十六萬二千五百夫之地也。下劑致甿可得十五萬人，但內應除去治溝洫若干，因無法見經，故出賦之夫亦未可定，舉其大略亦可見矣。

又案：以上六遂出夫之制。

禮記坊記正義：據司馬法之文，諸侯車甲馬牛，皆計地令民自出。若鄉遂之衆，七十五人則遣出車一乘，甲三人，馬四匹，牛十二頭，恐非力之所能，蓋皆是國家所給。故周禮巾車職：「毁折，入齎于職幣。」又周禮馬質云：「凡受馬於有司者，書其齒毛與其賈。馬死，則旬之内更。」又司兵職云：「及授兵，從司馬之法以頒之。及其受兵輸，亦如之。」是國家所給也。

春秋「作丘甲」孔穎達正義：長轂、馬牛、甲兵、戈楯，皆一甸之民同共此物。若鄉遂所用車馬、甲兵之屬，皆國家所共。知者，以一鄉出一軍，則是家出一人，其物不可私備故也。

蕙田案：鄉遂出軍無法，見於經注，惟正義有此二條。所説民共車馬甲兵之屬者，孔祇就邦國而言，則天子畿内都鄙可知。國家共車馬甲兵之屬者，孔祇就鄉遂而言，則廛里九等田及公邑可知。又小雅云：「我出我車，于彼牧矣。」爾雅釋地云：「邑外謂之郊，郊外謂之牧。」郭景純云：「邑，國都也。」假令百里之國，五十里之界，界各十里也。若依此解，則牧外之民出車。而毛傳解爲「出車就馬于牧地」，知車爲國家所共，非近郊、遠郊之民所共矣。

大司徒：凡造都鄙，制其地域而封溝之，以其室數制之。注：都鄙，王子弟公卿大夫采地，其界曰都。鄙，所居也。城郭之宅曰室，以其室數制之，謂制丘甸之屬。王制曰：「凡居民，量地以制邑，度地以居民，地邑民居，必參相得。」疏：公在大都，卿在小都，大夫在家邑，其親王子母弟與公同在大都，次疏者與卿同在小都，次更疏者與大夫同在家邑，故總云都鄙，王子弟公卿大夫之采地也。

陳氏禮書：都鄙以處子弟、公卿大夫，而其外有封疆溝樹之固，其內有城郭、市朝、社稷、宗廟之別，使之朝夕莅事王朝，而退食於家。其家不出王城，而都鄙乃在三百里以至五百里内，此猶民之廛里在國而授田在鄉也。

載師：以家邑之田任稍地，以小都之田任縣地，以大都之田任畺地。

陳氏禮書：家削之地，所以封大夫與王子弟之尤疏者。謂之削，以其削于縣、都故也。邦縣之地，所以封卿與王子弟之疏者。謂之縣，以其係于上故也。邦都之地，所以封三公與子弟之親者。謂之都，以其有邑都故也。邦縣亦謂之都，載師所謂「小都」是也。邦都亦謂之畺，載師所謂「畺地」是也。

小司徒：乃經土地，而井牧其田野，九夫爲井，四井爲邑，四邑爲丘，四丘爲甸，四

甸爲縣，四縣爲都，以任地事，而令貢賦。注：此謂造都鄙也。鄭司農云：「井牧者，春秋傳所謂『井衍沃、牧隰皋』者也。」玄謂：隰皋之地，九夫爲牧，二牧而當一井。今造都鄙，授民田，有不易，有一易，有再易，通率二而當一，是之謂井牧。昔夏少康在虞思，有田一成，有衆一旅。一旅之衆而田一成，則井牧之法，先古然矣。九夫爲井者，方一里，九夫所治之田也。此制，小司徒經之，匠人爲之溝洫，相包乃成耳。邑丘之屬相連比，以出田税。溝洫爲除水害。四井爲邑，方二里。四邑爲丘，方四里。四丘爲甸，甸之言乘也，讀如「衷甸」之甸。甸方八里，旁加一里，則方十里，爲一成。積百井，九百夫，其中六十四井、五百七十六夫出田税，三十六井、三百二十四夫治洫。四甸爲縣，方二十里。四縣爲都，方四十里。四都方八十里，旁加十里，乃得方百里，爲一同也。積萬井，九萬夫。其四千九十六井、三萬六千八百六十四夫出田税，二千三百四井、二萬七百三十六夫治洫〔一〕，三千六百井、三萬二千四百夫治澮。井田之法，備于一同。今止于都者，采地食者皆四之一。其制三等：百里之國凡四都，一都之田税入于王；五十里之國凡四縣，一縣之田税入于王；二十五里之國凡四甸，一甸之田税入于王。地事，謂農牧衡虞也。貢，謂九穀山澤之材也。賦，謂出車徒給繇役也。司馬法曰：六尺爲步，步百爲畮，畮百爲夫，夫三爲屋，屋三爲井，井十爲通。通爲匹馬，三十家，士一人，徒二人。通十爲成，成百井，三百家，革車一乘，士十

〔一〕「二萬」，諸本作「一萬」，據周禮注疏卷一一改。

人，徒二十人。十成爲終，終千井，三千家，革車十乘，士百人，徒二百人。十終爲同，同方百里，萬井，三萬家，革車百乘，士千人，徒二千人。疏：都鄙，三等采地是也。云「井牧其田野」者，井方一里，兼言牧地，次田二牧，當上地一井。授民田之時，上地不易，家百畝；中地一易，家二百畝；下地再易，家三百畝。通率三家受六夫之地，與牧地同，故云「井牧其田野」。甸方八里，旁加一里則爲成。今不言十里成而言八里甸者，成間有洫，井間有溝，旁加一里者，使治溝洫，不出税，舉其八里之甸，據實出税者而言。四甸爲縣，縣方十六里。四縣爲都者，都方三十二里。引春秋者，襄公二十五年，楚蔿掩書土田之事。井衍沃者，饒沃之地。九夫爲一井。牧隰皋者，下濕曰隰，近皋澤之地。「夏后少康」云云，哀公元年左氏傳言「有田一成，有衆一旅」，則地以上中下爲率者，以爲其成方十里，九百夫之地，一旅五百夫，故知是通率之。通率之法，正應四百五十人，言一旅，舉成數也，亦容不易者多。云「九夫爲井者，方一里，九夫所治之田也」者，一井之內，地有九夫，假令盡是上地不易，家有百畝，中一夫入于公，四畔八夫，家治百畝，尚無九夫所治。況其中或有一易、再易，所取數更少。今鄭云「方一里，九夫所治之田」，鄭據地有九夫而言，非謂有九家，合乃成其事耳。云「甸讀如衷甸之甸」者，哀十七年「衛侯爲虎幄于藉圃，成，求令名者與之食。太子請使良夫。良夫乘衷甸兩牡而至」，引之證甸得爲乘之義。云「甸方八里」云云者，匠人云「成方十里」，此言「四丘爲甸」，甸與成，其實一也，故鄭覆解成與甸相表裏之意。云「積百井，九百夫」者，但一成之内方十里，開方之，得百井，井有九夫，故云「九百夫」。云「其中六十四井、五百七十六夫出田税」者，此就甸方八里而言。八里之內，開方之，八八六十四，故云「六十四井」。井有九夫，故五百七十六夫。

井税一夫，故云出田税。云「三十六井、三百二十四夫治洫」者〔一〕，此據甸方八里之外，四面加一里爲成而言。成有百井，中央八里，除六十四井，餘有三十六井。井有九夫，故三百二十四夫。治洫，不使税。鄭言此者，見經四丘爲甸，據實出税而言，故不言成也。若然，方里爲井，井間有溝，溝廣四尺，深四尺；方十里爲成，成間有洫，廣八尺，深八尺。治溝洫者，皆不出税。獨言「治洫」者，據外而言，其實治溝亦不出税，總在六十四井之内，以洫言之矣。云「四甸爲縣，方二十里」者，甸方八里，縣應方十六里。云方二十里，據通治洫，旁加一里爲成而言。云「四縣爲都，方四十里」者，縣方二十里，四縣爲都，故方四十里。云「四都方八十里」者，自此以上，並據通治洫而言。云「旁加十里，乃得方百里，爲一同也」者，案匠人「方百里爲同，同間有澮」。今言「乃得方百里爲一同」者，就匠人爲同解之。云「積萬井，九萬夫」者，據百里開方而言。百里者，縱横各百，一行方一里者百，百行故萬井，一井有九夫，故有九萬夫。云「其四千九十六井、三萬六千八百六十四夫出田税」者，此據從甸方八里出田税。四甸爲縣，縣方十六里，四縣爲都，都方三十二里，四都方六十四里。據六十四里之内開方之，縱横各一里一截，爲六十四截。行別有六十四井，六十四行，計得四千九十六井。井有九夫，四千九十六井，計得三萬六千八百六十四夫，是實出田税者。云「二千三百四井、二萬七百三十六夫治洫」者，此據甸方八里，旁加一里爲成，是不出税治洫之夫而言之也。從四成積爲一縣，縣方二十里；四縣爲都，都方四十里；四都方八十里，開方之，縱横各一里一

〔一〕「三百二十四」，諸本作「二百二十四」，據上引注文及周禮注疏卷一一改。

截，爲八十截。一行八十井，八八六十四，爲六千四百井。就裏除四千九十六井，其餘二千三百四井在。井有九夫，二千三百四井爲二萬七百三十六夫，不出税，使之治洫也。云「三千六百井、三萬二千四百夫」，此據四成爲縣，縣方二十里，二十里更加五里，即爲大夫家邑也。縣方二十五里，四縣是小都，五十里是六卿之采地。四都爲方百里一同，即爲三公、王子母弟之大都也。但據百里開方之，即爲萬井；就萬井之内，除去六千四百井，其餘三千六百井在。井有九夫，則爲三萬二千四百夫，不出税，使之治澮。云「井田之法，備于一同」者，匠人云「井間有溝，成間有洫，同間有澮」，是井田之法備于一同也。云「今止于都者，采地食者皆四之一」者，解此四縣爲都，據小都五十里而言，是止于都也。以其采地食者，皆四分之一税入天子，故云「采地食者皆四之一」也。云「其制三等」者，謂家邑、小都、大都。云「百里之國凡四都，一都之田税入于王」者，百里國，謂大都也。四都，謂方五十里者。四小都成一大都，一都之田税入王，其餘三都留自入。云「五十里之國凡四縣，一縣之田税入于王」者，五十里之國謂小都。一縣田税入于王，餘三縣留自入。云「二十五里之國凡四甸，一甸之田税入于王」者，二十五里之國謂家邑也。四甸之中，以一甸之税入于王，其餘三甸留自入。鄭具言此者，欲見四丘爲甸是家邑，據税于王者而言；四甸爲縣是小都，亦據一縣税入于王者而言〔一〕；四縣爲都是大都，亦據一都税入于王者而言，故鄭云「井田之法，備于一同」。今止于都者，采地之税四之一，故以此解之。司馬法者，齊景公時大夫穰苴作。言「晦百

〔一〕「四甸爲縣是小都亦據一縣税入于王者而言」十八字，諸本脱，據周禮注疏卷一一補。

爲夫」，謂一夫所受之地方百步。「夫三爲屋」，屋，具也，具出穀稅。「屋三爲井」者，謂九夫爲井，似井字。云「井十爲通」者，據一成之内，一里一截，縱横各十截，爲行一行，十井十行，據一成一畔通頭，故名井十爲一通。「通爲匹馬」者，十井之内，井有九夫，十井爲九十夫之地。宮室、塗巷三分去一，惟有六十夫地在。不易、一易、再易，通率三十夫受六十夫地，惟三十家使出馬一匹，故云通爲匹馬。云「士一人，徒二人」者，三十家出三人。士謂甲士，徒謂步卒。云「通十爲成，成百井，三百家，革車一乘，士十人，徒二十人」者，一成之内有十通，言三百家亦如前通率法。一成内，地有九百夫，宮室塗巷三分去一，不易、一易、再易，通率二而當一，故一成惟有三百家，革車一乘，士十人，徒二十人。此謂天子畿内采地法。鄭注論語「道千乘之國」亦引司馬法，彼是畿外邦國法。彼革車一乘，甲士三人，步卒七十二人，甲士少，步卒多。此士十人，徒二十人，比畿外甲士多，步卒少，外内有異故也。云「十成爲終」者，謂同方百里之内，十里一截，爲縱横各十截，爲十行，行別十成。言十成爲終，據同一畔終頭而言。云「終千井」者，終十成，成百井，故終千井三千家，革車十乘，士百人，徒二百人。云「十終爲同，同方百里」者，萬井也。云「三萬家，革車百乘，士千人，徒二千人」者，所計皆如上一成爲法，其餘可如。

鄭氏鍔曰：井牧者，可耕之地，則爲井田之制；可畜之地，則爲牧養之區，各相其地所宜而已。

蔡氏德晉曰：井牧者，衍沃之地，則爲井田；隰皋之地，則令畜牧。而井田之授于民，亦視其地之上中下而加萊田，當其休不耕之田，亦以爲畜牧之用，如大司徒及遂人職所云也。

蕙田案：鄭氏以牧爲畜牧，王次點亦云然，蓋未檢左傳之故，蔡氏信之，非也。

賈公彦冬官匠人正義：「方十里爲成，成中容一甸，甸方八里出田稅，緣邊一里治洫」者，司馬法有二法：有甸方八里，出長轂一乘。又有成方十里，出長轂一乘。言甸者，據實出稅者而言。云成者，據通治溝洫而説。爲有二種，故鄭細分計之。八里爲甸，出田稅〔一〕。緣邊一里，并之則二里，治洫，以成間有洫，故使共治洫也。云「方百里爲同，同中容四都、六十四成」者，此據小司徒而言。彼經「四縣爲都」，注云：「方四十里，四都方八十里，旁加十里，乃得方百里爲一同。」今言六十四成者，據出田稅者言之，故云「方八十里出田稅，緣邊十里治澮」也。

朱子語類：問：「『旁加一里』之説，是否？」曰：如此方得數相合，亦不見其所據。今且大概依他如此説。

蕙田案：畿内三等都鄙封國之數，王制云：「天子之縣内，方百里之國九，七十里之國二十有一，五十里之國六十有三，凡九十三國。」康成以爲夏制，注大司徒引之，亦云「此夏時采地之數，周則未聞」。又王制云：「九州，千七百七十三

〔一〕「田」，諸本作「甸」，據周禮注疏卷四二改。

國。」又云：「八州，州二百一十國，共一千六百八十國。」注皆云「殷制」，故正義以爲殷畿内亦九十三國。又案：書洛誥傳云：「天下諸侯入，來進受命于周，退見文、武之廟者，千七百七十三。」注云「八州，州立二百一十國，畿内九十三國」，是三代同也。

又案：其所封之人，共包十種：畺内大國九，凡三種，三公之田三，致仕者副之三，王子弟三。縣内次國二十一，凡四種，卿之田六，致仕者副之六，三孤之田三，王子弟六。稍内小國六十三，凡三種，大夫之田二十七，致仕者副之二十七，王子弟九。並見王制鄭注。正義以爲「有致仕者副之」者，以在朝既有正田，今既致仕，不可仍食采邑，身又見存，不可無地，故公、卿、大夫皆有致仕副邑。三孤田不副者，自上差之。三公之外，其餘有三；卿之外，其餘有六；大夫之外，其餘有九，皆以次相三。若三孤有致仕之副，則卿與公同，其餘三，非差次。且三公雖無正職，猶列於官，參六卿之事，故司徒云：「鄉老，二鄉則公一人。」三孤則無職，但佐公論道，在朝在家，其事一等，故無致仕之副。其封王子弟者，禮運云：「天子有田，以處其子孫。」又周禮有都宗人、家宗人，祭祀皆致福于王是也。

但王子弟有同母、異母親疏之異，親寵者與三公同，平常者與六卿同，疏遠者與大夫同。以上所説，據鄭皆以爲夏制。載師云：「以家邑之田任稍地，以小都之田任縣地，以大都之田任畺地。」注云：「家邑，大夫采地；小都，卿之采地；大都，公之采地。」是周與夏制合。又鄭注大司徒，「都鄙」亦兼「王子弟、公卿大夫」言之，賈公彦以爲「親王子弟在大都，次疏者在小都，次更疏者在家邑」，與孔説合，惟不言致仕者及三孤耳，疑亦當同也。殷制未聞。

又案：其封國大小之數，夏制已見上鄭注甚明。殷蓋因夏，正義泥鄭氏尚書注萬國之數，「四百國在畿内」，因謂「夏畿内國皆方五十里，殷畿内百里之國九，七十里之國二十一，五十里之國六十三，與夏不同」。案王制前後有兩「天子縣内」文，前云：「天子之縣内，方百里之國九，七十里之國二十有一，五十里之國六十有三，凡九十三國。名山大澤不以朌。其餘以禄士，以爲閒田。」後云：「天子之縣内，方千里者爲方百里者百。封方百里者九，其餘方百里者九十一。又封方七十里者二十一，爲方百里者十，方十里者二十九。其餘方百里者八十，方十里者七十一。又封方五十里者六十三，爲方百里者十五，方十里者七十五。其餘方百里者六十四，方十里者九十六。」二文數適相符，「祿士」、「閒田」二句，後文無之，互相備也。鄭於前文既以唐、虞稱服，殷、周稱畿，此稱縣内，定爲夏制。而正義又創爲夏畿内皆五十里之説，自相違反，殊失其旨。其周制之大小，則鄭注小司徒云：「百里之國凡四都，五十里之國凡四縣，二十五里之國凡四甸。」是謂大國百里，次國五十里，小國二十五里，崔氏亦同此説。

又案：七十里與五十里，五十里與二十五里，疑如「夏后氏五十而貢，殷人七十而助，周人百畝而徹」之例，名雖不同，其實一也。又方百里者九十一，則爲方十里者凡九千一百。以方七十里者一，則爲方十里者四十九計之，封方七十里者二十一，則爲方十里者共得一千二十九。其餘存爲方十里者，凡八千七十一，適八十同七十一成也。以下準前法計之可得。

又案：孟子説周室班爵禄，公侯皆方百里，伯七十里，子男五十里。天子之卿受地視侯，大夫受地視伯，元士受地視子男。康成注王制則以此爲夏制，而周則大都百里，小都五十里，家邑二十五里。且周禮三等采地，士不在内。王制所謂元士不與，又謂「其餘以爲禄士者」是也。孟子顧以元士受地爲與子男同，亦不合。其言曰「軻也嘗聞其略」，則爲傳聞約略之詞可知。

又案：小司徒注「二千三百四井，一萬七百三十六夫」，「一萬」應作「二萬」，明南北國子監本、福建本、崑山葛氏、常熟毛氏本皆誤，檢疏正作「二萬」是也。若作一萬，則共只八萬夫，與上九萬夫不合。若云除去公田，不應上下出税、治澮皆不除，獨於此治洫一條除去也，其誤明矣。

又案：或疑服虔注春秋傳引司馬法「甸六十四井，出長轂一乘」，是專以乘爲甸出矣。鄭信南山箋：「甸方八里，在一成之中，成方十里，出兵車一乘。」其説似有異同者，恐治溝洫之夫，但不出田税，未必不出車賦也。謹案坊記注云：「古者方十里，其中六十四井，出兵車一乘。」玩「其中」二字甚分明，固無可疑。

又案：或又疑司馬法「通爲匹馬，成出革車一乘」云云，定爲十家出一人，三百家出一乘，此但據三分去一及一家受二夫兩法而言。其一成之内尚有治洫之夫，一同之内尚有治洫澮之夫，並未除去，而賈氏疏竟未之及，何也？謹案：三分去一之法，凡古人論田制舉其大略者，皆以此爲例。其有曲别分析者，皆不用此例。王制云：「方百里者，爲田九十億畝，山陵、川澤、溝瀆、城郭、宫室、塗巷，三分去一，其餘六十億畝。」此舉其大略者也。載師注云：「凡王畿内方千里，積百同，九百萬夫之地也。有山陵、林麓、川澤、溝瀆、城郭、宮室、塗巷，三分去一，餘六百萬夫。」此亦舉其大略也，與王制合也。至于三分去一之外，又有二法。一是二而當一法，一是除去治溝洫計算法。二者，古人往往偏據一端言之。今詳論如左。小司徒注「成百井九百夫，其中六十四井、五百七十六夫出田税，同萬井，九萬夫，其中四千九十六井、三萬六千八百六十四夫出田税」，此法除去治溝洫矣，却並非二而當一。所引司馬法「晦百爲夫，夫三爲屋，屋三爲井，井十爲通。通爲匹馬，三十家，士一人，徒二人。通十爲成，成百井，三百家，革車一乘，士十人，徒二十人。十成爲終，終千井，三千家，革車十乘，士百人，徒二百人。十終爲同，同方百里，萬井，三萬家，革車百乘，士千人，徒二千人」。此法二而當一矣，却並無治溝洫在内。若據小司徒注，而以二而當一法計之，則所謂「成六十四井、五百七十六夫」之地，實二百八十八家受之。其治洫者三百二十四夫之地，實一百六十二家受之。同三萬六千八百六十四夫之地，照加公田之數算。實一萬八千四百三十二家受之。其治洫者二萬七百三十六夫之地，同上。實一萬三百六十八家受之。治澮者三萬二千四百夫之地，同上。實一萬六千二百家受之也。若據司馬法而以除去溝洫法計之，則所謂「成百井，三百家」者，實一百九十二家出税，應除一百八家治洫。同萬井，三萬家者，實一萬二千二百八十八家出税，照加公田之數算。應除去六千九百一十二家治洫，一萬八百家治澮也。考之經注，本無所爲十家出一人之説。賈疏所云「三十家出三人」者，亦是據大較而言，未爲細加分析耳，安得謂治洫澮之夫不在此三百家、三萬家内耶？

又案：夫之名，雖從人起，若從田制而言，夫則皆指地言。故「六尺爲步，步百爲畝，畝百爲夫」之夫，指地而言也。「五家爲比」之家，指人家而言也。鄭所謂「成五百七十六夫出税」者，謂五百七十六夫之地耳，非謂有若干人家。司馬法「成三百家」者，謂人家耳，非謂三百夫之地。賈疏言「三十家出三人」，不言三十夫出三人，安得謂家即是夫，而其中無治溝洫乎？惟小司徒云「國中及四郊、都鄙之夫家」，族師、鄉大夫、遂人、遂師之「夫家」，則夫指男，家指女。鄭鍔亦以夫指地、家指人爲謬耳。又案詩正義：哀元年左傳説夏少康「有田一成，有衆一旅，十里有五百人」者，計成方十里，其地有九百夫之田也。授民田有不易、一易、再易，通率二而當一，有四百五十人矣，其中上地差多，則得容五百人也。此條用二而當一，却不除去溝洫，正司馬法出賦與治溝洫合言之明證。又案：鄭所謂「成百井，同萬井」，指井牧而言，山林之等先已除去，故無三分去一。司馬法所謂「成百井，同萬井」，舉大略而言，山林之等亦在其内，故三分去一。又案鄭遂人注：「去山陵、林麓、川澤、溝瀆、城郭、宫室、塗巷三分之制，其餘如此。」案六遂應以十八分之十三率之，故賈申其意云：「去山林等，其餘如此者，皆大判而言之耳。是以田之法，一成九百夫，亦三分去一，以其餘通計出税，故每云三百家也。」賈正指小司徒注所引司馬法以爲大判而言。

又案：三分去一之説，何以謂大略則然，細别則否也？賈公彦申鄭載師注之義云：「洛邑千里之中，山林之等，多于平地，而鄭以三分去一，據大較而言也。」又云：「邦畿千里，唯民所止。若東都地中，東面雖有平地，至于三面，山林雜有。今鄭所計，雖三分去一，豈有二分平土乎？但鄭欲以開悟後人，聊以整數爲算法耳。」據賈此言，知大略則然，是以許慎五經異義：左氏説云：「山林之地，九夫爲度，九度而當一井。藪澤之地，九夫爲鳩，八鳩而當一井。京陵之地，九夫爲辨，七辨而當一井。淳鹵之地，九夫爲表，六表而當一井。疆潦之地，九夫爲數，五數而當一井。偃豬之地，九夫爲規，四規而當一井。原防之地，九夫爲町，三町而當一井。隰皋之地，九夫爲牧，二牧而當一井。衍沃之地，九夫爲井。賦法，積四十五，除山川坑岸三十六井，定出賦者九井。則千里之畿，地方百萬井，除山川坑岸三十六萬井，定出賦者六十四萬井，長轂萬乘。」漢刑法志亦云：「一同百里，提封萬井，除山川、沈斥、城池、邑居、園囿、術路三千六百井，定出賦六千四百井。一封三百一十六里，提封十萬井，定出賦六萬四千井。天子畿方千里，提封百萬井，定出賦六十四萬井。」班氏之説與許叔重合。玩此二説，益見賈疏之精細。若據三分去一，則方十里百井之內，應除去三十三井三夫，方千里百萬井之內，應除去三十三萬三千三百三十三井三夫。今許氏、班氏之説，一成除三十六井，一圻除三十六萬井，則是多于三分之一，賈疏所謂「山林多于平地也」。但因此數適與鄭小司徒注一成內出稅、治溝洫之數相同，孔穎達恐人不明其異，或反誤認爲一，故又申論許慎之意云：「如異義説，則方十里凡百井，三十六井爲山川坑岸，六十四井爲平地出稅。」案鄭注小司徒「成方十里，緣邊一里，治爲溝洫，則三十六井，其餘方八里爲甸，六十四井出田税」。與異義不同者，異義所云通山林、藪澤九等而言之；鄭注小司徒者，據衍沃、平地而言之，所以不同也。賈載師疏亦云：「山林、川澤、溝瀆等，此溝非田間廣深四尺之溝，直是通水之溝耳。」此孔與賈合也。孔云據「衍沃平地而言之」，不云據井牧而言之者，小司徒注不用二而當一言之耳。孔又申許慎意云：「異義九等者，據大略國中有山林至衍沃之等言之。周禮九等者，據授民地肥瘠有九等，與異義不同也。」大司徒、小司徒、遂人、大司馬俱有三等，每等各分爲三，故九等。尚書禹貢注云：「一井，上上出九夫税，上中出八夫税，上下出七夫税，中上出六夫税，中中出五夫税，中下出四夫税，下上出三夫税，下中出二夫税，下下出一夫税。」所以又有此九等者，以禹貢九州有上中下九等，出没不同，故以井田計之，以一州當一井。假令冀州上上出九百萬夫之税，兖州下下出一百萬夫之税，是九州大較相比如此，非謂冀州之民皆出上上，兖州之民皆出下下，與周禮九等又不同也。蓋左傳九等、周禮九等、禹貢九等，各自不同，穎達之辨悉矣。

又案：或疑治溝洫與出税之夫，若就一成言之，則出税多，治洫少；如就一同言之，則治澮洫者反多於出税者。推算之法，殊未畫一。假如一同九萬夫，其出税者三萬六千八百六十四夫，如其地止九十成，以一成六十四井出税之率推之，則出税者乃五萬一千八百四十夫，是爲九十成出税之夫，反多於一同出税之夫矣。謹案：匠人：「廣尺、深尺謂之甽，遂廣深皆二尺，溝廣深皆四尺，洫廣深皆八尺，澮則廣二尋，深二仞。」王肅依小爾雅「四尺曰仞」，深二仞，八尺，與廣二尋不類。趙岐注孟子、孔安國書傳，並「八尺曰仞」。鄭注儀禮、包咸注論語，並「七尺曰仞」，宜以鄭説爲正。詩噫嘻正義：「澮廣丈六尺，深丈四尺。」蓋從鄭説。祭義築養蠶宮牆「仞有三尺」，爲牆高丈，故仞七尺也。澮廣二尋，已倍于洫，孟子疏：「十丈曰尋。」又與「深二仞」不類。其深減二尺，不及倍，變通之法也。古一尺大致合今六寸，澮廣二尋，合今九尺六寸，幾一丈。深二仞，合今八尺四寸，幾九尺。周繞一同，則其長四百里，以三萬二千四百夫治之，每一里八十一夫。洫廣深皆八尺，合今四尺八寸，幾五尺，居澮七之二。周繞一成，則其長四十里，以三百二十四夫治之，每十里八十一夫。澮之廣深方積，較洫不啻三倍，幾四倍，七之二，乃三倍奇也。而除夫地差及十倍者，水大且深，則岸旁易損壞，而施功難。澮深合今尺約九尺，脩築開鑿之功多。洫深合今尺約五尺，雖有損壞，較之澮自當差十倍，脩築開鑿之功已少。井田之法，成閒有洫，同閒有澮。滿一同，然後有澮繞之，則未滿一同，但有洫無澮。當其未滿一同，但就成算，則使三百二十四夫治洫；當其既滿一同，則分出税之夫以治洫，分治洫之夫以治澮，是同中出税、治洫之夫，亦即成中專出税不治洫之夫也。此二法，宜通融而參之者也，不當但執一成以爲定法也。至成中出税之夫多于治洫，以洫之人功少，同中出税之夫少于治澮，以澮之人功多。但當各就一成、一同中計算。今云九十成出税之夫，反多于一同出税之夫，不知九十成中治洫者少，則自當出税者多，一同中治澮者多，則自當出税者少，非九十成之民受田少，出税獨多，一同之民受田多，出税獨少也。此二法，宜分晰而言之者也，不當混爲一以相比較也。如執一成爲定法，九百夫、三百二十四夫治洫，則必同中亦有洫無澮然後可，何也？依一成例，九萬夫中使三萬二千四百夫治洫是矣。今既添出一澮，澮之廣深又倍洫，而仍欲使三萬二千四百夫治之，則是欲使治洫之民兼治澮矣，其可通乎？故不得不于出税中抽出一萬二千七十八夫治洫，此出税所以少也。或人之疑，非是。又案：同除三千六百井、三萬二千四百夫治澮，計三十六成夫地。此三十六成，緣邊一面即澮，內三面有洫，較每成除夫地治洫之法，三而殺一，當以八千七百四十八夫治此三十六成之洫，二萬三千六百五十二夫治澮。則其治澮也，每十里約五百九十夫，每一里約六十夫。其治洫也，每十里八十一夫，每一里約八夫。蓋相差七倍有半，無十倍。鄭注不細推及此者，以緣邊三十六成既俱不出稅，則同力合作以治澮治洫。今計其差數，不妨區分算之，於法本不區分也。或又疑都鄙既畫井，則一成百井，內有公田百夫，司馬法亦未除去，而賈氏亦不及，何也？案：賈云「一井中爲公田，八夫家治百畝」，則無九夫。鄭據九百畝而言，故每云「九夫爲井」耳。小司徒注俱是連公田言之，不除去也。六十四井，五百七十六夫出稅，如除公田，則宜除七井一百畝，存五十六井八百畝，除六十四夫，存五百一十二夫矣。三十六井，三百二十四夫治洫，如除公田，則宜除四井，存三十二井，除三十六夫，存二百八十八夫矣。四千九十六井，三萬六千八百六十四夫出稅，如除公田，則宜除五百五十一井，存三千六百四十五井，除四千九十六夫，存三萬二千七百六十八夫矣。一千三百四井，二萬七百三十六夫治洫，如除公田，則宜除二百五十六井，存二千四十八井，除二千三百四夫，存一萬八千四百三十二夫矣。三千六百井，三萬二千四百夫治澮，若除公田，則宜除四百井，存三千二百井，除三千六百夫，存二萬八千八夫矣。惟其皆合公田言之，故司馬法亦合言之也。蓋公田即是所出之税，除去則惟存私田，税何從出乎？

又案：三等采地，規制既明，今再爲逐節推算。稍地共二十同，二十萬井，内封二十五里之國六十有三，每國六百二十五井，計三同九十三成七十五井。内十八分而去五，應除去一同九成三十七井四百五十畝，存二同十八萬夫。八十四成七萬五千六百夫。三十七井三百三十三夫。四百五十畝。四夫及半夫之地。其現存内滿同者，除去治洫治澮十萬六千二百七十二夫，存七萬三千七百二十八夫。滿成者，除去二萬七千二百一十六夫，存四萬八千三百八十四夫。其不滿一成者，不開除。三項共存十二萬二千四百四十九夫及半夫之地，以六家受十三夫之例推之，計五萬六千五百一十四家，受十二萬二千四百四十七夫之地，仍有二夫及半夫之地。每一家受二夫六分夫之一，以半夫之地化作三分，除去一分，仍存二分，是爲六分夫之二，即三分夫之一也。又得一家，仍餘三分夫之一。縣地共二十八同，二十八萬井。内封五十里之國二十有一，每國二千五百井，共五同二十五成。内十八分而去五，應除去一同四十五成八十井三百畝，存三同二十七萬夫。七十九成七萬一千一百夫。一十九井一百七十一夫。六百畝。六夫。其現存内滿同者，除去治洫治澮十五萬九千四百八夫，存十一萬五百九十二夫。滿成者，除去治洫二萬五千五百九十六夫，存四萬五千五百四夫。其不滿一成者，不開除。三項共存十五萬六千二百七十三夫，以六家受十三夫之例推之，計七萬二千一百二十六家，受十五萬六千二百七十三夫之地恰盡。都地共三十六同，三十六萬井。内封百里之國九，每國萬井，共九同。内十八分而去五，應除去二同五十成，存六同五十四萬夫。五十成。四萬五千夫。其現存内滿同者，除去治洫治澮三十一萬九千一十六夫，存二十二萬一千一百八十四夫。滿成者，除去治洫一萬六千二百夫，存二萬八千八百夫。兩項共存二十四萬九千九百八十四夫，以六家受十三夫之例推之，計十一萬五千三百七十四家，受二十四萬九千九百七十七夫之地，仍餘七夫之地。三家則餘半夫之地，四家則不足一夫三分夫之二。凡滿同去存之例，每萬夫去五千九百有四，存四千有九十六。每五千夫去二千九百五十二，存二千有四十八。每二千五百夫去一千四百七十六，存一千有二十四。每千二百五十夫去七百三十八，存五百一十二。每六百二十五夫去三百六十九，存二百五十六。去多於存。滿成去存之例，每百夫去三十六，存六十四。每五十夫去十八，存三十二。每二十五夫去九，存十六。每十二夫及半夫之地去四夫及半夫之地，存八夫。存多於去。其未滿一成而以井計者何以不除？賈小司徒正義云：「方里爲井，井間有溝，溝廣四尺，深四尺。方十里爲成，成間有洫，廣八尺，深八尺。治溝洫者皆不出税，獨言治洫者，據外而言。其實治溝亦不出税，總在六十四井之內，以洫言之矣。」今案洫廣深比澮減三倍奇，則除夫地減至十倍。溝廣深較洫又減半，水小而淺，岸旁無甚損壞而施功易，較洫又當差百倍，脩築開鑿之功甚微，不必開除夫地治之矣。小司徒注、匠人注互相備。匠人注云：「一井之中，三屋九夫，三三相具，以出賦税，共治溝也。」蓋即令出税者治溝，不當有治溝不出税之法。賈公彦之言非也。出賦税，治溝遂，農民之本務也。大爲澮洫以利民，又念其施功之難，而除夫地治之，故有治澮洫不出税之法，先王愛民之至意也。溝則無事，此鄭注至精，非有所闕。

又案：據司馬法，「同，三萬家」，除去治洫澮，存一萬二千二百八十八家，出三千人，計四家又十之一出一人。凡滿同者，皆以此爲例。亦可云四千九十六家出一千人。「成，三百家」，除去治洫，存一百九十二家，出三十人，計六家又十之四出一人。凡滿成者，皆以此爲例。亦可云六十四家出十人。今稍、縣、都三等采地既已逐節算明，再爲細推出賦實數。稍滿同，七萬三千七百二十八夫，以六家受十三夫算，下倣此。計三萬四千二十八家受之，餘十三之四，爲地三十畝奇。依上例，出八千三百七人半。滿成，四萬八千三百八十四夫，計二萬二千三百三十一家受之，餘十三之一，爲地八畝弱。依上例，出三千四百八十九人五之一强。不滿成者，共三百三十三夫四夫及半夫之地，計一百五十五家受之，餘十三之十，爲地七十七畝弱。亦依滿成例，出二十四人奇。縣滿同，十一萬五百九十二夫，計五萬一千四十二家受之，餘十三之六，爲地四十六畝奇。依上例，出一萬二千四百六十一人奇。滿成，四萬五千五百四夫，計二萬一千有一家受之，餘十三之十一，爲地八十五畝弱。依上例，出三千二百八十一人奇。不滿成者，共一百七十七夫，計八十一家受之，餘十三之九，爲地七十畝弱。亦依滿成例，出一十三人弱。都滿同，二十二萬一千一百八十四夫，計十萬二千八十四家受之，餘十三之十二，爲地九十二畝奇。依上例，出二萬四千九百二十三人弱。滿成，二萬八千八百夫，計一萬三千二百九十二家受之，餘十三之四，爲地三十畝奇。依上例，出二千七十七人弱。以上通共約可出五萬四千五百七十七人。以一車士卒七十五人推之，得車七百二十七乘，尚餘五十二人有餘。以萬二千五百人爲軍計之，得四軍，尚餘四千五百七十七人。

又案：同之民，四家又十之一出一人，其役稍重。成之民，六家又十之四出一人，其役較輕。所以不同者，蓋同中除治澮者多，成中除治洫者少，澮之功雖倍洫，究之洫澮所以爲民軍賦，所以奉上，故又以此均之。

又案：同一萬二千二百八十八家，出車百乘，計一百二十二家出一乘，則一萬二千二百家已可出百乘，尚餘八十八家。約一百二十二家又百分之八十八出一乘，凡滿同者，皆以此爲例。成一百九十二家出車一乘，凡滿成者，皆以此爲例。今再爲逐節推之。稍滿同，三萬四千二十八家，可出二百七十六乘又十之九。稍滿成，二萬二千三百三十一家，可出一百十六乘又十之三。稍不滿成，一百五十五家，計一乘，尚少三十七家，僅十之八。縣滿同，五萬一千四十二家，可出四百十六乘又十之九。縣滿成，二萬一千一家，可出一百十三乘又十之一分七。縣不滿成，八十一家，計一乘，尚少一百七家，僅十之四。都滿同，十萬二千八十四家，可出八百三十乘又十之七。都滿成，一萬三千二百九十二家，可出一百十六乘又十之六。以上通共得一千八百六十七乘，其畸零者，又約得四乘十之七。約三等都鄙所出士卒人數，僅得七百二十七乘，而所出車有如此，則車多而人少。孔穎達云「鄉遂皆但出人而不出車，車並國家所給」。然則都鄙之車，既有贏餘，其必通融給用可知。

王氏與之曰：鄭氏以「甸方八里，旁加一里，則方十里爲一成，積百井，九百夫，其中六十四井，五百七十六夫出田税；三十六井，三百二十四夫治洫。四都方八十里，旁加二十里，乃得方百里爲同。積萬井，九萬夫，其中四千九十六井，三萬六千八百六十四夫出田税；二千三百四井，二萬七百三十六夫治洫。三千六百井，三萬二千四百夫治澮」。雖横渠亦從其説，殊不知小司徒「四井爲邑」至「四縣爲都」，皆以四數之，言田之實數；司馬法自「井十爲通」至「終十爲同」，皆以十數之，兼山川城郭而言。小司徒「四丘爲甸」，即司馬法「通十爲成」，甸六十四井，而成百井者，其三十六井爲山川城郭也。小司徒「四都之地」，即司馬法一同之地。四都方八十里，止六千四百井，而同乃萬井者，其三千六百井爲山川城郭也。大約小司徒之法比司馬法皆是三分之二實地。鄭旁加之説，其算法則是，但不必謂旁加之人專治溝洫。

陳氏傅良曰：溝洫之事，歲歲有之，而軍賦不常有。若專以某人治溝洫，某人出軍賦，則不均矣。

觀承案：小司徒「九夫爲井，四井爲邑，四邑爲丘，四丘爲甸」，方八里；「四甸爲縣，四縣爲都」，方八十里。匠人「爲溝洫九夫爲井，方十里爲成，方百里爲同」。漢志小司馬之法，「方一里爲井，井十爲通，通十爲成，方十里；成十爲終，終十爲同，方百里；同十爲封，封十爲畿，方千里」。是漢志與小司徒異而與匠人同也。是以司馬法有二法。有甸方八里，出長轂一乘之説，與小司徒合；有成方十里，出長轂一乘之説，與匠人合。是二法不同，然其實亦無二。所謂「甸方八里」者，去旁加一里而言；「成方十里」者，合旁加一里而言耳。旁加一里者，或謂是三分去一之法。古來論田制，皆以三分去一爲算。王制云：「方百里者，爲田九十億畝，有山陵、川澤、溝塗、城郭、宮室，三分去一，其餘六十億畝。」戴師注云：「王畿方千里，積百同，九百萬夫之地也。三分去一，餘亦六百萬夫。」此其大略也。然方八里、方十里之田制，已除去山陵、川澤、溝塗、城郭、宮室之不爲田者而言，安得又於此三分而去一乎？於是三分去一之外，又鑿爲除去治溝洫夫不出税之法，則更不合於理矣。古者寓兵於農，比、閭、族、黨、州、鄉之農，即是伍、兩、卒、旅、師、軍之衆耳。農之外未嘗有兵，安得助耕出税之農之外，又有治溝洫不出税之夫乎？蓋耕田與治溝洫，本是一體之事。溝洫既定，農夫於耕耘之暇，時加修理之足矣，必不另設爲治溝洫之夫也。或者知其不可，而專以井牧二而當一之法解之，庶幾近似而亦未明也。夫井田之制，既以八家同井，井九百畝，若以二而當一，則同井止得四家而非八家，或一井當有千八百畝而非九百畝矣。奇零參差，不將紊亂畫井分疆之良法也哉？是不知「甸方八里」與「成方十里」者，本無二法。蓋方八里爲田六十四井者，專指其井田常制而言；方十里爲成之田得百井者，兼指其旁加一里之通法而言也。則所謂三分去一者，亦當指此旁加之一里耳。蓋方八里爲田六十四井，旁加一里，即四面合爲方十里，又得四九三十六井，是六十四井者，三分所占之二，三十六井者，即三分所去之一也。此三十六井，包於六十四井之外。井、邑、丘、甸中之溝洫，正灌注匯流於其間，其田不甚肥美，即史記所謂「汙邪甌窶之地」而已。則周禮大司徒「不易之地家百畝，一易之地家二百畝，再易之地家三百畝」，與遂人所謂「上地百畝之外，萊五十畝，中地萊百畝，下地萊二百畝」，大司馬所謂「上地食者三之二，中地食者半，下地食者三之一」，亦當指此而言耳。蓋但據其畝數均算，以饒與瘠地之民不必截方成井，如是，則中間之六十四井乃上地，旁加之三十六井爲中下地，不妨奇零參差，以加於百畝。常制之外，或二而當一，三而當一，以準上地百畝之常。則謂三分去一者，專計甸中之井，而去旁加之一里。而旁加一里之説，乃實有據，而經文「不易、一易、再易，萊五十畝、百畝、二百畝，可食者半與三之二、三之一」者，皆觸處而可通矣。惟康成治溝洫夫不出税之説，則斷乎其不可信也。

蕙田案：鄭、賈以「甸方八里」、「成方十里」二數不同，故分實出税、治溝洫二種，其説甚詳，余既爲疏釋矣。方氏從王次點、陳君舉，以鄭説爲非，似更直截。並存之，以俟考訂者。

詩小雅信南山：信彼南山，維禹甸之。箋：六十四井爲甸，甸方八里，居一成之中，成方十里，出兵車一乘，以爲賦法。疏：甸字既訓爲治，又音爲乘。韓奕箋云：「禹甸之者，決除其災，使成平田。」是以治爲義。地官小司徒「四丘爲甸」，注云：「甸之言乘也。」稍人「掌丘乘之政令」，注云：「丘乘，四丘爲甸。與『維禹敶之』之『敶』同。」郊特牲「丘乘共其粢盛」，注云：「甸或謂之乘，以其于車賦出長轂一乘。」是以乘爲義。如六十四井爲甸者，小司徒云：「四井爲邑，四邑爲丘，四丘爲甸。」如數計之，丘十六井，甸六十四井也。知「方八里」者，以孟子云「方里爲井」計之，則邑方二里，丘方四里，甸方八里也。又解方八里名爲甸之意，以其居一成之中，成方十里，出兵車一乘，以爲賦法，故謂之甸。甸，乘也。「十里爲成」，冬官匠人文也。知甸居一成中者，以匠人既云「十里爲成」，即云「成間廣八尺，深八尺，謂之洫」，是當甸在其中，傍一里以治洫也。論語注引司馬法云：「井十爲通，通十爲成，成出革車一乘。」是據成方十里，出車一乘也。成元年左傳服注引司馬法云：「四邑爲丘，有戎馬一匹，牛三頭，是曰匹馬丘牛。四丘爲甸，甸六十四井，出長轂一乘，馬四匹，牛十二頭，甲士三人，步卒七十二人，戈楯具備，謂之乘馬。」是據甸方八里，出車一乘也。二者事得相通，故各據一焉。

陳氏禮書：古者或以甸爲乘，或以乘爲甸。以甸爲乘，稍人「掌丘乘之政令」，禮記「惟社丘乘粢盛」是也。以乘爲甸，春秋「衛良夫乘衷甸兩牡」是也。蓋乘者，甸之賦；甸者，乘之地。

周禮地官稍人：掌令丘乘之政令。注：丘乘，四丘爲甸，甸讀與「維禹敶之」之「敶」同，其訓曰乘，由是改云。是掌都鄙，云丘甸者，舉中言之。　疏：鄭先通韓詩，此據韓詩而言「敶」，敶是軍敶，故訓爲乘。言「由是改云」者，由甸出車一乘，故改也。

易氏祓曰：丘即「四邑爲丘」，乘即「四丘爲甸」，總名之曰丘乘，軍制之始也。

蕙田案：王氏曰：「丘之政令，司徒所掌。乘之政令，司馬所掌。丘言其地，乘言其賦。所謂同，則丘之地也。所謂徒役、輂輦、蜃車，則乘賦也。」不知軍賦之法，從「四丘爲甸，甸出長轂一乘」而起，故云丘乘。鄭云「舉中言之」者，得之。王氏以丘爲同，以乘爲一切士徒，其説非是。

王氏應電曰：井、邑、丘、甸、縣、都出兵之法，此但言丘乘者，以丘出馬一匹，四丘出車一乘，井邑之兵自此成，縣都之兵由此始，故舉以爲名，令之治其賦也。

蕙田案：葉氏時禮經會元不信稍人「丘乘」即爲丘甸，改爲「丘十有六井，百四十四家，共出車一乘」，不知使丘出甸賦者，此正魯人作丘甲之事，變亂周制者也。葉氏以之解經，謬矣。

又案：以上三等采地。

右出軍之制上

五禮通考卷二百三十四

軍禮二

軍制

出軍之制中

周禮地官載師：以公邑之田任甸地。注：公邑，謂六遂餘地，天子使大夫治之，自此以外皆然。二百里三百里，其上大夫如州長；四百里五百里，其下大夫如縣正。甸凡七萬五千家爲六遂，餘則公邑。疏：郊外曰甸。甸在遠郊之外，其中置六遂七萬五千家，餘地，公邑也。但自甸以外至稍、縣、疆，四處皆有公邑，公邑乃六遂餘地，六鄉之内有九等田，無公邑。云「自此以外皆然」者，太宰九賦有邦甸、家稍、邦都之賦，非采地，是公邑可知。又三百里外〔一〕，其地既廣，三等采地所受無多，故惟九十三國，明自外皆是餘地爲公邑也。若然，是公邑有四處也。云「天子使大夫治之」者，以四等公邑非鄉遂，又非采地，不見有主治之；以司馬法云「二百里曰州，四百里曰縣」言之，故知天子使大夫治之也。從二百里向外有四百里，以二百里爲一節，故二百三百里，大夫治之，尊卑如州長，中大夫；四百五百里，大夫治之，尊卑如縣正，下大夫。六遂與六鄉相對，故甸亦七萬五千家。六鄉餘地有九等，所居六遂餘地無九等，故以餘地爲公邑。

陳氏禮書：邦甸浸廣矣，又無九等之地，故餘地爲公邑。邦削至邦都又加廣矣，而三等采地之外，其餘亦爲公邑。公邑有四，而載師特曰「公邑之田任甸地」者，言公邑始於此也。蓋公邑，閑田也。天子使大夫治之，遂人與縣師預焉。遂人掌野，自百里外至五百里皆曰野。縣師掌邦國都鄙，謂甸郊里之地域。鄭康成謂「二百里三百里，其大夫如州長；四百里五百里，其大夫如縣正」，義當然也。

禮記坊記正義：兵賦之法，畿内六鄉，家出一人。遂之軍法與鄉同。其公邑出軍，亦與鄉同。故鄭注匠人云：「采地制井田，異於鄉遂及公邑。」則知公邑地制與

〔一〕「三百里」，諸本作「二百里」，據周禮注疏卷一三改。

鄉遂同，明公邑出軍亦與鄉遂同。

蕙田案：遂之餘地，即所謂「以公邑之田任甸地」，縣士注所謂「封則爲采地，未封則爲公邑」也。蓋公邑雖稱餘地，實多于遂幾倍。準之稍、縣、都，亦多于采地幾倍。以公邑太宰九賦所出，天子使大夫治之，其地宜廣也。

又案：采地之外餘地，在夏、殷則六十四同九十六成，周則六十五同八十一成三十井。一爲禄士，一爲閒田。夏謂之閒田，周謂之公邑，其實一也。其禄士之内，又包二條：一是元士，即所云「天子之元士不與」，鄭謂「不在封國數中」是也；一是公卿之子，父死後，既不世爵，得食父禄，即所云「大夫不世爵，未賜爵，視天子之元士以君其國」是也。二者皆爲無地之士，雖給以地而當其禄，不得爲采地。春秋之時，公卿亦有無地。劉子、單子是有地者稱爵，畿内諸侯皆稱子，見鄭答趙商。「王子虎卒」是無地者不稱爵是也。其禄士之外，並爲閒田，與畿外附庸閒田相對，但畿内閒田即是公邑，畿外閒田非即附庸，已封人爲附庸，未封人則閒田。畿内不言附庸，無附庸也。又畿外州建二百一十國之外，則閒田少；畿内建九十三國之外，則閒田多。所以然者，畿外諸侯有大功德，始有附庸，故閒田少；畿内每須肦賜，故閒田多也。又案王制「凡九州」一節，鄭以爲殷制，但言「元士不與」，不及閒田；「天子之田方千里」一節，鄭亦以爲殷制，其注但言元士，亦不及閒田。似若殷時無此一項者，或係偶不及之，經無明文，姑闕。又案：計遂之公邑，九同五十成，十八分而去五，得六十一萬七千五百夫，以六家受十三夫通之，可受二十八萬五千家。稍地公邑，十六同六成二十五井，十八分而去五，得一百四萬四千六十二夫半，六家受十三夫，可受四十八萬一千八百七十五家。縣地公邑，二十二同七十五成，十八分而去五，得一百四十七萬八千七百五十夫，六家受十三夫，可受六十八萬二千五百家。畺地公邑，二十七同，十八分去五，得一百七十五萬五千夫，六家受十三夫，可受八十一萬家。計四處公邑，共二百二十五萬九千三百七十五家。據賈疏以公邑之制亦與六遂同，則亦下劑致甿，但内應除去治溝洫若干夫，則出賦之夫亦未可定。今特舉其概云。

又案：以上公邑出軍之制。

遂人：上地，夫一廛，田百畝，萊五十畝，餘夫亦如之；中地，夫一廛，田百畝，萊百畝，餘夫亦如之；下地，夫一廛，田百畝，萊二百畝，餘夫亦如之。

孟子：卿以下必有圭田，圭田五十畝，餘夫二十五畝。

注云：賈氏公彦匠人疏：孟子云：「卿以下必有圭田，圭田五十畝，餘夫二十五畝。」田，則亦不祭，言絀士無潔田也。井田之民，養公田者受百畝，圭田半之，故五十畝。所謂惟士無畝。餘夫者，一家一人受田，其餘老少有餘力者受二十五畝，半於圭田，謂之餘夫也。受田者，田業多少，有上中下」。周禮曰「餘夫亦如上中下之制」也。圭，潔也。王制曰「夫圭田無征」，謂餘夫圭田，皆不出征賦。

陳氏禮書：先王之於民，受地雖均百畝，然其子弟之衆，或食不足而力有餘，則又以餘夫任之，此詩所謂「侯彊」，遂人所謂「以彊予任甿」者也。然餘夫之田不過二十五畝，以其家既受百畝，而又以百畝予之，則彼力有所不逮矣，故其田四分農夫之一而已。禮言「上地田百畝，萊半之」云云，則所謂「餘夫如之」者，如田萊之多寡而已，非謂餘夫亦受百畝如正農夫也。班固謂「其家衆男，亦以口受田如此」，鄭司農謂「户計一夫一婦而賦之，餘夫亦受此田」，其說與孟子不合，賈公彦之徒遂謂「餘夫三十有妻者受百畝，二十九以下未有妻者受田二十五畝」，是附會之論也。

蕙田案：陳氏解「餘夫如之」甚確。蓋上地田二十五畝，萊十二畝半；中地田二十五畝，萊亦二十五畝；下地田二十五畝，萊五十畝也。

又案：以上附論圭田、餘夫。

周禮地官遂人：凡治野，夫間有遂，遂上有徑；十夫有溝，溝上有畛；百夫有洫，洫上有涂；千夫有澮，澮上有道；萬夫有川，川上有路，以達于畿。注：遂、溝、洫、澮，皆所以通水于川也。遂，廣深各二尺，溝倍之，洫倍溝，澮廣二尋深二仞。徑、畛、涂、道、路，皆所以通車徒于國都也。徑容牛馬，畛容大車，涂容乘車一軌，道容二軌，路容三軌。萬夫者，方三十三里少半里，九而方一同，以南畝圖之，則遂從溝横，洫從澮横，九澮而川，周其外焉。疏：此溝洫法與井田異制。其遂、溝、洫、澮廣深，亦與井田溝、澮廣深同，故鄭還約匠人井田之法而言也。云「萬夫者，方三十三里少半里」者，此解經「萬夫有川」之意。從西北隅北畔至東頭有十洫，一洫百夫，十洫千夫，千夫萬步，萬步有三十三里百步，百步是少半里，以九澮總而言之，則萬夫矣，故言「萬夫者，三十三里少半里」矣。云「九而方一同」者，案匠人云「廣尺深尺謂之甽」，以至「方百里爲同，同間廣二尋、深二仞謂澮」，彼井田法，溝澮稀少而云同。此雖溝洫法，溝澮稠多，亦與彼井田相準擬而言也。云「以南畝圖之，遂從溝横，洫從澮横，九澮而川，周其外」者，案詩「今適南畝」，又「南東其畝」，故以南畝圖之。其田南北細分者，是一行隔爲一夫，十夫則于首爲横溝。十溝即百夫，于東畔爲南北之洫。十洫則于南畔爲横澮，九澮則于四畔爲大川。此川亦人造，雖無丈尺之數，蓋亦倍澮耳。此川與匠人澮水所注川者異，彼百里之間一川，謂大川也。

詩周頌噫嘻：駿發爾私，終三十里，亦服爾耕，十千維耦。箋：周禮曰：「凡治野田，夫間有遂，遂上有徑；十夫有溝，溝上有畛；百夫有洫，洫上有塗；千夫有澮，澮上有道；萬夫有川，川上有路。」計此萬夫之地，方三十三里少半里也。耜廣五寸，二耜爲耦，一川之間萬夫，故有萬耦耕。言「三十里」者，舉其成數。疏：箋以「播厥百穀」，是王者率夫爲之。箋又以萬人爲耦，與三十里大數相應，故引周禮以證之。所引周禮盡「川上有路」，皆地官遂人文也。彼意言凡治郊外野人之田，一夫之間有通水之遂，廣深各二尺也。此遂上即有一步徑，以通牛馬。其十夫有通水之溝，廣深各四尺也。此溝上即有一徑畛，以通大車。其百夫有通水之洫，廣深各八尺也。此洫上即有一大塗，以通乘車。其千夫有通水之澮，廣丈六尺、深丈四尺也。此澮上即有一通道，以容二軌。其萬夫有自然之大川，此川上即有一廣路，以容三軌。是周禮以萬夫爲限，與此十千相當。又計此萬夫之地，一夫百畝，方百步，積萬夫方之，是廣長各百夫〔一〕，以百相乘是萬也。既廣長皆百夫，夫有百步，三夫爲一里，則百夫爲三十三里餘百步，即三分里之一爲少半里，是「三十三里又少半里」也。「耜廣五寸，二耜爲耦」，冬官匠人文也。此一川之間有萬夫，故爲萬人對耦而耕。此萬人受田，計之乃三十三里少半里，正言三十三里者，舉其成數也。以三

〔一〕「長」，諸本脱，據毛詩正義卷一九補。

十三里與十千舉其成數，正足相充也。遂人注云：「十夫，二鄰之田。百夫，一酇之田。千夫，二鄙之田。萬夫，四縣之田。遂、溝、洫、澮，皆所以通水于川也。遂，廣深各二尺，溝倍遂，洫倍溝。溝廣二尋，深二仞。徑、畛、塗、道、路，皆所以通車徒于國都也。徑容牛馬，畛容大車，塗容車一軌，道容二軌，路容三軌。以南畝圖之，則遂縱溝横，洫縱澮横，九塗而川，周其外焉。」是鄭具解五溝、五塗之事也。以遂人治野田，故還據遂中鄰、里、酇、鄙、縣而説之。四縣爲一部，計六遂三十縣爲七部，猶餘二部，蓋與公邑采地共爲部也。何者？遂人于「川有路」之下云「以達于畿」，鄭云：「以至于畿，則中雖有都鄙，遂人盡主其地。」是都鄙與遂同制。此法明其共爲部也。地官序縣正「每縣下大夫一人」，鄙師「每鄙上士一人」，酇長「每酇中士一人」，里宰「每里下士一人」，鄰長「五家則一人」，計四縣有二十鄙，百酇，四百里，二千鄰，則鄰長以上合有二千五百二十四人矣。而云「一吏主之」者，彼謂主民之官，與典田者别職，其主田之吏，一部惟一人也。遂人注所言遂、溝、洫、澮廣深之數，皆冬官之文也。徑、畛、塗、道、路所容，于匠人差約而爲之耳，無正文。言「以南畝圖之，遂縱溝横，洫縱澮横」者，以夫間有遂，則兩夫俱南畝，於畔上有遂〔一〕，故遂從也。其遂既從，則必注于横者也，故溝横也。百夫方千步，除外畔，其間則南北者九遂，東西者九溝，其東西之畔，即是洫也。從洫必注于横澮，則南北之畔即是澮也，萬夫，方萬步，爲方千步者百，除外畔，其間南北者九洫，東西者九澮，其四畔則川周之，故云「川周其外」也。如是者九，則方百里，故遂人注又云「萬

〔一〕「於」，諸本作「與」，據毛詩正義卷一九改。

夫者，方三十三里少半里，九而方一同」也。此皆設法耳。川者，自然之物，當逐地形而流〔一〕，非于萬夫之外必有大川遶之；且川者流水，不得方折而迎之也。

觀承案：後代田盡私也，三代田盡公也。惟井田分爲中公外私，則有公田必有私田，有私田亦有公田。「雨我公田，遂及我私」，先言公田，下之急於忠上也。「駿發爾私，終三十里」，不言公田，上之忠於惠下也。但言私田，而公田未嘗不在其中矣。

蕙田案：以上溝洫之制。

周禮地官小司徒：乃經土地，而井牧其田野，九夫爲井，四井爲邑，四邑爲丘，四丘爲甸，四甸爲縣，四縣爲都。注：此謂造都鄙也。采地制井田，異于鄉遂，重立國。小司徒爲經之，立其五溝五塗之界，其制似井之字，因取名焉。孟子曰：「夫仁政必自經界始。經界不正，井地不均，穀禄不平，是故暴君姦吏必慢其經界。經界既正，分田制禄可坐而定也。」九夫爲井者，方一里，九夫所治之田也。此制小司徒爲經之，匠人爲之溝洫，相包乃成耳。疏：云「匠人爲之溝洫」者，案匠人云「井間有溝，成間有洫，同間有澮」，是「匠人爲之溝洫」也。云「相包乃成」者，司徒立其界，匠人爲其溝，相包含

〔一〕「逐」，諸本作「遂」，據毛詩正義卷一九改。

乃成其事耳。鄭知此爲造都鄙者，鄉、遂、公邑之中，皆爲溝洫之法，此經爲井田之法，故知謂造都鄙也。云「采地制井田，異于鄉遂」者，案遂人「夫間有遂」之等，是溝洫法，鄉田之制與遂同。此經與匠人爲井田法，其制與鄉遂不同，故云「采地制井田，異于鄉遂」也。此雖不言異于公邑，公邑亦與遂同，故注匠人云「異于鄉遂及公邑」是也。

考工記匠人：爲溝洫，耜廣五寸，二耜爲耦。一耦之伐，廣尺深尺，謂之畎。田首倍之，廣二尺、深二尺，謂之遂。九夫爲井，井間廣四尺、深四尺，謂之溝。方十里爲成，成間廣八尺、深八尺，謂之洫。方百里爲同，同間廣二尋、深二仞，謂之澮。注：此畿内采地之制。采地制井田，異于鄉遂及公邑。一夫所佃百畝，方百步。九夫爲井，方一里。三夫爲屋。一井之中，三屋九夫，三三相具，以出賦税，共治溝也。方十里爲成，成中容一甸，甸方八里出田税，緣邊一里治洫。方百里爲同，同中容四都，六十四成，方八十里出田税，緣邊十里治澮。采地者，在三百里四百里五百里之中。滕文公問爲國於孟子，孟子曰：「夏后氏五十而貢，殷人七十而助，周人百畝而徹，其實皆什一也。」文公又問井田，孟子曰：「請野九一而助，國中什一使自賦。死徙無出鄉，鄉田同井，出入相友，守望相助，疾病相扶持，則百姓親睦。方里而井，井九百畝，其中爲公田。八家皆私百畝，同養公田。公事畢，然後治私事，所以别野人也。」又曰：「詩云：『雨我公田，遂及我私。』惟助爲有公田。由此觀之，雖周亦助也。」魯哀公問於有若曰：「年饑，用不足，如之何？」有若對曰：「盍徹乎？」曰：「二，吾猶不足，如之何其徹也？」春秋宣十五年「初税畝」，傳曰：「非禮也。穀出不過藉，以豐財也。」此數者，世人謂之錯而疑焉。以載師職及司馬法論之，周制，畿内用夏之貢法，税夫，無公田。以詩、春秋、論語、孟子論之，周制，邦國用殷之助法，制公田，不税夫。貢者，自治其田，貢其税穀。助者，借民之力以治公田，又使收斂焉。畿内用貢法者，鄉遂及公邑之吏旦夕從民事，爲其促之以公，使不得恤其私。邦國用助法者，諸侯專一國之政，爲其貪暴，税民無藝。周之畿内，税有輕重。諸侯謂之徹者，通其率以什一爲正。孟子云：「野九夫而税一，國中什一。」是邦國亦異外内之法耳。疏：「畿内采地之制」者，對畿外諸侯亦制井田，與此同。云「采地制井田，異于鄉遂及公邑」者，案遂人云：「夫間有遂，十夫有溝，百夫有洫，千夫有澮，萬夫有川。」方三十三里少半里，九而方一同，以南畝圖之，遂縱溝横，洫縱澮横，九澮而川周其外。若以九而方一同，則百里之内，九九八十一澮。井田則一同惟一澮，既溝、澮稀稠不同，又彼溝洫法以爲貢，祇就夫税之，十一而貢。此則九夫爲井，井税一夫，美惡取于此，不税民之所自治，是溝洫、井田異也。井田之法，甽縱遂横，溝縱洫横，澮縱自然川横。其夫間縱者，分夫間之界耳。無遂，其遂注入溝，溝注入洫，洫注入澮，澮注自然入川，此略舉一成，以三隅反之，一同可見矣。遂人云「夫間有遂」，以南畝圖之，則遂縱而溝横。此不云夫間有遂，云「田首倍之，謂之遂」，遂則横而溝縱也。自餘洫、澮、川，依此遂溝縱横參之可知。但彼云「九澮而川周其外」，川則人造之，此百里有澮，澮水注入川，相去遠[一]，故宜爲自然

〔一〕「遠」，諸本作「逆」，據周禮注疏卷四二改。

川也。「畿内用貢法」云云者，鄉、遂、公邑之内，皆鄰、里、比、閭等治民之官，旦夕從民事，或因此促之，使先治公田，則不得恤其私。故爲貢法，使不得有公田也。云「邦國用助法，諸侯專一國之政，恐其貪暴，税民無藝」者，藝，謂準法。宣公初税畝，就井田上尚取民之所自治，若爲貢法，有何準法？故爲井田不爲貢也。

○孔氏穎達曰：鄭言邦國亦異外内，則諸侯郊内貢，郊外助矣。而鄭正言畿内貢法，邦國用助法，以爲諸侯皆助者，以諸侯郊内地少，郊外地多，故以邦國爲助對畿内之貢，爲異外内也〔一〕。

朱子語録：問：周制都鄙用助法，八家同井；鄉遂用貢法，十夫有溝。鄉遂所以不爲井者，何故？曰：都鄙以四起數，五六家始出一人，故甸出甲士三人，步卒七十二人。鄉遂以五起數，家出一人爲兵，以守衛王畿，役次必簡，故周禮惟挽柩則用之，此役之最輕者。

蕙田案：鄭康成以遂人所言爲溝洫之法，即夏之貢法，鄉遂、公邑用之。匠人所言爲井田之法，即殷之助法，都鄙用之。其溝洫與井田之異，則遂人云「夫間有遂，十夫有溝，百夫有洫，千夫有澮，萬夫有川」。百里之内，九九八十一澮；

〔一〕「孔氏」至「外内也」七十字，引自詩小雅甫田孔穎達正義。

井田則一同惟一澮。一溝澮稠多，一溝澮稀少，其異一。井田之法，畎縱遂橫，溝縱洫橫，澮縱川橫。遂人注云「以南畝圖之，則遂縱而溝橫」，其異二。遂人之川是人造之，匠人之川爲自然大川，非人所造，其異三。溝洫之法，祇就夫税之，十一而貢；井田之法，九夫爲井，井税一夫，美惡取於此，不税民之所自治，其異四。宋鄭夾漈非之，謂「匠人舉大概而言，遂人舉一端而言，井田之法，通行天下，未嘗有異」。陳祥道禮書亦謂：「先王之爲井田也，使所飲同井，所食同田，所居同廛，所服同事。鄉遂，六軍所寓，豈各授之田而不爲井法乎？」康成以小司徒有邑、甸、縣、都之别，而其名與采邑同，遂以井田屬之采邑，不知二百一十國謂州，五黨亦謂之州；萬二千五百家謂遂，一夫之間亦謂之遂；王畿謂之縣，五鄙亦謂之縣。小司徒井其田野，不過取名于縣、都而已，不足據。陸氏佃、陳氏傅良皆不信鄭説，備載王與之訂義。近時沈君冠雲禄田考亦用鄭樵、陸佃之説。朱子則曰：「周禮有井田之制，有溝洫之制。井田是四數，溝洫是十數。今永嘉諸儒，乃欲混井田、溝洫爲一，則不可通。鄭氏注分作兩項，極是。」愚謂周人徹法，原兼貢、助，若井田通行天下，則亦專用助，何徹之有？遂人、匠人之别，見於難，恤察有詳略，厚于遂，非薄六鄉也，亦不泄邇忘遠之深指，其均一也。

蔡氏德晉曰：凡田之休不耕者，即以爲畜牧之地，謂之萊。上地無休不耕之田，另加萊五十畝，專用以畜牧。詳見遂人職。

蕙田案：此説非是，辨已見前。

又案：此六遂授田。

大司徒：凡造都鄙，不易之地家百畮，一易之地家二百畮，再易之地家三百畮。

注：鄭司農云：「不易之地，歲種之，地美，故家百畮。一易之地，休一歲乃後種，地薄，故家二百畮。再易之地，休再歲乃復種，地愈薄，故家三百畮。」

史氏曰：不易者，土力厚，一歲一種。再易者，土力薄，再歲一種。三易者，土力益瘠，率三歲而一種。易者，更迭而種也。再易，一倍不易之地。三易，二倍不易之地。而其所出，不過同爲百畝之獲也。

陳氏傅良曰：王制正義：「農夫受田，實有九等。案大司徒不易、一易、再易，惟三等。大司徒言其綱，其實不易、一易、再易各爲三等，則九等。」

蕙田案：此都鄙授田。

夏官大司馬：凡令賦，以地與民制之。上地食者參之二，其民可用者家三人；中地食者半，其民可用者二家五人；下地食者參之一，其民可用者家二人。注：賦，給軍用者也。令邦國之賦，亦以地之美惡、民之衆寡爲制，如六遂矣。鄭司農云：「上地，謂肥美田也。食者參之二，假令一家有三頃，歲種二頃，休其一頃。下地食者參之一，田薄惡者所休多。」疏：遂人「上地，夫一廛，田百畝，萊五十畝；中地，家二百畝；下地，家三百畝」，與此「上地食者參之二」合，故云邦國如六遂。

蕙田案：蔡氏德晉解大司馬此節，謂所令之賦，自鄉遂以達于邦國都鄙，皆一法。可食者，謂田也。其不可食者，則萊也。可食者三之二，謂田百畝，萊五十畝也。食者半，謂田百畝，萊亦百畝也。食者參之一，謂田百畝，萊二百畝也。此條以大司馬三等與遂人三等同，與康成合。但鄭謂是邦國，蔡通畿内都鄙，一概同之。

又案：此邦國授田。

鄭氏鍔曰：經所載，自王畿之鄉、遂、都、鄙至於諸侯之邦國，凡授田之法，自有四節。大司徒言都鄙之制，小司徒言六鄉之制，遂人言六遂之制，大司馬言諸侯國之制。何以明之？大司徒言「凡造都鄙」，而繼以不易、一易、再易之地，其爲都鄙之制明矣。小司徒言上地、中地、下地之制，不與遂同，又不與都鄙大司馬同，非六鄉田制而何？何則？上地當食十人九人八人，中地當食七人六人，下地當食五人，此常法也。六鄉在内，不及十人九人，但家有七人則授以上地，家有六人則授以中地，家有五人則授以下地。所以然者，將以强内故也。若六遂所授，則不可與鄉同，故别言之曰「上地，夫一廛，田百畝；中地，夫一廛，田百畝；下地，夫一廛，田百畝」，見其如常法而已。然又有萊五十畝、萊百畝、萊二百畝，不與鄉同，則以遂地遠而瘠，授之萊，所以饒遠也。又以爵考之，鄉大夫爵與遂大夫同，鄉師爵與遂師同，小司徒爵與遂人同。遂人掌授遂田，則小司徒掌授鄉田矣。遂人言六遂之制，則小司徒所言爲六鄉授田之制，何疑之有？若夫外造都鄙，則大司徒事，故都鄙之田於大司徒言之，施政職于九畿之外；而令其軍賦則大司馬事，故邦國之田於大司馬言之也。

蕙田案：小司徒六鄉、大司徒都鄙授田法，與井牧同。遂人六遂、大司馬邦國授田法，與井牧微異。蓋以饒遠，遂較鄉爲遠，邦國較畿内爲遠，故其差如此。及其出税賦，則皆二而當一。今臚列諸條，彙于一處，學者覽之自明。

馬氏端臨曰：周家授田之制，如大司徒、遂人之説，則是田肥者少授之，田瘠者多授之。如小司徒之説，則口衆者授之肥田，口少者授之瘠田。如王制、孟子之説，則一夫定以百畝爲率，而良農食多，惰農食少。三者不同。

地官遂人：凡治野，以下劑致甿。注：變民言甿，異外内也。致，猶會也。民雖受上田、中田、下田，及會之，以下劑爲率，謂可任者家二人，優遠民也。

蕙田案：王昭禹解「下劑致甿」，劑爲約劑，謂與甿約之要書也。此説太迂，不如鄭注之確。

曹氏叔遠曰：六鄉分上、中、下地，爲任民多寡之數，而此則不復差别，一以下地爲率。蓋六遂比鄉爲差遠，而在野之地寬，宜優其役而厚其力，使受地多而征調少，庶民皆願爲之氓，以滋生齒，以實遂地。

載師：凡任地，國宅無征，園廛二十而一，近郊十一，遠郊二十而三，甸、稍、縣、都皆無過十二，惟其漆林之征二十而五。注：任地，謂任土地出税賦也。征，税也。國宅，凡官所有宫室，吏所治也。周税輕近而重遠〔一〕，近者多役也。園廛亦輕之者，廛無穀，園少利也。

〔一〕「周」，諸本作「國」，據周禮注疏卷一三改。

蔡氏德晉曰：國宅，官府所居室也。園，園圃。廛，城中居民宅也。二十而一者，謂園有草木之稅，及宅種桑麻而有布帛之稅，皆二十分而取其一也。近郊十一，田之正稅，通于天下，而言于近郊者，近郊，六鄉之地，稅田始于此，而無他稅也。遠郊二十而三，以關稅言之也。遠郊，六遂之田，十一，同于近郊，不必言，而遠郊之關商賈、貨賄之稅，則二十分而取其三分，稍重以抑末也。甸、稍、縣、都田稅與鄉遂同，而地廣多山澤，立虞衡之官以治其稅，山澤利出自然，故十取其二也。漆用最廣而利厚，故二十而取其五也。鄭康成專以田稅解此節，不可通矣。

蕙田案：蔡氏說最有理據，存參。

觀承案：載師此條，實爲難解。什一者，天下之中正，烏有「二十而三」與「無過十二」之異數哉？或謂稅民只是十一，此就下所奉上，十中之一，又以其一分爲十，而取其十中之一與二十中之二與三，非謂民稅之二與三也。然經文直云「二十而三」與「無過十二」，則以其奉上之一分爲十與分爲二之說，又何所據而鑿出耶？其爲臆度之詞，固不足信。即謂「近郊十一」至「無過十二」，係歆、莽所添，必去此十九字，然後可通者，亦未見其當。蓋此條與上條一一相對，未有以證其爲添附，則豈可憑臆而斷，竟毅然删截乎？竊謂此條雖承上文而意義各别。上條九等任地，皆言其田。此條首提「國宅無征」句，乃著明「園廛二十而一」爲有征，其下遂承以近郊、遠郊、甸稍、縣都，而詳其所征之數，並不一言涉及田字，則是專指其近郊、遠郊、甸稍、縣都之爲園廛者言，而非田税之正，故不妨「二十而三」、「無過十二」之不均。惟漆林之征，雖亦園廛一類，然牟利太多，又開侈靡之習，與園廛但毓果蔬草木者又自不同，故獨二十而五，以重税抑末而止奢，俾不敢棄田以爲園林也。如此，則亦字字甚明。周禮本文自當，何煩鑿爲之説，或別加刊削也哉？

孟子：請野九一而助，國中什一使自賦。

朱子曰：野，郊外都鄙之地也。九一而助，爲公田而行助法也。國中，郊門之內，鄉遂之地也。田不井授，但爲溝洫，使什而自賦其一，蓋用貢法也。周所謂徹法者，蓋如此。以此推之，當時非惟助法不行，其貢亦不止什一矣。

詩小雅甫田箋：歲取十千，於井田之法，則一成之數也。九夫爲井，井税一夫，其田百畝。井十爲通，通税十夫，其田千畝。通十爲成，成方十里，成税百夫，其田萬畝。疏：孟子言三代税法，其實皆什一。若井税一夫，是九税一矣。此詩之意，刺幽王賦重，當陳古税之輕，而言成税萬畝，反得重於什一者，孟子言什一，據通率而言耳。周制有貢有助，助者，九夫而税一夫之田；貢者，什一而貢一夫之穀；通之二十而税二夫，是爲什中税一也。故冬官匠人注廣引經傳而論之云：「周制，畿内用夏之貢法，税夫，無公田；邦國用殷之助法，制公田，不税夫。貢者，自治其所受田，貢其税穀。助者，借民之力以治公田，又使收斂焉，通其率以什一爲正。孟子曰：『野九夫而税一，國中什一。』是邦國亦異外内之法耳。」是鄭解通率爲什一之事也。又孟子云：「滕文公使畢戰問井田。孟子對曰：『請野九一而助，國中什一使自賦。』」是鄭所引異外内之事也。孟子又云：「方里而井，井九百畝，其中爲公田。八家皆私百畝，同養公田。公事畢，然後治私事，所以别野人也。」是説助法，井别一夫以入公也。言别野人者，别野人之法，使與國中不同也。爾雅云：「郊外曰野。」則野人爲郊外也。野人爲郊外，則國中爲郊内也。郊内謂之國中者，以近國，故繫國言之，亦可地在郊内，居在國中故也。助法既言百畝爲公田，則使自賦者，明是自治其田，貢其税穀也。助則九而助一，貢則什一而貢一，通率爲什一也。若然九一而助者，爲九中一。知什一自賦，非什中一者，以言「九一」即云「而助」，明九中一助也。國中言「什一」，乃云「使自賦」，是什一之中使自賦之，明非什中一爲賦也。故鄭玄通其率，以什一爲正。若什一自賦，爲什中賦一，則不得與九一通率爲什一也。且鄭引孟子云「野九夫而税一，國中什一」，不言國中什而税一，明是國中什一而貢一，故得通率爲什一也。史傳説助、貢之法，惟孟子爲明。鄭據其言，謂什一而徹，爲通外内之率，理則然矣。而食貨志云：「井方一里，是爲九夫，八家共之，各受私田百畝，公田十畝，是爲八百八十畝，餘二十畝爲廬舍。」其言取孟子爲説，而失其本旨。何休之注公羊，范甯之解穀梁，趙岐之注孟子，宋均之説樂緯，咸以爲然，皆義異于鄭，理不可通。何則？言「井九百畝，其中爲公田」，則中央百畝共爲公田，不得家取十畝也。又言「八家皆私百畝」，則中央百畝皆屬公矣，何得復以二十畝爲廬舍也？言「同養公田」，是八家共理公事，何得家分十畝自治之也？若家取十畝，各自治之，安得謂之同養也？若二十畝爲廬舍，則家别二畝半，亦入私矣，則家别私有百二畝半，何得爲八家皆私百畝也？此皆諸儒之謬。鄭於匠人注云：「野九夫而税一。」此箋云：「井税一夫，其田百畝。」是鄭意無家别公田十畝及二畝半爲廬舍之事。俗以鄭説同於諸儒，是又失鄭旨矣。

蕙田案：趙岐解孟子云，夏后時，民耕五十畝，貢上五畝。殷氏耕七十畝，以七畝助公家。周民耕百畝者，徹取十畝以爲稅。雖異名而多少同，故曰「其實皆什一也」。賈公彦匠人疏亦用趙氏之説，今從鄭説則不合，故陳祥道禮書云：「鄭謂通率什一，而穎達之徒申之，謂助之所取者重，貢之所取者輕。」孟子何以言「皆什一」歟？曰字書訓徹爲通，正兼二法爲什一之義，不當以爲徹取。龍子「莫不善于貢」之言夏，玄、肅雖謂後人流弊，其實亦由立法而然。制公田，則不必取盈；不制公田，則賦有常額，安得謂貢助皆什而税一耶？朱子謂「周時鄉遂用貢法，十夫有溝；都鄙用助法，八家同井」，此條得之。至謂「夏一夫受田五十畝，每夫計其五畝之入以爲貢」，如此，則與助通率爲十九分而取其二分，與前説自相矛盾，其「請野」節注「使什而自賦其一」，亦當改爲「使什一而自賦其一」，乃爲確耳。又謂「貢法以十一爲常，而周則一夫耕私田百畝，公田十畝，爲十一而取一」，如此則通率爲二十一分而取其二分，皆非也。何休、范甯、班固、趙岐之説，本于公羊，然求之諸經則無文，計以法數則不合，不可從。

又案：鄉遂、公邑溝洫稠多，其治溝洫不出賦之夫，當數倍于都鄙，而檢經注無此法，則鄉遂出賦之數，亦不能定。又六鄉家二人半，六遂家二人，都鄙與邦國郊外約七家出一人，其賦役之差，繁于近，簡于遠，參差不一如此。予嘗反覆推尋求其説而不得，既而檢春秋正義，鄉遂不出車、甲、馬、牛，而都鄙出車、甲、馬、牛，則其費且倍于鄉遂。至于税之輕近重遠，又各不同，則其輕重之差，亦固無可疑者。案鄭氏匠人注云：「畿内用貢法者，鄉遂及公邑之吏，旦夕從民事，謂其促之以公，使不得恤其私。邦國用助法者，諸侯專一國之政，爲其貪暴，税民無藝，周之畿内税有輕重。諸侯謂之徹者，通其率以什一爲正。孟子云：『野九夫而税一，國中什一。』是邦國亦異外内之率耳。」然則二法不同，輕重有異者，豈非畿内之賦鄉遂重而都鄙輕，邦國之賦國中重而郊外輕，故特設此輕近重遠之税以均之歟？載師：「凡任地，國宅無征，園廛二十而一，近郊十一，遠郊二十而三，甸、稍、縣、都皆無過十二。」注：「國税輕近而重遠，近者多役也。」匠人注亦引載師此文，而云「此謂田税也。皆就夫税之輕近重遠耳」。又駁異義云：「案公羊説『十一税，遠近無差』，玄之聞也，周禮制税法，輕近而重遠者，爲民城道溝渠之役，近者勞遠者逸也。」若然，周禮税法據王畿，公羊税法據諸侯邦國。諸侯邦國無遠近之差者，以其國地狹少，役賦事暇，故無遠近之差也。夫所謂近者多役，故輕其稅者，城道溝渠之役固然矣。而六鄉上劑致甿，六遂下劑致甿，四處公邑同于遂，則亦下劑致甿，此豈非畿内之近者多役乎？至謂諸侯無遠近之差者，對畿内而説耳。其實則孟子對滕文公，正是邦國異外内之事。而尚書費誓正義：「大國三軍，出自三鄉；次國二軍，出自二鄉；小國一軍，出自一鄉。」是國中亦家出一人也。司馬法：「甸六十四井，出七十五人。」賈公彦以爲邦國之制，是在野七家而出一人也。此豈非邦國之近者多役乎？抑所謂近郊遠郊，賈氏欲取九等田分屬之，故不言六鄉，其實六鄉亦在其内也？所謂園廛者，鄭氏取孟子「五畝之宅，樹之以桑」以解廛，取詩中「田有廬，疆場有瓜」以解園。鄭不取何休「公田内二十畝，八家各二畝半」之説，其箋詩云：「田中作廬，以便田事。」意亦指廬在私田之内。賈失鄭指，而取趙岐廬井、邑居各二畝半之説，以園、廛兩物合成一五畝之宅，乃趙岐注滕文公以園廛皆是國中之地，與五畝之宅無涉，則賈又失趙指矣。其實廛者，即經所謂「以廛里任國中之地」；園者，即經所謂「以場圃任園地」也。場人「掌國之場圃」，則園不在國中乎？是園廛亦在六鄉之内也。其采地税惟「甸、稍、縣、都無過十二」者，指六遂及四處公邑而言，無采地在内。其采地税法之輕重，檢經注無明文。以「下劑致甿」及「七家一人」之差考之，則采地之稅，必當又重於十二，可推而知也。論出賦之法，最重則畿内之六鄉，廛里以下九等地，九等地出賦法，經無文，因其與六鄉俱在遠郊内，故以意推。邦國之三鄉二鄉一鄉；其次則畿内之六遂及四等公邑，其次則邦國之郊外，最輕則畿内之三等都鄙。論出稅之法，最重則畿内之漆林，二十而五。其次則畿内之三等都鄙，經「甸、稍、縣、都無過十二」，竊疑三等都鄙亦當在内。檢鄭注、賈疏皆不在内，又無他法見經，姑分之别爲一等。其次則畿内之六遂及四等公邑，十二。其次則畿内遠郊之六鄉及官田、牛田、賞田、牧田，二十而三，六鄉地居四同，則近郊遠郊皆有之，勿泥。其次則邦國之郊外，九一。其次則畿内之近郊宅田、士田、賈田，十一。其次則邦國之國中，什一使自賦，作什一而稅一。其次則畿内之園廛，二十而一。最輕則園宅及圭田，餘夫皆無征。鄭以圭田即士田，士田在近郊則十一也。王制「圭田無征」，賈氏以餘夫亦無征，二説不同。總之，稅輕者賦重，賦輕者稅重，錯綜參伍而尋之，則涣然無疑矣。

又案：六鄉三劑致甿，合正卒、羨卒，通率家二人半，其常征所用，則無過家一人。都鄙七家出一人，亦言其常征所用耳。計亦當有羨卒以備更休，經無明文，不可臆度。至大司馬「凡令賦，以地與民制之。上地食者參之二，中地食者半，下地食者參之一」，鄭氏注及正義以爲與六遂同。近時蔡德晉亦云然。但受田既一概同於六遂之制，並無鄉遂之别，則凡邦國，國中之賦，亦未必如畿内有三劑、下劑之分，亦當正羨通家出二人，與六遂同。雖經無文，可以意推也。至常征所用，則亦無過家一人。説本尚書正義，已見前。以此推之，知馬、鄭論語注所引司馬法「六十四井，出七十五人」者，乃是邦國郊外之賦耳。不復言其細别，舉其多者言之，與鄭駁異義及匠人注所謂「邦國言其略」者正合。又邦國郊外亦當有羨卒，經注無文，亦可以意推耳。

觀承案：「九一」、「什一」，句法文義一耳。野之九一，爲九中之一，則國中之什一，亦什中之一而已。但以井田畫方而成，則以八而包一，故不得不以九一爲法，貢法長連排去，則以五什起數，十夫有溝，百夫有洫，千夫有澮，萬夫有川。但以十相乘，亦復整齊而易算耳，烏有十一爲數而取其一，反使奇零參差而難算也哉？鄭注乃因「其實什一」之語而鑿爲通率之法，謂通國中與野外而合計之，通九之一與什一之一，合爲二十而取其二，故爲什一。然合爲什一者，若分之而中得其十，外止得其八，則皆非什一矣。名曰通率，而内外異數，爾我不均，正是不通之甚耳。不知所謂通率者，當就其賦役之全數而通之。國中地近而役多，則賦雖輕，通率其役法計之，則不過什一矣。野外地遠而役少，則賦雖重，通率其役法計之，亦止於什一耳。如此則野外、國中，各自通計之而適均，故曰「其實皆什一」也。康成之説雖巧，無乃愚民之術而非先王之意乎？

蕙田案：以上税法輕重之等。

右出軍之制中

出軍之制下

周禮夏官大司馬：凡制軍，萬有二千五百人爲軍，二千有五百人爲師，五百人爲旅，百人爲卒，二十五人爲兩，五人爲伍。注：軍、師、旅、卒、兩、伍，皆衆名也。伍一比，兩一閭，卒一旅，旅一黨，師一州，軍一鄉，家所出一人。

鄭氏鍔曰：舉一軍之制，則六軍之制皆可知。

易氏祓曰：小司徒以軍制聚萬民，自伍兩至軍師咸在，獨言「會萬民之卒伍」者，先王之軍制，調兵必五數，出兵必百數，不五數不足以調兵，故積數起于五人之伍；不百數不足以出兵，故積數起于百人之卒。以百人之卒成一小陣，五百人之旅成一中陣，二千五百人之師成一大陣，萬有二千五百人之軍成五大陣。

蕙田案：此條制軍。

地官縣師：掌邦國、都鄙、稍甸、郊里之地域，辨其夫家、人民、田萊之數。若將有軍旅之戒，則受法于司馬，以作其衆庶及馬牛、車輦，會其車人之卒伍，使皆備旗鼓、兵器，以帥而至。疏〔一〕：云「受法于司馬」者，司馬主將事，故先于司馬處受出軍多少及法式也。于司馬處得法，乃作起衆庶，會合車人，人則百人爲卒，五人爲伍，車亦有卒伍。

黄氏度曰：司馬主兵，令不得直行于天下，必有縣師關節，此先生微意。兵皆民也，發民爲兵，而主民之官，不應全不知，故使其屬行司馬之法，起其衆庶、馬牛、車輦，而後會其車人、卒伍。邦國、都鄙、鄉法，卒伍雖素定，而車人不相須；甸、稍、縣、都、野法，車人相須，而縣鄙居民未嘗爲卒伍，故于此皆以司馬之法會之。五人爲伍，百人爲卒，離則皆伍，聯則皆什。

夏官司右：凡軍旅，合其車之卒伍，而比其乘，屬其右。注：右，謂有勇力之士充軍右。

〔一〕「疏」，諸本作「注」，據周禮注疏卷一三改。

合、比、屬，謂次第相安習也。車亦有卒伍。疏：宣十二年傳云：「其君之戎，分爲二廣，廣有一卒，卒偏之兩。」司馬法曰：「二十五乘爲偏。」又云：「以百二十五乘爲伍。」注云：「伍重，故百二十五乘。」是車之卒伍也。

凡國之勇力之士能用五兵者屬焉。注：勇力之士屬焉者，選右當于中。司馬法曰：「弓矢圍，殳、矛守，戈、戟助。凡五兵，長以衛短，短以救長。」疏：圍，圍城。守，守城。助者，圍守皆用戈戟助之。此五兵，據勇力之士所用。車之五兵，則無弓矢而有夷矛。

陳氏禮書：鄉萬二千五百家，三鄉則三萬七千五百家。起徒役無過家一人，則三軍爲三萬七千五百人矣。司馬法「兵車一乘，甲士三人，步卒七十二人」，合七十五人，則一卒所餘在後車矣。後卒復以五十人合二十五人爲一車之士卒，則所餘五十人又在後車矣。凡三卒而車四乘，三旅而車二十乘，三師而車百乘，三軍而車五百乘。由此推之，六軍則車千乘矣。此車人參兩以相聯糾之法也。

郝氏敬曰：凡車三三爲小偏，三五爲偏，五五爲大偏，是一師二千五百人之車也。二偏爲卒，又謂廣，是合二師之車也。五偏爲伍，凡一百二十五乘，是萬二千五百人之車也。此謂車之卒伍。

春秋宣公十二年左氏傳：欒武子曰：「其君之戎分爲二廣，廣有一卒，卒偏之兩。」注：十五乘爲一廣。司馬法：「百人爲卒，二十五人爲兩，車十五乘爲大偏。」今廣十五乘，亦用舊偏法，後以二十五人爲承副。

蕙田案：每車人數，以七十五人爲定，其法即徵之大司馬制軍之法。蓋周官一曰「會萬民之卒伍」，再曰「會車人之卒伍」，其所以獨言「卒伍」者，以軍法起於伍，成于卒也。自伍至兩，則以一甲士統之，故每車甲士三人。然則一乘者，三兩之數。五伍爲兩，則二十五人，三兩七十五人也。四乘者，三卒之數。四兩爲卒則百人，三卒三百人也。百乘者，三師之數。五旅爲師，則二千五百人，三師七千五百人也。五百乘者，三軍之數，三萬七千五百人也。千乘者，六軍之數，七萬五千人也。其爲卒伍皆五數，配以車乘，皆成三數。蓋與圖書卦畫相參，足見其爲先王制軍自然之定法，而非私智穿鑿之所能爲。

又案：伍、兩、卒、旅，以徒而言也。而車亦有卒伍，蓋一車七十五人，則卒伍已寓于車之中。及其用之，而車又爲卒伍之法，則變化無窮矣。陳用之云「三卒而車四乘，以至三軍而車五百乘」，所謂卒伍已寓于車也。左氏傳「先偏後伍，伍承彌縫，廣有一卒，卒偏之兩」，所謂車亦爲卒伍者也。

觀承案：兵陣最貴參伍。此兵車之卒伍，以參伍法計之，適符其數。然司馬法一車甲士三人，步卒七十二人，爲一乘。七十五人者，第言其戰車耳。故五人爲伍，五伍爲兩，三兩爲一乘。七十五人之奇數者，必間四乘，乃得三百人之整數，其人徒亦必間以四兩爲卒，乃得百人之整數耳。然後五卒爲旅，五旅爲師，五師爲軍，皆可以五爲數也。二說不同，而樞紐總在四乘與四兩，一小變而二法俱可通矣。

蕙田案：以上車之卒伍。

周禮地官：鄉大夫之職，以歲時登其夫家之衆寡，辨其可任者。國中自七尺以及六十，野自六尺以及六十有五，皆征之。

劉氏彝曰：昔未上籍，今則籍之，謂之登，以其初成丁也。

王氏昭禹曰：旅師職卑，所統者寡，故使之校其數，然後登上其籍。鄉大夫職尊，所統者衆，故登其籍，不校其數。小司徒「頒比法于六鄉之大夫，使各登其鄉之衆寡」，則使登其籍于大司徒也。辨其可任者，辨其力强而可任以事者也。

陳氏曰：所謂任者，著名于軍籍中也。

黄氏度曰：征不言歲而言七尺、六尺者，歲雖登而身不及則爲疾，所謂痤短侏儒者也，則舍之。國中晚征而早舍，爲其近而役多。野則早征而晚舍，以其遠而役少。

張氏曰：國中以舍者多，役者少，故晚征而早蠲之。貴者、賢者、能者、服公事者、老者、疾者多居國中，故免者多。

鄭氏鍔曰：征者，謂任其力以給繇役也。

陳氏汲曰：六鄉之民，雖有定額，至其征之，貴者以下皆免，以此見六鄉七萬五千家，特立此爲國家武備耳。或者見鄉中有師田行役之説，遂謂軍役一切調發，非矣。

王氏與之曰：古者兵法與役法不同。兵法自外及内，如有兵事，先遣邦國，不得已及遂，又不得已及鄉。若役法，先内及外。此先王均内外之意。

其舍者，國中自貴者、賢者、能者、服公事者、老者、疾者，皆舍。

陳氏禮書：七尺、六尺征之，以其才；六十、六十有五舍之，以其齒。國中近而役多，故晚征而早舍。野外遠而役少，故早征而晚舍。欲使其勞逸輕重均而已。與「近郊什一，遠郊二十而三，甸稍縣都無過十二」同意。又曰「國中貴者、賢者之等皆舍」，又八十者，一子不從政；九十者，其家不從政；廢疾非人不養者，一人不從政；父母之喪，三年不從政；齊衰大功之喪，三月不從政；將徙于諸侯者，三月不從政；自諸侯徙于家，期不從政，役之義也。舍之，仁也。所以北山不均之刺，不作于下也。後世踐更之法，雖丞相之子不免戍邊，豈先王之法哉？

高氏愈曰：古人弛役以年計，苟年老則息之，不以筋力强壯役之也。其任役也以形計，苟其豐壯强碩則役之，欲其早肄勤勞也。

蕙田案：鄭注：「七尺謂年二十，六尺謂年十五，國中晚賦税而早免之，以其所居復多役少。野早賦税而晚免之，以其復少役多。」但復多役少反得晚賦早免，殊不可解。不知六鄉之内，上劑致甿，復者雖多，役較國外爲重，故既輕其税以優之，而又晚賦早免以體恤之。周官多饒遠之政，亦未嘗不寬近，其遠近均平如此。

觀承案：成周役法，本以國中地近則役多，故輕賦以優之；野外地遠則役少，故重賦以平之。今又謂「國中復多役少，故晚賦而早免。野外復少役多，故早賦而晚免」，恐亦是隨文生解耳。觀小司徒九比之法，辨其貴賤、老幼、廢疾，凡征役之施舍，兼國中及四郊都鄙在内。而凡族師、閭胥、遂人、遂師，其施舍之法，無不皆然，豈以國中、野外而分復之多少哉？須知國中役多則勞亦多，故宜早免以休之；野外役少則勞亦少，故可晚免而任之，原不係乎復之多少也。康成之注，誠不可泥。

小司徒之職：稽國中及四郊、都鄙之夫家，九比之數，以辨其貴賤、老幼、廢疾，凡征役之施舍。

史氏曰：國中，王畿也。四郊，畿外也。都鄙，野外也。夫謂其身，家謂其居。

族師：以時屬民，而校登其族之夫家衆寡，辨其貴賤、老幼、廢疾、可任者。

項氏曰：夫以田言，家以居言。如家七人爲衆，家五人爲寡。貴賤、老幼、廢疾則不任，可任謂六尺以上、七尺以上者。

閭胥：以歲時各數其閭之衆寡，辨其施舍。

鄭氏鍔曰：説者謂一閭之中，不過二十五家，其衆寡何難知之有，而必以歲時數之？蓋一閭之民有可任者，亦有可施舍者，彼其或老或幼，苟不知其可舍而一切任之，豈恤民之道哉？閭胥先有以辨之，則鄉大夫得以歲時入其書。

遂人：以歲時登其夫家之衆寡，及其六畜、車輦，辨其老幼、廢疾與其施舍者。

注：夫家，猶言男女也。

王氏曰：遂人既登其夫家衆寡、六畜、車輦，遂師又以時登，則遂師登之于遂人，遂人登之于小司徒。

遂師：以時登其夫家之衆寡、六畜、車輦，辨其施舍與其可任者。

陳氏禮書：周禮鄉大夫國野之役，至于六十、六十有五。王制曰：「五十不從力政。」祭義曰：「五十不爲甸徒。」非周制也。然六十不與服戎，恐周亦然。班超傳曰：「古者十五授兵，六十還之。」韓詩説三十受兵，六十還兵。其受兵早晚雖殊，其六十還兵一也。

易氏祓曰：近郊之民，王之内地，共輦之事，職無虚月，追胥之比，無時無之，故七尺而征，六十而舍，則稍優于畿外，非姑息也。遠郊之民，王之外地也，其溝洫之制，各有司存，野役之起，不及其羨，故六尺而征，六十五而舍，則稍重于内地，非荼毒也。

蕙田案：地官均人：「凡均力政，以歲上下：豐年則公旬用三日焉，中年則公旬用二日焉，無年則公旬用一日焉。」陳及之以爲王制、内則云「五十不從力征，六十不與服戎」。力征與戎事有異，況軍事不得以時日爲斷。其説甚確。均人之力政，所謂大均之禮，與戎事無涉也。

又案：以上辨可任。

小司徒：頒比法于六鄉。凡起徒役，無過家一人，以其餘爲羨。注：鄭司農云：「羨，饒也。」疏：此謂六鄉之内，上劑致甿，一人爲正卒，其餘皆爲羨卒。凡國之大事，致民。大事，謂戎事也。鄭司農云：「國有大事，當徵召會聚百姓，則小司徒召聚之。」左氏成公傳：「國之大事，在祀與戎。」此言致民，明非祭祀，是戎事可知。

陳氏禮書：以下養上則不足，以上養下則有餘，故起徒役。家一人，所謂「施從其厚，事舉其中」，與「食壯者之食，任老者之事」同意。

葉氏時曰：司徒、司馬皆言「上地可任者家三人，中地可任者二家五人，下地可任者家二人」，一井凡八家，姑以下地言之，則可任者十六人。凡起徒役，無過家一人，則一井但八人耳。故遂人曰：「以下劑致甿。」民雖受上田、中田，而會之唯以下劑爲率，其寬民力可知也。

困學紀聞：古者國有閒田，田有餘夫，夫有閒民，民有羡卒，不盡其才力也。至秦而自實田，至漢而覈墾，至隋而閱丁口，至唐而括逃户隱田，于是財殫力盡，民無樂生之心矣。

蕙田案：訂義李景齊云：「司馬法甸出甲士三人，步卒七十二人。司徒通籍民數，起徒役，家一人，則以甸計之，一井八家，六十四井爲家五百十二，而僅止七十五人，蓋不盡以爲兵。」陳及之亦同此説。不知甸出七十五人者，邦國之法。小司徒家一人者，畿内六鄉之制。若以二者合爲一，則萬二千五百家爲鄉，六鄉寧足以出六軍乎？此謬也。又云：「成方十里，三百家，士十人，徒二十人。此十里之成，自甸外又加三十六井，宜所任者益多，而今特三十人，蓋不盡以爲兵。」此又不知三十六井乃治洫之家，並不使出軍賦，謬而又謬者也。

又案：以上起徒役。

書甘誓：大戰于甘，乃召六卿，王曰：「嗟！六事之人。」傳：天子六軍，其將皆命卿。

各有軍事〔一〕，故曰六事。疏：將戰而召六卿，明是卿爲軍將。「天子六軍，其將皆命卿」，周禮夏官序文也。鄭玄云「夏亦然」，則三王同也。卿爲軍將，故召六卿，及其誓之，非止六卿而已。鄭玄云：「變六卿言六事之人者，言軍吏下及士卒也。」

胤征：惟仲康肇位四海，胤侯命掌六師。傳：仲康命胤侯掌王六師，爲大司馬。

周官：司馬掌邦政，統六師，平邦國。傳：夏官卿，主戎馬之事，掌國征伐，統正六軍，平治王邦四方國之亂者。

周禮：立夏官司馬，使帥其屬而掌邦政。政官之屬：大司馬，卿一人。小司馬，中大夫二人。軍司馬，下大夫四人。輿司馬，上士八人。行司馬，中士十有六人，旅下士三十有二人。府六人，史十有六人，胥三十有二人，徒三百有二十人。注：輿，衆也。行，謂軍行列。

呂氏曰：自夏命胤侯掌六師，舉政典以誓衆，則邦政之掌于司馬舊矣。國之大事，何者非政？獨

〔一〕「事」，諸本作「士」，據尚書正義卷七改。

戎政謂之政，何也？天下無事，寓兵于農，然後賦役百爲，始有所施，是政之所從出。天下有事，舉兵討亂，邦之存亡安危係焉。其爲政之大，又不待論，此所以獨謂之政也。

葉氏時曰：大司馬制六軍，則兵屬大司馬矣。至于軍旅大事，則五官預有事焉。蓋古者寓兵于農，寓將于卿。命卿爲將，此有事之時也。無事而統兵，亦不專屬之司馬，使兵無專將，將無專權也。觀周人制兵之法，國子宿衛之士則屬之冢宰，虎賁宿衛之兵則屬之司馬，師保四翟之隸既屬之地官，又屬之秋官。至如國有大事，國子游卒雖屬于地官之諸子，而又弗征于司馬，其衛兵之權散出可知也。鄉遂之民，皆軍也，則屬之司徒。四時之田，皆兵也，則屬之司馬。閭師，地官之屬，軍旅之戒，則受法于司馬。至如鄉師帥民徒而致政令，受役要可也，而必考辟于司空，其畿兵之權散出可知也。蓋古者兵制，自衛民之外，六軍之制，皆寓兵于農，本無兵之可統；寓將于卿，本無將之可名。又況兵權散出，不屬一人，有事調兵，則天子遣使一牙璋發之，其權又專屬于天子。是以兵滿中外，而居然若無。迨及數世，司馬世官，爰以命氏。馴至諸侯更霸，列國專征，世卿帥師，大夫藏甲。孔子作春秋，凡書帥師，譏權臣也。聚民而爲兵，則兵安得而不惰？聚兵而專將，則將安得而不驕？此其爲患也久矣。唐人府兵，號爲得井田大意。然井田寓兵于農，府兵寓農于兵，其意已異。而況兵有定額，將有定員，更番再世，安能無將驕卒隋之患？府兵且爾，而況不爲府兵者哉！

詩大雅常武：赫赫明明，王命卿士，南仲太祖，太師皇父：整我六師，以脩我戎。箋：宣王命卿士爲大將，用其以南仲爲太祖者，今太師皇父是也。太師者，公兼官也。疏：上言「王命卿士」，則皇父爲卿士矣。太師，三公之名。復言「太師皇父」，是公兼官，謂三公而兼卿士之官。天子六軍，軍各有將，今獨命皇父，使整六師，不命餘將，蓋雖每軍各有將，而中軍之將尊，故特命之，使總攝諸軍也。

陳氏傅良曰：詩常武：「王謂尹氏，命程伯休父：左右陳行，戒我師旅，率彼淮浦。」小宰戒司馬出征也。程伯時爲司馬。

周禮夏官：小司馬之職掌。注：此下字脱滅，札爛文闕。漢興，求之不得，遂無識其數者。軍司馬，輿司馬，行司馬。

王氏與之曰：吉、凶、軍、賓、嘉達于天下，而軍禮獨藏于大司馬，號司馬法。若國有師田之事，縣師始受法于司馬，以作其衆庶，小司馬之職掌不悉書，而軍司馬、輿司馬、行司馬皆不備官，有事斯置，其不欲觀兵蓋如此。

李氏嘉會曰：自小司馬以下，皆不見其職掌，豈用兵之時，他官兼權，故職不見耶？抑兵事尚密，不當載之書耶？二者皆是也。先王不以兵機示天下，五官治教，禮刑事法無不著，惟兵法不傳後世，孫、吴、尉繚等，皆先王所未有。

黄氏度曰：司馬置屬與五官異，小司馬而下有軍司馬、輿司馬、行司馬，輿司馬掌車，行司馬掌卒，軍司馬兼掌之。軍司馬如天官之宰夫、地官之鄉師，以軍名官，其職可知。

易氏祓曰：魯會晉師于上鄍，輿師受一命之服。晉享六卿于蒲圃，輿尉受一命之服。所謂輿者，車也。晉中行穆子與無終及群狄戰于太原，毁車爲行。所謂行者，徒也。成周師田之法，險野徒爲主，易野車爲主，于是設二司馬之屬，專掌車徒之任，異于五官。

大司馬：凡制軍，軍將皆命卿，師帥皆中大夫，旅帥皆下大夫，卒長皆上士，兩司馬皆中士，伍皆有長。注：將、帥、長、司馬者，其師吏也。言軍將皆命卿，則凡軍帥不特置，選于六官、六鄉之吏。自卿以下，德任者使兼官焉。疏：言「軍將皆命卿」云云者，皆據在鄉爲鄉大夫、州長、黨正、族師、閭胥、比長時尊卑命數而言。伍皆有長，是比長下士，不言者，以衆多官卑，故略也。**一軍則二府，六史，胥十人，徒百人。**疏：府史有軍則置之，無則已，故不言府二人、史六人，而逆言其數以見義。

薛氏衡曰：周官序官之例，未嘗有序事之法。惟司馬所載，先詳制軍之事，而後及官屬，豈非兵者國之大事，規畫固當早正歟？自調民之法立，民之從事于軍者，勞逸出入之相權，而力常有餘矣，于是萬二千五百人爲軍，有不容損益者焉。自制軍之數立，國之有軍者，內外輕重之相制，而勢可得合矣，于是王六軍，以至小國一軍，有降殺之差焉。帥其軍者，非威令素孚不行也，于是大爲之將，將皆命卿，小爲之長，長皆上士，有以定尊卑上下之志焉。軍有帥，則文移之往來、政令之征召有不可略，于是一軍則二府、六史、十胥、百徒，有以爲文書調度之備焉。軍政之要，莫先斯四者。

陳氏禮書：古之官有常名，有異名。內而爲比長、閭師、族師、黨正、州長、鄉大夫，此常名也。及任以師田之事，則爲軍將、師帥、旅師、卒長、兩司馬、公司馬，此異名也。

蔡氏德晉曰：軍不必皆取之于鄉，而將帥亦不必皆用鄉吏。觀四時教閱之旗號，必兼州里、野家、都鄙而並陳之可見。而將帥必臨時選擇，取有德有才者爲之。鄭康成謂「凡軍帥不特置，選于六官、六鄉之吏，自卿以下，德任者使兼官焉」是也。

華氏泉曰：六軍之將皆命卿，必有一卿爲之主，此必是司馬。其餘五卿，蓋擇于司寇、司空及六鄉之鄉大夫爲之。若太宰、司徒、宗伯之尊，不當使之受節制於司馬也。雜説云：「周之軍制，將則命卿，帥則皆大夫，卒長、司馬則皆士。蓋以詩、書、禮、樂謀元帥，無非儒者之事，而公卿大夫皆可以充將帥之選。」方其「奉璋峨峨，髦士攸宜」，皆卿大夫之才，及其「淠彼涇舟，烝徒楫之」，其能濟難者，皆將帥之職。左之而文無不宜，右之而武無不有也。然則古之選將，必以詩、書、禮、樂爲先。傳稱晉文公作三軍，謀元帥，趙衰曰：「郤縠可。臣亟聞其語矣，説禮、樂而敦詩、書。詩、書，義之府也；禮、樂，德之則也。德義，利之本也。」乃使郤縠將中軍。城濮之戰，晉侯登有莘之墟以觀師，曰：「少長有禮，其可用也。」故一戰而霸，則詩、書、禮、樂之效也。伯主且然，況王者之選將命帥乎？

蕙田案：「軍將命卿」以下，注及正義甚明。薛平仲則云：「軍將命卿，説者以爲天地四時六官之六卿。今考六官中，特司馬掌兵，餘卿無與。雖田役、軍旅之事，互見六官，然特爲治事條目云耳，初非爲軍將。惟鄉大夫掌六鄉之政教禁令，序官則曰『鄉大夫，每鄉卿一人』，則鄉大夫亦謂之卿。六軍之將，即六鄉之卿也。非特此也。比長下士，伍長亦下士，則伍長即比長；閭胥中士，兩司馬亦中士，則兩司馬即閭胥；旅師上士，卒長亦上士；黨正下大夫，旅師亦下大夫；州長中大夫，師帥亦中大夫，則軍將即鄉大夫明矣。鄭謂：『軍帥不特置，選于六官、六鄉之吏，自卿以下，使兼官焉。』謂六鄉之吏兼官可也，何爲復曰『選於六官』？彼蓋無一定之見。」不知康成原爲六卿爲軍將，而鄉大夫以下德任者，則兼師帥之屬，别而言之也。王氏與之謂「古者畿兵不出境，若以王朝六卿兼掌六鄉之軍何害」是矣，而又以軍將爲鄉之卿，尤爲牽率。玩詩常武，則宣王固命冢宰矣，何得云「司馬掌兵，餘卿無與」耶？

又案：大司馬之職：「仲夏教茇舍，帥以門名，縣鄙各以其名，鄉以州名。」鄭注：「軍將皆命卿。古者軍將，蓋爲營治於國門。魯有東門襄仲，宋有桐門右師，皆上卿爲軍將者也。縣鄙，謂縣正、鄙師至鄰長也。鄉以州名，亦謂州長至比長也。鄉遂大夫，文錯不見，以其素信於民，不爲軍將，或爲諸帥，是以闕焉。」正義：「此經六遂直云縣鄙，不言遂，六鄉言以州名，雖見鄉，亦不見鄉大夫之身，其文交錯，不見鄉遂大夫，故云『文錯不見』也。兵書孫子云『素信者，與衆相得』，管子云『作内政，寄軍令』，則鄉遂大夫以下，至比長、鄰長，皆因爲軍吏以領本民，或别使人爲軍將，則鄉遂大夫别領人爲師帥、旅帥。知有别使人爲軍將者，外傳穆叔云『天子作師，公帥之以征不德』是也。」經又云：「辨旗物之用，王載太常，軍吏載旗，師都載旜，鄉遂載物。」注：「軍吏，諸軍帥也。師都，遂大夫也。鄉遂，鄉大夫也。或載旜，或載物，衆屬軍吏無所將也。」正義以爲「從軍將以下至伍長，皆得稱軍吏，鄉遂大夫若爲軍將，則在『軍吏載旗』數中，今載旜、載物，知己所管之衆屬他軍吏，己全無所將，非直不爲軍將，亦不爲諸帥」。細玩此二節注及正義，知先王命將，原無一定。鄭注大司馬「軍將」，作兩法解之，一是六官之長，一是鄉遂大夫，取其德任者而已。此最爲精妙。薛氏不明此義，遂謂六軍之將專用六鄉大夫，非也。世固有長于治民、短於克敵者，安得鄉大夫皆全材耶？至正義以「周公東征，四國是皇」證三公爲將，東征之事，變也，非常也，豈得爲定制？又以「韎韐有奭，以作六師」爲諸侯世子，爲軍將，皆近穿鑿，今亦不取。

黄氏度曰：遂之爵秩，降于鄉一等。邦國亦有鄉有遂，其爵秩亦當有高下。及在軍皆升之，使與六卿等。大抵軍吏無大小，皆主號令，當使人尊敬之。二十五人之長而爵中士，其意可見。

李氏嘉會曰：先王兵制，自五人以上，必用命士一人爲之長。至二千五百人，則用中大夫。故一軍之間，卿一人，中大夫五人，下大夫二十五人，上士百二十五人，中士五百人，下士二千五百人。士大夫如此之多，故各自愛，不致冒昧邀功以自傷，所以古者兵敗止曰敗績，不至甚斬首也。

蕙田案：以上軍將。

葉氏時曰：六軍人自爲備，居有積倉，行有裹糧，非公家所給也。是以太宰之職，九賦斂財，皆有以待其用，獨不及軍旅；九式均財，皆有以爲之法，而亦不及軍旅。豈非農皆爲兵，兵皆自賦，初無煩於廩給，故亦不煩於均節歟？

蕙田案：此條附論軍糧。

書序：武王戎車三百兩，虎賁三百人，與受戰于牧野。傳：兵車，百夫長所載。車稱兩。一車步卒七十二人，凡二萬一千人，舉全數。虎賁，勇士稱也。皆百夫長。疏：司馬法：「車有七十二人。」計三百乘，當有二萬一千六百人。孔略六百而言，云「凡二萬一千人」，故云「舉全數」。孔既用司馬法「一車七十二人」，又云「兵車，百夫長所載」，是實領百人，非惟七十二人。依周禮大司馬法，天子六軍，出自六鄉。凡起徒役，無過家一人。故一鄉出一軍，鄉爲正，遂爲副。若鄉、遂不足，則徵兵于邦國。則司馬法六十四井爲甸，計有五百七十六夫，共出長轂一乘，甲士三人，步卒七十二人。至于臨敵對戰布陣之時，則依六鄉軍法，五人爲伍，五伍爲兩，四兩爲卒，五卒爲旅，五旅爲師，五師爲軍。故左傳云：「先偏後伍。」又云：「廣有一卒，卒偏之兩。」非直人數如此，車數亦然。故周禮云：「乃會車之卒伍。」鄭云：「車亦有卒伍。」左傳：「戰于繻葛。」杜注云：「車二十五乘爲偏。」是車亦爲卒伍之數也。則一車七十二人者，自計元科兵之數。科兵既至，臨時配割，其車雖在，其人分散，前配車之人，臨戰不得還屬本車，當更以虎賁甲士配車而戰。孔舉七十二人元科兵數者，欲總明三百兩人之大數。

云「兵車，百夫長所載」者，欲見臨敵實一車有百人。

禮記坊記正義：諸侯出賦之時，雖成方十里，出車一乘，甲士三人，步卒七十二人。其臨敵之時，則同鄉法「五人爲伍，五伍爲兩」之屬。故左傳云：「邲之戰楚，廣有一卒，卒偏之兩。」又云：「兩之一卒適吴。」是臨軍同鄉法也。牧誓云：「武王戎車三百兩。」孔注云：「一車步卒七十二人。」則出軍法也。經云「千夫長、百夫長」，謂對敵時也。

春秋成公元年正義：邦國所出，一車甲士步卒，總七十五人。周禮大司馬「五人爲伍」等大致不同者，大司馬所云，謂鄉遂出軍及臨時對敵、布陳用兵之法。此甲士三人，步卒七十二人，謂徵課邦國、出兵之時所徵之兵。既至臨陳，還同鄉遂之法。知臨敵用鄉遂法者，以桓五年「戰于繻葛，先偏後伍」，又宣十二年「廣有一卒，卒偏之兩」，及尚書牧誓云「千夫長、百夫長」，是臨時對敵，皆用五、兩、卒、旅、師、軍也。

蕙田案：以上三説，附論調發、臨敵不同制。

周禮地官小司徒：頒比法于六鄉。凡起徒役，惟田與追胥竭作。注：鄭司農云：

「田，謂獵也。追，追寇賊也。竭作，盡行。」疏：此謂六鄉之内，上劑致甿，一人爲正卒，其餘皆爲羨卒。

若六遂之内，以下劑致甿，一人爲正卒，一人爲羨卒，其餘皆爲餘夫，饒遠故也。

王氏安石曰：田與追胥竭作，則獵取禽獸，與衆同欲；逐捕盜賊，與衆同惡也。

程氏曰：竭作，如「惟爲社事，單出里。惟爲社田，國人畢作」，單、畢，皆盡互言之也。

陳氏禮書：古者國有遊倅，田有餘夫，軍有羨卒，皆所以副其正也。六鄉以三劑致民，上地、中地、下地起徒役，毋過家一人，以其餘爲羨，則一人爲正卒，餘可任者皆羨卒也。六遂以下劑致民，上地、中地、下地皆以二人任之，則一人爲正卒，一人爲羨卒，其餘不預，所以優野人也。惟田與追胥竭作，鄉遂皆然。

蕙田案：「田而竭作」，即禮記所謂「惟爲社田，單出里」也。陳祥道謂「田獵，人所同欲」，其説似陋。王應電謂「田獵而祭，人各致其報本之心」，是矣，而未盡也。徒役必留羨卒者，重民力，慎居守也。田而竭作者，農隙講武，既無嫌於擾民，練習戎備，實有國之大計也。

又案：以上論田與追胥，非羨卒盡發。

凡國之大事，致民；大故，致餘子。注：大事，謂戎事也。大故，謂災寇也。鄭司農云：「國有大事，當徵召會聚百姓，則小司徒召聚之。餘子，謂羨也。」玄謂：餘子，卿大夫之子當守于王宮者也。　疏：左氏成公傳：「國之大事，在祀與戎。」此言致民，明非祭祀，是戎事可知。司農云：「餘子，謂羨也。」羨卒，惟田與追胥竭作，大故不合使羨，故鄭不從之。經云「大故，當宿衛王宮」。書傳云「餘子皆入學」，則餘子不得爲羨。

陳氏禮書：羨卒，亦謂之餘子。餘子自私言之，羨卒自公言之故也。

蔡氏德晉曰：餘子，羨卒也。致餘子，先王必不得已爲之，故雖盡室以行，而民不怨也。

蕙田案：鄭司農以餘子爲即羨卒，陳氏、鄭氏、王氏應電、蔡氏德晉說並同。案經既云「田與追胥竭作」，而其下又云「大故致餘子」，不與上文複疊耶？則餘子非羨卒可知。康成謂「卿大夫之子當守於王宮」者，疏云「大故，當宿衛王宮」，又案書傳云「餘子皆入學」，可證餘子爲卿大夫子，非羨卒也。蓋羨卒所以備居守及更休之用，若其興師越境而羨卒皆發，空國而往，居卒僅存老弱，民何以堪！牧野之師，紂七十萬，通圻皆發。晉作州兵，亦盡用之。蘇秦謂齊宣王：「臨淄之中七萬户，下户三男子，卒二十一萬。」曹操謂：「崔琰昨案户籍，可得三十萬衆，故爲大州。」至于隋閲丁口，唐括逃户，皆汲汲焉惟恐其民之不盡爲用。此悉後世之事，非先王之政也。餘子宜從康成，非羨卒盡發。

詩大雅公劉：其軍三單〔一〕。

蕙田案：此條詳見「諸侯軍制」門。禮書援以證「致餘子爲起羨卒」。考鄭箋謂：「大國三軍，以餘卒爲羨。今部承上公之封，公劉遷豳，民始從之，丁夫適滿三軍之數。單者，無羨卒也。」玩此，知詩特舉其軍賦實數，非羨卒盡發。

小雅采芑：其車三千。箋：司馬法「兵車一乘，甲士三人，步卒七十二人」。宣王承亂，羨卒盡起。

蕙田案：一車士徒七十五人，千乘當用七萬五千人，則爲六軍。采芑「其車三千」，鄭以爲「羨卒盡起」，孔正義：「六鄉羨卒盡起，得二千五百乘。案畿内六鄉，地居四同，萬有二千五百家爲鄉，依小司徒『上地可任者家三人，中地二家五人，下地家二人』，一爲正卒，餘爲羨卒，通而率之，家二人半。若令盡起，一鄉得三萬一千五百人，六鄉得十八萬七千五百人，計千乘爲七萬五千人，則十八萬七千五百人，可得二千五百乘。」此穎達之説也。但廛里九等田，亦在六鄉之内，孔

〔一〕「軍」，原作「車」，據光緒本、毛詩正義卷一七改。

未算及，未爲定數。今以載師注考之，六鄉四同，方二百里，則三十六萬夫之地，三分去一，存二十四萬夫。六鄉七萬五千家受十五萬夫之地，其餘九萬夫。廛里九等田，九者各爲萬家，通受一夫，實二家受一夫之地，定受田十二萬家。若以一家二人半通率之，則有三十萬人。第據康成以遂人溝洫之法與匠人井田之法，二法判然不同，鄉遂溝洫稠多，較之都鄙幾十數倍，則鄉遂治溝洫之夫，自當數倍于都鄙。而檢經及注疏並無此文，未可臆斷。則六鄉實受地者，雖可定之以十二萬夫，而其出賦者尚未可定也。要之，必不能給三千乘。蓋三千乘則十八軍，二十二萬五千人矣，斷非六鄉之所能供也。正義以爲家二人半，特舉其大率耳。人有死生，數有改易，六鄉内不必常有千乘，或出六遂足之，或出於公邑。愚謂周禮「田與追胥」，李氏景齊以爲田乃暫時事，則不惡其爲盡征也。即追捕盜賊，亦不過逐出之耳。若遠行征伐，決無空國而往之理。賈公彦原有鄉不足取遂，遂不足取采地，又不足徵邦國之説，亦決無必待六鄉盡起尚不足而始徵外兵之事。若然，則六鄉疲憊已極，而邦國永無徵發時矣。采芑之三千，安知非鄉遂、都鄙之正卒，或徵邦國之兵？鄭氏「羨卒盡發」之説，未可信。

觀承案：「其車三千」，詩人之筆，或大言之，以鋪張兵威之盛耳。必欲核其實，則天子十二軍，出於六鄉六遂者，乃田賦出兵之常法，止以守衛王畿而備巡守、田獵之事。至于出師，自當合調邦國、都鄙之兵以足之。況畿方千里，出車萬乘，今三千之車，亦只用其十之三耳。如鄭氏「羨卒盡發」之説，是天子直將空國授之方叔而行矣。以此解詩，固矣！

王氏應電曰：舊謂五家爲比，故五人爲伍。二十五家爲閭，故二十五人爲兩。居則爲比、閭、族、黨、州、鄉，行則爲伍、兩、卒、旅、師、軍，此説是矣，而非覈實之言也。夫苟定于比即爲伍，則征行而用衆，何以居守？豈百里之内曠然無人耶？愚嘗詳考六鄉居民之數，一比長所統，合有五十家，然則所謂一伍之人，亦于五十家内而取之，十家而取一人也。故比、閭、族、黨、州、鄉者，教訓其居民之法，有家則在所教者也。伍、兩、卒、旅、師、軍者，部署其勇力之法，凡有材藝者，又自會而用之也。庠序、師田，各自爲制。征行有時，而居守不可缺。不外乎比閭，而不泥于比閭，實並行而不悖。故以比閭中之民而簡閲之爲伍兩，則可謂比閭之民與其長即伍兩之兵與將，豈其然乎？

蕙田案：王明齋疑比、閭、族、黨、州、鄉爲伍、兩、卒、旅、師、軍，則征行用衆，百里之内曠然無人，何以居守？因創論謂比閭者，教訓其居民之法；伍兩者，部署其勇力之法，所謂伍兩，特臨時簡閲，十家而取一人耳。不知征行之時，羨卒又案：六軍統于大司馬，而大司馬九伐之法，明載夏官。章俊卿、陳傅良、陳祥道謂内兵全不出者，非也。然如賈公彦、孔穎達所云「鄉不足取遂，以遞及於邦國」云云者，若專指正卒而言則可，倘泥康成「羨卒盡起」一言，空其國，不足乃他有徵發，是先虛其内以實其外，百里之内，何以居守？誠有如陳用之、王明齋所疑矣。

蕙田案：以上徵發。

右出軍之制下

五禮通考卷二百三十五

軍禮三

軍制

邦國軍制

周禮夏官大司馬：凡制軍，大國三軍，次國二軍，小國一軍。注：鄭司農云：「春秋傳有大國、次國、小國。又曰：『成國半天子之軍，周爲六軍，諸侯之大者三軍可也。』」疏：此大國、次國、小國者，皆以命數同者，軍數亦同，則上公爲大國，侯伯爲次國，子男爲小國也。「大國、次國、小國」，春秋正文。成三年：「冬十一月，晉侯使荀庚來聘，衛侯使孫良夫來聘。公問臧宣叔曰：『中行伯之于晉，其位在三。孫子之于衛，位爲上卿，將誰先？』對曰：『次國之上卿，當大國之中，中當其下，下當其上大夫。

小國之上卿，當大國之下卿，中當其上大夫，下當其下大夫。上下如是，古之制也。衛在晉，不得爲次國，晉爲盟主，其將先之。』」蓋指此爲大國、次國也。

春秋襄公十四年左傳疏：夏官「大國三軍」云云，當以公侯爲大國，伯爲次國，子男爲小國也。諸侯五等，惟有三等之命，伯之命數，可以同於侯，其軍則計地大小，故伯國之軍，不得悉同於侯。

蕙田案：王制：「三公，一命卷；若有加，則賜也，不過九命；次國之君，不過七命；小國之君，不過五命。」康成雖以爲殷制，亦兼夏，及引周禮釋之。然則大國者，專指公而言，春秋正義以公侯皆爲大國，與賈疏二說不同，宜從賈說。惟魯侯爵而得有千乘，與他國異。

觀承案：因地出車，因車成軍。公侯皆方百里，伯七十里，子男五十里，武成「分土惟三」之舊制也。則以公侯爲大國而出三軍，伯爲次國，子男爲小國，而出二軍、一軍者爲宜。若只以公爲大國，則周制惟有虞、虢及宋爲公爵，而齊、魯、晉、衛皆止侯爵，皆不得爲大國，是侯國之得備三軍者絕少矣，豈其然乎？

春秋襄公十一年穀梁傳：古者天子六師，諸侯一軍。注：周禮、司馬法曰：「萬有二千五百人爲軍，王六軍，大國三軍，次國二軍，小國一軍，其將皆命卿。二千五百人爲師。」然則此言「天子六師」，凡萬有五千人；大國三軍，則三萬七千五百人。諸侯制踰天子，非義也。總云「諸侯一軍」，又非制也。

蕙田案：穀梁傳與周禮不合，范甯駁之，極是。

陳氏禮書：穀梁傳云：「古者天子六師，諸侯一軍。」啖助云：「天子六軍，大國三之一，小國半大國，數不必常，所以示稱。」其制與周禮不合，是臆説耳。

蕙田案：大國三軍，凡三萬七千五百人，車五百乘。次國二軍，凡二萬五千人，車三百三十三乘，餘二十五人。小國一軍，凡一萬二千五百人，車一百六十六乘，餘六十二人十之五。此皆邦國常征之所用。其畸零不滿一乘者，蓋險野徒爲主，易野車爲主。古有徒兵，不盡爲車，抑或以鄉之所出與境内所出通融配合，如孔氏所云「元科之兵，不必定屬本車」者耶？考之説文，軍，從車從包，是知軍以車成，當以後説爲正。

春秋襄公十四年左氏傳：成國不過半天子之軍。

薛氏衡曰：一封出車千乘。以杜氏法積算，十同千乘，當有戎馬四千匹，牛一萬二千頭，甲士三千人，步卒七萬二千人。合士卒之數，可以爲六軍。然而大國不過三軍，其有六軍者，猶天子六鄉、六遂迭用之耳。

陳氏禮書：坊記曰〔一〕：「制國不過千乘〔二〕。」語曰：「道千乘之國。」然賦雖至於千乘，而兵不過三軍，三軍則五百乘而已。蓋五百乘，三鄉之所出也；千乘，闔境之所出也。

蕙田案：此條剖晰邦國常征、盡發二法，極爲明了。知此則包咸之妄可破，魯頌兩言之疑亦可決矣。

唐氏仲友曰：學者見司徒建邦國封疆與武成分土之等、孟子頒禄之制不合，因謂周禮非周公之制。爲周禮者，又强爲之説曰：「周九州之界，方七千里，周公變商湯之制，雖小國，地皆方百里。」是皆未深考之耳。費誓曰：「魯人三郊三遂。」左氏曰：「成國不過半天子之軍。諸侯之大者，三軍可也。」然則大國三軍，出于三郊，三遂副之，周制然矣。牧誓曰：「武王戎車三百兩，虎賁三千人。御事司徒、司馬、司空。」然則大國三軍，三卿爲之帥，一軍之戎車百二十五乘，商制然矣。商、周諸侯之軍制既同，

〔一〕「坊」，原脱，據光緒本、禮書卷三一補。
〔二〕「不過」，原脱，據光緒本、禮書卷三一補。

分土之制安得而異？周之九服，即禹之五服，烏覩所謂七千里者？周公相武王，滅國者五十，而所立七十一國，分土之制，遽過于商，大者二十四倍，小者猶三倍，何所容之？後儒不能通，則曰「是兼附庸」，誠是也。抑不思百里之提封萬井，三分去一，爲六萬夫之地，悉以家一人率之，爲兵六萬，尚不足三郊、三遂七萬五千人之數，爲車六百乘，亦不足千乘之數。所謂園廛、宅田、士田、賈田、官田、賞田、牛田、牧田與卿大夫公子弟之采邑，于何容之？家既役其一人，百畝又征其什一，它無餘地，車輦、馬牛、干戈之屬，于何出之？百畝之分，以中農計之，足食七人。什取其一，則十夫而食七人，古庶人在官次第之禄也。六萬夫之稅，足當中農夫六千人而已，三鄉之吏九千四百六十人，于何給之？尚未足食鄉遂之吏與其百官之衆，府史胥徒之禄，宗廟朝廷之禮，王國之朝貢，四鄰之邦交，于何取用也？百里之地不足爲公侯之國明甚，況七十里止二萬九千四百夫之地，五十里止一萬五千夫之地？其不能爲諸侯之國，抑又明矣。然則子産、孟子之言非歟？曰：二子何可非也？抑古人之爲言，省文而互見，詳而考之，未有不合者。古之爲國，有軍有賦，王六軍，大國三軍，次國二軍，小國一軍。此軍也，出于國之郊者也。天子萬乘，諸侯千乘。此賦也，出于成國者也。自軍言之，則方百里而具三軍，方七十里而具二軍，方五十里而具一軍。推而上之，方二百里而具六軍。自賦言之，則方千里而具萬乘，二百一十里而具千乘。通軍與賦而言之，則方千里者，爲兵車萬九百乘。推而下之，方百里者，爲方五十里者四，五十里具一軍，又五十里者爲一遂，合爲兵車二百五十乘。餘方五十里者一，定出賦五十乘。軍賦合三百乘，男之國也。由是推而上之，七十里而具二軍，又七十里而具二遂，略當一同，合爲兵車五百乘，加一同，定出賦百乘，軍賦合六百乘，伯之國也。百里而具三軍，又百里而具三遂，合爲兵車七百五十乘，加二同有半，定出賦二百五十乘，軍賦合千乘，公之國也。伯二同，則方百四十一里，公同有半，則方二百一十一里。子下同于男，侯上同于公，是謂「分土唯三」，自是而外，則附庸也，山川也，土田也，雖未必皆其所有，皆在封疆之内矣。「今夫顓臾，昔者先王以爲東蒙主，且在邦域之中矣」，此附庸在封疆之證也。「居常與許，復周公之宇」，此土田在封疆之證也。「奄有龜、蒙，遂荒大東，奄有鳧、繹，遂荒徐宅」，此山川在封疆之證也。封疆之内，附庸、山川、土田皆在焉，然皆非出軍制賦之壤。故地方七百里而止于革車千乘，則舉封疆而言。雖七百里猶可，而況五百里、四百里、三百里、二百里、百里乎？故于天子言千里者，兼軍賦而言；於諸侯言百里、七十里、五十里者，獨舉軍制而言也。于天子言萬乘者，以賦法通率也。于諸侯言千乘者，兼軍賦而言之也。于諸公言五百里，諸侯言四百里，伯言三百里，子言二百里，包山川、土田、附庸于封疆也。于諸侯男言百里者，獨指其出軍賦之封疆也。凡此者，皆省文而互見，若異而相通，何嘗纖毫牴牾哉？且先王之于諸侯，豈其封疆一定而遂無所勸懲乎？慶而益，責而削，皆在封疆之中矣。此周公之定制。而成王廣魯以七百里，則「康周公」云爾，非周公之制所得而拘也。于齊有賜履焉，于衛有封畛土略焉，于韓侯有奄受北國焉，山川、土田、附庸，或得其全，或得其偏，皆封疆之數也，與武成、孟子之言，蓋相表裏矣。

蕙田案：唐氏以百里不足爲公侯之封，其説甚確。其餘皆以意立説，無所據依。萬井之田而云爲兵六萬，與井牧不合，其謬一也。載師九等田，去其二，存其七，以畿内爲邦國之制，其謬二也。天子遠郊百里，公遠郊五十里，侯伯三十里，子男十里，三鄉、二鄉、一鄉在焉，三軍、二軍、一軍出焉。三軍三萬七千五百人，計五百乘；二軍二萬五千人，計三百三十三乘，餘二十五人；一軍萬二千五百人，計一百六十六乘，餘六十二人十之五。然則百里者，天子六軍之所出，而以爲大國三軍之所出，其謬三也。又推而上之，方二百里而具六軍，不知方二百里則十二軍矣，其謬四也。大國地共不過五百里，而以百里爲郊，次國七十里爲郊，小國五十里爲郊，與鄭釋聘禮全不合，其謬五也。千里之中而出萬乘，經有明文。天子遠郊百里之内，六軍千乘，注有確據，今改爲二百一十里出千乘，千里出一萬九百乘，何所據乎？其謬六也。

詩大雅公劉：其軍三單，度其隰原，徹田爲糧。傳：三單，相襲也。箋：邰，后稷上公之封。大國之制三軍，以其餘卒爲羨。今公劉遷于豳，民始從之，丁夫適滿三軍之數。單者，無羨卒也。疏：知「后稷上公之封」者，公羊傳曰：「王者之後稱公。」后稷本是三王之後，以有大功而改封于邰，明爲大國公爵，公劉是其曾孫耳，故知仍爲大國，當作三軍。地官小司徒云：「凡起徒役，無過家一人，以其餘爲羨。」羨，謂家之副丁也。今言「其軍三單」，則是單而無副，故知公劉遷豳，民始從之，其衆未多，丁夫適滿三單之數，無復羨卒，故稱單也。以周禮言之，三軍三萬七千五百人，然則從公劉之遷，其家不滿此數，故通取羨卒始滿三軍也。大國三軍，亦是周制，而謂公劉之時已作三軍者，以三代損益，事多相因。甘誓云：「大戰于甘，乃召六卿。王曰：『嗟！六事之人。』」是夏時天子六軍之將皆命卿，其法與周同也。于時大國亦立三卿，則知亦作三軍，而周制因之耳。夏、殷大國百里，周則大國五百里，大小懸絶而軍數得同者，周之軍賦皆出于鄉，家出一人，故鄉爲一軍。諸侯三軍，出其三鄉而已。其餘公邑、采地不以爲軍。若夏、殷之世，則通計一國之人，以爲軍數，故此言丁夫適滿三軍，是通一國之人總計之。大國百里，爲方一里者萬，爲田九萬夫，田有不易、一易、再易，通率二而當一，半之得四萬五千家。以三萬七千五百家爲三軍，尚餘七千五百，舉大數，故得爲三軍也。次國七十里，爲方一里者四千九百，爲田四萬四千一百，半之，得二萬二千五十家，二軍當用二萬五千人〔一〕，少二千九百五十人〔二〕，以羨卒充之，舉大數，亦得爲二軍也。小國五十里，爲方一里者二千五百，爲田二萬二千五百夫，半之，得一萬一千二百五十家，以萬二千五百人爲軍，少一千二百五十人，不滿一軍，舉大數，亦得爲一軍也。如此計之，夏、殷國地雖狹，亦得爲三軍矣。

〔一〕「人」，諸本脱，據毛詩正義卷一七補。
〔二〕「少」，諸本脱，據毛詩正義卷一七補。

蕙田案：大國地方百里，見於王制。康成因其與周制不合，解爲夏、殷之制，此亦臆説，於經初無明證。孔穎達依此因謂周大國三軍出於三鄉，夏、殷大國三軍出於一國。但出賦之法，重於近，輕於遠，三代宜皆同此。如孔言，則是夏、殷之賦比周獨重也，況大國不過百里，但用二而當一算之，竟無三分去一，於法尤屬不合。又其中或有應以六家受十三夫者，或有應除去三十六存六十四者，其治洫治澮亦當除去。穎達之説，殊不能通。竊以夏、殷之大國，其地百里，其賦三軍，二者必有一謬。必欲從鄭，則未免强爲之説矣。

棫樸：周王于邁，六師及之。傳：天子六軍。箋：周王往行，謂出兵征伐也。二千五百人爲師。今王興師行者，殷末之制，未有周禮五師爲軍，軍萬二千五百人。疏：「二千五百人爲師」，夏官序官文。禮，天子六軍，諸侯大國三軍。今周王不以軍而興師行者，殷末之制，未有周禮故也。若如周禮夏官序，則五師爲軍，軍萬二千五百人也。鄭之此言，未是定説。鄭志：「趙商問，此箋引常武『整我六師』，宣王之時，不稱六軍而稱六師，不達其意。答曰：師者，衆之通名，故人多云焉。欲著其大數，則乃言軍耳。」此正答常武「六師」而不申此箋之意，是其自持疑也。又臨碩并引詩三處「六師」之文以難周禮，鄭釋之云：「春秋之兵，雖累萬之衆皆稱師。詩之六師，謂六軍之師。」是亦以此爲六軍之意也。軍之言師，乃是常稱，不當于此獨設異端，當是所注者廣，未及改之耳。

蕙田案：師、軍固屬通稱，但是時文王未嘗爲天子，未必有六軍，故鄭以二千五百人爲師，六師一萬五千人解之。穎達之辨亦覈，特未會鄭意耳。

觀承案：文王未嘗有六軍，固不得稱六師。然文王未嘗爲天子，先不得稱周王矣。此蓋追王後頌美之詩，故不妨稱王稱六師耳。詩乃咏歌之文，非記事之史，其間典禮，固非脱空妄語，然亦有鋪張揚厲之處，自是行文活法，必欲字字疏鑿，句句實填，則觸處成礙者多多矣。即如「六師」，若執定「師」字解之，二千五百人爲師，六師亦只有一萬五千人，是一軍之外，只餘二千五百人，且不滿二軍之數，其衆亦甚單弱矣，詩人何用艷稱之耶？

書費誓：魯人三郊三遂。疏：三郊三遂，謂魯人三軍。周禮司徒萬二千五百家爲鄉，司馬法萬二千五百人爲軍。小司徒云：「凡起徒役，無過家一人。」是家出一人，一鄉爲一軍。天子六軍，出自六鄉，則諸侯大國三軍，亦當出自三鄉也。周禮又云「萬二千五百人爲遂」，遂人職云：「以歲時稽其人民，簡其兵器，以起征役。」則六遂亦當出六軍，鄉爲正，遂爲副也。鄭衆云：「六遂之地，在王國百里之外。」然則王國百里爲郊，鄉在郊内，遂在郊外。釋地云：「邑外謂之郊。」孫炎云：「邑，國都也。」設百里之國，去國十里爲郊，則諸侯之制，亦當鄉在郊内，遂在郊外。此言「三郊三遂」者，三郊，謂三鄉也。蓋使三鄉之民分在四郊之内，三遂之民分在四郊之外，鄉近于郊，故以郊言之。

陳氏禮書：鄭氏釋聘禮，謂周制天子畿内千里，遠郊百里。以此差之，則上公遠郊五十里，侯伯三十里，子男十里，近郊各半之。

鄭氏鍔曰：鄉遂之制，上公之國三鄉三遂，侯伯之國二鄉二遂，子男之國一鄉一遂。大宗伯「乃頒祀于都家、鄉邑」，大司馬「簡稽鄉民，以用邦國」，則邦國亦有鄉遂明矣。

春秋成公元年疏：諸侯出兵，先盡三鄉三遂。鄉遂不足，然後總徵境内之兵。

春秋莊公十六年左氏傳：王使虢公命曲沃伯以一軍爲晉侯。注：曲沃武公遂并晉國，僖王因就命爲晉侯。小國，故一軍。疏：桓八年傳稱，曲沃武公滅翼，其年冬，「王命虢仲立晉哀侯之弟緡于晉」，至是乃并之也。晉世家云：「曲沃武公并晉，已即位三十七年矣。自桓叔封曲沃至武公滅晉，凡六十七歲。」周禮：小國一軍。晉土地雖大，以初并晉國，故以小國之禮命之。

蕙田案：此雖一軍，未必只有萬二千五百人也。

閔公元年左氏傳：晉侯作二軍，公將上軍，太子申生將下軍。注：晉本一軍。

襄公十四年左氏傳：晉侯舍新軍，禮也。成國不過半天子之軍。周爲六軍，諸侯之大者，三軍可也。於是知朔生盈而死，盈生六年而武子卒，彘裘亦幼，皆未可立也。新軍無帥，故舍之。注：荀罃、士魴卒，其子皆幼，未任爲卿，故新軍無帥，遂舍之。疏：周禮大宗伯：「以九儀之命正邦國之位〔一〕，五命賜則，七命賜國。」鄭玄云：「則，地未成國之名。王之下大夫四命，出封加一等，五命，賜之以方百里、二百里、三百里之地，方四百里以上爲成國。」如鄭之言，成國者，惟公與侯耳。伯雖與侯同命，地方三百里，未得爲成國也。成國乃得半天子之軍，未成則不得也。

蕙田案：以上三條，皆春秋邦國之軍近於周禮者，故列于此。

又案：以上邦國鄉遂之軍。

漢書刑法志：地方一里爲井，井十爲通，通十爲成，成方十里；成十爲終，終十爲同，同方百里；同十爲封，封十爲畿，畿方千里。有税有賦。故四井爲邑，四邑爲丘。丘，十六井也，有戎馬一匹，牛三頭。四丘爲甸。甸，六十四井也，有戎馬四匹，兵車一乘，牛十二頭，甲士三人，步卒七十二人，干戈備具，是謂乘馬之法。師古曰：税者，田租也。賦者，謂發斂財也。鄭氏曰：甲士，在車上也。

〔一〕「位」，原作「法」，據光緒本、春秋左傳正義卷三二改。

蕙田案：成與甸，一法也。成通治洫，甸據出賦，故並舉之。然此一段，本係班氏撮叙古者軍賦之大要，今六十四井出七十五人，爲邦國郊外之制，偏舉一端言之者，古者軍賦雖鄉遂家一人，都鄙或四家或六家一人，邦國國中家一人，郊外七家一人，各自不同，其臨陣對敵，皆一車七十五人，而七家一人之制與之同，故舉以爲言，其餘不備列也。

論語：道千乘之國。注：馬曰：「司馬法：『六尺爲步，步百爲畝，畝百爲夫，夫三爲屋，屋三爲井，井十爲通，通十爲成。成出革車一乘。』然則千乘之賦，其地千成，居地方三百一十六里有畸，惟公侯之封乃能容之，雖大國之賦，亦不是過焉。」包曰：「千乘之國者，百里之國也。古者井田，方里爲井，十井爲乘。百里之國，適千乘也。」融依周禮，包依王制、孟子，義疑，故兩存焉。疏：千成，地方三百一十六里有畸者，以方百里者一，爲方十里者百。方三百里者，三三而九，則爲方百里者九，合成方十里者九百，得九百乘也，計千乘，猶少百乘，方百里者一也。以此方百里者一，六分破之，每分得廣十六里，長百里，引而接之，則長六百里，廣十六里也。半折之，各長三百里，將埤前三百里南西兩邊，是方三百一十六里也。然西南角猶缺方十六里者一。方十六里者一，爲方一里者二百五十六。然歸割方百里者爲六分，餘方一里者四百，今以方一里者二百五十六埤西南角，猶餘方一里者一百四十四。又復破而埤三百一十六里兩邊，則每邊不復得半里，故云「三百一十六里有畸」也。云「公侯之封乃能容之」者，案周禮大司徒云：「諸公之地方五百里，諸侯之地方四百里，諸伯之地方三百里，諸子之地方二百里，諸男之地方百里。」千乘之國，地方三百一十六里有畸，伯、子、男自方三百而下則莫能容，故云「惟公侯之封乃能容之」也。坊記云：「制國不過千乘。」明堂位云：「封周公于曲阜，地方七百里，革車千乘。」「包云千乘百里之國」者，包以古之大國不過百里，每十井爲一乘，是方一里者十爲一乘，則方一里者百爲十乘。開方之法，方百里者一，爲方十里者百。每方十里者一，爲方一里者百，其賦十乘。方十里者百，則其賦千乘，故曰「適千乘」也。馬依周禮大司徒文，諸公之地方五百里，侯四百里以下也。包依王制云：「凡四海之內九州，州方千里，州建百里之國三十，七十里之國六十，五十里之國百有二十，凡二百一十國。」孟子云：「天子之制，地方千里，公侯皆方百里，伯七十里，子男五十里。」

賈氏公彦曰：成，革車一乘，士十人，徒二十人，此天子畿内邦國法。鄭注論語「道千乘之國」亦引司馬法，彼是畿外邦國法。彼革車一乘，甲士三人，步卒七十二人。甲士少，步卒多。此士十人，徒二十人，比畿外甲士多，步卒少，外内有異故也。

陳氏禮書：易曰：「震驚百里。」王制曰：「公侯之田方百里。」孟子曰：「諸侯不百里，不足以守宗廟之典籍。周公封于魯，太公封于齊，地非不足，而儉于百里。」春秋傳曰：「列國一同。」明堂位曰：「魯革車千乘。」坊記曰：「制國不過千乘。」論語曰：「道千乘之國。」蓋諸侯地不過百里，車不過千乘，以開方之法計之，方十里者爲方一里者百，方百里者爲方一里者萬，方一里者百，其賦十乘；方一里者萬，則其賦千乘。

又曰：周三等之國，以地言之，公侯百里，大國也；伯七十里，次國也；子男五十里，小國也。軍之多寡，係地之廣狹，公侯田皆百里，則皆三軍矣。

何氏楷曰：包氏注論語，直謂「古者井田，方里爲井，十井爲乘，百里之國，適千乘也」。夫魯成公作丘甲，而春秋譏之。丘者，十六井也，以十六井出一甸之賦，然且不可，今乃使十井出一乘，其虐又過於成公矣，而謂古有此制乎？

蕙田案：大國三軍，車五百乘。若計地出賦，則得千乘。千乘，出賦之法。則服虔注左傳所引司馬法所謂「甸六十四井出車一乘，士卒共七十五人者」是，馬、鄭注論語引之，欲見邦國疆域實數，故改甸爲成，其實一耳。孫子云：「興師十萬，日費千金，怠於操事者七十萬家。」蓋謂七家而賦一兵也。今以此法推，六十四井五百七十六家，可出八十二人，尚餘二夫。今祇出七十五人，則是七家又十之五强出一人也。此説本無可疑，自何休注公羊傳「初税畝」云：「聖人制井田之法，十井共出兵車一乘。」包咸因之，亦謂「十井爲乘，百里之國應千乘」也。何玄子辨之，謂「使十井出一甸之賦，則其虐又過於成公之丘甲矣」。此説最精。顧後儒猶有惑於其説者，則以邦國疆域諸説參錯不合也。王制云：「公侯田方百里，伯七十里，子男五十里。」孟子云：「諸侯之地方百里，不百里不足以守宗廟之典籍。周公之封於魯，爲方百里也；地非不足，而儉於百里。太公之封於齊也，亦爲方百里也；地非不足，而儉於百里。」今考王制云云，康成以爲夏制，五等之爵，三等受地。至殷，變爵爲三等，合子、男與伯以爲一，其地亦三等不變，則白虎通詳言之。武王克商，復增子、男，爵爲五等，其受地則與夏、殷三等同，武成所謂「列爵惟五，分土惟三」是也。齊、魯之封，皆在武王之世，孟子所謂「地非不足，而儉於百里」者，大都據初制而言。賈公彦職方氏疏申鄭意，謂其時九州之界尚狹，至武王崩，成王幼，周公攝政，致太平，制禮，成武王之意，斥大九州，於是五等之爵，以五等受地，則周禮大司徒云「凡建邦國，諸公之地封疆方五百里，諸侯之地封疆方四百里，諸伯之地封疆方三百里，諸子之地封疆方二百里，諸男之地封疆方百里」是也。馬融以爲千乘地三百一十六里有奇，而又云「惟公侯之封乃能容之，雖大國之賦，亦不是過焉」數語，最可玩味。蓋左氏傳言「不過半天子之軍」，坊記言「不過千乘」，「不過」云者，謂軍賦以是爲限，非地止三百一十六里，故云「大國亦不是過」。史記云：「周封伯禽于魯，地方四百里。」明堂位則以成王欲廣魯於天下，故封周公于曲阜，地方七百里。然其言魯之賦，則亦不過革車千乘而已。若孟子對北宮錡曰：「周室班爵禄，公侯皆方百里，伯七十里，子男五十里，不能五十里，不達於天子，附于諸侯，曰附庸。」趙岐注：「諸侯方百里，象雷震也。」此以夏制爲周制者。其言曰「軻也嘗聞其略」，則爲傳聞約略之詞，而非載籍之明據可知。王與之云：「孟子見戰國爭雄，壤地廣衺，遂援百里、七十里、五十里之制，以抑當時并吞無厭之心。若今之偏州下邑，奚啻百里。周禮所載，不爲過也。」此説得之。蓋千乘，其地千成，則九萬井有餘，其爲百里已九有奇矣，尚得以爲百里乎？左傳襄二十五年，鄭子產適晉獻捷，晉人責之「何故侵小」，子產對曰：「昔天子之地一圻，列國之地一同。今大國多數圻矣，若無侵小，何以至焉？」此亦救時之談，非核實之論也。至於先儒欲合異爲同，説愈多而愈舛。一則陳君舉説，謂周禮封疆方五百里，是周圍五百里，徑只百二十五里；方四百里，徑只百里；方三百里，徑只七十五里；方二百里，徑只五十里；方百里，徑只二十五里。自奇其説，與王制合。朱子辨之云：「本文方千里之地，以封公則四公，以封侯則六侯，以封伯則七伯，以封子則二十五子，以封男則百男，其地已有定數，君舉説如何可通？」此其言非也。一則陳用之説，以爲「百里、七十里、五十里乃正封之實地，而五百里、四百里、三百里，則兼所統之附庸」。然方五百里則爲方百里者二十五，豈公之正封僅得方百里者一，而附庸反得二十四乎？方四百里則爲方百里者十六，豈侯之正封僅得方百里者一，而附庸反得十有五乎？推之伯、子、男，皆不能通。此其言亦非也。今説千乘，一以馬、鄭及朱子之言爲斷，餘説皆不取。

子曰：「由也，千乘之國，可使治其賦也。」

子路曰：「千乘之國，攝乎大國之間，加之以師旅，因之以饑饉，由也爲之，比及三年，可使有勇，且知方也。」

禮記坊記：制國不過千乘。注：古者方十里，其中六十四井出兵車一乘，此兵賦之法也。成國之賦千乘。　疏：左傳：「成國不過半天子之軍。」謂滿千乘則爲成國，是公侯之封也。案千乘之賦，地方三百一十六里有奇。案周禮公五百里，侯四百里，則是過千乘。云「不過千乘」者，其地雖過，其兵賦惟千乘，故論語注云：「雖大國之賦，亦不是過焉。」

孟子：千乘之國。注：千乘，兵車千乘，謂諸侯也。

詩魯頌閟宮：公車千乘，朱英緑縢，二矛重弓。傳：大國之賦千乘。疏：明堂位云：「封周公于曲阜，地方七百里，革車千乘。」今復其故也。司馬法：「成方十里，出革車一乘。」計魯方七百里，爲車多矣。而云「千乘」者，坊記云：「制國不過千乘。」然則地雖廣大，以千乘爲限，故云「大國之賦千乘」。司馬法：「兵車一乘，甲士三人，步卒七十二人。」計千乘有七萬五千人，則是六軍矣，與下「公徒三萬」數不合者，二者事不同也。禮，天子六軍，自出六鄉。萬二千五百家爲鄉，萬二千五百人爲軍。地官小司徒曰：「凡起徒役，無過家一人。」是家出一人，鄉爲一軍。此則出軍之常也。天子六軍既出六鄉，則諸侯三軍出自三鄉。下云「公徒三萬」，自謂鄉之所出，非彼千乘之衆也。此云「公車千乘」，自謂計地出兵，非彼三軍之事也。二者不同，故數不相合。所以必有二法者，聖王治國，安不忘危，故令所在皆有出軍之制。若從王伯之命，則侯國之大小，出三軍二軍。若其前敵不服，用兵未已，則盡其境内，皆使從軍，故復有此計地出軍之法。但鄉之出軍是正，故家出一人。計地所出則非常，故成出一車。以其非常，故優之也。

公徒三萬，貝胄朱綅，烝徒增增。箋：萬二千五百人爲軍，大國三軍，合三萬七千五百人，言三萬者，舉成數也。疏：萬二千五百人爲軍，大國三軍，皆夏官序文也。舉成數者，謂略其七千五百，直言三萬耳。如此箋以爲僖公當時實有三軍矣。答臨碩云：「魯頌公徒言三萬，是三軍之大數。又以此爲三軍者，以周公受七百里之封，明知當時從上公之制，備三軍之數。」此敘云「復周公之宇」，故此箋以三萬爲三軍，言其復古制也。又以凡舉大數，皆舉所近者。若是三萬七千五百，大數可爲四萬。此頌美僖公，宜侈大其事，不應減退其數，以爲三萬，故答臨碩謂「此爲二軍」，以其不安，故兩解之也。今以春秋檢之，則僖公無三軍。襄十一年經書「作三軍」，明已前無三軍也。昭五年又書「舍中軍」，若僖公有三軍，則作之當書也。自文至襄，復減爲二，則舍亦當書也。春秋之例，以軍賦事重，作、舍皆書。于僖公之世，無作、舍之文，便知當時無三軍也。鄭以周公、伯禽之世，合有三軍，僖公能復周公之宇，遵伯禽之法，故以三軍解之，其實于時唯二軍耳。

周禮大司馬正義：大國三軍，上公爲大國。魯是侯爵，而頌云「公徒三萬」，注：「大國三軍，三萬七千五百人。三萬，舉成數也。」然當僖公時，其實二軍。故襄公十一年「作三軍」〔一〕，則前無三軍矣。作詩之人，舉盛時而言。若然，魯公、伯禽之時則三軍。魯語：「季武子爲三軍，叔孫昭子曰：『不可，今我小侯也。』」明大侯之時有三軍矣。鄭答林碩爲二萬，大數者，以實言之也。

〔一〕「十一年」，原作「十二年」，據光緒本、周禮注疏卷二八改。

何氏楷曰：千乘之制，鮮有能明之者。先儒皆據漢書：「井十爲通，通十爲成，成十爲終，終十爲同，同十爲封，一封三百一十六里，提封十萬井，定出賦六萬四千井，車千乘。」然王制、孟子皆言「大國百里」，何從有三百一十六里？及考周禮公五百里，侯四百里，與左、孟不合。因再四尋繹，更以詩「公車千乘」之制求之，然後知周禮之果不謬。而諸儒凡解千乘曾未拈出者，何也？案大司徒職云：「凡建邦國，以土圭土其地而制其域。諸公之地，封疆方五百里，其食者半；諸侯之地，封疆方四百里，其食者參之一；諸伯之地，封疆方三百里，其食者參之一；諸子之地，封疆方二百里，其食者四之一；諸男之地，封疆方百里，其食四之一。」鄭、賈謂「公受地廣，稅物多，但留半，即足其國俗、喪紀及畜積之用，以半爲餘，貢入天子。其侯伯受地差少，則其稅亦少，故三分之二留自用，以一分爲餘，貢入天子。子男受地又少，其稅轉少，故留四分之三，亦以一分爲餘，貢入天子。大國貢重，正之也；小國貢輕，字之也」。據此說，則所謂「其食者」，謂王食其土之入耳。今即依此法，以諸侯之地推算，計封疆方四百里，爲田當十六萬井，除山林、園囿、城郭、溝塗之類，大率三分去一，實當存十萬六千六百六十六井。又三分之，而貢其一于王，尚餘二分，應六萬六千一百零五井，則留供本國之用者也。以丘甸法合之，四井爲邑，四邑爲丘，丘十六井也，出戎馬一匹，牛三頭。四丘爲甸，甸六十四井也，出長轂一乘，戎馬四匹，牛十二頭，甲士三人，步卒七十二人。由此積之，則六百四十井出十乘，六千四百井出百乘，至六萬四千井即當出千乘矣。此外所餘二千一百餘井，尚當出車三十餘乘，而經傳但以「千乘之國」爲言者，舉成數耳。司馬法、漢書求其說而不得，于是增「同十爲封」一條，以求合于千乘之數，而其實無此制也。

蕙田案：何氏以方四百里者推算甸六十四井出車一乘之法，恰得千乘，自謂創獲，不知丘甸之制，本有二法，有甸出車一乘，據六十四井實出税者而言；有成出車一乘，旁通加一里治溝洫者而言。何氏忘却旁加之成，但以甸算，何立説之未詳也！至於「食者半」，「食者參之一」，「食者四之一」，指貢入天子而言，與軍賦本不相涉，强爲牽合，亦不可從。

戴氏震曰：「公車千乘，公徒三萬」者，蓋一車士卒共三十人，千乘適三萬。分言之，則曰士曰徒；合言之，則皆公徒爾。武王革車三百乘，虎賁三千人。齊侯使公子無虧帥車三百乘，甲士三千人。蓋不言步卒，而但舉甲士，其數亦合。杜預注春秋「作丘甲」，謂「四井爲邑，四邑爲丘。丘十六井，有戎馬一匹，牛三頭。四丘爲甸，甸六十四井，有戎馬四匹，兵車一乘，牛十二頭，甲士三人，步卒七十二人」。其説引周禮而以漢刑法志雜之。刑法志亦本司馬法。然司馬法與周禮有合有不合，其合者方可據，不合者不可執以定周禮也。康成據司馬法「甸出車一乘，每車士卒共七十五人」之説，謂「千乘，闔境所出；五百乘，常征所用。計應三萬七千五百人，舉成數，故言三萬」，其説非是。

蕙田案：司馬法文，引之者非一。其曰「六尺爲步，步百爲畝，畝百爲夫，夫三爲屋，屋三爲井，井十爲通。通爲匹馬，三十家，士一人，徒二人。通十爲成，成百井，三百家，革車一乘，士十人，徒二十人。十成爲終，終千井，三千家，革車十乘，士百人，徒二百人。十終爲同，同方百里，萬井，三萬家，革車百乘，士千人，徒二千人」，此鄭小司徒注所引，小雅甫田箋亦用之者也。其曰「四邑爲丘，有戎馬一匹，牛三頭，是曰匹馬丘牛。四丘爲甸，甸六十四井出長轂一乘，馬四匹，牛十二頭，甲士三人，步卒七十二人，戈楯具備，謂之乘馬」，此則服虔左傳注所引，見于小雅信南山正義者也。爲通爲成云云，通治溝洫者而言；爲丘爲甸云云，據實出税者而言。兩者互相明，實即一法，無可疑。獨一車三十人，一車七十五人，二者不同。鄭注論語「道千乘之國」，亦引司馬法，但欲見地方三百一十六里有奇，故不引丘甸而引通成，其下又引「一車七十五人」，參合二文爲一，則小司徒正義云：「鄭注論語是畿外邦國法，甲士少，步卒多。此士十人，徒二十人，比畿外甲士多，步卒少，外内有異故也。」是司馬法本有二法，賈氏之言甚明。觀鄭於論語注，服、杜於春秋左氏傳所言，皆邦國事，同引七十五人説，獨於小司徒畿内事則引三十人説，足知賈説之精矣。今魯頌正邦國事，戴氏以都鄙事説之，非也。又古者每車士徒共七十五人，此定法也。孔穎達於書牧誓正義、禮記坊記正義、春秋成公元年正義皆謂「徵課出兵之數與臨陣對敵之數不同。科兵既至，臨時配割，其車雖在，其人分散，前配車之人，不必還屬本車」。如此，則雖七十五人恰與軍法相合，亦不必符原科之兵。若三十人之法，自屬元科，非軍法明矣。至武王所用革車三百乘，虎賁三千人，此孟子文，戴氏據之，謂「一車甲士十人」。書序又作「三百人」，孔傳謂虎賁即係甲士，亦即百夫長；穎達疏之，又謂一車士徒共百人而甲士惟一人，皆非也。革車之外，又有虎賁，二者本不相涉耳。至公子無虧所帥，杜氏明云「車甲之賦異於常」。當日衛爲狄滅，戴公廬曹使人職守，非尋常征戰事可比，以之爲證，更未足據。

漢書刑法志：井十爲通，通十爲成，成方十里。成十爲終，終十爲同，同方百里。同十爲封，一封三百一十六里，提封十萬井，定出賦六萬四千井，戎馬四千匹，兵車千乘。此諸侯之大者也，是謂千乘之國。

蕙田案：以上邦國境内之軍。

何氏休公羊傳注：古者諸侯有司徒、司空，上卿各一，下卿各二。司馬事省，上、下卿各一，上士相上卿，下士相下卿。

公羊傳疏：隱五年注：「禮，天子六師，方伯二師，諸侯一師。」王官之伯宜半天子，乃有三軍。魯爲州牧，亦但二軍，止置司徒、司空以爲將，下各有小卿二人輔助其政。其司馬事省，蓋總監而已。故但有一小卿輔之。知古但有司徒、司空典事者，詩云「乃召司徒，乃召司空」，不見司馬，故知司馬事省，總監而已。然則司徒卿一人，其大夫二人；司空卿一人，其大夫二人；司馬卿一人，其大夫一人，所謂諸侯之制三卿、五大夫矣。

王氏與之曰：王制謂「大國三卿，皆命於天子；次國三卿，二卿命于天子，一卿命于其君；小國二卿，一卿命于天子，一卿命于其君」，經文作「二卿皆命於君」者，注以爲誤。蓋欲爲將者，皆出於天子所命之卿，以見兵制雖備於邦國，兵權不屬於私人。此聖人統御諸侯，防患之深意。

薛氏衡曰：晉悼公時，魏絳爲司馬，張老爲侯奄，鐸遏寇爲上軍尉，籍偃爲司馬，使訓卒乘，注以爲「軍將皆命卿」，猶有先王之遺意。

雜說：軍制有隆殺，而軍帥無隆殺。軍制有隆殺，所以明分。軍帥無隆殺，所以愛民。故雖一軍，亦以命卿主之，重民也。春秋于將卑師衆者則譏焉，聖人不忍以卒與敵也如是夫？

蕙田案：以上邦國軍將。

禮記坊記：家富不過百乘。疏：家富不過百乘者，諸侯之卿采地也。故左傳云「惟卿備百邑，地方百里」也。直云「惟卿百邑」，未知天子、諸侯、公卿大夫采地大小。案鄭注大司徒云：「百里之國，凡四都；五十里之國，凡四縣；二十五里之國，凡四甸。」又云：「采地食者皆四之一。」説者據此以爲公食百里，卿食五十里，大夫食二十五里。其諸侯之卿大夫，傳云「卿備百邑」，論語云「百乘之家」，此據諸侯臣之采地，則公之孤、侯伯之卿與天子之公同，俱方百里；公之卿與侯伯之大夫，俱方五十里；公之大夫與侯伯之下大夫，俱方二十五里；其子男之地，惟方二百里以下；其卿之采地，不復得方百里。案易訟卦注云：「小國之下大夫，采地方一成，其税三百家。」惟有此文，其子、男中都、大都，無以言之。案鄭注論語「伯氏駢邑三百家」〔一〕，云「此齊下大夫之制」，則似公侯伯之制，下大夫惟三百家者。但春秋時，齊强臣多，故伯氏惟食三百家之邑，不與禮同也。此皆皇氏之説。熊氏以爲「卿備百邑」者，鄭志以爲邑方二里，與百乘别；又以諸侯之臣賜地無常，得地者卿百乘，下大夫則得十里之成。

孟子：百乘之家。注：百乘之家，謂大國之卿食采邑，有兵車百乘之賦者也，若齊崔、衛甯、晉六卿等。

〔一〕「家」，諸本脱，據禮記正義卷五一補。

漢書刑法志：成十爲終，終十爲同，同方百里。一同百里，提封萬井，除山川、沉斥、城池、邑居、園囿、術路三千六百井，定出賦六千四百井，馬四百匹。此卿大夫采地之大者也，是謂百乘之家。

蕙田案：以上邦國卿大夫家軍制。

右邦國軍制

春秋邦國軍制之變

春秋成公元年三月，作丘甲。杜注：周禮：四邑爲丘，丘十六井，出戎馬一匹，牛三頭。四丘爲甸，甸六十四井，出長轂一乘，戎馬四匹，牛十二頭，甲士三人，步卒七十二人，此甸所賦。今魯使丘出之，譏重斂，故書。疏：鄭注小司徒引司馬法云：「成出革車一乘，甲士十人，徒二十人。十成爲終，千井，革車十乘，甲士百人，徒二百人。十終爲同，萬井，革車百乘，甲士千人，徒二千人。」與此車一乘，甲士三人，步卒七十二人不同者，小司徒辨畿内都鄙之地域。鄭所引「士十人、徒二十人」者，謂公卿大夫畿内采地之制，此之所謂諸侯邦國出軍之法，故不同也。一乘甲兵，甸之所賦，今魯使丘出甸賦，乃四倍于常也。

左氏傳：爲齊難故，作丘甲。注：前年，魯乞師于楚，欲以伐齊，楚師不出，故懼而作丘甲。疏：左氏經、傳並言「作丘甲」耳。重斂之事，傳無明文，而知爲丘作甸甲者，以傳云「爲齊難，故作丘甲」，以慮有齊難而多作甲兵，知倍作之也。「初税畝」言「初」，此不言「初」者，此備齊難，暫爲之耳，非是終用，故不言初。然則築城備難，非時不譏。此亦備難，而譏之者，魯是大國，甲兵先多，僖公之世，頌云「公車千乘」，昭公之蒐，傳稱「革車千乘」，其甲足以拒敵，而又加之重斂，故譏之。

顔師古漢書注：丘，十六井也。止出戎馬一匹，牛三頭。四丘爲甸，甸六十四井也，乃出戎馬四匹，兵車一乘，牛十二頭，甲士三人，卒七十二人耳。今乃使丘出甸賦，違常制也。

李氏景齊曰：成公作丘甲，春秋譏之。蓋常賦于一甸，而魯於一丘爲之，則軍賦極重耳。

杜氏佑曰：魯自禽父，封於曲阜，及僖公能復周公之宇。其詩曰「公車千乘」，説者以爲大國之賦也；又「公徒三萬」，説者以爲大國之軍也。故知三軍，魯之舊，其曰「三萬」，舉成數也。實三萬七千五百人。宣公奢泰，初税畝，什一而税，既益民税。及成公，謀伐齊，元年。作丘甲，丘各一甲，又益民賦，率一丘而出步卒二十四人，甲士一人，三甸而加一乘兵車之賦，非復司馬法之舊矣。

陳氏禮書：周禮：九夫爲井，四井爲邑，四邑爲丘。丘十六井，出戎馬一匹，牛三頭。四丘爲甸，甸方八里，六十四井，出長轂一乘，戎馬四匹，牛十二頭，甲士三人，步卒七十二人。又成方十里，出長轂一乘。古者或以甸爲乘，或以乘爲甸。以甸爲乘，稍人掌「丘乘之政令」，禮記「爲社，丘乘粢盛」是也。以乘爲甸，「衛良夫乘衷甸兩牡」是也。蓋乘者，甸之賦；甸者，乘之地。甸方八里，據地言之。成方十里，通治洫言之。其實一也。今作丘甲者，即丘出甲一人，是一甸之中，共百人爲兵也。穀梁以爲甲非人人之所能爲，杜預以爲丘出甸賦加四倍，誤矣。

鄭氏伯謙曰：宣公初税畝，是於公田之外，復履私田之畝，而行什一之税，然賦則尚無恙也。至於成公之作丘甲，則每三甸而加一乘兵車之賦，非復司馬法之舊矣。

蕙田案：杜佑通典謂丘甲者，丘出甲士一人。既出甲士，即有步卒二十四人從之，是實出二十五人，即一兩之數也。三丘共出七十五人，爲一乘之數，則甲士三人，步卒七十二人也。四丘爲甸，則百人爲兵矣。如杜預説，一甸增加二百二十五人也。如杜佑説，一甸增加二十五人也，凡三甸而加一乘。就諸説中，二説皆爲近理，今亦未有以定二説之去取。陳氏祥道、鄭氏伯謙及近時吴氏鼒，皆從杜佑。

吴氏鼒曰：一甸六十四井，四旁各加一里，則爲百井，内去山川、林麓三十六井，實出賦者六十四井。八家同井，六十四井，五百一十二家，出七十五人，是七家而賦一兵。其云甲，何也？五伍爲一甲，以一甲統之，凡三甲而成一乘。不云乘者，甲以統卒而爲車馬器械之總持，故不曰乘而曰甲也。作丘甲者，繫甲于丘，使丘作一甲也。以甸賦，則一丘所出衹十八人耳。毁甸賦而以丘賦，則一甸之中百人爲兵矣。五百一十二家而出百人，是五家而賦一兵，非古也。

蕙田案：吴氏改「山陵林麓」爲「山川林麓」，又即以此當鄭氏治溝洫之數，不知山陵林麓三分去一，乃據其大略而言。若細推之，則當以百井之内除去三十六井存六十四井方合。但因此數與鄭氏出税、治溝洫之數相符，故後人每誤認。故鄭氏於一成内除治洫，定出税云云者，本係已經除去山陵林麓，然後爲此法，今又欲于此中再除山陵等，而治洫之夫反不計及，則疏矣。又古人言税賦，皆不除公田，蓋公田即賦也，除之而計其賦，即加賦矣。吴氏五百一十二家云云，亦非也。又改周禮「五伍爲兩」爲「五伍爲甲」，丘出二十五人，甸出百人，此説出于通典，今姑存于此。又以甸賦則一丘出十八人又十之七强，吴氏云十八人，舉其略耳。

觀承案：四丘出甲者，專據甲士三人而言，尚有步卒七十二人，合七十五人而成一車也。蓋一丘不能獨出一甲，合四丘爲甸，始能共出三甲耳。如杜預説，使一丘已出甲士三人，步卒七十二人，爲兵車一乘，則四丘爲甸，可得甲士十二人，步卒二百八十八人，有兵車四乘矣。魯雖加賦，亦必借端漸增，豈能頓加數倍，一甸而忽出四甸之賦，即民力亦何以堪？惟杜君卿之説稍爲近理可信。蓋四丘而出三甲者，今使一丘而出一甲，則四丘爲甸而得四甲，是一車之外，而餘甲士一人、步卒二十四人，合三甸而多一車，可以增一乘矣。此爲巧取於民之術，三分而增一分，大變舊時車賦之常制也。春秋書曰「作丘甲」，所以譏之，如此解，則「丘甲」二字亦有著落耳。

公羊傳：作丘甲何以書？譏。何譏爾？譏始丘使也。注：甲，鎧也。譏始使民作鎧也。古者有四民：一曰德能居位，曰士。二曰辟土殖穀，曰農。三曰巧心勞手以成器物，曰工。四曰通財粥貨，曰商。四民不相兼，然後財用足。

穀梁傳：作，爲也，丘爲甲也。丘甲，國之事也。丘作甲，非正也。丘作甲之爲非正，何也？古者立國家，百官具，農工皆有職以事上。古者有四民：有士民，有商民，有農民，有工民。夫甲非人人之所能爲。丘作甲，非正也。注：丘十六井。使一丘之民皆作甲。

蕙田案：「作丘甲」一事，杜氏注與公羊、穀梁異。然細考之，似當從杜氏。蓋左傳雖無明文，而既爲備難，自必益兵。若從公、穀，徒然益甲而不益兵，非備難意。且所謂人人作甲者，其説亦太迂謬，必無此事。當日魯君臣雖愚，使甲高於丘山而國不加賦，豈不可笑耶？顔師古説與杜氏同。

襄公十一年：春，王正月，作三軍。杜注：增立中軍。疏：昭五年云「舍中軍」，明此年作而彼年舍，故知舊有二軍，今增立中軍也。

左氏傳：季武子將作三軍，注：魯本無中軍，惟上下二軍，皆屬于公。有事，三卿更帥以征伐。季氏欲專其民人，故假立中軍，因以改作。疏：禮明堂位云：「成王封周公于曲阜，地方七百里。」其時必有三軍。詩魯頌閟宫頌僖公能復周公之宇，云「公徒三萬」，則僖公復古，亦制三軍。蓋自文公以來，霸主之令，軍多則貢事多，自減爲二軍耳，非是魯衆不滿三軍也。若然，昭五年「舍中軍」，書之于經，從前若減一軍，亦應書之，而經不書者，「作三軍」與「舍中軍」，皆自變故改常。卑弱公室，季氏秉權，專擅改作，故史特書之耳。若國家自量强弱，其軍或減或益，國史不須書也。何則？僖公復古，始有三萬，則以前無三萬矣。僖公作亦不書，何怪舍不書也？蘇氏亦云：「僖公之時，實有三軍，自文以後，舍其一軍。非是故有所舍，故不書。」周禮小司徒云：「凡起徒役，無過家一人。」是家出一人，故鄉爲一軍。天子六軍，出自六鄉。則大國三軍，出自三鄉。其餘公邑、采地之民，不在三軍之數。季武子今爲三軍，則異于是矣。以魯國屬公之民，皆分爲三，亦謂之三軍。其軍之民，不止一萬二千五百家也。何則？魯國合境之民屬公者，豈惟三萬七千五百家乎？明其決不然矣。由此言之，此「作三軍」與禮之三軍，名同而實異也。**告叔孫穆子曰：「請爲三軍，各征其軍。」**注：征賦税也。三家各征其軍。**穆子曰：「政將及子，子必不能。」**注：政者，霸國之政令。禮，大國三軍。魯爲大國之制，貢賦必重，故憂不能堪。**武子固請之。穆子曰：「然則盟諸？」乃盟諸僖閎，詛諸五父之衢。正月，作三軍，三分公室而各有其一。三子各毁其乘。**注：三分國之民衆，各有其一。又各自壞其車乘，分以足成三軍。**季氏使其乘之人，以其役邑入者無征，不入者倍征。**注：使軍乘之人，率其邑役以入季氏者〔一〕，無公征；不入季氏者，則使公家倍征之。設利病，欲驅使入己。民辟倍征，故盡屬季氏。**孟氏使半爲臣，若子若弟。**注：取其子弟之半也。四分其乘之人，以三歸公而取其一。**叔孫氏使盡爲臣，**注：盡取子弟，以其父兄歸公。**不然不舍。**注：

〔一〕「邑役」，諸本誤倒，據春秋左傳正義卷三一乙正。

制軍分民不如是，則三家不舍其故而改作也。此三家盟詛之本言。疏：如上所分，三家所得又各分爲四，季氏盡取四分，叔孫氏取二分，孟氏取一分。蓋分國民以爲十二，三家得其七，公得其五也。穀梁傳：作，爲也。古者天子六師，諸侯一軍。作三軍，非正也。注：昭五年經曰「舍中軍」，傳曰「貴復正也」。然則魯有二軍，今云「作三軍」，增置中軍耳。魯爲次國，于此爲明。釋曰：魯本周公之後，地方七百里，而云次國者，據春秋時言之也。

蕙田案：穀梁說軍制，與大司馬文相違，范甯辨已見前。其說作三軍爲增置中軍，亦與左氏、杜預合。

公羊傳：三軍者何？三卿也。注：爲軍置三卿官也。疏：公羊以爲王官之伯，宜半天子，乃有三軍。魯爲州牧，但合二軍，司徒、司空將之而已。今更益司馬之軍，添滿三軍，是以書而譏之。隱五年注：「禮，天子六師，方伯二師，諸侯一師。」又云：魯人前此止置司徒、司空以爲將，下各有小卿二人，輔助其政，其司馬事省，蓋總監而已，故但有一小卿輔之。今更置中軍，司馬將之，亦置二小卿輔助其政，故曰「爲軍置三卿官也」。作三軍何以書？譏。何譏爾？古者上卿、下卿、上士、下士〔一〕。注：此說古制司馬官數。古者諸侯有司徒、司空、上卿各一，下卿各二。司馬事省，上、下卿各一。上士

〔一〕「下卿」，原脱，據味經窩本、乾隆本、光緒本、春秋公羊傳注疏卷一九補。

相上卿，下士相下卿，足以爲治。襄公委任强臣，國家内亂，兵革四起，軍職不共，不推其原，乃益司馬作中卿官，踰王制，故譏之。

蕙田案：公羊傳及注疏論諸侯軍將則是，其説已采于前。其論襄公立中軍之官，則非也。如此，則所謂「作三軍」者，將謂不過增置司馬以下之一大夫耶？軍不增而增將，義何所取？將謂增置一官，即當增置一軍耶？地不加闢而忽添一軍，亦何自而出也？且此事原爲三家欲專公室之民人而作之，蓋通合境之民，擅加分析，左氏有明文，杜注及疏更爲精確。今反謂襄公之意，多設大夫，官踰王制，與左氏大相矛盾，不可從。

昭公五年：春，王正月，舍中軍。左氏傳：舍中軍，卑公室也。注：罷中軍。季孫稱左師，孟氏稱右師，叔孫氏則自以「叔孫」爲軍名。疏：襄十一年，「初作三軍」，十二分其國民，三家得七，公得五，國民不盡屬公，公室已是卑矣。今舍中軍，四分公室，三家自取其税，減已税以貢于公，國民不復屬公，公室彌益卑矣。作三軍，卑公室之漸；舍中軍，卑公室之極。初作云「作三軍」者，初云作者，舊有二軍；今更增一軍，人數不足，故總皆毁破，足成三軍，故云作三軍。此則惟舍中軍之衆，屬上下二軍，其上下二軍，依舊不動，故惟云「舍中軍」也。哀十一年，齊師伐魯。傳稱「孟孺子泄帥右師，冉求帥左師」，冉求〔一〕，季氏宰也。又言「叔孫武叔退而蒐乘」，更無别稱，知自以「叔孫」爲軍名也。**毁中軍於施氏，成諸臧氏。**注：季孫不欲親其議，敕二家會諸大夫發毁置之計，又取其令名。**初作中軍，三分公室，而各有其一。季氏盡征之，叔孫氏臣其子弟，孟氏取其半焉。**注：初作，三家各有一軍家屬。季氏無所入於公，叔孫氏以父兄歸公，孟氏復以子弟之半歸公。**及其舍之也，四分公室，季氏擇二，二子各一，皆盡征之，而貢於公。**注：季氏簡擇取二分。二子各一，則國人盡屬三家，三家隨時獻公而已。**穀梁傳：舍中軍，貴復正也。**注：魯，次國，舊二軍。襄十一年立三軍，今毁之，故曰「復正」。

蕙田案：大國三軍，次國二軍，小國一軍，此周禮定制。魯初封爲大國，後削弱降爲次國，則其國本可以爲三軍，可以爲二軍，故康成于魯頌亦用二法解之。至于「作三軍」者，乃三家欲專公室之民，故爲此制。通一國之民，分爲三耳，與大司馬三軍無涉，説見正義。然當作三軍時，公猶有民也。至舍中軍，則民皆屬三家，公無民矣。其與周禮二軍有何關涉？而穀梁反以爲「復正」，以權臣擅國

〔一〕「冉求」，諸本脱，據春秋左傳正義卷四三補。

之事，指爲復古反正之功，何其愚乎？

公羊傳：舍中軍者何？復古也。注：善復古也。然則曷爲不言三卿？注：上師〔一〕，解言三卿，因以爲難。五亦有中，三亦有中。疏：襄十一年，益司馬之職，更令將軍，正是作中軍，而不言中者，正以五亦有中，若言作中軍，嫌是五之中，故變言三軍。若實而言之，正是作中軍，故至舍時云中軍矣。

蕙田案：以「舍中軍」爲復周禮二軍之制，最謬，辨已見前。牽入官制，尤無謂。

陳氏禮書：春秋傳曰：「成國不過半天子之軍。諸侯之大者，三軍可也。」魯于周爲侯，而地方百里，頌稱「公徒三萬」，此大國三軍之數也。春秋襄十一年「作三軍」，昭五年「舍中軍」，則魯之三軍，蓋嘗變于僖公之後，至襄而復作，至昭而又舍也。國語云：「季武子爲三軍，叔孫穆子曰：『不可。今我小侯也，處大國之間，繕貢賦以共從者，猶懼有討，若爲元侯之所，以怒大國，無乃不可乎？』弗從，遂作中軍。自是齊、楚代討魯，襄、昭皆如楚。」由此觀之，魯于春秋之時，尊事齊、楚爲不暇，則其國次國而已，作三軍，非正也，故春秋書「作」以譏之。及「舍中軍」，公羊曰「舍中軍，復古也」，穀梁曰「復正也」，

〔一〕「上」，原作「二」，據光緒本、春秋公羊傳注疏卷二二改。

其説是也。

蕙田案：陳氏之説未是，辨見前。

昭公八年：秋，蒐于紅。杜注：革車千乘，不言大者，經文闕也。紅，魯地。左氏傳：秋，大蒐于紅，自根牟至於商、衛，革車千乘。注：根牟，魯東界。商，宋地，魯西竟。言千乘，明大蒐，且見魯衆之大數也。

胡氏安國曰：昭公八年：「蒐于紅，自根牟至于商、衛，革車千乘。」故邾人告吴曰：「魯賦八百乘，邾六百乘。」蓋竭作也。考之春秋，書蒐五，皆在昭、定之世。自蒐紅之後，繼大蒐于比蒲，十一年。于昌間，二十二年。又于比蒲者再，定公十三年、十四年。獨異於它公者，用見二公在位，君不得有其國而奪於大夫，大夫不得專其政而制於陪臣，各恃兵威以爲强，假大蒐之名，陰擇其材力可任者，以植私黨，使國人莫敢睥睨，終於不可制。蓋傷公室削弱，疾臣下恣横也。迄哀公十二年，用田賦，又分夫田而賦軍旅之征，悉變丘乘之制，民無餘力矣。

哀公十二年左氏傳：季孫欲以田賦，注：丘賦之法，因其田財，通出馬一匹，牛三頭。今欲别其田及家財，各爲一賦，故言田賦。疏：司馬法：「四丘爲甸，有馬四匹，牛十二頭，是爲革車一乘。」

今用田賦，賈逵以爲「欲令一井之間，出一丘之税，并別出馬一匹，牛三頭」，如此則一丘之内有一十六井，其出馬牛乃多于常一十六倍。杜以如此則非民所能給，故改之。舊制，丘賦一馬三牛，今別其田及家資，各爲一賦，計一丘民之家資，令出一馬三牛，田之所收更出一馬三牛，是倍于常也。使冉有訪諸仲尼。仲尼曰：「丘不識也。」三發，卒曰：「子爲國老，待子而行，若之何子之不言也？」仲尼不對，而私于冉有曰：「君子之行也，度于禮，施取其厚，事舉其中，斂從其薄。如是，則以丘亦足矣。注：丘十六井，出馬一匹，牛三頭，是賦之常法。若不度於禮，而貪冒無厭，則雖以田賦，將又不足。且子季孫若欲行而法，則周公之典在。若欲苟而行，又何訪焉？」弗聽。十二年春，王正月，用田賦。穀梁傳：哀公十有二年春，用田賦。注：古者九夫爲井，十六井爲丘。丘賦之法，因其田財，通共出馬一匹，牛三頭。今別其田及家財，各出此賦。疏：井方一里，九夫。邑方二里，四井，三十六夫。丘方四里，十六井，百四十四夫。甸方八里，六十四井，五百七十六夫。軍賦之法，丘出馬一匹，牛三頭。甸出長轂一乘，馬四匹，牛十二頭，甲士三人，步卒七十二人。今用田賦，非正也。古者公田什一，用田賦，非正也。注：古者，五口之家受田百畝，爲官田十畝，是爲私，得其什而官税其一，故曰什一。周謂之徹，殷謂之助，夏謂之貢，其實一也，皆通法也。今乃棄中平之法，而田財並賦，言其賦民甚矣。疏：凡受農田，皆私田百畝，公田十畝，但由公田、私田皆公家所授，故總曰公田。什一，則以田之什一及家財而出馬牛之賦，是其正也。魯用田與財各出賦，非正也。周禮七人、六人、五人三等，范惟言「五口之家，受田百畝」，其實六人、七人亦受田百畝，與周禮不異也。「爲官田十畝」者，漢書食貨志：「井田一里是爲九夫，八家共之，各受私田百畝，公田十畝，是爲八百八十畝，餘二十畝爲廬舍。」則家得二畝半，凡家受田一百十二畝半也。「公田十一」者，舉其全數，據出税言之。周謂之徹，殷謂之助，夏謂之貢，其實一也。夏后計其五十畝，而貢五畝于公；殷人計其七十畝，而助七畝于公；周人盡計一百一十畝，而徹十畝于公。什一而税，爲天下通法，范説不與先儒同。先儒皆云什一者，什中税一耳。

蕙田案：「用田賦」一條，當以杜氏之説爲正。賈逵所云欲令井出丘税，此必無之事，不必辨。范甯解穀梁，謂「別其田及家財各出賦」，與杜氏合，其説是也。至云「周時一家受田一百一十二畝半，夏后氏計其五十畝貢五畝于公，殷人計其七十畝助七畝于公，周人盡計一百一十畝徹十畝于公」，如此則是貢、助爲什中税一，而徹爲十外税一，合之爲二十一而取其二，非通爲什一之義也，與康成之説不合，不可從，其辨已詳見前。

公羊傳：用田賦，何以書？譏。何譏爾？譏始用田賦也。注：田，謂一井之田。賦者，斂取其財物也。言用田賦者，若今漢家斂民錢以田爲率矣。不言井者，城郭里巷亦有井，嫌悉賦之。禮，税民公田不過什一，軍賦十井不過一乘。哀公外慕强吴，空盡國儲，故復用田賦過什一。疏：家語正論篇云：「季康子欲以一井田出賦法焉。」魯語下篇云：「孔子謂冉求曰：『田一井，出稷禾、秉芻、缶米，不是過也。』」彼二文，皆論此經用田賦之事而言一井，故知然。又凡言田者，指墾土之處。言井者，但是方里之名。若言用井賦，則嫌城郭里巷之内，但有一井之處悉皆賦之，故云「不言井者，城郭里巷亦有井，嫌悉賦之」。云「軍賦十井不過一乘」者，何氏以爲公侯方百里。案諸典籍，每有千乘之意。若不十井爲一乘，則不合。鄭氏云：「公侯方百里，井十則賦，出革車一乘」者，義亦通于此。

蕙田案：公羊傳於「用田賦」但加一「始」字，本無明文，何休忽改爲口率出錢之事，無據依，恐非是。至其所云「十井不過一乘」，其説與包咸同，尤謬，其辨已詳見前矣。且衍沃之地，九夫爲井，則井之名所以異于宫室、塗巷等類者，正以其盡爲田也。今反云「城郭里巷亦有井」，而疏申其義云：「凡言田者，指墾土之處；言井者，但是方里之名。」其謬甚矣。又因此而推知本用井賦，嫌悉賦之，故言田賦，尤爲迂曲。

又案：以上魯變軍制。

管子中匡篇：昔者聖王之治其民也，參其國而伍其鄙。參國奈何？制國以爲二十一鄉，商工之鄉六，士農之鄉十五。公帥十一鄉，高子帥五鄉，國子帥五鄉。五家爲軌，軌有長。十軌爲里，里有司。四里爲連，連有長。十連爲鄉，鄉有良人。五鄉一帥。伍鄙奈何？五家爲軌，軌有長。六軌爲邑，邑有司。十邑爲率，率有長。十率爲鄉，鄉有良人。三鄉爲屬，屬有帥。

文獻通考：齊桓公問管仲行伯用師之道。仲曰〔一〕：「公欲定卒伍，修甲兵，大國亦將修之，而小國設備，則難以速得志矣。」乃作内政而寓軍令焉。三分其國爲二十一鄉，工、商之鄉六，工、商各三也，二者不從戎役。士鄉十五，韋昭謂：此士，軍士也。士十五鄉，合三萬人，是爲三軍。農野處而不暱，不在都邑之數，則下云「五鄙」是也。參國起案，以爲三官，臣立三宰，工立三族，市立三鄉〔二〕，澤立三虞，山立三衡。作内政而寄軍令焉。五家爲軌，軌爲之長。十軌爲里，里有司。四里爲連，連爲之長。十連爲鄉，鄉有良人焉。以爲軍令：五家爲軌，故五人爲伍，軌長帥之。居則爲軌，出則爲伍〔三〕，所謂寄政。十軌爲里，故五十人爲小戎，里有司帥之。小戎，兵車也。詩云「小戎俴收」。四里爲連，故二百人

〔一〕「仲」，原作「傳」，據光緒本、文獻通考卷一四九改。
〔二〕「鄉」，原作「卿」，據光緒本、文獻通考卷一四九改。
〔三〕「伍」，原作「征」，據文獻通考卷一四九改。

爲卒，連長帥之。十連爲鄉，故二千人爲旅，鄉良人帥之。五鄉一帥，故萬人爲一軍，五鄉之帥帥之。公將其一，工商之鄉隸公。國子帥五鄉焉，高子帥五鄉焉。三軍，故有中軍之鼓，有國子之鼓，有高子之鼓。春以蒐振旅，秋以獮治兵。是故卒伍整於里，軍旅整於郊。内教既承，令勿遷徙。夜戰聲相聞，足以不乖；晝戰目相視，足以相識。凡三軍教士三萬人，車八百乘。周制，戎車一乘，步卒七十二人，萬二千五百人爲軍。今齊車一乘五十人，萬人爲軍。以齊法參周制，車增三百乘，徒損三萬人。吴子云「齊桓募士五萬人」，未詳。如鄉之法制五鄙：三十家爲邑，邑有司；制野鄙之政。此以下與郊内之政異。十邑爲卒，卒有卒帥；十卒爲鄉，鄉有鄉帥；三鄉爲縣，縣有縣帥；十縣爲屬，屬有大夫。五屬立五大夫，各使治一屬焉；立五正，長也。各使聽一屬焉。是故正之政聽焉。正，五正。聽大夫之治。牧政聽縣，牧，五屬大夫。聽縣帥之治。下政聽鄉，下政，縣帥。聽鄉帥之治。自邑積至於五屬，爲四十五萬家，率九家得一兵，得甲十萬；九十家一車，得車五千乘，可爲三軍者四。長勺之戰，桓公自謂有帶甲十萬，車五千乘，蓋斥地甚大，非齊舊制。如遂之法，以通國之數，而遞征之率，車用六之一，士用十之三，大略依周，變從輕便。當時地廣，參用王畿之制。

蘇氏曰：嘗讀周官、司馬法，得軍旅什五之數。其後讀管夷吾書，又得管子所以變周之制。蓋王者之兵，出于不得已，而非以求勝敵也。故其爲法，要以不可敗而已。至于威、文，非決勝無以定霸，故其法在必勝。繁而曲者，所以爲不可敗也；簡而直者，所以爲必勝也。周之制，萬二千五百人而爲軍，萬之有二千，二千之有五百，其數奇而不齊，是以知其所以爲繁且曲也。今夫天度三百六十，均之十二辰得三十者，此其正也；五日四分之一者，此其奇也。使天度而無奇，則千載之日，雖婦人孺子皆可以坐而計。唯其奇而不齊，是故巧曆有所不能盡也。聖人知其然，故爲之章會紀元，以盡其數，以極其變。司馬法曰〔一〕：「五人爲伍，五伍爲兩，萬二千五百人而爲軍。二百五十，十取三焉而爲奇，其餘七以爲正，四奇四正，而八陣生焉。」夫以萬二千五百人而均之，八陣之中，宜其有奇而不齊者，是以多爲之曲折，以盡其數，以極其變，鉤聯蟠屈，各有條理。故三代之興，治其兵農軍賦，皆數十百年而後得志于天下。自周之亡，秦、漢陣法，不復三代。其後諸葛獨識其遺制，以爲可用，以取天下。然相持數歲，魏人不敢決戰，而孔明亦卒無尺寸之功，豈八陣者，先王所以爲不可敗而非以逐利爭勝者耶？若夫管仲之制兵，其可謂截然而易曉矣。三分其國，以爲三軍。五人爲軌，軌有長；十軌爲里，里有司；四里爲連，連有長；十連爲鄉，鄉有良人；五鄉一帥，萬人爲一軍。公將其一，高、國將其二，三軍三萬人，如貫繩，如畫棋局，疏暢洞達，雖有智者，無所施其巧，故法令簡一，而民有餘力以致其死。昔者，嘗讀

〔一〕「司馬法」，諸本脱「法」字，據蘇軾文集卷三補。

左氏春秋，以爲丘明最好兵法。蓋三代之制，至于列國，猶有存者。以區區之鄭，而魚麗、鵝鸛之陣，見于其書。及至管仲，陣法不少概見者，何哉？蓋管仲欲以歲月服天下，故變古司馬法而爲是簡略速勝之兵，是莫得而見其法也。其後，吴、晉爭長于黄池，王孫雄教夫差以三萬人壓晉壘而戰，百人爲行，百行爲陣，行陣皆徹，無有隱蔽，援桴而鼓之，勇怯盡應，三軍皆讙，晉師大駭，卒于得志。由此觀之，不簡而直，不可以決勝。深惟後世不達繁簡之宜，以取敗北，而三代什伍之數，與管子所以治齊之兵，雖不可盡用，而其近于繁而曲者以之固守，近于簡而直者以之決戰，則庶乎其不可敗而有所必勝矣。

周禮小司徒正義：管子「作内政，寄軍令」，謂在鄉五家爲比，以營農事，比長領之；在軍五人爲伍，伍長領之。在家閭胥領一閭，在軍兩司馬領之。在家爲族師，在軍爲卒長；在家爲黨正，在軍爲旅師；在家爲州長，在軍爲師帥；在鄉爲大夫，在軍爲軍將。是管子與周禮同制。

蕙田案：以上齊變軍制。

春秋僖公二十八年左氏傳：晉軍七百乘，韅、靷、鞅、靽。注：五萬二千五百人。

成公二年左氏傳：臧宣叔如晉乞師，主郤獻子。晉侯許之七百乘。郤子曰：「此城濮之賦也。有先君之明與先大夫之肅，故捷。克於先大夫，無能爲役，請八百乘。」許之。注：七百乘，五萬二千五百人。八百乘，六萬人。

昭公十三年左氏傳：晉成虒祁，諸侯朝而歸者皆有貳心。叔向曰：「諸侯不可以不示威。」七月丙寅，治兵於邾南，甲車四千乘。羊舌鮒攝司馬，遂合諸侯于平丘。邾人、莒人愬于晉，晉侯不見公，使叔向來辭曰：「寡君有甲車四千乘在〔一〕，雖以無道行之，必可畏也。」注：四千乘，三十萬人。　疏：計四千士卒，成二十四軍。時晉國惟立三軍，則甲車四千屬三軍耳，其軍豈止一萬二千五百人乎？

蕙田案：侯國出兵之多，未有過於此者。合諸侯爲好會，而出兵之數，較宣王之伐玁狁又增千乘焉，其僭也甚矣。其下傳云「鮮虞人聞晉師之悉起也」，蓋合境皆起，虐政之尤也。

文獻通考：晉曲沃武公并翼僖王，使虢公命曲沃伯以一軍爲晉侯。莊十六年。獻公之十六年，始作二軍，公將上軍，太子申生將下軍，以滅耿、滅霍、滅魏。惠公韓之敗，作州兵。僖十五年：「惠公獲晉吕甥，言於衆曰：『征繕以輔孺子。甲兵益多，庶有益乎！』衆説，晉于是乎作州兵。」五黨爲州，州二千五百家也。率一家起五人，則是一萬二千五百人，古制也。孔穎達

〔一〕「君」，諸本作「人」，據春秋左傳正義卷四六改；「在」，原脱，據光緒本、春秋左傳正義卷四六補。

曰：「周禮鄉大夫以歲時登其夫家之衆寡，辨其可任者，州長則否。今以州長管人既少，督察易精，故使州長治之。」文公蒐于被廬，作三軍。僖公二十七年。郤縠將中軍，郤溱佐之；狐毛將上軍，狐偃佐之；欒枝將下軍，先軫佐之。二軍則上軍爲尊，三軍則中軍爲尊。城濮之戰，賦車七百乘。五萬二千五百人。案楚薳啓彊曰：「晉十家九縣，長轂九百，其餘四十縣，遺守四千。」而平公治兵邾南，甲車四千乘，則晉通國率亦五千乘用七百乘，猶齊之法。其後作三行以禦狄，二十八年。荀林父將中行，屠擊將右行，先蔑將左行。成國不過三軍，今復置三行，以避天子六軍之名，而實則爲六軍。案吳子「晉文公始爲前行四萬，以獲其志」，意即三行。清原之蒐，遂作五軍。三十年。蓋文公雖增置三行，自知其僭，故罷之，更爲上下新軍。襄公蒐于夷。文公六年。舍二軍，以復三軍之制。景公邲之戰，宣十二年。三軍增置大夫各一人，則猶三行也。至鞌之戰，成二年。郤克請車八百乘，始作六軍，賞鞌之功。上中下各增新軍，成三軍。韓厥、趙括、鞏朔、韓穿、荀騅、趙旃皆爲卿，僭更王度若此。厲公鄢陵之戰，罷新上軍。十六年。悼公初，尚四軍。襄公八年，楚伐鄭。子展曰：「四軍無闕。」其後，新軍無帥，公使其什吏帥其卒乘、官屬，以從於下軍，明年遂舍之。襄十四年。傳曰：「禮也，成國不過半天子之軍。」蓋自文公僭王度，至悼公方革焉。

陳氏禮書：春秋莊十六年，王命曲沃伯以一軍爲晉侯。其後，晉作三行，以增上中下而當六軍。則世衰禮廢，諸侯僭天子，不足怪也。

呂氏祖謙曰：嘗聞周室軍旅之制乎？一軍之制，爲人萬二千五百。大國之三軍也，地方百里，而其人僅足以制三軍。次國之二軍也，地方七十里，而其人僅足以具二軍。小國之一軍也，地方五十里，而其人僅足以具一軍。地有限則人有限，人有限則軍有限，雖欲僭侈，亦窘于無人而不得騁矣。王者于諸侯典禮陵節，所當問也；宮室改度，所當問也；樂舞踰數，所當問也；獨軍旅之制，有所不必問。王綱上舉，侯度下修。大不侵小，强不犯弱，地有常地，人有常人，軍有常軍，雖欲如晉之僭，豈可得哉？晉之所以能僭六軍者，適當周室失政之時，南吞北噬，以斥大其國，增地必增人，增人必增軍，野曠則風勁，川漲則舟高，國大則兵衆矣，夫何疑耶？既容其兼并，而又責其軍制之僭，是猶多與之財而責其奢，多縱之酒而責之醉也。

何氏楷曰：三代以前，爵有五等。天子之田方千里，公侯百里，伯七十里，子男五十里。地小易制，力弱易使也。周公始斥大土寓，廣其封，公侯五百里，伯三百里，子男百里。然其時猶以爲五百乘，三鄉所出；千乘，合境所出。兵制之變，始壞於齊之内政而家一人焉，繼壞於晉之州兵而家五人焉。長勺之戰，桓公自謂「帶甲十萬，車五千乘」；楚薳啓疆謂「晉十家九縣，長轂九百，其餘四十縣，遺守四千」；叔向亦謂「寡君有甲車四千乘」，則兵制之增益，於古可知矣。

蕙田案：王國邦國，皆外内有異，别爲二法。邦國國中亦家出一人，郊遂之外，則甸出一乘，詳見魯頌正義。其後春秋時，諸侯有軍至五者，車至四千者，何也？一則兼併小弱，一則以計地出兵之法概施之於境内故耳。

又案：管子内政，賈公彦謂其與周禮同制。蓋家出一人，行之三鄉，原無不可，非異於周禮也。惟桓公自言「五千乘」，則奢僭甚矣。

又案：以上晉變軍制。

春秋昭公四年左氏傳：鄭子産作丘賦。注：丘十六井，當出馬一匹，牛三頭。今子産别賦其田，如魯之田賦。疏：服虔以爲子産作丘賦者，賦此一丘之田，使之出一馬三牛，復古法耳。丘賦之法，不行久矣。今子産復修古法，民以爲貪，故謗之。案春秋之世，兵革數興，鄭在晉、楚之間，尤當其劇，正當重于古，不應廢古法也。若往前不修此法，豈得全無賦乎？故杜以爲今子産于牛馬之外別賦其田，謂賦斂家資，使出牛馬，別賦其田，使之出粟，是一丘出兩丘之稅。

蕙田案：此鄭變軍制。

文獻通考：楚自若敖、蚡冒篳路藍縷，以啓山林。武王始爲軍政，作荆尸以伐隨，授師孑以立陳法。莊四年。楚武王荆尸，授師孑焉，以伐隨。案宣十二年，隨子論楚之兵曰：「荆尸而舉。」杜預曰：「荆，楚也。尸，陳也。楚武王始更此爲陳法，遂以爲名。」孑，鎗屬，亦楚陳所利。大抵陳中有利于長兵者，有利于短兵者，弓矢利遠，是長兵；孑是短兵，蓋楚參用孑爲陳。成王地方千里，城濮之役，僖二十八年。子玉請戰，王怒，少與之師，唯西廣東宫與若敖之六卒從之，大抵皆非正軍，制亦非古。杜預注曰：六卒，子玉宗人之兵六百人，言不悉以益之。于時子玉既爲令尹而乃請戰，蓋欲增兵耳。若敖之六卒，乃子玉家兵。觀宣公四年，楚子與若敖氏戰于皋滸，敢于敵君，戰則兵强可知。穆王接晉文、襄霸之後，楚益强大，時則嚴環衛之屬。文元年傳：「潘崇掌環列之尹。」杜注：「宫衛之官，列兵而環王宫。」又宣十二年傳：「内官序當其夜，以待不虞。」注：「官當同環列之尹，都君子、王馬之屬，所以親衛于王，出入共之。」厥貉之會，陳、鄭及宋受役于司馬，以田孟諸，時則有右盂、左盂、兩甄之制。文十年：「會于厥貉，宋道楚子以田孟諸，宋公爲右盂，鄭伯爲左盂，期思公復遂爲右司馬，子朱及文之無畏爲左司馬。」杜注：「盂，田獵陳名。將獵，張兩甄，故置二左司馬。」蓋期思公復遂一人爲右司馬，當中央，則左司馬二人爲兩甄矣。兩甄，猶言兩翼。**莊王霸强，克庸以來，**文十六年。**無日不討國人而訓之于民生之不易，在軍無日不討軍實而申儆之于勝之不可保。逮邲之戰，**宣十二年。**軍制備矣。蓋兆於武王，備於莊王，傳莫詳焉。三軍以爲正軍。**傳曰：「楚子北師，次于郔，沈尹將中軍，子重將左軍，子反將右軍。」此三軍者，蓋正軍也。是時孫叔敖爲令尹秉政，不在三軍之數。如南轅、反旆，軍進退皆由之，故知令尹爲兼統三軍矣。**二廣以爲親軍。**傳載欒武子言楚軍制曰：「其軍之戎，分爲二廣。右廣初駕，數及日中；左受之，至于昏；內官序當夜。」鄭氏曰：「廣，平橫陳之車。」杜預注：「二廣，君之親兵。」案傳：「楚子分左右廣，雞鳴而駕，日中而說；左則受之，日入而說。許偃御右廣，養由基爲右；彭名御左廣，屈蕩爲右。王乘左廣，以逐趙旃。」杜預注：「楚王更迭載之，故各有御。」傳又曰：「王見右廣，將從之乘，屈蕩尸之，曰：『君以此始，亦必以終。』自是，楚之乘廣先左。」蓋左右二廣，爲王親軍。右廣初駕，以及日中；左廣受之，以及日入；嘗在王側，內官序當其夜，若今之當更循環衛，敵安當掩襲？親軍之制詳矣。僖二十八年，西廣從之子玉。時子玉專軍政，故分西廣以屬之。今邲之戰，則二廣皆以侯王迭載。其曰「楚之乘廣先左」，杜預雖云「以乘左得勝」，然實則楚人尚左，故親軍分爲二廣，而王則乘左。**游闕以爲游兵。**傳：「使潘黨率游闕四十乘從唐侯。」游闕，蓋游兵往來游補闕者，觀兵陳何處爲薄，則從而補之，所謂奇軍以防敗失，由正軍中逐旋分出，不係步伍之數。**廣有一卒，卒偏之兩。**傳曰：「廣有一卒，卒偏之兩。」又曰：「楚子爲乘，廣三十乘，分爲左右。」司馬法：「百人爲卒，卒二十五人爲兩。車十五乘爲大偏，九乘爲小偏。其尤大者，又有二十五乘之偏。」今一廣十五乘，則古大偏之法，而曰「卒偏之兩」者，孔穎達謂「兩廣之別，各有一卒之兵者人也」。蓋防正軍有敗，則以偏卒易之；正卒有闕，則以偏卒補之。**於陳則分左右二拒。**傳：「工尹齊將右拒卒以逐下軍，使潘黨率游闕四十乘從唐侯，以爲左拒，以從上軍。」亦猶鄭二拒。蓋楚子在中軍，與晉中軍相對。臨戰分此二拒，右拒當晉下軍，左拒當晉上軍，故杜預謂爲陳名矣。**調卒之法：商農工賈不敗其業，卒乘輯睦不奸於事。行軍之典：則右轅，左追蓐，前茅慮無，中權後勁，百官象物而動，軍政不戒而備。**軍行，右轅，左追蓐。凡兵車有甲士，有步卒。甲士在車，不供碎役。分步卒爲前左右三處。兵車一轅，服馬夾之，而言夾轅者。步卒分被左右者，軍行時又分之，在兩廂挾轅，以爲戰備。傳曰「令尹南轅」，又曰「改乘轅」。楚陳以轅爲主，以轅表車，正是挾車嚴兵，以備不虞。其應左右者，使之追步草蓐，令離道求草，不近兵車。蓐，謂卧止之草，以爲宿備。豫定左右之別，在道分使之，故云軍行。至于對陳，則在車左右。前茅慮無，爾雅曰：「茅，明也。」在前者明，爲思慮所無之事，恐卒有非常，則預告軍衆，使知而爲備。如今軍行，令人遠在軍前，斥度候望，虞有伏兵，使蹌行之，持以絳及白爲幡，與軍人爲私號，曲禮「前有水則載青旌」之類是也。中權是中軍大將軍，進退之權，三軍之心，在此權者，謂謀之高下輕重皆當。後勁，以精兵爲殿。後世勁兵多在前，或被擊敗，則後無應，勁兵之後，此最良法。百官象物而動，物猶類也，謂旌旗畫物類也。百官尊卑不同，蒙其所建之物而行動，軍之政教，不待號令而自備。周禮大司馬：「仲秋教治兵，辨旗物之用：王載太常，諸侯載旂，軍吏載旗，師都載旜，鄉遂載物，郊野載旐，百官載旟。」凡旗有軍衆者畫異物，無者帛而已。尊卑所建，各有物類。此云「象物而動」，謂軍行時，當指治兵之法。行軍之翼日，則輜重至。乙卯，王乘左廣，以逐趙旃。及昏，楚師軍於邲，晉之餘師不能軍。丙辰，楚重至於邲。杜注：「輜重也。」楚輜重，嘗後正軍一日。蓋楚軍有法，輜重若與正軍過遠，則有邀擊之患，過近，則重兵纔亂，正軍亦潰。後世用兵，先擊輜重，取勝者多，蓋以非太近則太遠，以是知楚輜重遠大兵一日爲得宜也。凡此，皆軍政之善者也。若共王之世，公子嬰齊爲簡之師，組甲被練，皆創名之。襄三年傳：「楚子重伐吳，爲簡之師，使鄧廖帥組甲三百，被練三千。」簡，謂選擇也。杜預注：「組甲、被練，皆戰備也。組甲，漆甲成文。被練，練袍。」賈云：「組甲，以組綴甲，車士服之。被練，帛也。以帛綴甲，步卒服之。」吕祖謙曰：「組甲、被練，皆擇兵之精者。被練，若今之軟纏之類。」康王以蔿掩爲司馬，始井衍沃，牧隰皋，賦車籍馬，而有車兵、徒兵、甲楯之數。襄二十五年：「楚蔿掩爲司馬，子木使庀賦，數甲兵。掩書土田，牧隰皋，井衍沃，量入脩賦，賦車籍馬，賦車兵、徒卒、甲楯之數。既成，以授子木。」靈王斥地益大，陳、蔡、不羹，邑賦千乘，於是有五帥。左氏傳：「吳人敗諸豫章，獲其五帥。」平王簡上國、東國之兵，都外都師，精練有法。至若戍丁，則若申、息之子弟，僖二十八年：「楚子入居于申。

子玉城濮之敗，王使謂之曰：『大夫若入，其若申、息之老何？』」杜預曰：「申、息二邑子弟皆從子玉而死。」**士兵則若都君子，校人則若王馬之屬。**昭二十七年傳：「左司馬戌帥都君子與王馬之屬以濟師。」杜注：「在都邑之士有復除者。」賈逵云：「平常免其行役事，急乃使之耳。」君子既有士，則不調發。唯吴、楚多有此，事急則從，如越有君子六千人是也。王馬之屬，王養馬官屬，校人之類。凡此，皆以急調役，非常法也。**其爲舟師以待吴寇，而卒莫能以得志，故曰「吴用木也，我用革也」。**楚用舟師，自康王始。考之經傳，吴自成七年，「吴入州來」，暨共王卒，繼侵楚。明年，敗楚于皋舟之隘。自吴利在舟師，楚懼無以敵吴。後十年，康王始爲舟師，以備吴强，而吴乃滅巢。昭王時，救潛之役，令尹子常以舟師及河汭而還，竟無成功。其後，囊瓦伐吴，師于豫章。吴人見舟豫章，而潛師于巢，遂敗楚師。入郢之後，吴太子終纍又敗楚舟師，獲其帥。蓋楚雖以備吴置舟師，而實莫能勝，亦地形用便，有不同耳。

蕙田案：此楚變軍制。

右春秋邦國軍制之變

五禮通考卷二百三十六

軍禮四

軍制

秦兵制

文獻通考：秦自非子爲附庸，至秦仲始大。秦仲之孫襄公興兵討西戎以救周，遂有岐、豐之地，修其車馬，備其兵甲，武事備矣。至穆公，霸西戎，始作三軍。殽之役，三帥，車三百乘。魯定公五年，秦子蒲、子虎帥車五百乘救楚，兵力益以强盛。

史記商君列傳：秦孝公用商鞅，定變法之令。令民爲什伍，有軍功者各以率受上爵，爲私鬭者各以輕重被刑。宗室非有軍功論，不得爲屬籍。行之十年，民勇於公戰，怯於私鬭。凡戰獲一首，賜爵一級。皆以戰功相君長。

漢書刑法志：春秋之後，滅弱吞小，並爲戰國，稍增講武之禮，以爲戲樂，用相夸視。而秦更名角觝，先王之禮没於淫樂中矣。雄桀之士，作爲權詐，以相傾覆。吴有孫武，齊有孫臏，魏有吴起，秦有商鞅，皆禽敵立勝，垂著篇籍。當此之時，齊愍以技擊彊，孟康曰：兵家之技巧。技巧者，習手足，便器械，積機關，以立攻守之勝。魏惠以武卒奮，師古曰：奮，盛起。秦昭以鋭士勝。師古曰：鋭，勇利。世方爭於功利，而馳説者以孫、吴爲宗。唯荀卿非之曰：「孫、吴上勢利而貴變詐，施於暴亂昏嫚之國，君臣有間，上下離心，故可變而詐也。仁人在上，爲下所仰，猶子弟之衛父兄，若手足之扞頭目，何可當也？魏氏武卒，衣三屬之甲，服虔曰：「作大甲三屬，竟人身也。」蘇林曰：「兜鍪也，盤領也，髀褌也。」如淳曰：「上身一，髀褌一，脛繳一，凡三屬也。」屬，聯也。操十二石之弩，負矢五十个，置戈其上，冠冑帶劍，贏三日之糧，師古曰：个，枚也。冑，兜鍪也。冠冑帶劍者，著兜鍪而又帶劍也。日中而趍百里，中試則復其户，利其田宅。師古曰：中試，試之而中科條也。復，謂免其賦税也。利田宅者，給其便利之處也。如此，其氣力數年而衰，是危國之兵也。秦人，其生民也陿阸，其使民也酷烈。師古曰：陿，地小也。阨，險固也。酷，重厚也〔一〕。烈，猛威也。劫之以勢，隱之以阨，鄭氏曰：秦地多隘，隱其民于隘中也。狃之以賞慶，道之以刑罰，使民所以要利於上者，非戰無由也。功賞相長，五甲首而隸五家，服虔曰：能得著甲者五人首，使得隸役五家也。是最爲有數，故能四世勝於天下〔二〕。然皆干賞蹈利之兵，庸徒鬻賣之道耳，未有安制矜節之理也。故雖地廣兵彊，鰓鰓常恐天下之一合而共軋己也。若秦因四世之勝，據河山之阻，任用白起、王翦豺狼之徒，奮其爪牙，禽獮六國，以并天下，窮武極詐，士民不附，卒隸之徒，還爲敵讎，猋起雲合，果共軋之，斯爲下矣。」

史記秦始皇本紀：分天下以爲三十六郡。收天下兵，聚之咸陽，銷以爲鍾鐻，金人十二，重各千石。

文獻通考：始皇并天下，分三十六郡。郡置材官，講武之禮，罷爲角觝。時北築長城四十餘萬，南戍五嶺五十餘萬，驪山、阿房之役各七十餘萬。兵不足用，而後發

〔一〕「厚」，諸本作「辱」，據漢書刑法志改。
〔二〕「四世」，原作「有」，據光緒本、漢書刑法志改。

謫。其後里門之左，一切發之〔二〕，而勝、廣起。

易氏曰：始皇北築長城，南戍五嶺，又有驪山、阿房之役，兵不足用，乃先發里門之左，名閭左之戍。未及發右，而二世立，復調材士五萬人以衛咸陽，民不聊生，天下騷動，而勝、廣起矣。是時，楚兵百萬，而秦發近縣不及，乃赦驪山徒、奴産子以擊盜。及關東盜賊益熾，又發關中卒以擊之。而章邯三歲將兵，亡失已十數萬，坑于降楚者又二十餘萬。沛公入關，而秦遂以亡。原秦之亡，皆起于兵備廢弛而倚辦于倉卒。高祖鑒其弊，而于郡國京師，兵備嚴整，且内外有相制之勢，漢法之善者也。

蕙田案：秦得天下，其意主於銷兵而不用。及盜起而無以應之，則又盡發民以爲兵，二者皆非也。而其原則由於商鞅之廢周禮。周之制，鄉遂、采地、邦國，調發多寡不同，而從無羨卒盡發之事。秦自鞅變法，尚首功，盡驅民以爲兵。始皇懲六國之紛爭，既銷兵矣。三十三年，遂發諸嘗逋亡人、贅壻、賈人略取陸梁地，爲桂林、象郡。三十五年，益發謫徙邊。其後治獄不直者，嘗有市籍者，大父母、父母嘗有市籍者，皆發之，民能堪乎？夫惟無事、無克詰之實，故有事、有驛

〔二〕「一」，原脱，據味經窩本、乾隆本、光緒本、文獻通考卷一四九補。

騷之累，欲不亡不可得矣。

右秦兵制

漢軍制

漢書刑法志：高祖置京師南、北軍之屯。

文獻通考：京師有南、北軍之屯。南軍，衛尉主之，掌宫城門内之兵。武帝時，置期門、羽林。皆宿衛士，屬南軍。北軍，中尉主之，掌京城門内之兵。中尉，秦官，掌巡徼京師。

蕙田案：以上總論南北軍。

漢書百官表：中壘校尉，掌北軍壘門。

文獻通考：武帝增置八校，更名中尉爲執金吾。左右京輔都尉、尉丞、兵卒，皆屬中尉。屬北軍。

後漢書百官志：光禄勳，掌宿衛宫殿門户，典謁署郎更直執戟，宿衛門户。五官中郎將、五官中郎、五官侍郎、五官郎中，凡郎官皆主更直執戟，宿衛諸殿門户，出充車騎。左右僕射，主虎賁郎習射。左右陛長，主直虎賁，朝會在殿中。虎賁中郎、侍郎、郎中、節從皆無員〔一〕。羽林中郎將、羽林郎，皆掌宿衛侍從。常選漢陽、隴西、安定、北地、上郡、西河凡六郡良家子弟補。

王氏應麟漢制考：周禮司門注：「司門，若今城門校尉，主王城十二門。」疏云：「都司總監十二門官，故舉漢法況之。」

漢書刑法志：武帝平百粵，内增七校，晉灼曰：百官表中壘、屯騎、步兵、越騎、長水、胡騎、射聲、虎賁，凡八校尉，胡騎不常置，故此言七也。歲時講肄，修武備。

蕙田案：穆天子傳：「王勤七萃士。」文選王元長曲水詩序：「七萃連鑣。」虞子陽詩：「雲屯七萃士。」注：「萃，聚也。亦猶傳有七輿大夫，聚集有智力者，爲王之爪牙。」白居易云：「周設七萃，漢列八屯，皆以拱衛王宫，肅嚴徼道。」然則七萃之設，非武帝創爲之也。

又案：城門校尉、七校，皆屬北軍。

〔一〕「無員」，諸本脱，據後漢書百官志二補。

錢文子補漢兵志：南軍則衛士是也。北軍在未央北，爲軍壘垣，置中壘校尉，以一校守之。有事，屯兵其中；事已輒罷。武帝時，有諸校尉，則常屯矣。

唐六典：南軍，若今諸衛也。北軍，若今左右羽林也。

易氏曰：漢之兵制，莫詳于京師南、北軍之屯，雖東西兩京沿革不常，然皆居重馭輕，而内外自足以相制，兵制之善者也。

玉海：秦之軍制，内有屯衛，外置材官。漢南、北軍之屯，蓋因秦之屯衛而更其制。古者前朝後市，王宫在南，故漢衛宫之兵在城内者爲南軍，衛城之兵在城外者爲北軍。

蕙田案：高后本紀及外戚傳：「吕后以吕禄爲上將軍，居北軍；吕産爲相國，居南軍。」又文帝本紀：「帝入未央宫，夜拜宋昌爲衛將軍，領南北軍。」蓋漢宫城門内爲南軍，宫衛屯兵屬焉。京城門外爲北軍，京輔兵卒隸焉。其權爲最重，故吕后及文帝皆先置腹心以領二軍。

又案：此南北軍設官。

李氏光地兵制論：古者，民與兵出於一，故天子有六鄉、六遂之兵，諸侯有三郊、三遂之兵。此外，又有都鄙、丘甸之兵。其實則皆比、閭、族、黨、井邑之民而已。漢初亦然，京師有南、北軍之屯而已。其餘則天下有事，乃以虎符發調郡國之兵；事已兵休，則仍復于其故，故三代、漢無養兵之費而財用足。三代則又不輕於用兵，而民力裕。其時有農隙講武、追胥竭作之法，固無患乎武備之不修也。六朝日事戰爭，而兵與民亦未嘗二。至唐，府衛之制雖善，然已駸駸乎有兵之名，而兵民始二矣。於後藩鎮分裂，始有長聚不散之兵，而天下之費，盡於養兵，遂自宋至今，不能改焉。

蕙田案：山齋易氏謂：漢時兵農未分，南、北兩軍，實調諸民，猶有古者井田之遺意。馮唐謂吏卒皆家人子弟，起田中從軍。後漢禮儀志謂罷遣衛士，必勸以農桑。由是觀之，知是時兵民不甚分也。

又案：此論南、北軍寓兵于農。

玉海蓋寬饒傳「衛卒願更留一年」，是郡國番上于南軍之制；「黄霸爲京兆尹，發騎士詣北軍」，是三輔番上于北軍之制。南軍猶調于郡國，北軍第調于京輔。

蕙田案：唐李揆謂：「漢以南、北軍相制，故周勃能以北軍安劉氏。」易氏亦謂：「南軍以衛宫城，而乃調之於郡國；北軍以護京城，而乃調之於三輔。」嘗考司馬子長三王世家載公户滿意之言曰：「『古者天子必内有異姓大夫，所以正骨肉也；外有同姓大夫，所以正異姓也。』蓋同姓，親也，於内爲逼，故處於外而使之正異族；異姓，疏也，於親爲有間，故處於内而使之正族屬。南、北軍調兵之意，殆猶是歟？郡國去京師甚遠，民情無所適莫，而緩急爲可恃，故以之衛宫城而謂之南軍；三輔距京師甚邇，民情有閭里、墳墓、族屬之愛，而利害必不相棄，故以之護京城而謂之北軍。」其防微杜漸之意深矣。以上二説，深得漢制之妙。竊謂漢制多近古，觀南軍調郡國，北軍調三輔，則知周禮所謂鄉爲六軍，遂爲十二軍。雖立法如此，然必非先虚其内以實其外，調發之際，即先徵邦國，無所不可，不得泥采芑之注，而謂周家發兵專恃王畿以内也。章俊卿山堂考索云：「杜佑通典謂漢重兵悉聚京師，此非確論。漢南、北軍僅盈數萬，而京軍不出征，有所征伐調發，皆郡國之兵爲多。」此説得之。

又案：此論南、北軍征調。

玉海：南軍、北軍衛士，皆調發郡國材官、騎士爲之。自武帝增八校，胡、越騎皆屬中尉，而北軍始有召募之兵。又於光禄勳增羽林、期門，與衛尉同掌宫門，而南軍始有長從之兵。又發中尉卒征西羌，而京師之兵始遠調。昭、宣以後，禁旅列屯，有警則發，雖金城之遠，羽林、胡、越騎，亦從中而遣。自是之後，募外兵以從軍。如始元二年，募吏民擊益州；本始二年，選伉健習騎射者從軍，而更代之法寖弛。

蕙田案：此論南、北軍之廢。

又案：以上漢京師之兵。

漢書刑法志：高祖躬神武之才。天下既定，踵秦而置材官於郡國。

應劭漢官儀：高祖令天下郡國選能引關蹶張、材力武猛者，爲輕車騎士、材官、樓船，常以立秋後講肄課試，各有員數。平地用車騎，山阻用材官，水泉用樓船。杜佑通典略同。

張氏晏曰：材官、騎士習射御騎馳戰陳，常以八月。太守、都尉、令、長、丞會都試，課殿最。

錢文子補兵志：材官、騎士屬郡都尉，以歲八月，太守、都尉、令、長、丞爲會都試。水處爲樓船令、丞、尉，亦各統其縣，守尉不得專也。大抵金城、天水、隴西、安定、北地、河東、上黨、上郡多騎士，三河、潁川、沛郡、淮陽、汝南、巴蜀多材官，江、淮以南多樓船。

蕙田案：申屠嘉、周勃俱以材官起，積功得至將相。趙充國亦始爲騎士，而霍去病傳「騎士孟已有功，至賜爵關内侯」，其推遷之格如此。

文獻通考：光武以幽、冀、并州兵定天下。始於黎陽立營，領兵騎常千人，以謁者監之，號「黎陽兵」。其後，又以扶風都尉部在雍縣，以涼州近羌，數犯三輔，將兵衛護園陵，故俗稱「雍營」。

蕙田案：此總論郡國兵及都試之法。

漢書高帝本紀：十一年秋七月，發上郡、北地、隴西車騎，巴蜀材官，軍霸上。

惠帝本紀：七年冬十月，發車騎、材官詣滎陽，太尉灌嬰將之。

文帝本紀：三年五月，發中尉材官屬衛將軍，軍長安。

五行志：文帝三年，詔丞相灌嬰發車騎士八萬五千人詣高奴，擊右賢王。後六年春二月，發材官屯隴西。景帝中三年秋〔一〕，匈奴寇邊，中尉不害將車騎、材官士屯代

〔一〕「三年」，原作「二年」，據光緒本、漢書五行志改。

高柳。

景帝本紀：後二年春，發車騎、材官屯雁門。

武帝本紀：元光二年六月，李息爲材官將軍，屯馬邑谷中。六年秋，韓安國爲材官將軍，屯漁陽。

韓安國傳：漢伏車騎、材官三千餘，匿馬邑旁谷中。

宣帝本紀：神爵元年，發材官、騎士詣金城。

趙充國傳：神爵元年三月，發三河、潁川、沛郡、淮陽、汝南材官，金城、隴西、天水、安定、北地、上郡騎士，詣金城。

補兵志：騎士、材官、樓船，其興發量地遠近。若宣帝以沛郡、淮陽、汝南征西羌，蓋罷民矣。

玉海：漢兵散于郡國，雖郡守不得擅發其屬縣。又郡國不擅斥騎士。趙廣漢傳坐「擅斥除騎士」。

蕙田案：此郡國兵征調。

文獻通考：建武六年，詔罷郡國都尉，并職太守，無都試之法。惟京師款兵如故。

七年，罷天下輕車騎士、材官、樓船及軍假吏，悉還民伍，惟更賦如故。九年，省關中都尉。十三年，罷左、右將軍。二十三年，罷諸邊郡亭侯、吏、卒。明帝以後，又歲募郡國、中都官死罪繫囚出戍，聽從妻子、自占邊縣以爲常。凡徙者，皆給弓弩衣糧。於是，北邊有變，則置度遼營。明帝時。南蠻或叛，則置象林兵。和帝時。羌犯三輔，則置長安、雍二尉。安帝時。鮮卑寇居庸，則置漁陽營。安帝時。其後，盜作緣海，稍稍增兵。順帝時。而魏郡、趙國、常山、中山六百一十六塢，河内通谷衝要三十三塢，扶風、漢陽、隴道三百塢，西羌傳。置屯多矣。

蕙田案：漢郡國之兵，如材官等，其詳雖不可見，大抵無事散遣，有事調發。武帝之後，有選募，有罪徒。其選募，曰勇敢，曰奔命，曰伉健，曰豪吏，曰應募；其罪徒，曰謫民，曰惡少，曰亡命，曰徒，曰犯刑，曰罪人，曰應募罪人。至於中興，併尉職，罷都試，材官、騎士還復民伍。于是，長從募士多，而郡國之兵壞矣。應劭謂：「郡國罷材官、騎士之後，官無警備，實啓戎心。一方有難，黔首囂然。」蓋漢兵制之壞，自建武之罷都試材官、騎士而專用募士始。

又案：此郡國兵制之壞。

漢書高祖本紀：二年五月，漢王屯滎陽，蕭何發關中老弱未傅者悉詣軍。注：如淳曰：律，年二十三傅之。漢官儀注：「民年二十三爲正，一歲爲衞士，二歲爲材官、騎士。年五十六乃免，就田里。」凡在官三十四年。

蕙田案：「五十六」，通考誤「六十五」。

又案：此征發年歲之限。

玉海：漢初，調發猶近古。高帝發中尉卒，止軍霸上。文帝發中尉材官，止軍長安，畿兵猶未遠出也。元鼎六年，中尉卒擊南越矣。神爵元年，羽林孤兒，胡、越騎詣金城矣。京師之兵，越臨邊境，非古也。

蕙田案：此征發道里之限。

文獻通考：建武之初，禁綱尚闊，但以璽書發兵，未有虎符之信。杜詩上疏曰：「臣聞兵者，國之凶器，聖人所謹。舊制發兵皆以虎符，其餘調發，竹使而已。符第合會，取爲大信。所以明著國命，斂持威重也。間者發兵，但用璽書，或以詔令。如有姦人詐僞，無由知覺。愚以爲軍旅尚興，賊虜未殄，召兵郡國，宜有重謹。可立虎符，以絶姦端。昔魏之公子，威傾鄰國，猶假兵符以解趙圍。若無如姬之仇，則其功不顯。事有煩而不可省，費而不得已，蓋謂此也。」書奏，從之。

蕙田案：此征發符璽之制。

更有三品：有卒更，有踐更，有過更。古者，正卒無常人，皆迭爲之，一月一更，爲卒更也。貧者欲得雇更錢，次直者出錢雇之，月二千，是爲踐更也。天下人皆直戍邊三日，亦名爲更，律所謂繇戍也，雖丞相子亦在戍邊之調。不可人人自行三日戍，又行者當自戍三日，不可往便還，因便往一歲一更。諸不行者，出錢三百入官，以給戍者，是謂過更也。

王氏應麟漢制考：周禮胥徒注：「此民給徭役者，今衛士矣。」疏：「今衛士亦給徭役，故舉漢法況之。」貢禹傳云：「諸離宫及長樂宫衛，可減太半，寬繇役。」

又曰：周禮鄉大夫：「其舍者，國中貴者、服公事者、老者、疾者。」注云：「舍者，謂有復除舍不收役事也。貴者〔一〕，謂若今宗室及關内侯皆復也。服公事者，謂若今吏有復除也。老者，謂若今八十、九十復羨卒也。疾者，謂若今癃不可事者復之。」鹽

〔一〕「貴者」，諸本脱，據漢制考卷一補。

坊主、團主，以相統治。其外又有驃騎、車騎二府，皆有將軍。後更驃騎曰鷹揚郎將，車騎曰副郎將，別置折衝、果毅。此府兵之大略也。

隋書：開皇十年五月乙未，詔曰：「魏末役車歲動，未遑休息。權置坊府，南征北伐，居處無定，朕甚愍之。凡軍人可悉屬州縣，墾田籍帳，一與民同。軍府統領，宜依舊式。」

蕙田案：李繁傳載蘇綽初置府兵，與此利害優劣不同。蓋綽雖創始府兵之制，然地狹民寡，加以長征不返，未得盡行其說。及隋平陳，乃定其制。

右周隋軍制

唐軍制

唐書兵志：府兵之制，起自西魏、後周，而備於隋，唐因之。隋制十二衛，曰翊衛，曰驍騎衛，曰武衛，曰屯衛，曰禦衛，曰候衛，爲左右，皆有將軍，以分統諸府之兵。又有驃騎、車騎二府，皆有將軍。自高祖武德初，始置軍府，以驃騎、車騎兩將軍府領之。析關中爲十二道：萬年道，參旗軍；長安道，鼓旗軍；富平道，玄戈軍；醴泉道，井鉞軍；同州道，羽林軍；華州道，騎官軍；寧州道，折威軍；岐州道，平道軍；豳州道，招摇軍；西麟州道，苑游軍；涇州道，天紀軍；宜州道，天節軍。軍置將、副各一人，以驃騎、車騎府統之。後改驃騎曰統軍，車騎曰別將。太宗貞觀十年，更號統軍爲折衝都尉，別將爲果毅都尉，諸府總曰折衝府。凡天下十道，置府六百三十四，皆有名號；而關内二百六十有一，皆以隸諸衛。凡府三等：兵千二百人爲上，千人爲中，八百人爲下。府置折衝都尉一人，左、右果毅都尉各一人，長史、兵曹別將各一人，校尉六人。

唐會要：武德三年，置十二衛，將軍取威名素重者爲之，分關内諸府隸焉。關内置府二百六十一，精兵二十六萬，舉關中之衆，以臨四方。又置折衝府二百八十，通給舊府六百三十三。

唐書兵志：民，年二十爲兵，六十而免。其能騎而射者爲越騎，其餘爲步兵。其隸於衛也，左、右衛皆領六十府，諸衛領五十至四十。

蕙田案：地理志天下有府，共五百六十六，計七十五郡。關内十九郡，有府二百七十三；河東十五郡，有府百四十一；河南、河北十郡，有府九十二；河南六十三，河北三十，山南十，隴右二十九，淮南六，江南二，劍南十，嶺南三。除關内道，餘九道有府二百九十三。總而計之，止五百六十六。參之兵志「置府六百三十四」之數，參差不齊，而職官志又云「六百三十三」，恐地理志所載猶有缺遺。

方鎮表：高祖、太宗之制，兵列府以居外，將列衛以居内。有事則將以征伐，事已各解而去。兵者，將之事也，使得以用，而不得以有之。

兵志：府兵之制，居無事時耕于野，其番上者，宿衛京師而已。若四方有事，則命將以出，事解輒罷，兵散于府，將歸于朝。故士不失業，而將帥無握兵之重。

杜牧原十六衛曰：國家始踵隋制，開十六衛，將軍總三十員，屬官總百二十八員，創宇分部，夾峙禁省。自今觀之，十六衛本原事迹，實天下之大命也。始自貞觀中，既武遂文，内以十六衛蓄養戎臣，褒公、鄂公之徒，並爲諸衛將軍。外開折衝、果毅府五百七十四，以儲兵伍。或有不幸，蠻夷戎狄，踐踏四作。此時戎臣，當提兵居外。至如天下平一，暴勃消削，單車一符，將命四走，莫不信順。此時戎臣，當提兵居内。當其居内也，官爲將軍，綬有朱紫，章有金銀，千百騎趨奉朝廟，第觀、車馬、歌兒、舞女，念功賞勞，出於曲賜，所部之兵，散舍諸府。上府不越千二百人。五百七十四府，凡有四十萬人。三時耕稼，襏襫耞耒，一時治武，騎劍兵矢。裨衛以課，父兄相言，不得業他。籍藏將府，伍散田畝，力解勢破，人人自愛，雖有蚩尤爲帥，亦不可使爲亂。及其居外也，緣部之兵，被檄乃來，受命於朝，不見妻子，斧鉞在前，爵賞在後，以首爭首，以力搏力，飄暴交捽，豈假異略，雖有蚩尤爲帥，亦不能爲叛。自貞觀至於開元末，百三十年間，戎臣兵伍，未始逆篡，此聖人所以柄統輕重，制障表裏，聖算神術也。

蕙田案：以上府兵初制。

凡發府兵，皆下符契，州刺史與折衝勘契乃發。若全府發，則折衝都尉以下皆行；不盡，則果毅行；少，則别將行。

蕙田案：此府兵調發。

凡當宿衛者，番上兵部以遠近給番。五百里爲五番，千里七番，一千五百里八番，二千里十番，外爲十二番，皆以月上。若簡留直衛者，五百里爲七番，千里八番，二千里十番，外爲十二番，亦月上。

蕙田案：此府兵宿衛。

先天二年，詔曰：「往者分建府衛，計户充兵，裁足周事。二十一入募，六十一出軍，多憚勞以規避匿。今宜取年二十五以上，五十而免。屢征鎮者，十年免之。」雖有其言，而事不克行。玄宗開元六年，始詔折衝府兵每六歲一簡。

蕙田案：此府兵簡閲。

唐會要：衛士初置，以成丁而入，六十出役。其家不免王徭，遂漸逃散。年月漸久，宿衛之數不給。開元六年五月二十七日，置折衝府，每年一簡點。十一年十一月二十日，兵部尚書張説置長從宿衛兵十萬於南衙，十三年二月二十一日號彍騎，十六年二月二十五日改爲左右羽林騎。

文獻通考：自高宗、武后時，天下久不用兵，府兵之法寖壞。番役更代，多不以時，衛士稍稍亡匿。至是益耗散，宿衛不能給。宰相張説乃請一切募士宿衛。十一年，取京兆、蒲、同、岐、華府兵及白丁，而益以潞州長從兵，共十二萬，號「長從宿衛」，歲一番，命尚書左丞蕭嵩與州共選之。明年，更號曰「彍騎」。然自是諸府事益多不補，折衝將又積歲不得遷，士人皆恥爲之。十三年，始以彍騎分隸十二衛，總十二萬，爲六番，每衛萬人。京兆彍騎六萬六千，華州六千，同州九千，蒲州萬二千三百，絳州三千六百，晉州千五百，岐州六千，河南府三千，陝、虢、汝、鄭、懷、汴六州各六百。内弩手六千，其制皆擇下户、白丁、宗丁、品子、彊壯五尺七寸以上，不足則兼以户八等五尺以上，皆免征鎮賦役。爲四籍，兵部及州、縣、衛分掌之。十人爲火，五火爲團，皆有首長。

蕙田案：此府兵始變。

唐會要：天寶八載五月九日，停折衝府上下魚書，以無兵可交。至末年，折衝府但有兵額、官吏，而戎器、馱馬、鍋幙、糗糧並廢。寶應元年四月十七日，畿縣折衝府缺官，本縣令攝判。

文獻通考：自天寶以後，彍騎之法又稍變廢，士皆失拊循。八載，折衝諸府至無兵可交，李林甫遂請停上下魚書。其後，徒有兵額、官吏，而戎器、馱馬、鍋幕、糗糧並廢矣，故時府人目番上宿衛者曰侍官，言侍衛天子。至是〔一〕，衛佐悉以假人爲童奴，京師人恥之，至相罵辱必曰「侍官」。而六軍衛皆市人，富者販繒綵，食粱肉，壯者爲

〔一〕「是」，諸本脱，據文獻通考卷一五一補。

角觝、拔河、翹木、扛鐵之戲。及祿山反，皆不能受甲矣。

蕙田案：此府兵再變。

德宗貞元二年，上與常侍李泌議復府兵。泌因爲上歷叙府兵自西魏以來興廢之由，且言：「府兵平日皆安居田畝，每府有折衝領之，折衝以農隙教習戰陳。國家有事徵發，則以符契下其州及府，參驗發之，至所期處。將帥按閱，有教習不精者，罪其折衝，甚者罪及刺史。軍還，賜勳加賞，便道罷之。行者近不踰時，遠不經歲。高宗以劉仁軌爲洮河鎮守使以圖吐蕃，于是始有久戍之役。武后以來，承平日久，府兵浸墮，爲人所賤，百姓恥之，至蒸熨手足，以避其役。又牛仙客以積財得宰相，邊將效之〔一〕。山東戍卒，多齎繒帛自隨，邊將誘之，寄於府庫，晝則苦役，夜縶地牢，利其死而没入其財。故自天寶以後，山東戍卒還者十無二。其殘虐如此，然未嘗有外叛内侮、殺帥自擅者，誠以顧戀田園，恐累宗族故也。自開元之末，張説始募長征兵，謂之『彍騎』。其後，益爲六軍。及李林甫爲相，奏諸軍皆募人爲兵，兵不土著，又無宗族，

〔一〕「效」，諸本脱，據文獻通考卷一五一補。

不自重惜，忘身狥利，禍亂自生，至今爲梗。曏使府兵之法，常存不廢，安有如此下陵上替之患哉？陛下思復府兵，此乃社稷之福，太平有日矣。」上曰：「俟平河中，當與卿議之。」三年，上復問泌以復府兵之策。對曰：「今歲徵關東卒戍京西者十七萬人，計歲食粟二百四萬斛。今粟斗直錢百五十，爲錢三百六萬緡。國家比遭饑亂，經費不充，就使有錢，亦無粟可糴，未暇議復府兵也。」上曰：「然將奈何？亟減戍卒歸之，何如？」對曰：「陛下誠能用臣之言，可以不減戍卒，不擾百姓，糧食皆足，粟麥日賤，府兵亦成。」上曰：「果能如之，何爲不用？」對曰：「此須急爲之，過旬日則不及矣。今吐蕃久居原、蘭之間，以牛運糧，糧盡，牛無所用。請發左藏惡繒染爲綵纈，因党項以市之，每頭不過二三匹，計十八萬匹，可致六萬餘頭。又命諸冶鑄農器，糴麥種，分賜緣邊軍鎮，募戍卒耕荒田而種之。約明年麥熟，倍償其種，其餘據時價五分增一，官爲糴之。來春種禾，亦如之。關中土沃而久荒，所收必厚，戍卒獲利，耕者浸多，邊地居人至少，軍士月食官糧，粟麥無所售，其價必賤，名爲增價，實比今歲所減多矣。」上曰：「善。」即時命行之。泌又言：「邊地官多闕，請募人入粟以補之，可足今歲之糧。」上亦從之，因問曰：「卿言府兵亦集，如何？」對曰：「戍卒因屯田致富，則安於其土，不復思歸。舊制，戍卒三年而代，及其將滿，下令有願留者，即以所開田爲永業，家人願來者，本貫給長牒，續食而遣之。據應募之數，移報本道。雖河朔諸帥，得免更代之煩，亦喜聞矣。不過數番，則戍卒皆土著，乃悉以府兵之法理之。是變關中之疲弊爲富彊也。」上喜曰：「如此，天下無復事矣。」既而戍卒應募，願耕屯田者什五六。

胡氏寅讀史管見：兵不可好，好兵者，必有不戢自焚之災；亦不可惡，惡兵者，必有授人以柄之禍。三代藏兵于農，三時耕種，一時講武，若有征討，則命卿將之。天子六卿，大國三卿，次國二卿，小國一卿。大事則六軍盡行，又召會諸侯。諸侯之軍，無王命不敢私用。内外重輕之勢如此，其不用也，舉天下皆農桑之民；其用也，舉萬乘皆射御之士，豈有兵少兵多之患哉？唐自張説變革府衛，日以陵夷。李鄴侯言欲修復而不果也。憲宗中興，所宜討論舊制，而急于近效，不爲遠圖。惜哉！

蕙田案：此議復府兵。

舊唐書地理志：邊境置節度、經略使，式遏四夷。凡節度使十，經略守捉使三〔一〕。大凡鎮兵四十九萬人，戎馬八萬餘匹。每歲經費，衣賜則千二十萬匹段，軍食則百九十萬石，大凡千二百一十萬。開元以前，每年邊用不過二百萬。天寶中，至于是數。

〔一〕「捉」，諸本作「提」，據舊唐書地理志一改。

唐六典：凡天下之節度使有八：一曰關内朔方，二曰河東，三曰河北幽州，四曰河西，五曰隴右，六曰劍南，七曰磧西，八曰嶺南。凡親王總戎則曰元帥，文武官總統者曰總管，以奉使言之則曰節度使，有大使、副大使、副使、判官。

通典：每道置使，其邊方有寇戎之地，則加以旌節。

唐書兵志：唐初，兵之戍邊者，大曰軍，小曰守捉，曰城，曰鎮，而總之者曰道。自武德至天寶以前，邊防之制，其軍、城、鎮、守捉皆有使，而道有大將一人，曰大總管，已而更曰大都督。至太宗時，行軍征討曰大總管，在其本道曰大都督。自高宗永徽後，都督帶使持節者，始謂之節度使，然猶未以名官。景雲二年，以賀拔延嗣爲涼州都督、河西節度使〔一〕。自此而後，接乎開元，朔方、隴右、河東、河西諸鎮，皆置節度使。及范陽節度使安禄山反，肅宗起靈武，而諸鎮之兵共起誅賊。其後，禄山子慶緒及史思明父子繼起，肅宗命李光弼等討之〔二〕，號「九節度之師」。久之，大盜既滅，而

〔一〕「使」，諸本脱，據新唐書兵志補。
〔二〕「等」，諸本脱，據新唐書兵志補。

武夫戰卒以功起行陣，列爲侯王者，皆除節度使。由是方鎮相望於内地，大者連州十餘，小者猶兼三四。故兵强則逐帥，帥强則叛上。或父死子握其兵而不肯代；或取舍由於士卒，往往自擇將吏，號爲「留後」，以邀命於朝。天子顧力不能制，則忍恥含垢，因而撫之，號爲姑息之政。蓋姑息起於兵驕，兵驕由於方鎮，姑息愈甚，則兵將愈俱驕。由是號令自出，以相侵奪，虜其將帥，并其土地，天子熟視，不知所爲，反爲和解之，莫肯聽命。始時爲朝廷患者，號「河朔三鎮」。及其末，朱全忠以梁兵、李克用以晉兵更犯京師，而李茂貞、韓建近據岐、華，妄一喜怒，兵已至國門，天子爲殺大臣、罪己悔過，而後去。及昭宗用崔胤，召梁兵以誅宦官，宦官刼天子奔岐，梁兵圍之逾年。當此之時，天下之兵無復勤王者。向所謂三鎮，徒能始禍而已。其它大鎮，南則吴、浙、荆、湖、閩、廣，西則岐、蜀，北則燕、晉，而梁盜據其中，自國門以外，皆分裂於方鎮。

方鎮表：起景雲元年止天祐四年，收功弭亂雖常倚鎮兵，其亡亦以此。

李泌傳：天寶中，天下鎮兵四十九萬人，馬八萬餘匹。開元之前，每歲供邊兵衣糧費不過二百萬。天寶之後，益兵浸多，每歲用衣千二百萬匹，糧百九十萬斛，民始困矣。

蕙田案：以上唐方鎮之兵。

唐書兵志：天子禁軍者，南、北衙兵也。南衙，諸衛兵是也；北衙者，禁軍也。初，高祖以義兵起太原，定天下，悉罷遣歸，其願留宿衛者三萬人，以渭北白渠旁子棄腴田分給之，號「元從禁軍」。太宗擇善射者百人，爲二番於北門長上，曰「百騎」。又置左右屯營於玄武門，領以諸衛將軍，號「飛騎」。高宗始取府兵越騎、步射置左右羽林軍。武后改「百騎」曰「千騎」。中宗改「千騎」曰「萬騎」〔一〕，分左、右營。玄宗以萬騎平韋氏，改爲左右龍武軍。良家子避征戍者，皆納貲隸軍。開元十二年，詔羽林、飛騎闕，取京旁州府士。末年，禁兵寖耗，禄山反，天子西駕，禁軍從者裁千人。肅宗復北衙六軍，又置衙前射生手，分左右廂，總號「左右英武軍」。上元中，以北衙軍使衛伯玉爲神策軍節度使，鎮陜州，中使魚朝恩爲觀軍容使，監其軍。代宗避吐蕃幸陜，朝恩舉神策軍迎扈。京師平，朝恩遂以軍歸禁中，自將之，然尚未與北軍齒。永泰元年，吐蕃復入寇，朝恩又以神策軍屯苑中，自是寖盛，分左右廂，勢居北軍右，遂爲天子禁軍，非他軍比。貞元中，改射生軍曰左右神威軍。自肅宗以後，北軍名類頗

〔一〕「中宗」，諸本作「睿宗」，據新唐書兵志改。

多，而廢置不一。惟羽林、龍武、神武、神策、神威最盛，總曰左右十軍。其後，京畿之西，多以神策軍鎮之。散處甸内，皆恃勢淩暴，中書、御史府、兵部不能歲比其籍，京兆又不敢總舉名實。長安姦人多寓占兩軍，身不宿衛，以錢代行。益肆爲暴，吏禁之，輒得罪。邊兵衣餉不給，諸將詭辭，請遥隸神策軍，廩賜遂贏舊三倍。由是塞上往往稱「神策行營」，皆内統于中人矣。元和二年，省神武軍。明年，又廢左右神威軍，以其兵分隸左右神策軍。僖宗幸蜀，田令孜自爲左右神策十軍兼十二衛觀軍容使。景福二年，昭宗以藩臣跋扈，天子孤弱，議以宗室典禁兵。及伐李茂貞，用嗣覃、王允爲京西招討使，神策諸都指揮使李鐬副之。兵自潰，茂貞逼京師，昭宗爲斬神策中尉西門重遂、李周譚，乃引去。同州節度使王行實入，迫神策中尉駱全驩、劉景宣請天子幸邠州，縱火東市，帝敕諸王率禁軍扞之。帝出幸莎城、石門，月餘乃還。三年，左右神策中尉劉季述以兵千人廢帝，幽之。季述誅，昭宗召朱全忠兵入誅宦官，宦官覺，刼天子幸鳳翔。全忠圍之歲餘，乃還長安。悉誅宦官，神策左右軍由此廢。諸軍皆隸六軍，以崔胤判六軍十二衛事。六軍者，左右龍武、神武、羽林，名存而已。胤死，全忠兼判六軍十二衛。于是天子無一人之衛。唐亡。

蕙田案：此唐禁軍。

又案：三代以下之兵制，未有如府兵之善者也。以二府統十二軍，以十二軍統天下之十道六百三十四府，中外相制，上下相維，勢如臂指。其利一。士無失業，可以省養兵之費。其利二。兵有定籍，可以省召募之煩。其利三。無事則散耕，有事則聽調。三代寓兵于農，而府兵則寓農于兵，夫寓農于兵，是兵農雖分，猶不分也。其利四。調發之時，更代番休，使天下無長征久戍之兵，而民力不困。其利五。兵興則命將，兵罷則將歸，使將帥不得有其兵。其利六。兵不精者，罪其折衝，甚則罪其刺史。責成既專，則士皆素鍊。其利七。兵皆土著，安居田畝，顧戀宗族，人自戰，家自守，無逃亡轉徙之患。其利八。府兵之中，有番上宿衛者，則天下之兵，皆天子之兵也，故天子無需乎禁兵，而長上者不過百騎。其利九。防邊屯戍，不過以備府兵之不及而已，故亦不專恃邊兵。而屯戍不過軍、鎮、守捉，安得有尾大不掉之患？其利十。自府兵壞而方鎮盛，玄宗之西幸，德、代之播遷，所藉以興復者，皆方鎮力也，能禁方鎮之不強盛而逆命乎？方鎮既盛，而天子之所恃以自衛者，已無兵矣，能不增置禁軍而建立羽林、龍武、神策、神武之紛紛乎？是府兵既廢之後，方鎮、禁軍二者皆有不得不盛之勢，而其爲害也亦最大。方鎮之盛也，甲兵險要，財賦人民，皆捐以委之，而悍帥得挾兵權以刼天子。禁軍之盛也，藏姦民，蓄逋逃，無勝兵而存空籍，又諸軍皆以宦官主之，而中人得挾兵權以制天子。僖宗以後，方鎮與宦官相爲仇讐，天子衵中人則召外釁，衵藩鎮則啓内釁，于是禍亂之起，皆天子當之。推其原，則皆廢府兵之故也。説者謂一壞于張説之立彍騎，再壞于魚朝恩之專神策，此非探本之論也。府兵之法，則誠善矣。而法必須人以守之，訓鍊無法，簡閲不精，則府兵弊，弊故不得不改。蓋府兵，耕戰之兵也；彍騎，召募之兵也。耕戰之兵廢，則召募之兵起。府兵之壞，壞于天寶之怠荒，非彍騎之過也。

觀承案：三代以下軍制，以府兵爲善；而邊衛之兵，則以屯田爲宜。乃屯田始於漢，而後來尚有行之者。府兵成於唐初，即壞於唐季，遂一往而不可復矣。編中推論府兵之十利，俱鑿鑿中名實，可與趙營平便宜十二策並讀。而追原府兵之壞，由於天寶之惰荒，尤爲篤論焉。

右唐軍制

宋軍制

宋史兵志〔一〕：太祖、太宗懲累朝藩鎮跋扈，盡收天下勁兵，列營京畿。于時天下山澤之利，悉入於官，帑庾充牣，得以贍給而備時使。其分營於外者，則曰「就糧」。就糧者，本京師兵而使廪食于外，故聽攜家往。其邊防要郡須兵屯守，即遣自京師，故有駐泊、屯駐之名。制兵之額有四，曰禁兵，曰廂兵，曰鄉兵，曰蕃兵，分隸殿前、侍衛總管司而籍藏樞密院。凡召募、廪給、訓練、屯戍、揀選之政，皆樞密院掌之。

蕙田案：此宋軍制總論。

禁兵者，天子之衛兵也，殿前、侍衛二司總之。其最親近扈從者，號諸班直；其次，總于御前忠佐軍頭司、皇城司、騏驥院〔二〕。餘皆以守京師、備征伐〔三〕。其在外者，非屯駐、屯泊，則就糧軍也。建隆元年，詔殿前、侍衛二司各閱所掌兵，揀其驍勇升爲上軍，老弱怯懦置剩員以處之。詔諸州長吏選所部兵送都下，以補禁旅之闕。又選

〔一〕「宋史兵志」，下文所引，不見於宋史兵志，乃採自文獻通考卷一五一。
〔二〕「皇城司」，原脱「司」字，據味經窩本、宋史兵志一補。
〔三〕「餘」，諸本脱，據宋史兵志一補。

强壯卒定爲兵樣，分送諸道。其後代以木梃，爲高下之等，散給諸州軍，委長吏、都監等召募教習，俟其精練，即送闕下。二年，改左右雄捷、左右驍武軍並爲驍捷，左右備征爲雲騎，左右平遠爲廣捷〔一〕，左右懷德爲懷順。

文獻通考：至道初，張洎奏曰：「漢高帝云：『吾以羽檄召天下兵，未有至者。』孝武云：『吾初即位，不欲出虎符發兵郡國。』知兵甲在外也。惟南北軍、期門、羽林以備天子扈從藩衛之用。唐承隋制，置十二衛府兵，皆農夫也。及罷府兵，始置神武、神策爲禁軍，不過三數萬人，以備天子扈從藩衛而已。禄山犯闕，朝廷驅市人接戰。德宗蒙塵，扈駕者四百餘騎，兵甲散在郡國。今天下甲卒數十萬衆，戰馬數十萬匹，萃在京師，本固邦疆，國之利也。」

蕙田案：張洎之説，蓋指其初制而未見其流弊，非篤論也。

又案：以上宋禁兵。

廂兵者，諸州之鎮兵也。内總于侍衛司。一軍之額有分隸數州者，或一州之管兼屯數州者。在京諸司之額五，隸宣徽院，以分給畜牧繕修之役，而諸州則各以其事屬焉。

〔一〕「捷」，原作「招」，據味經窩本、光緒本、宋史兵志一改。

太宗鑒唐末方鎮跋扈，詔選州兵壯勇者悉部送京師，以補禁衛，餘留本城。本城雖或更戍，然罕教閱，類多給役而已。

皇祐中，河北水災，農民流入京東三十餘萬，安撫使富弼募以爲兵，拔其尤壯者得九指揮，教以武技，雖廪以廂兵，而得禁兵之用，且無驕横難制之患。詔以其騎兵爲教閱騎射、威邊，步兵爲教閱壯武、威勇，分置青、萊、淄、徐、沂、密、淮陽七州軍，征役同禁軍。

陳氏傅良曰：世言養兵之費，自藝祖增置禁軍始。考之則不然。案祥符、天聖諸部郡額二百二十三，總爲本城而已，則天下無禁兵也。所謂禁兵者，皆三司之卒，分屯而更戍，今之屯駐、駐泊之名也，是爲就糧。自元昊叛而西北有保毅，王倫叛而東南有宣毅。熙寧案天下廂軍之籍五十萬人，而不足戰。于是教閱之法起。教閱之兵，因别爲額，排立在就糧禁軍下，由是禁軍始遍天下，此不可不辨。

文獻通考：嘉祐七年，宰相韓琦上言：「祖宗時，以兵定天下。凡有征伐則募置，事已則省併，故兵日精而用不廣。今二虜雖號『通好』，而西、北屯邊之兵常若待敵之至，故竭天下之力而不能給。不於此時先慮而速救之，一旦邊垂用兵，水旱相繼，駭而圖之，不可及也。又三路就糧之兵，雖勇勁服習，然邊儲踊貴，常苦難贍，若其數過多，復有尾大不掉之患。京師之兵，雖雜且少精，然漕於東南，廣而易供，設其數多，乃得强榦弱枝之勢也。祖宗時，就糧之兵不甚多，邊垂有事，則以京師兵益之，其慮也深，而其費也鮮。願詔樞密院同三司，量河北、陝西、河東及三司榷貨務歲入金帛之數，約可贍京師及三路兵馬幾何，然後以可贍之數立爲定額。額足罷募，闕即增補。額外數已盡而營數畸零，則省併之。既見定額，則可以定某路馬步一營以若干人爲額。仍請覈開寶、至道、天禧、慶曆中外兵馬之數。蓋開寶、至道之兵，太祖、太宗以之定天下、服四夷也。天禧之兵，真宗所以守成備豫也。慶曆之兵，乃西師後增置之數也。以祖宗所養之兵，視今數之多少，則精冗易判，裁制無疑矣。」於是詔中書、樞密院同議。樞密院掇祖宗以來兵數以聞。蓋開寶之籍，總三十七萬八千，而禁軍馬步十九萬三千；至道之籍，總六十六萬六千，而禁軍馬步三十五萬八千；天禧之籍，總九十一萬二千，而禁軍馬步四十三萬二千；慶曆之籍，總一百二十五萬九千，而禁軍馬步八十二萬六千。視前募兵寖多，自是稍加裁制，以爲定額。

蕙田案：以上宋廂兵。

宋史兵志：鄉兵者，選自户籍，或土民應募，在所團結訓練，以爲防守之兵也。周廣順中，點秦州税户充保毅軍，宋因之。自建隆四年，分命使臣往關西道，令調發鄉兵赴慶州。咸平四年，令陝西係税人户家出一丁，號曰保毅，官給糧賜，使之分番戍守。五年，陝西緣邊丁壯充保毅者至六萬八千七百七十五人。時河北、河東有神鋭、忠勇、强壯，河北有忠順、强人，陝西有保毅、砦户、强人、强人弓手，河東、陝西有弓箭手，河北東、陝西有義勇，麟州有義兵，川峽有土丁、壯丁，荆湖南、北有弩手、土丁，廣南東、西有槍手、土丁，邕州有溪洞壯丁、土丁，廣南東、西有壯丁。

慶曆二年，籍河北强壯，得二十九萬五千，揀十之七爲義勇，且籍民丁以補其不足。河東揀籍如河北法。其後，議者論「義勇爲河北伏兵，以時講習，無待儲廩，得古寓兵於農之意。惜其束於列郡，止以爲城守之備。誠能令河北邢、冀二州分東西兩路，命二郡守分領，以時閲習，寇至即兩路義勇翔集赴援，使其腹背受敵，則河北三十餘所常伏鋭兵矣」。朝廷下其議，河北帥臣李昭亮等議曰：「昔唐澤潞留後李抱真籍户丁男，三選其一，農隙則分曹角射，歲終都試，以示賞罰，三年皆善射，舉部内得勁卒二萬。既無廩費，府庫益實，乃繕甲兵爲戰具，遂雄視山東。是時，天下稱昭義步兵冠於諸軍，此近代之顯效，而或謂民兵祇可城守，難備戰陣，非通論也。但當無事時，便分義勇爲兩路，置官統領，以張用兵之勢，外使敵人疑而生謀，内亦摇動衆心，非計之得。姑令在所點集訓練，三二年間，武藝稍精，漸習行陣，遇有警，得將臣如抱真者統馭，制其陣隊，示以賞罰，何敵不可戰哉？至於部分布列，量敵應機，繫於臨時便宜，亦難預圖。況河北、河東皆邊州之地，自置義勇，州縣以時按閲，耳目已熟，行固無疑。」詔如所議。

○治平元年，宰相韓琦言：「古者籍民爲兵，數雖多而贍至薄。唐置府兵，最爲近之，後廢不能復。今之義勇，河北幾十五萬，河東幾八萬，勇悍純實，出於天性，而有物力資産、父母妻子之所係，若稍加練簡，與唐府兵何異？陝西嘗刺弓手爲保捷，河北、河東、陝西，皆控西、北，事當一體，請於陝西諸州亦點義勇，止涅手背，一時不無小擾，終成長利。」天子納其言，乃遣籍陝西義勇，得十三萬八千四百六十五人。於是三路鄉兵，惟義勇爲最盛。

宋史紀事本末：熙寧中，王安石行保甲法。聯比其民，以相保任。十家爲一保，五十家爲大保，十大保爲都保。平日捕盜賊，肄武事，有事以爲民兵。元豐八年，司馬光上疏，乞罷保甲，曰：「兵出民間，雖云古法，然古者八百家纔出甲士三人、步卒七十二人，閑民甚多，三時務農，一時講武，不妨稼穡。自兩司馬以上，皆選賢士大夫爲之，無侵漁之患，故卒乘輯睦，動則有功。今籍鄉村之民〔一〕，二丁取一〔二〕，以爲保甲，授以弓弩，教之戰陣，是農民半爲兵也。三四年來，又令河北、河東、陝西置都教場，無問四時，五日一教，是三路稼穡之事幾盡廢也。自唐開元以來，民兵法壞，城守戰攻，盡募長征兵士，民間何嘗習兵？一旦畎畝之民皆戎服執兵，奔驅滿野，耆舊嘆息，以爲不祥。事既草創，調發無法，比户騷擾，不遺一家，農民之勞如此，終何所用哉？若使之捕盜賊，衛鄉里，則何必如此之多？使之戍邊境，事征伐，則彼遠方之民以騎射爲業，以攻戰爲俗，自幼及長，更無他務。中國之民，大半服田，雖復授以兵械，教之擊刺，在教場中坐作進退，有似嚴整，若使之與敵人相遇，鳴鏑始交，奔北潰敗可以前料也，豈不誤國事乎？」

蕙田案：以上宋鄉兵。

〔一〕「籍」，諸本作「即」，據宋史紀事本末卷四三改。
〔二〕「二」，諸本脱，據宋史紀事本末卷四三補。

宋史兵志：蕃兵者，塞下内屬諸部落，團結以爲籓籬之兵也。西北邊羌戎，種落不相統一，保塞者謂之熟户，餘謂之生户。陝西則秦鳳、涇原、環慶、鄜延，河東則石、隰、麟、府。其大首領爲都軍主，百帳以上爲軍主，其次爲副軍主，又有以功次補者，其官職俸給有差。

蕙田案：此宋蕃兵。

揀選之制，自廂軍升禁軍，禁軍升上軍，上軍升班直。升上軍及班直者，皆臨軒親閲，非材勇絶群不以應募〔一〕；餘皆自下選補。

蕙田案：此論揀選遷補。

召募之制，起於府衛之廢。蓋籍天下良民以討有罪，三代之兵與府衛是也。收天下獷悍之兵以衛良民，召募之兵是也。初，募時度人材，閲走躍，試瞻視，然後爲黥面，賜以緡錢衣屨，而隸諸軍。自國初以來，其取非一途，或土人就在所團立，或以營伍子弟聽從本軍，或乘歲凶募饑民補本城，或以有罪配隸給役。是以天下失職獷悍

〔一〕「募」，諸本脱，據宋史兵志八補。

之徒，悉收籍之。伉健者遷禁衛，短弱者爲厢軍。平居食俸廪，備征防，一有警急，勇者力戰鬭，弱者給漕輓。

范氏鎮曰：河北連歲招兵，皆是坊市無賴子弟及隴畝力田之人，謂爲軍營子弟，求刺爲軍。況田甚曠，民甚稀，賦斂甚重，國用甚不足者，正由兵多故也。議者曰：「以爲契丹備也。」且契丹五十年不敢南入爲寇者，金繒之利厚也。就使棄利爲害，則大河以北，婦人女子皆是乘城之人，其城市無賴、隴畝力田者又將焉用而預蓄養之以困民？況契丹貪利而不敢動。夫取兵於民則民稀，民稀則田曠，田曠則賦役重，賦役重則民心離。寓兵于民則民稠，民稠則田闢，田闢則賦役輕，賦役輕則民心固。與其離民之心以備契丹，契丹未至而民力先已匱，孰若固民之心以備契丹，契丹雖至而民力有餘，國用有備？其利害若視白黑，若數一二也。昔漢武以兵困天下者，用兵以征匈奴，空漠北，得所欲也。陛下以兵困天下者，不用兵而養兵以至是也。非以快所欲也，何苦而爲是乎？五口之家，尚知量入以爲出，況天下大計，其可以不校出入乎？其可以無經乎？請罷今招兵，敕大臣使具太祖、太宗、真宗每朝賦入若干，兵若干，官若干，約今賦入之數與兵數、官數，約取中道，三爲輕制；以賦入之數十分爲率，以七分養兵、官，給郊廟、宮省諸費，三分以備水旱緩急非常，爲之十年，僅可以言治。古者國無九年之蓄曰不足，無六年之蓄曰急，無三年之蓄曰國非其國。今自京師至天下州郡，大率無儲蓄，邊城甚者或無三數月之備，不幸有連年水旱，將何以養此兵乎？此兵不足以養，則其憂不在契丹也。

歐陽氏修原弊論：國家自景德罷兵，三十三歲矣。兵嘗經用者，老死幾盡，而後來者，未嘗聞金鼓、識戰陣也。生于無事而飽于衣食，其勢不得不驕惰。今衛士入宿，不自持被而使人持之；禁兵給糧，不自荷而雇人荷之。其驕如此，況肯冒辛苦以戰鬭乎？使兵耐辛苦，能戰鬭，雖耗農民，爲之可也。奈何有爲兵之虚名，而其實驕惰無用之人也。古之民，凡長大壯健者，皆在南畝，農隙則教之以戰。今乃大異，一遇凶歲，則州郡吏以尺度量民之長大而試其壯健者，招之去爲禁兵，其次不及尺度而稍怯懦者，籍之以爲廂兵。吏招人多者有賞，而民方窮時，爭投之。故一經凶荒，則所留在南畝者，惟老弱也。而吏方曰：「不收爲兵，則恐爲盜。」噫！苟知一時之不爲盜，而不知終身驕惰而竊食也。古之長大壯健者任耕，而老弱者游惰；今之長大壯健者游惰，而老弱者留耕也，何相反之甚耶？然民盡力乎南畝者，或不免乎狗彘之食，而一去爲兵，則終身安佚而享豐腴，則南畝之民不得不日減也，故曰有誘民之弊者，謂此也。

司馬光論刺義勇曰：祖宗平諸鎮，一天下，豈嘗有義勇哉？自趙元昊反，諸將覆師者相繼，終不能出一旅之衆、涉區脱之地以討其罪，不免爲姑息之計。當是時，三路鄉兵數十萬，何嘗得一人之力乎？議者必曰：「河北、河東不用衣廪得勝兵數十萬，閲教精熟，皆可以戰。又兵出民間，合於古制。」臣謂不然。彼數十萬者，虚數也。閲教精熟者，外貌也。兵出民間者，多與古同而實異也。蓋州縣承朝廷之意，止求數多。閲教之日，觀者但見其旗號鮮明，鉦鼓備具，行列有序，進退應節，即嘆美以爲真可以戰。殊不知彼猶聚戲，若聞寇敵，則瓦解星散，不知所之矣。古者兵出民間，民耕桑之所得，皆以衣食其家，故處則富足，出則精鋭。今既賦斂農民之粟帛以贍正軍，又籍農民之身以爲兵，是一家獨任二家之事也。如此，則民之財力安得不屈？臣愚以爲河北、河東已刺之民猶當放遣，況陝西未刺之民乎？

馬氏端臨曰：古之兵，皆出于民者也。故民附則兵多，而勃然以興；民叛則兵寡，而忽焉以亡。自三代以來皆然矣。秦、漢始有募兵，然猶與民兵參用也。唐之中世，始盡廢民兵，而爲募兵。夫兵既盡出於召募，于是兵與民始爲二矣。兵與民爲二，于是兵之多寡，不關于國之盛衰，國之存亡，不關于民之叛服。募兵之數日多，養兵之費日浩繁，而敗亡之形反基於此。唐自天寶以來，内外皆募兵也。外兵則藩鎮擅之，内兵則中人擅之，其勢不相下，而其力足以相制。故安、史反叛，而郭子儀、李光弼以節度之兵誅之；朱泚僭亂，而李晟、渾瑊以神策之兵誅之。及其衰也，宦官則以内兵而刼制人主，方鎮則以外兵而擅廣土地。及朱温舉兵内向，盡誅中人，廢神策，而唐之鼎祚移于内。楊行密、錢鏐、馬殷、王建、劉仁恭、李茂貞之徒，以卒伍竊據一方，而唐之土宇裂于外，而唐遂亡矣。中更五代，則國擅于將，將擅于兵，卒伍所推，則爲人主，而國興焉，非以得其民也；其所廢，則爲獨夫，而國亡焉，非以失其民也。宋有天下，藝祖、太宗以兵革削平海内，暨一再傳，則兵愈多而國勢愈弱。元昊小醜，稱兵構逆，王旅所加，動輒敗北，卒不免因循苟且，置之度外。洎金人南牧，徵召勤王之師動數十萬，然援河北則潰於河北，援京城則潰於京城。于是中原拱手以授金人，而王業偏安於江左。建炎、紹興之間，驕兵潰卒，布滿東南，聚爲大盜，攻陷城邑，荼毒生靈，行都數百里外，率爲寇賊之淵藪，而所謂寇賊者，非民怨而叛也，皆不能北向禦敵之兵也。張、韓、劉、岳之徒，以輔佐中興，論功行賞。視前代衛、霍、褒、鄂，曾無少異，然究其勳庸，亦多是削平内寇，撫定東南耳。一遇金人，非敗則遁，縱有小勝，不能補過。而卒不免用屈己講和之下策，以成晏安江沱之計。及其末也，夏貴之于漢口，賈似道之于魯港，皆以數十萬之衆，不戰自潰。于是買降效用者，非民也，皆宋之將也；先驅倒戈者，亦非民也，皆宋之兵也。夫兵既不出民，故兵愈多而國愈危，民未叛而國已亡，唐、宋是也。噫！兵猶手足也，國猶身也。手足强壯則身存，手足枯槁則身廢。兵多則國存，兵少則國亡，未有以兵多而亡者。今唐兵雖多，强悍而不爲用，猶病狂易之人，奮拳舉爪，自陷其膺，自屠其腸，以至于殞身也。宋兵雖多，劣弱而不可用，猶病痱癖之人，恣其㒃拳，以養擁腫之四肢，脛如腰，指如股，而病與之俱增，以至于殞身也。然則所以覆其國者，乃兵也；所以斃其身者，乃手足也。又古者籍民爲兵，其法不過因其户田之可賦者賦之，年齒之可任者任之，民固不容于倖免，而亦不可濫入。司馬法曰：「使智使勇，使貪使愚。」蓋言户盡爲兵，則君子小人，賢與不肖俱出其間也。自募兵之法行，于是擇其願應募者，而所謂願應募者，非游手無藉之徒，則負罪亡命之輩耳，良民不爲兵也。故世之詈人者，曰「黥卒」〔二〕，曰「老兵」，蓋言其賤而可羞。然則募兵所得者，皆不肖之小人也。夫兵所以耗國，而皆得不肖之小人，則國之所存者幸也。紀綱尚立，威令尚行，則猶能驅之以親其上、死其長，否則潰敗四出，反爲生民之禍，而國祚隨

〔二〕「黥」，諸本作「黔」，據文獻通考卷一五四改。

之矣。可勝慨哉！

蕙田案：以上論募兵之害。

廪給之制。總内外廂、禁諸軍且百萬，國費最鉅者出此。然古者寓兵於民，民既出常賦，有事復裹糧而爲兵。後世兵農分，常賦之外，山澤、關市之利稅，悉以養兵，然有警則以素所養者捍之，民晏然無預征役也。唐之時，兵分藩鎮，得專租稅。天子禁衛之兵，中外不過十餘萬人。國朝收天下甲卒數十萬，悉萃京師。京師歲漕江、淮粟六百萬石，承平既久，嘗餘數年之食，以此臨制四方，猶臂指之運也。議者乃謂竭民賦稅以養不戰之卒，豈知祖宗所以擾役强悍、銷弭爭亂之深意哉？

蕙田案：此亦言其初制，豈知流弊有不可勝道者。

歐陽氏修論曰：古之善用兵者，可使之赴水火。今廂、禁之軍，有司不敢役，必不得已而暫用之，則謂之借倩。彼兵相謂亦曰「官倩我」，而官之文符亦曰「倩」。夫賞者，所以酧勞也。今以大禮之故，不勞之賞，三年而一徧，所費八九十萬，有司不敢緩月日之期。兵之得賞，不以無功知愧，乃稱多量少，比好嫌惡，小不如意，則持梃而呼，群聚欲擊天子之命吏。無事之時猶若此，以此知兵驕也。兵之敢驕者，以用之不得其術，而法制不立也。前日五代之亂，可謂極矣。五十三年之間，易五姓十三君，而亡國被弑者八。長者不過十餘歲，甚者三四歲而亡。其主豈皆愚耶？其心豈樂禍亂而不欲爲安人之計乎？顧其力不能者，時也。當時，東有汾、晉，西有岐、蜀，北有强胡，南有江、淮、閩、廣、吳、越、荆、潭，天下分爲十三四。中國又有叛將强臣，割而據之。其君天下者，類皆享國日淺，威德未洽，强君武主，力而爲之，僅以自守。不幸孱子弱孫，不過一再傳而復亂敗，是以養兵如子，猶恐不爲用。今宋之爲宋，八十年矣，外平僭亂，無抗敵之國；内削方鎮，無强叛之臣；天下爲一，海内晏然，爲國不爲不久，天下不爲不廣也。然而兵不足以威于外，而敢驕于内，制度不可爲萬世法，而日益叢雜，一切苟且，不異五代之時，此甚可嘆也。

蘇軾應詔策曰：自三代之衰，井田廢，兵農異處，兵不得休而爲民，民不得息肩而無事于兵者，千有餘年，而未有如今日之極者也。三代之制，不可復追矣。至於漢、唐，猶有可得而言者。夫兵無事而食則不可使聚，聚則不可使無事而食，此二者相勝而不可並行，其勢然也。今夫有百頃之閒田，則足以牧馬千駟而不知費，聚千駟之馬而輸百頃之芻，則其費百倍，此易曉也。昔漢之制，有踐更之卒，而無營田之兵。雖皆出于農夫，而方其爲兵也，不知農夫之事，是故郡縣無常屯之兵，而京師亦不過有南北軍、期門、羽林而已。邊境有事，諸侯有變，皆以虎符調發郡國之兵；至于事已而兵休，則涣然各復其故。是以其兵雖不離農，而天下不至于弊者，未嘗聚也。唐有天下，置十六衛府兵，天下之府八百餘所，而屯于關中者至有五百。然皆無事則力耕而積穀，不惟以自贍養，而又足以廣縣官之儲，是以兵雖聚于京師而天下亦不至于弊者，未嘗無事而食也。今天下之兵，不耕而聚于畿輔者以數十萬計，皆仰給于縣官，有漢、唐之患而無漢、唐之利。擇其偏而兼用之，是以兼受其弊而莫之分也。天下之財，近自淮、甸，而遠至于吴、楚，凡舟車所至，人力所及，莫不盡取，以歸于京師。晏然無事，而賦斂之厚，至于不可復加，而三司之用，猶苦其不給，其弊皆起于不耕之兵聚于内而食四方之貢賦。非特如此而已，又有循環往來屯戍于郡縣者。昔建國之初，所在分裂，擁兵而不服，太祖、太宗躬擐甲胄，力戰而取之，既降其君而籍其疆土矣，然其故基餘孽猶有存者。上之人見天下之難合而恐其復發也，于是出禁兵以戍之，大自藩府，而小至於縣鎮，往往皆有京師之兵。由此觀之，則是天下之地，一尺一寸，皆天子自爲守也，而可以長久而不變乎？費莫大于養兵，養兵之費莫大于征行。今出禁兵而戍郡縣，遠者或數千里，其月廪歲給之外，又日供其芻糧，三歲而一遷，往者紛紛，來者纍纍，雖不過數百爲輩，而要其歸，無以異于數十萬之兵三歲而一出征也。農夫之力，安得不竭？餽運之卒，安得不疲？且今天下未嘗有戰鬬之事，武夫悍卒，非有勞伐可以邀其上之人，然皆不得爲休息閒居無用之兵者，其意以爲爲天子出戍也，是故美衣豐食，開府庫，輦金帛，若有所負，一逆其意，則欲群起而噪呼。此何爲者也？天下一家，且數十百年矣。民之戴君，至于海隅，無以異于畿甸，亦不必舉疑四方之兵而專信禁兵也。曩者蜀之有均賊〔二〕，近歲貝州之亂，未必非禁兵致之。臣愚以爲，郡縣之土兵可以漸訓而陰奪其權，則禁兵可以漸省而無用。夫武健豈有常所哉？山川之所習，風氣之所咻，四方之民一也。昔者戰國嘗用之矣，蜀人之怯懦，吴人之短小，皆嘗以抗衡于上國，夫安得禁兵而用之？今之土兵，所以鈍弊劣弱而不

〔二〕「賊」，諸本作「賦」，據全宋文卷一九五九改。

振者，彼見郡縣皆有禁兵而待之異等，是以自棄于賤隸役夫之間，而將吏亦莫訓也。苟禁兵漸省，而以其資糧益優郡縣之土兵，則彼固以歡欣踴躍，出于意外，戴上之恩，而願效其力，又何遽不如禁兵耶？夫土兵日以多，禁兵日以少，天子扈從捍城之外，無所復用，如此則内無屯聚仰給之費，而外無遷徙供億之勞，費之省者，又已過半矣。

蕙田案：此論養兵之害。

又案：宋能革唐方鎮之弊，而不能復唐府衛之制。禁軍、廂軍、鄉兵、蕃兵，一皆出於召募，其立法之謬，蓋沿唐人中葉之秕政，而又有甚焉者也。何則？唐内有禁軍，外委方鎮，當其勢足以相制，則猶可並收其利。至宋乃盡收四方勁兵，列營京畿，又立爲更戍，分遣禁旅，戍守邊城，往來交錯，旁午道路。于是無事而坐糜廩食，有事而莫與分憂，天下之大，皆天子自爲戰守也，但有唐之弊，而并無唐之利矣。約而論之，亦有三變。其始當太祖、太宗之世，法制尚明，威令猶肅，亦足爲治。久之弊生，兵皆不可用。一變而爲韓魏公之刺義勇，再變而爲王介甫之保甲，三變而爲童貫之增額矣。遞變而遞衰，皆因立法原未盡善。故自漢以來，戰功之無足稱，國勢之弱，未有如宋者。范氏、歐陽氏、蘇氏、司馬氏及馬貴與所論召募之害與廩給之患，可謂深切著明矣，後人可不鑒哉？

觀承案：宋兵之三變極確，然童貫之增額，直不足道矣。惜乎介甫之保甲，其名甚高，而法不簡要，意不虛公，本欲利民，而適以禍民也夫！

右宋軍制

金軍制

金史兵志：諸部之民，無他徭役，壯者皆兵。平居則聽以漁佃射獵，習爲勞事，有警則下令部内，及遣使詣諸貝勒徵兵，凡步騎之仗糗皆取備焉。其部長曰貝勒，行兵則稱曰明安、穆昆，從其多寡以爲號。明安者，千人長也。穆昆者，百夫長也。貝勒之副曰富勒琿，士卒之副從曰伊勒希。部卒之數，初無定制。

右金軍制

元軍制

元史兵志：世祖時，内立五衛，以總宿衛諸軍，衛設親軍都指揮使；外則萬户之下置總管，千户之下置總把，百户之下置彈壓，立樞密院以總之。遇方面有警，則置行樞密院，事已則廢，而移都鎮撫司屬行省。萬户千户百户分上中下。萬户佩金虎符。符趺爲伏虎形，首爲明珠，而有三珠二珠一珠之别。千户金符，百户銀符。萬户千户死陣者，子孫襲爵，死病則降一等。總把、百户老死，萬户遷他官，皆不得襲。是法尋廢，後無大小，皆世其官，獨以罪去者則否。若夫軍士，則初有蒙古軍、特默齊軍。蒙古軍皆國人，特默齊軍則諸部族也。其法，家有男子，十五以上、七十以下，無衆寡，盡僉爲兵。十人爲一牌，設牌頭，上馬則備戰鬭，下馬則屯聚牧養。孩幼稍長，又籍之，曰漸丁軍。既平中原，發民爲卒，是爲漢軍。

右元軍制

明軍制

明史兵志：明革元舊制，自京師達於郡縣，皆立衛所。外統之都司，内統於五軍都督府，而上十二衛爲天子親軍者不與焉。征伐則命將充總兵官，調衛所軍領之。既旋則將上所佩印，官軍各回衛所。蓋得唐府兵遺意。于謙創立團營，簡精鋭，一號令，兵將相習，其法頗善。憲、孝、武、世四朝，營制屢更，而威益不振。衛所之兵疲於番上，京師之旅困於占役。馴至末造，尺籍久虛，行伍衰耗矣。

蕙田案：此明軍制總論。

王圻續通考：明初，立大都督府，以朱文正爲大都督，節制中外諸軍事。尋設左右都督、都督同知、都督僉事。洪武十三年，又以其權歸于一衙門，設中、左、右、前、後五軍都督府，分領在京各衛所、在外都司衛所。其在京錦衣等親軍上直衛，又不隸五府。若有征討之役，以公侯伯及三等直署都督充總兵官，名曰掛印將軍。其在外鎮守地方武臣，原爲掛印。

蕙田案：此五軍都督府。

明史兵志：班軍者，衛所之軍番上京師，總爲三大營者也。初，永樂十三年，詔邊將及河南、山東、山西、陝西各都司，中都留守司，江南、北諸衛官，簡所部卒赴北京，以俟臨閲。京操自此始。

京軍三大營，一曰五軍，一曰三千，一曰神機。其制皆備於永樂時。于謙爲兵部尚書，謙以三大營各爲教令，臨期調撥，兵將不相習，乃請於諸營選勝兵十萬，分十營團練。每營都督一，號頭官一，都指揮二，把總十，領隊一百，管隊二百。於三營提督中推一人充總兵官，監以內臣，兵部尚書或都御史一人爲提督。其餘軍歸本營，曰老家。京軍之制一變。憲宗立，復之，增爲十二。於是集九邊突騎家丁數萬人於京師，名曰外四家。立兩官廳，選團營及勇士、四衛軍於西官廳操練，正德元年所選官軍操於東官廳。自是兩官廳軍爲選鋒，而十二團營且爲老家矣。世宗立，王邦瑞攝兵部，因言：「國初，京營勁旅不減七八十萬，元戎宿將常不乏人。自三大營變爲十二團營，又變爲兩官廳，雖浸不如初，然額軍尚三十八萬有奇。今武備積弛，見籍止十四萬餘，而操練者不過五六萬。支糧則有，調遣則無。比敵騎深入，戰守俱稱無軍。即見在兵，率老弱疲憊、市井遊販之徒，衣甲器械取給臨時。此其弊不在逃亡，而在占役；不在軍士，而在將領。蓋提督、坐營、號頭、把總諸官，多世胄紈袴，平時占役營軍，以空名支餉，臨操則肆集市人，呼舞博笑而已。先年，尚書王瓊、毛伯温、劉天和常有意振飭。然將領惡其害己，陰謀阻撓，軍士又習于驕惰，競倡流言，事復中止，釀害至今。乞大振乾綱，遣官精核。」帝是其言，命兵部議興革。于是悉罷團營、兩官廳，復三大營舊制。張居正當國，綜覈名實，群臣多條上兵事，大旨在足兵、選將，營務頗飭。久之，帝厭政，廷臣漸爭門户，習於偷惰，遂日廢弛。大率京軍積弱，由於占役買閒。其弊實起於紈袴之營帥，監視之中官，竟以亡國云。

王圻續通考：景泰中，土木變後，兵漸耗散。用兵部尚書于謙議，擇三大營精鋭騎兵十萬，分爲十營團操，以備警急，是爲團營。餘步騎仍歸三大營，曰老營。天順初罷，八年復置。成化初罷，三年復置，分爲十二營。凡十二萬人，曰奮武、耀武、練武、顯武、敢勇、果勇、效勇、鼓勇、立威、伸威、揚威、振威。毅皇帝集九邊家將突騎凡數萬人聚京師，號「威武營」。上自爲大將軍，而十二營自如。嘉靖初，兵政大廢弛，邊報歲益急，團營見兵少，乃僅選三萬騎聽征，號曰「東西二官廳」，各都督一人總之，而團營所餘者，非老弱則入元帥、中貴私家矣。庚戌，罷十二營，併爲三大營。五軍營，副將一員，參將四員，遊擊將軍四員。神樞營，副將一員，佐擊將軍六員，練勇參將六員。神機營，將校亦如之。隆慶四年，大學士趙貞吉奏：「將見操官軍分爲左、右、中、前、後五營，各擇一將分統，責令開營訓練，而以文臣廷覈之，收戎政印，歸之内府。有事則領敕掛印而命將，闖外事完，則繳敕納印而歸將營中。」下兵部議，不盡合，乃請仍舊制。分五軍、神樞、神機三大營，各以總兵一員統之，各給敕關防，而以文職大臣一員總理之，餘如貞吉言。

楊一清請理戎政疏：太祖設五府四十八衛。太宗都燕京，仍立五府，增七十二衛，設五軍、神機、三千大營，操演武藝。又以河南、山東、中都、大寧四都司官軍輪聚京師，歲教月練，無事足以壯國威，有警足以禦外侮。厥後，兵務漸弛。正統己巳，北狄侵侮，幾危宗社。景泰初，于謙乃于三大營中挑選精鋭者，分立十營團操，是爲團營。四方有警，或用一營、二營、三營，以次挨撥而行，不用臨期挑選。後增爲十二團營。于時一有警報，大軍一出，四方懾服。嗣後因陋就簡，垂四十年，而戎馬日耗。士卒之殷實者出錢包班，而其名徒存；貧難者饑寒困苦，而其形徒在，衣裳襤褸，氣息奄奄，平居且不能自存，安能爲國以捍禦百戰之敵哉？每遇有警，欲撥一二萬之兵，未免於各營通行挑選，欲再選撥一二萬，恒以不足數爲慮。夫軍以衛民，民以養軍。今各營官軍，月支米八萬一千五百有餘石，以一歲計之，該食米九十七萬八十餘石，是皆百姓膏血之餘。及選用戰兵，求二三萬而不足當事，豈不爲之寒心哉？至於統兵將官，亦皆臨期選用，將不知兵，兵不知將，遲緩日月，旋置軍裝，將官已至關口，士卒尚在京城，都人相傳爲笑口，是不堪用，徒費芻糧也。

中外士夫亦皆以京軍爲不足用。正德年間，山東、北直隸等處，群盜縱横，乃調宣大、陝西、遼東邊軍征之，踰年始得平定。是豈强榦弱枝之意哉？幸而其時三邊無警，假使邊民不可掣調，則内盜將置之不問乎？今失此不爲，後益難圖。乞敕提督官申教練之法，加優恤之恩，禁剥削之害，嚴役占之條，痛革宿弊，修復舊規，使耳目一新，精采一變。内治既舉，外攘何難？所以壯國家元氣而延生民之命脉者，庶其在此也。

蕙田案：以上明京營。

明史兵志：親軍上二十二衛，舊制止十二衛，後增設金吾左以下十衛，俱稱親軍指揮使司，不屬五府。又設騰驤等四衛，亦係親軍，并武功、永清、彭城及長陵等十五衛，俱不屬府。

王圻續通考：在京二十二衛，錦衣至虎賁，爲上十二衛。金吾至通州，本北平都司衛，爲上十衛。凡二十二衛，名親軍指揮使司。騰驤、武驤左右四衛，亦名親軍指揮使司。武功三衛以匠故隸工部。長陵、景陵、獻陵、茂陵、泰陵、康陵七衛爲陵衛，並不隸都督府，亦不稱親軍。其餘分隸五府。留守五衛者，國初都鎮撫司總領禁衛，改爲留守五衛，專巡察守衛。京衛隸都督府者，上府移兵部親軍衛，直達兵部。

蕙田案：以上不隸都督府。

又案：以上俱係明京師之兵。

明史兵志：太祖下集慶路爲吴王，罷諸翼統軍元帥，置武德、龍驤、豹韜、飛熊、威武、宣武、羽林等十七衛親軍指揮使司。革諸將襲元舊制樞密、平章、元帥、總管、萬户諸官號。而覈其所部兵五千人爲指揮〔一〕，千人爲千户，百人爲百户，五十人爲總旗，十人爲小旗。天下既定，度要害地，係一郡者設所，連郡者設衛。大率五千六百人爲衛，千一百二十人爲千户所，百十有二人爲百户所。所設總旗二，小旗十，大小聯比以成軍。其取兵，有從征，有歸附，有謫發。從征者，諸將所部兵，既定其地，因以留戍。歸附，則勝國及僭僞諸降卒。謫發，以罪遷隸爲兵者。其軍皆世籍。此其大略也。十三年，丞相胡惟庸謀反誅，革中書省，因改大都督府爲五，分統諸軍司衛所。洪武二十六年，定天下都司衛所，共計都司十有七，留守司一，内外衛三百二十

〔一〕「覈」，原脱，據光緒本、明史兵志二補。

九，守禦千户所六十五。及成祖在位二十餘年，多所增改。其後措置不一。後定天下都司衛所，共計都司二十一，留守司二，内外衛四百九十三，守禦屯田群牧千户所三百五十九，儀衛司三十三，自儀衛司以下，舊無，後以次漸添設。宣慰使司二，招討使司二，宣撫司六，安撫司十六，長官司七十，原五十九。番邊都司衛所等四百七。後作「四百六十三」。

王圻續通考：凡天下要害之地，有係一郡者設所，係連郡者設衛，勢重則衛多，其尤重者設鎮，特官主之。總鎮一方者爲鎮守，獨鎮一路者爲分守，各守一城一堡者爲守備，與主將同處一城者爲協守。又備倭提督、提調、巡視等官稱掛印，專制者爲總兵，次爲副總兵，爲參將，爲遊擊。

王氏圻曰：明初，破陳友諒，帥舟師二十萬，取姑蘇二十萬，平中原二十五萬，下雲南三十萬。馮國公北征，以三十萬乃出戰，蓋一方如此。建文初，李景隆北征，兵百萬。至永樂中，命淇國公以十萬騎北伐，步騎五十餘萬，而討安南兵又八十萬。一時兵力之盛，雄視千古。自嘉靖八年，桂萼上天下兵籍僅九十七萬。至胡松考輿地，又止八十四萬五千八百而已。然此又虛數也。今西北騎少，漸不支，而東南拒倭、征苗，全藉調狼土、募民兵而已，不能得一卒之用也。此無他，北兵之所以削者，日耗于攻戰，而疲敝于調發；中土及東南之所以削者，上班也，運糧也，屯政之不修也。

蕙田案：以上明衛所之兵〔一〕。

明史兵志：明都北平，三面近塞，邊防甚重。東起鴨緑，西抵嘉峪，綿亘萬里，分地守禦。初設遼東、宣府、大同、延綏四鎮，繼設寧夏、甘肅、薊州三鎮，而太原總兵治偏頭，三邊制府駐固原，亦稱二鎮，是爲九邊。

蕙田案：此明邊防。

天下衛所之外，郡縣有民壯，邊郡有土兵。自正統以後，皆以召募設立。

蕙田案：此明鄉兵。

沿海自廣東樂會，歷閩、浙、南直隸，至鴨緑，綿亘萬餘里。在在設海防，以備島寇、倭夷，又有江防諸汛以輔之。

蕙田案：此明海防、江防。

又案：明制又有南京衛所親軍衛、五軍都督府屬、羈縻衛所，其長爲都督、都指揮、指揮、千百户、鎮撫等官，賜敕書印記，設都司統衛所。西北諸部有指揮等

〔一〕「蕙田案以上明衛所之兵」十字，原脱，據味經窩本、乾隆本、光緒本補。

官。設衛西番，有都指揮、宣慰使，設都指揮使司、指揮司，詳見明史兵志。非軍制之要，今從略。

又案：明之初制，與唐之初制大相類。衛、所、都司，猶唐之折衝府也。五軍都督府，猶唐之二府十二軍也。其法最爲盡善。唐一變爲彍騎，明一變爲團營，皆不得不變者也，然初制遂不可復。若能參合唐、明之初制，而去其簡閱不精、役重逃亡、占役買閒、番上疲困諸弊，則可以久安長治矣。蓋治法與治人，二者相須，軍制爲尤甚云。

右明軍制

五禮通考卷二百三十七

軍禮五

出師

蕙田案：先王不得已而用師。師必以律，律與禮，相爲表裏者也。師出不以律，猶無師也。律不以禮，猶無律也。故出師之際，禮尤重焉。今集經史及諸家之言，列「出師」一門。此書以議禮，非言兵也，故行陣擊刺之事從略，而於類、禡、宜、造、命將、誓師及凱旋、宣捷諸儀節則加詳焉。正史之外，采唐、五代會要、開元禮、政和新儀、通典、通考、明集禮會典附益之。

師名義

易師卦：師，貞，丈人吉，无咎。　象曰：師，衆也。貞，正也。能以衆正，可以王矣。剛中而應，行險而順，以此毒天下，而民從之，吉又何咎矣！　象曰：地中有水，師；君子以容民畜衆。　初六，師出以律，否臧凶。　象曰：「師出以律」，失律凶也。　九二，在師中，吉，无咎；王三錫命。　象曰：「在師中吉」，承天寵也；「王三錫命」，懷萬邦也。　六三，師或輿尸，凶。　象曰：「師或輿尸」，大無功也。　六四，師左次，无咎。　象曰：「左次无咎」，未失常也。　六五，田有禽，利執言，无咎。長子帥師，弟子輿尸，貞凶。　象曰：「長子帥師」，以中行也。「弟子輿尸」，使不當也。　上六，大君有命，開國承家，小人勿用。　象曰：「大君有命」，以正功也。「小人勿用」，必亂邦也。

程子曰：師爲卦，坤上坎下。以二體言之，地中有水，爲衆聚之義。以二卦之義言之，内險外順，險道而以順行，師之義也。以爻言之，一陽而爲衆陰之主，統衆之象也。比以一陽爲衆陰之主，而在上，君之象也。師以一陽爲衆陰之主，而在下，將帥之象也。

大易紀聞：初六，出師而嚴其律；九二，帥師而得其人，戒六三之輿尸而一其令，審六四之左次而重其進，去天下之害而不自爲害，此皆六五之君得興師之道，操任將之法。至上六而功成治定，師之道終焉。六爻中出師、駐兵、將兵、將將，與奉辭、伐罪、旋師、班賞，無所不載，雖後世兵書之繁，不如師卦六爻之略也。

謙卦：六五，利用侵伐，无不利。上六，利用行師，征邑國。

朱子語類：問：謙是不與人爭，如何五、上二爻皆言「利用侵伐」，「利用行師」？曰：老子言：「大國下小國，則取小國；小國下大國，則取大國。」又言：「抗兵相加，哀者勝矣。」大抵謙自是用兵之道，只退處一步耳。如「必也臨事而懼」，皆是此意。

豫卦：豫，利建侯行師。

程子曰：豫，順而動也。諸侯和順，則萬民悦服。兵師之興，衆心和悦，則順從而有功，故悦豫之道，利于建侯行師也。又上動而下順，諸侯從王、師衆順令之象，君萬邦，聚大衆，非和悦不能使之服從也。

離卦：上九，王用出征，有嘉折首，獲匪其醜，无咎。象曰：「王用出征」，以正邦也。

程子曰：九以陽居上，在離之終，剛明之極者也。明則能照，剛則能斷。能照足以察邪惡，能斷足以行威刑。故王者能用如是剛明，以辨天下之邪惡，而行其征伐，則有嘉美之功也。征伐，用刑之大者。夫明極則無微不照，斷極則无所寬宥，不約之以中，則傷于嚴察矣。去天下之惡，若盡究其漸染詿誤〔一〕，則何可勝誅？所傷殘亦甚矣，故但當折取其魁首。所執獲者，非其醜類，則无殘暴之咎也。書曰：「殲厥渠魁，脅從罔治。」

書胤征：威克厥愛，允濟。愛克厥威，允罔功。

仲虺之誥：兼弱攻昧，取亂侮亡。推亡固存，邦乃其昌。傳：弱則兼之，闇則攻之，亂則取之，有亡形則侮之，有亡道則推而亡之，有存道則輔而固之。

康王之誥：太保芮伯咸進曰：「張皇六師，無壞我高祖寡命。」傳：言當張大六師之衆。

周禮春官大宗伯：大師之禮，用衆也。

〔一〕「究」，原作「去」，據光緒本、周易程氏傳卷二改。

鄭氏鍔曰：五軍以爲師。以師統軍，以軍統旅，以旅統卒，以卒統兩，以兩統伍。上下相統，聞鼓進，聞金止。此大師之禮，以用衆，故欲其同。

夏官大司馬：制軍詰禁，以糾邦國。以九伐之法正邦國，馮弱犯寡則眚之，賊賢害民則伐之，暴内陵外則壇之，野荒民散則削之，負固不服則侵之，賊殺其親則正之，放弑其君則殘之，犯令陵政則杜之，外内亂鳥獸行則滅之。注：馮猶乘陵也，言不字小而侵侮之。眚猶人眚瘦也。王霸記曰：「四面削其地。」春秋傳曰：「粗者曰侵，精者曰伐。」又曰：「有鐘鼓曰伐。」則伐者，兵入其境，鳴鐘鼓以往，所以聲其罪。

鄭氏鍔曰：眚，王氏謂「詘其爵命，削其土地」。若人眚瘦」，未免與下「削之」相似。眚，如易「有災眚」之眚，用兵治之，使若眚災不能逃其患也。

及師，大合軍，以行禁令，以救無辜，伐有罪。注：師，所謂王巡守若會同，司馬起師合軍以從，所以威天下、行其政也。

王氏昭禹曰：及師，大合軍，謂命將或王親征之時。

鄭氏鍔曰：大合軍旅，非以肆暴也。以行禁令，所以申明乎九法也；以救無辜，所以明王者之仁也；以伐有罪，所以明王者之義也。

禮記曲禮：班朝治軍，莅官行法，非禮威嚴不行。

陳氏澔曰：治軍旅左右之局，非禮則威嚴不行。

右師名義

出師時令

禮記月令：孟春之月，不可以稱兵，稱兵必天殃。

陳氏澔曰：天地大德曰生。春者，生德之盛時也。兵，凶器；戰，危事。以殺戮之心，逆生育之氣，是變易天之生道，其殃也宜哉！

季夏之月，不可以起兵動衆。

孟秋之月，天子乃命將帥，選士厲兵，簡練桀俊，專任有功，以征不義。詰誅暴慢，以明好惡，順彼遠方。

陳氏澔曰：專任有功，謂大將有已試之功，乃使之專主其事也。詰者，問其罪；誅者，戮其人。殘下謂之暴，慢上謂之慢。

右出師時令

親征

周禮夏官大司馬：若大師則掌其戒令。

易氏祓曰：若有强梗弗率者、負固弗服者，與夫侵犯王略而自干天誅者，天子于是親帥六師，方伯連帥從焉，謂之大師。大司馬掌其戒令，則方伯連帥以至軍將師帥，莫不受戒令焉。

鄭氏鍔曰：或謂用師，則大司馬爲大將，固掌號令，以指麾六軍矣。此言「若大師則掌其戒令」者，蓋此乃王親出征之時也。王自出軍，則王自將，號令皆出于王。大司馬惟掌戒令，則專治六師之法而已。

詩大雅常武序〔一〕：常武，召穆公美宣王也。有常德以立武事，因以爲戒然。

詩緝：嚴氏粲曰：此詩，王親征淮北之夷及徐方也。召公既平淮南之夷，未幾，淮北之夷復挾徐方以叛，宣王于是親征之。召公慮其狃勝而喜功也，故因美而戒之。

蕙田案：親征之事，如黄帝之征蚩尤及夙沙氏，夏啓戰甘之師，武丁荆楚之伐，皆是也。湯南巢之戰，武牧野之戰，亦屬親征，而其事又别。後世如隋之征高麗，唐太宗之征突厥，宋真宗景德澶淵之師，與明成祖之征蒙古本雅實哩、阿嚕台、衛拉特、瑪哈穆特等，英宗之征也先，武宗之征宸濠，或有合于奉辭伐罪之

〔一〕「大雅」，諸本作「小雅」，據毛詩正義卷一八改。

義，或徒出于窮兵黷武之爲，孰得孰失，史有明文，學者折衷于經可也。

右親征

諸侯專征

禮記王制：諸侯賜弓矢然後征，賜鈇鉞然後殺。

馬氏睎孟曰：征與殺，先王所以致天討。弓矢、鈇鉞，先王所以致天討之器。諸侯必俟天子之賜，然後得以征伐者，臣無有作威，所用則君之賜而已。以征對殺，則殺爲重。以弓矢對鈇鉞，則鈇鉞爲重。諸侯之出討有罪，未賜斧鉞而有所不敢殺，則亦征之而已。

書大禹謨：帝曰：「咨！禹，惟時有苗弗率，汝徂征。」禹乃會群后，誓于師。三旬，苗民逆命。益曰：「惟德動天，無遠弗届。矧兹有苗？」禹拜昌言曰：「俞！」班師振旅。帝乃誕敷文德，舞干羽于兩階。七旬，有苗格。傳：舞文舞于賓主階間，抑武事。疏：釋言：「干，扞也。」據器有武有文，俱用以爲舞，而不用於敵，故教爲文也。

書胤征：惟仲康肇位四海，胤侯命掌六師。羲、和廢厥職，酒荒于厥邑。胤侯承王命徂征。

林氏之奇曰：羿之立仲康也，方將執其禮樂征伐之權以號令天下。羲、和黨惡于羿，胤侯承王命往征之，以剪羿羽翼，故終仲康之世，羿不得以逞也。

詩大雅皇矣：密人不恭，敢距大邦，侵阮徂共。王赫斯怒，爰整其旅，以按徂旅，以篤周祜，以對于天下。依其在京，侵自阮疆，陟我高岡。無矢我陵，我陵我阿。無飲我泉，我泉我池。度其鮮原，居岐之陽，在渭之將。萬邦之方，下民之王。

詩緝：嚴氏粲曰：文王以西伯討密之罪，先駐兵國都，依憑此在京之師以爲聲勢，然後出兵，自阮疆以侵密。

帝謂文王，詢爾仇方。同爾兄弟，以爾鉤援。與爾臨衝，以伐崇墉。臨衝閑閑，崇墉言言。執訊連連，攸馘安安。是類是禡，是致是附，四方以無侮。臨衝茀茀，崇墉仡仡。是伐是肆，是絶是忽，四方以無拂。

朱子詩傳：述文王伐崇之事。

棫樸：淠彼涇舟，烝徒楫之。周王于邁，六師及之。

詩緝：嚴氏粲曰：三章述戎事之得人也。文王之時，北有玁狁之難。文王以天子之命命將遣戍以討之，必渡涇水也。

豳風東山序：東山，周公東征也。

我徂東山，慆慆不歸。我來自東，零雨其濛。我東曰歸，我心西悲。制彼裳衣，勿士行枚。蜎蜎者蠋，烝在桑野。敦彼獨宿，亦在車下。箋：周公攝政，三監及淮夷叛，周公乃東伐之，三年而後歸。

何氏楷曰：朱子云：「東山之詩言『自我不見，于今三年』，則居東之非東征明甚。蓋周公居東二年，成王因風雷之變，既親迎以歸，三叔懷流言之罪，遂脅武庚以叛，成王命周公征之。其東征往返，首尾又自三年也。」案：逸周書作雒解云：「師旅臨衛攻殷，殷大震潰。降群三叔，禄父者奔，管叔經而卒。所征熊盈族十有七國，俘維九邑，俘殷獻民，遷于九畢。」竹書：「成王三年，王師滅殷，殺武庚、禄父，遷殷民于衛，遂伐奄，滅蒲姑。四年，王師伐淮夷，遂入奄。五年，王在奄，遷其君于蒲姑。夏五月，王至自奄。」此則東征之役，斧斨破缺，蓋歷三年也。

蕙田案：金縢篇孔安國傳以「我之弗辟」爲刑辟之辟，并即以居東二年爲東征誅管、蔡之事。鄭康成詩箋以「弗辟」爲避，而以居東二年爲避居東土，蔡仲默因之。竊謂一聞流言，遽興兵而東，誅二叔，恐周公未必專擅如此。惟避居二年，積誠相感，王心稍悟，然後作鴟鴞以開解王心。及乎風雷感泣，發匱得書，皮弁親迎之後，乃敢用我斨我斧，奉王命而致討。居東二年，征東三年，自是二事，豈可併爲一談也？古雖有專征之禮，然如孔傳説，適足爲亂臣藉口，當從康成爲是。何氏據逸周書、竹書證之，疑或然也。

破斧序：破斧，美周公也。

既破我斧，又缺我斨。周公東征，四國是皇。哀我人斯，亦孔之將。

書費誓序：魯侯伯禽宅曲阜，徐、夷並興，東郊不開，作費誓。傳：徐戎、淮夷並起，爲寇于魯，故東郊不開。魯侯征之于費地而誓衆。

詩秦風小戎序：小戎，美襄公也。備其兵甲以討西戎。西戎方彊，而征伐不休。國人則矜其車甲，婦人能閔其君子焉。

右諸侯專征

類上帝

禮記王制：天子將出征，類乎上帝。

蕙田案：王制所説類、宜、造之禮，凡二見。其一爲巡守之禮，其一爲征伐之禮。鄭康成皆注云「其禮亡」，則三代以上儀節之詳，已不可見。然散見各經者尚多，今採取特備。唐及明諸儀甚詳，今略撮其要以備考。

又案：孔疏、爾雅所釋，多爲釋詩。以皇矣云「是類是禡」，故釋爲「師祭」，不謂餘文皆爲師祭。但類者，以事類告天。若以攝位事類告天，亦謂之類，故尚書舜典云「肆類于上帝」是也。或以巡狩事類告天，亦謂之類，故王制云「天子將出，類乎上帝」是也。

周禮春官大祝：大師，類上帝，則前祝。注：前祝，大師自前祝也。王出，將有事于神，大祝先祝居前，先以祝辭告之。疏：王出六軍，親行征伐，曰「大師」。軍將出，類祭上帝，告天以行。大祝先告，王後臨也。

王氏安石曰：司馬法曰：「將用師，乃告于皇天上帝、日月星辰。」詩曰：「是類是禡。」爾雅曰：「此師祭也，所謂類上帝也。」

鄭氏鍔曰：凡此事，大祝處前告神，故曰「前祝」。

王氏昭禹曰：大祝前于群祝。

肆師：類造上帝，則爲位。

鄭氏鍔曰：上帝至尊，不可以瀆，因其事類，然後告祭，故名曰「類」。類者，上帝之祭；造者，祖廟之祭。此曰「類造上帝」，何也？蓋王者出征，所至以事類告天，故兼言之。非常祭，故爲之位。蓋肆師主立國祀之禮耳。

孔叢子問軍禮：先期五日，太史誓于祖廟，擇吉日齋戒。然後乃類上帝，柴于郊以出。

司馬法：先王之治，順天之道，設地之宜，官民之德，而正名治物，立國辨職，以爵分祿，諸侯説懷〔一〕，海外來服，獄弭而兵寢，聖德之治也。其次，賢王制禮樂法度，乃作五刑，興甲兵以討不義，巡狩省方，會諸侯，考不同，其有失命、亂常、背德、逆天之時，而危有功之君，徧告於諸侯，彰明有罪，乃告於皇天上帝、日月星辰，然後冢宰徵師於諸侯，曰：「某國爲不道，征之。以其年月日師至於某國，會天子正刑。」

書湯誥：敢用玄牡，敢昭告于上帝神后，請罪有夏。以與爾有衆請命。

蔡傳：玄牡，夏尚黑，未變其禮也。

詩大雅皇矣：是類是禡。注：類，出師祭上帝。

爾雅釋天：是禷是禡，師祭也。注：師出征伐，禷于上帝。

〔一〕「説」，諸本作「諸侯」，據司馬法仁本改。

書泰誓：予小子夙夜祗懼，類于上帝。以爾有衆，底天之罰。

蔡傳：言予小子畏天之威，早夜敬懼，不敢自寧，告于天地神祇，以爾有衆，致天之罰于商也。

詩周頌桓序：桓，講武類禡也。桓，武志也。

綏萬邦，屢豐年，天命匪解。桓桓武王，保有厥士。于以四方，克定厥家。於昭于天，皇以間之。

孔叢子問軍禮：凡類禡，皆用甲、丙、戊、庚、壬之剛日。

通典：梁武帝天監初，陸璉定軍禮，依古制，類、造等用牲幣。帝曰：「宜者，謂征討得宜；造者，禀謀於廟；類者，奉天時以明伐。並明不欲自專，陳幣承命可也。」璉不能對。嚴植之又爭之，於是告用幣，反亦如之。

北齊親征，纂嚴則服通天冠，文物充庭。有司表更衣，乃入，冠武弁，左貂附蟬以出。誓訖，次擇日，陳六軍，備大駕，類于上帝。

隋大業七年，征高麗，於宮南類上帝，積柴燎壇，設高祖位于東方。帝服大裘而冕，乘玉輅，祭奠玉帛，並如宜社。諸軍受胙畢，帝就位，觀燎，乃出。將發，帝御臨朔宮，親受節度，遂出。

唐開元禮皇帝親征類于上帝：纂嚴。前一日，本司承制宣攝内外諸司，各隨職備辦。尚舍奉御幄於太極殿北壁下〔一〕，南向如常。守宫設群官文武次于東西朝堂，如常儀。典儀設群官位於殿庭，文東武西，每等異位，重行，北面，相對爲首。乘黄令陳革輅及玉輅以下車旗之屬如常〔二〕。未明一刻，開諸宫門，諸衛勒所部列黄麾仗屯門及陳於殿庭，如常儀。其日平明，留從之官悉集朝堂次。侍臣服平巾幘，袴褶；其將帥等及從行之官亦平巾，袴褶；留守之官公服。上水五刻，侍中版奏：「請中嚴。」文武官各列于殿庭。上水三刻，通事舍人引群官以次入就位，諸侍臣俱詣閤奉迎〔三〕。皇帝服武弁服，侍衛如常。即御座，南向坐。典儀唱「再拜」，群臣皆再拜，訖，中書令承旨敕百寮，訖，通事舍人以次引群官出。侍中跪奏：「禮畢。」俛伏，興。皇帝降御座，乘輿入自東房，侍中從至閤。　齋戒。前一日，皇帝清齋於太極殿，諸應告之官及群官客使等各於所司及公館，諸軍將各於正寢，俱清齋一宿，餘如郊祀儀。　陳

〔一〕「尚舍奉」，原作「施」，據通典卷一三二改。
〔二〕「典儀設群官位於殿庭文東武西每等異位重行北面相對爲首乘黄令」二十八字，原脱，據光緒本、通典卷一三二補。
〔三〕「以次入就位諸侍臣」八字，原脱，據光緒本、通典卷一三二、開元禮卷八一補。

設。前告三日，陳設如巡狩告圜丘儀。社，設大次于社宮西門之外道北，南向，設告官等次以下，如祭社之儀。又設軍將次於外壝南門外道東〔一〕，西向，北上。前二日，設樂懸、燎壇、群官版位等，並如告圓丘之儀。又設將軍位於縣南〔二〕，每等異位，重行，北面，西上。軍將門外位於南壝外道東〔三〕，西向，北上。社軍將次于社宮北門之外道西，東向〔四〕，北上。設樂懸等如祭社儀。又爲瘞埳二于樂之北如常〔五〕。又前二日，奉禮設御位于北門內，當社壇，南向。設太祝等奉血幣位于埳北如常〔六〕。郊社令帥府史一人，又齋郎以罇坫罍洗篚冪入設，皆如常〔七〕。未明十五刻，烹牲如常。蒼牲二，一正座一配坐〔八〕。禮，烹牲于厨，用黑牛二，齋郎以豆取毛血如常。未明四

〔一〕「壝」，原作「堰」，據光緒本、通典卷一三二改。
〔二〕「縣」，原作「應」，據光緒本、通典卷一三二改。
〔三〕「壝」，原作「壇」，據光緒本、通典卷一三二改。
〔四〕「社軍將次于社宮北門之外道西東向」，諸本「將」下衍「位」字，「道」下脱「西」字，「東」下衍「俱南」二字，據通典卷一三二、開元禮卷八二刪、補。
〔五〕「二」，諸本作「三」，據通典卷一三二改。
〔六〕「太祝」，原作「太史」，據光緒本、通典卷一三二、開元禮卷八一改。
〔七〕「常」，諸本作「祭」，據通典卷一三二改。
〔八〕「一正座」，原作「每一座」，據光緒本、通典卷一三二改。

刻，太史令、郊社令各服其服〔一〕，升設神座如常儀。　鑾駕出宮。　皇帝武弁，乘革輅，備大駕，及嚴鼓，侍中奏請發內外器服皆如常儀。　前後備六軍。　薦玉帛。　其日未明二刻，下至太常卿引皇帝至內壝門，並如巡狩、圜丘、親告儀。天帝大罇二〔二〕，實以沈齊，明水實于上罇。山罍二，一實玄酒，爲上，一實清酒。玉幣以蒼。唯無禮部尚書、太常卿陪從。　皇帝至版位，西向立。每立定，太常卿與博士俱退立于左。　太常卿前奏：「請再拜〔三〕。」退，復位。皇帝再拜。　以下至奠玉帛訖，降壇還版位，樂止，並如巡狩、親告儀。　進熟。　皇帝既升奠玉帛，太官令出帥進饌者，以下至皇帝降壇還版位，謁者引司徒復位，並如巡狩、圜丘、親告儀。宜社，自引司徒降復位以上〔四〕，同巡狩告社儀。　皇帝既降壇，謁者引諸軍將詣壇東堦，升，進立於天帝神座前，北面，西上。宜社，立于太社神座前，南面，西上。　初，軍將升，太祝帥齋郎以爵酌福酒，進立於軍將之西，東向，北上。宜社，于軍將東，西面，南

〔一〕「郊社令」，原脱「令」字，據光緒本、通典卷一三二補。
〔二〕「帝」，原作「地」，據光緒本、通典卷一三二改。
〔三〕「再」，諸本脱，據通典卷一三二補。
〔四〕「引」，原作「行」，據光緒本、通典卷一三二改。

上。軍將俱再拜受爵，跪祭酒，啐酒，奠爵，興。太祝各帥齋郎進俎，減神前胙肉，以次授，軍將受，以授齋郎。軍將俱跪取爵，遂飲，卒爵。太祝帥齋郎受爵，復于坫。軍將俱興，再拜。謁者引軍將降復位〔一〕。太祝各進跪徹豆，還罇所。奉禮曰「賜胙」，贊者唱「衆官再拜」，衆官在位者皆再拜，已飲福者不拜。元和之樂作。太常卿前奏「請再拜」，退，復位。皇帝再拜及燎燔以下至燔祝版，並如巡狩、親告儀。宜社，自「皇帝再拜以下」至「燔祝版」，並如巡狩、告社儀。鑾駕還宮。如郊社儀。宜社同。

遼史禮志：將出師，刑青牛、白馬以祭天地。其祭，常依獨樹；無獨樹，即所舍而行之。

明大政紀：洪武四年正月丁亥，上親祀上下神祇，告伐明昇。

明會典：天子親征，祭告天地。洪武三年定，凡祭告天地，前期擇日，皇帝服武弁，乘革輅，備六軍，以牲犢幣帛祭告，作樂，行三獻禮。

右類上帝

〔一〕「位」，諸本脱，據通典卷一三二補。

宜社

禮記王制：天子將出征，宜乎社。

鄭氏鍔曰：祭社曰宜，蓋以事宜而祭之，非春秋之所報，此國内之禮。

汪克寬經禮補逸：宜，出兵祭社之名。社，所以神，地道主陰。先王建國，左祖右社。大社在庫門之内右，國社亦在公宫之右，皆尚陰也。陰主殺，故誓社而田，因田而習軍旅，出征祭之，稱其義也。然征既宜于社，而又類于上帝，造于祖禰，何哉？蓋生殺非王者所得私也。類于上帝，明奉天討也。造于祖禰，示受命于廟，不敢自專也。曰類，曰宜，曰造，祭雖先後不同，合周官、王制、泰誓言之，其義各有攸當也。

周禮春官大祝：大師，宜于社，則前祝。注：則前祝，大祝自前祝也。王出，將有事于此神。大祝居前，先以祝辭告之。疏：軍將出，宜祭于社。

王氏安石曰：案爾雅曰：「起大事，動大衆，必先有事于社而後出，謂之宜」，所謂「宜于社」也。

孔叢子問軍禮：先期五日，太史誓于祖廟，擇吉日齋戒。既筮，則獻兆于天子。天子使有司以特牲告社，告以所征之事而受命焉。

司馬法：興甲兵以討不義，乃禱于后土、四海神祇、山川冢社。

書泰誓：宜于冢土。

蔡傳：冢土，大社也。

春秋成公十三年左氏傳：春三月，公及諸侯朝王，遂從劉康公、成肅公會晉侯伐秦。成子受脤于社，不敬。劉子曰：「吾聞之，民受天地之中以生，所謂命也。是以有動作禮義威儀之則，以定命也。能者養之以福，不能者敗以取禍。是故君子勤禮，小人盡力。勤禮莫如致敬，盡力莫如敦篤。敬在養神，篤在守業。國之大事，在祀與戎。祀有執膰，戎有受脤，神之大節也。今成子惰，棄其命矣，其不反乎！」疏：宗廟之祀則有執膰，兵戎之祭則有受脤，此是交神之大節也。

通典：隋大業七年，征高麗。煬帝遣諸將於薊城南桑乾河上，築社稷二壇，設方壝，行宜社禮。帝齋于臨朔宮懷荒殿，與告官及侍從各齋于其所。十二衛兵士並齋。帝服衮冕，玉輅，備法駕。禮畢，御金輅，服通天冠，還宮。

唐開元禮制遣大將出征有司宜于大社：將告，有司卜日，如別儀。前一日，諸告官致齋於社所。守宮設告官以下位各於常所，諸將位於社宮北門外道西，東向，南上。右校清掃内外，又爲瘞埳二於南門内壇西南，如常。奉禮設告官以下版位如常儀。設諸將位於北門内，當太社壇南，西面，東上；諸將門外位於北門外道西，東向，南上。郊社令帥其屬設罇罍玉帛等如式。執罇罍者位如常。告日未明十刻，太官令先具牢饌。質明，告官等各服其服。太史令、郊社令升設神席〔一〕，良醞之屬入實罇罍玉幣。大罍及配座象罇實醴齊，玄酒各實于上罇。玉，社稷兩珪有邸。幣以玄，一丈八尺。奉禮帥贊者先入就位。贊引引御史、太祝以下入，行掃除如常儀，訖，就位。贊引引告官以下俱就門外位。謁者引告官，贊引引執事者入就位。立定，奉禮曰「再拜」，贊者承傳，告官以下皆再拜。太官令出，帥進饌者奉饌陳於西門外。告官等入，謁者引諸將俱就門外位。告官入訖，謁者引諸將入就位。立定，奉禮曰「再拜」，大將以下皆再拜。謁者進告官之左，曰：「有司謹具，請行事。」還本位。諸祝俱取玉幣於篚，各立於罇所。謁者引告官詣大社壇升北陛〔二〕，以下至奠玉幣、酌飲福、受胙，如巡狩、告社攝事

〔一〕「郊」，原作「諸」，據光緒本、通典卷一三三改。
〔二〕「陛」，諸本作「面」，據通典卷一三三改。

儀。初，告官詣稷壇，贊者引諸將詣大社壇，升西陛，進立於大社神坐前，南面，東上。初，諸將升，諸祝帥齋郎以爵酌福酒，進諸將東，西面立。諸將皆再拜受爵，跪祭酒，啐酒，奠爵，俛伏，興。諸祝帥齋郎進俎，減神前胙肉，以次授，諸將受，以授齋郎。諸將俱跪取爵，遂飲，卒爵。太祝帥齋郎受爵，復於坫。諸將俛伏，興，再拜訖，謁者引諸將降詣太稷壇，飲福、受胙如大社儀，訖，還本位。奉禮曰「再拜」，諸將以下皆再拜，謁者引出。初，諸將出，諸祝各進跪徹豆，以下及告官、望瘞玉幣至禮畢，如巡狩、告社儀。若凱旋，唯陳俘馘及軍實於北門，南面，其告禮如上儀。祝版燔於齋所。

蕙田案：此開元所定命將宜社禮。天子親征，宜社禮已見前類帝中，彼此互見。

明會典：洪武三年定，天子親征，宜于社。前期擇日，皇帝服武弁，乘革輅，用牲犢、幣帛，作樂，行三獻禮。其儀同春秋祭社稷之儀。軍將俱飲福于太稷廟。

蕙田案：諸侯出師，有宜社、造禰之禮，此在周禮、王制無文，而杜佑通典有之，未詳所據，今不另列此條。

右宜社

造廟

禮記王制：天子將出征，造乎禰。疏[一]：造，至也，至考廟也。

鄭氏鍔曰：祭祖曰造。蓋特造至而祭之，非四時之常享，此國内之禮。

汪氏克寬曰：造，造而告之之祭也。告于祖禰，告以道其事而致其敬也。考之王制，又曰「受命于祖」，泰誓曰「受命于文考」。此蓋因造告卜于廟，受命于祖考而後征也。

周禮春官大祝：掌六祈以同鬼神示，二曰造。

大師，造于祖，則前祝。注：大師者，六軍親征之稱。出必徧祭七廟，取遷廟之主而行[二]。

王氏安石曰：司馬法曰「將用師，乃造于先王」，所謂「造于祖」也。

蕙田案：王制之造，但祭考廟。周禮之造，徧祭七廟。二說互相備。

司馬法：興甲兵以討不義，乃造于先王。

唐開元禮皇帝親征告于太廟：齋戒。將告有司卜日、皇帝清齋及應告官清齋等，並如巡狩告儀。又諸軍將各於正寢清齋一宿。若在營，齋于軍幕。諸衛令其屬守廟門，

[一]「疏」，諸本作「注」，據禮記正義卷一二改。
[二]「注大師者」至「之主而行」，諸本在上文「二曰造」下，據周禮注疏卷二五移改。

工人俱清齋，如常儀。　陳設。　前告三日，陳設如巡狩告廟儀。　又設軍將次於南門外道東，西向，北上。　前二日，設樂懸。　前一日，設御座及從駕官位，如巡狩告廟儀。又設軍將門外道東。　每等異位，重行，西向，北上。　設罇罍洗篚〔一〕。　告日，未明十五刻，烹牲等，並如巡狩告廟儀。　鑾駕出宮。　皇帝服武弁服，乘革輅，前後備六軍，嚴鼓，並准大駕，餘同圜丘儀。　晨祼。巡狩告廟同。　饋食。　皇帝既升祼，下至獻九室訖降復位，並如巡狩告廟儀。　又皇帝既降，謁者引諸軍將升自東階，進立於睿宗大聖至孝皇帝室户前，北面，西上。　初，軍將升，諸太祝各帥齋郎以爵酌罍福酒，進立軍將之東，西面，北上。　以下至啐、奠、降復位，如類上帝儀。　登歌作〔二〕，諸祝各入室徹豆還罇所，以至燔版于齋坊，如類上帝儀。　鑾駕還宮。　皇帝既還大次，侍中版奏：「請解嚴。」將士不得擅離部伍。　皇帝仍武弁，乘革輅還宮，如常儀。

明會典：洪武三年定，天子親征，造于太廟。　前期擇日，皇帝服武弁，乘革輅，備

〔一〕「罇」、「篚」二字，原作「入」、「大」，據光緒本、通典卷一三二改。
〔二〕「登歌作」上，諸本衍「軍將」二字，據通典卷一三二刪。「歌」，原脱，據光緒本、通典卷一三二補。

六軍，祭告太廟。每廟用牲幣，行三獻禮。其儀皆同時享。軍將飲福于皇考之室。

右造廟

禡

禮記王制：天子將出征，禡于所征之地。注：禡，師祭也，爲兵禱。疏：案釋天云：「是類是禡，師祭也。」故知禡爲師祭也。謂之禡者，案肆師注云：「貉，讀如十百之百，爲師祭造軍法者，禱氣勢之增倍也。其神蓋蚩尤，或曰黄帝。」鄭既云「祭造軍法者」，則是不祭地。熊氏以禡爲祭地，非也。

杜氏佑曰：禡于所征之地者，則兼黄帝、蚩尤之神。若田狩，但祭蚩尤而已。

陳氏禮書：黄帝與蚩尤戰于阪泉，軍法之興始于此，故後世祭之。

路史：史記、逸周書、大戴禮、文子所云炎帝〔一〕、赤帝皆謂蚩尤，而書傳舉以爲榆罔，失之。

日下舊聞：説蚩尤者不一，孔子三朝記、大戴禮記以爲庶人，孔氏、小司馬氏以爲諸侯，應劭以爲古天子，或以爲炎帝之後，或以爲九黎之君，或謂殺之于中冀，或謂殺之于青丘，或謂殺之于凶黎之谷。

〔一〕「文子」，諸本脱「子」字，據欽定日下舊聞考卷二補。

傳聞異辭，並存焉可也。

詩大雅皇矣：是類是禡。

朱子詩傳：禡，至所征之地而祭始造軍法者，謂黄帝及蚩尤也。

章氏侗曰：漢書稱高祖祀黄帝、蚩尤于沛廷，管仲稱蚩尤作劍戟，史記稱黄帝與蚩尤戰于阪泉。豈軍法之興始於此，故後世祭之歟？

爾雅釋天：是禷是禡，師祭也。注：師出征伐，禡于所征之地。疏：禡，祭造兵爲軍法者，爲表以祭之。禡，周禮作「貉」，「貉」又或爲「貊」字，古今之異也。貉之言百，祭祀此神，求獲百倍。

春秋莊公八年：春，王正月甲午，祠兵。公羊傳：祠兵者何？出曰祠兵，入曰振旅，其禮一也，皆習戰也。注：祠兵，祭也。左氏作「治兵」。蓋禮，兵不徒使，故將出兵，必祠于近郊，陳兵習戰，殺牲饗士卒。

丘氏濬曰：此經、傳言祠兵之始。先儒謂何氏解「祠兵」有二義，一則祀其兵器，後世祭旗節始此；一則殺牲享士卒，後世犒賞士卒始此。

漢書高祖本紀：秦二世元年，高祖乃立爲沛公，祠黄帝，祭蚩尤於沛廷，而釁鼓旗，幟皆赤。

郊祀志：高祖徇沛，爲沛公，則祀蚩尤，釁旗鼓。應劭曰：蚩尤好五兵，故祠祭之，求福祥也。衅，祭也。殺牲以血塗鼓曰衅。臣瓚曰：案禮記及大戴禮有衅廟之禮，皆無祭事。

蕙田案：王制明有禡祭，臣瓚以爲無祭事，謬矣。

高祖本紀：二年，立蚩尤之祀於長安。

郊祀志：武帝伐南越，告禱泰一，以牡荆畫幡日、月、北斗、登龍，以象太一三星，爲泰一鋒旗，命曰「靈旗」。爲兵禱，則太史奉以指所伐之國。師古曰：以牡荆爲幡竿，而畫幡爲日、月、龍及星。

蕙田案：此以太乙爲旗神。

後漢滕輔祭牙文：恭修太牢，潔薦遐靈。推轂之任，實討不庭。天道助順，正直聰明。敬建高牙，神武攸託。雄戟推鋒，龍淵灑鍔。

晉顧愷之祭牙文：某年某月日，録尚書事豫章公裕，敢告黄帝、蚩尤五兵之靈：兩儀有政，四海有王。奉命在天，世德重光。烈烈高牙，闐闐伐鼓。白氣經天，簡揚神武。恭行帝罰，長殲醜虜。維德是依，維人是輔。

蕙田案：此祭黄帝、蚩尤五兵。

宋鄭鮮之祭牙文：潔牲先事，薦兹敬祭。崇牙既建，義鋒增厲。人鬼一揆，三才同契。惟茲靈鑒，庶必有察。逆順幽辨，忠孝顯節。凶醜時殲，主寧臣悅。振旅上京，凱歸西蕃。神器增輝，四境永安。

隋書禮儀志：後齊天子親征，卜日，建牙旗於墠，祭以太牢。將屆戰所，卜剛日，備玄牲，列軍容，設柴於辰地，爲墠而禡祭。大司馬奠矢，有司奠毛血。樂奏大濩之音。禮畢，徹牲，柴燎。

開皇二十年，太尉晉王廣北伐突厥，四月己未，次於河上，禡祭軒轅、黄帝，以太牢制幣，陳甲兵，行三獻之禮。

大業七年，征遼東。行幸望海鎮，於禿黎山爲壇，祀黄帝，行禡祭。詔太常少卿韋霽、博士褚亮奏定其禮。皇帝及諸預祭臣、近侍官、諸軍將皆齋一宿。有司供帳設位，爲埋坎神坐西北内壝之外。建二旗於南門外。以熊席設帝軒轅神坐於壝内，置甲胄弓矢於坐側，建槊於坐後。皇帝出次，入門，群官定位，皆再拜奠。禮畢，還宫。

唐開元禮親征禡于所征之地：將祭，有司卜日。前祭一日，皇帝齋於行宫。應祭之官齋於祭所。近侍之官與從祭群官及諸軍將皆於軍幕齋一宿。諸衛令其屬各以其方器服守衛壝門，齋一宿。尚舍直長施大次及群官、軍將等次，如類上帝儀。又爲瘞埳於神座西北内壝之外，方深取足容物。前一日，奉禮設御座東面，西向；設望瘞位於神座西南，當瘞埳，北上；設諸祭官位於御位東南，執事者位於其後，俱重行，西向，北上；設御史位，一位於神座西南，東向；一位於神座東南，西向；設奉禮位於祭官西南，贊者二人在南差退，俱西向，北上。又設奉禮、贊者位於瘞埳西，南上。設從祭群官位於祭官之南，俱重行，西向，北上。設軍將於南廂，重行，北向，西上。設門外位：祭官以下皆於東壝之外道南，從祭群官位於祭官之南，俱重行，北向，西上。軍將位於南壝外道東，重行，西向，北上。兵部侍郎建二旗於南門外。去門三十步。郊社令、帥府史及齋郎以罇坫罍洗篚冪入設於位，犧罇二、象罇二、山罍二皆於神座東南，俱北向，西上。罇皆加勺冪，有坫以置爵。設御洗又於酒罇東南，設諸將罍洗又於東南，北向。設篚冪如常。篚，實以巾爵。執罇罍者如常。設幣篚於酒罇之所。祭日未明十五刻，太官令先備特牲之饌。牲以犢。未明四刻，郊社令奉熊席入，設黄帝軒轅氏神座於壝内近北，南向。兵部侍郎置甲胄弓矢於座側，建矟於座後。未明二刻，郊社令、良醖令各帥其屬入實罇罍及幣，犧罇實以醴齊，象罇實以盎齊，山罍實以清酒。齊皆加明水，酒如玄酒，各實于上罇。大官令帥進饌者實諸籩豆簠簋。未明一刻，奉禮帥贊者先入就位。贊引引御史、太祝與執罇罍、篚者入當御座前，重行，北向，西上。立定，奉禮曰「再拜」，贊者承傳，御史以下皆再拜。執罇罍者各就位。贊引引御史、太祝行埽訖，引就位。皇帝服武弁之服詣祭所，諸將與從祭之官皆戎服陪從如常。駕將至，謁者引行事之官皆就東門外位。駕至大次門外，下馬，之大次。郊社令以祝版進御如常。謁者、贊引各引從駕群官及諸將俱就門外位。謁者、贊引各引祭官及從祭群官、諸軍將等次入就位。皇帝停大次，半刻頃，太常博士引太常卿立於大次門外，當門北向。侍中版奏：「外辦。」皇帝出次，博士引太常卿，太常卿引皇帝入門，仗衛停於門外，近侍者從入如常。皇帝至版位，西向立。每立定，太常卿與博士退立于左。太常卿前奏「再拜」，退，復位。皇帝再拜。奉禮曰「衆官再拜」，衆官在位者皆再拜。太常卿前奏：「有司謹具，請行事。」退，復位。太祝跪取幣於篚，興，立於罇所。凡取物者，皆跪俛伏而取以奠物，則奠訖，俛伏而後興。太常卿引皇帝進神座前，北向立。太祝以幣授侍中，侍中奉幣東向進，皇帝受幣。太常卿引皇帝進，北向跪，奠於神座，俛伏，興。太常卿引皇帝少退，北向，再拜訖，太常卿引皇帝還版位，西向立。伺衆官拜訖，太官令出，帥進饌者奉饌陳於東門之外。謁者引司徒出詣饌所〔一〕，司徒奉俎。皇帝既復位，太官令引饌入，太祝迎引設於神座前訖，謁者引司徒以下還本位，太祝還罇所。太常卿引皇帝詣罍洗，侍中、黄門侍郎贊洗、授巾爵，並如常儀。謁者引司徒進立於罇所，齋郎奉俎立於司徒之後。皇帝洗爵訖，太常卿引皇帝詣罇所，執罇罍者舉冪，侍中贊酌醴齊訖，太常卿引皇帝進軒轅氏神座前，北向跪，奠爵，俛伏，興。太常卿引皇帝少退，北向立。太祝持版進於神座之右，東面，跪讀祝文。文臨時譔。訖，興。皇帝再拜。太祝進奠版於神座，還罇所。太祝以爵酌罇，受福。以授侍中，受爵，西向進皇帝，再拜受爵，跪祭、啐、奠爵，受胙至還本位，如常儀。謁者引亞獻上，將詣罍洗，盥手，洗爵，酌盎齊，奠、啐，受福如上。訖，還本位。謁者又引次將終獻，如亞獻儀。太祝進徹豆如式。奉禮由賜胙以下至望瘞位、禮畢、還大次，並如常。其寘土，埳東西各四人。若備六軍及嚴鼓，作止如類告之禮。

唐書禮樂志：皇帝親征，禡於所征之地，則爲壝再重，以熊席祀軒轅氏。兵部建

〔一〕「饌」，諸本脱，據通典卷一三二補。

兩旗於外壝南門之外，陳甲冑、弓矢於神位之側，植矟於其後。尊以犧象、山罍各二，饌以特牲。皇帝服武弁，群臣戎服，三獻。其接神者皆如常祀，瘞而不燎。

蕙田案：以上俱以軒轅爲所祭之神。

大學衍義補：唐節度使辭日，賜雙旌雙節，立六纛。入境築節樓，迎以鼓角。宋朝有六纛、旌節、門旗，受賜藏之公宇私室，號節堂。朔望次日祭之，號衙日。蓋有旌節則有神祀。

丘氏濬曰：後世六纛之名與祀，始見於此。

陳子昂禡牙文：萬歲通天二年三月朔日，清邊道大總管建安郡王某，敢以牲牢告軍牙之神：蓋先王作兵，以討有罪。姦慝竊命，戎夷不龔，則必肆諸朝市，大戮原野。我皇周子育萬國，寵綏百蠻，青雲干呂，白環入貢，久有年矣。契丹凶羯，敢亂天常，乃蜂聚丸山，豕食遼塞，宴安鴆毒，作爲欃槍。天厭其凶，國用致討，皇帝命我，肅將王誅。今大軍已集，吉辰叶應，旄頭首建，羽旆前列。夷貊咸集，將士聽誓。方俟天休命，爲人殄災。唯爾有神，尚殲乃醜。召太一，會雷公，翼白虎，乘青龍，星流彗掃，永清朔裔。使兵不血刃，戎夏大同，以昭我天子之德，允乃神之功，豈非正直克明哉！無縱世讎，以作神羞。

唐柳宗元祭纛文：惟年月日，某官以牲牢之奠祭於纛神。惟昔澧有大特，化爲巨梓。秦人憑神，乃建茸頭。是爲兵主，用以行師。漢宗蚩尤〔一〕，亦作靈旗。既類既禡，指於有罪。北面詔盟，抗侯以射。雖有古典，今棄不用。惟兹之制，神實守祀。有蠢黄孽，保固虐人。俾兹太平，猶用戎律。天子有威，威施於下。惟守臣某，董衆撫師。秉羽元刃，出用兹日。敢修外事，爰薦求牛。庶無留行，以殄有罪。國有祀典，屬於神明。傷夷大命，無敢私顧。惟克勝敵，以全天兵。去兹蟊賊，達我涵育。收厥隸圉，役於校人。海隅黎獻，永底於理。無或頓刃，以爲神恥。

獨孤及祭纛文：年月日，都統江、淮之南節度觀察處置等使、户部尚書李峘，謹以少牢之奠，致敬於六纛之神：天地不仁，神明無親，惟德是與，若響之答。敢有象龔滔天，搆釁稱亂，國有明罰，神其舍諸？賊臣劉展〔二〕，假寵多難，敢包狼心，竊發

〔一〕「宗」，諸本作「中」，據柳宗元集卷四一改。
〔二〕「臣」，諸本脱，據全唐文卷三九三補。

蠆毒，將敷害於上下神祇，使東溟揚波，群動昏墊。皇帝震怒，按劍受鉞，命我上將，底天之伐。於是虎牙鷹揚之臣，虵矛犀渠之群，横行而東。我伐用張，月羽雲旗，以先啓行。方將歷潯陽，下南陵，收京口，掃建業，斮梟獍以釁鼓，俘鯨鯢爲京觀，俾萬里浪破，三象霧廓。今以令月吉辰，整駕即路〔一〕，是用邀福，於爾有神。敢告無靡旗，無絓驂，無汏輈，無僨車，命五將護野，萬靈並轂。令天地氛祲，望風掃除，魑魅魍魎，罔不帥俾，莫我敢遏，爲神祇羞。

宋史禮志：禡，師祭也。軍前大旗曰牙。師出必祭，謂之禡。後魏出師，又建纛頭旗上。太宗征河東，出京前一日，遣右贊善大夫潘慎修出郊，用少牢一祭蚩尤、禡牙。遣著作佐郎李巨源即北郊望氣壇，用香、柳枝、燈油、乳粥、酥、蜜餅、果祭北方天王。

蕙田案：此分蚩尤、禡牙爲二。

文獻通考：太平興國五年十一月，太常禮院言：「車駕北征，請出宮前一日，遣官

〔一〕「整」，諸本作「鳖」，據全唐文卷三九三改。

祭蚩尤及禡牙於地，並用少牢；祭北方天王於北郊迎氣壇。」從之。仍遣内侍一人監祭。

宋史禮志：咸平中，詔太常禮院定禡儀。所司除地爲壇，兩壝繚以青繩，張幄帟，置軍牙、六纛位版。版方七寸，厚三分。祭用剛日，具饌。牲用太牢，以羊豕代。其幣長一丈八尺，軍牙以白，六纛以皂。都部署初獻，副都部署亞獻，部署三獻，皆戎服，清齋一宿。將校陪位。禮畢，焚幣，釁鼓以一牢。

蕙田案：此不祭蚩尤。

遼史景宗本紀：乾亨二年十月辛巳，將南伐，祭旗鼓。

聖宗本紀：統和六年九月癸卯，祭旗鼓。

元史憲宗本紀：憲宗七年，詔諸王出師征宋。夏六月，謁太祖行宫，祭旗鼓。

明會典：洪武元年，詔定親征、遣將諸禮儀。以爲古者天子親征，則類於上帝，造於祖，宜於社，禡於所征之地，祭所過山川。若遣將出師，亦告於廟社，禡祭旗纛而後行。於是諸儒議上：今牙旗、六纛，藏之内府，其廟在山川壇。每歲仲秋祭山川日，遣官祭於旗纛廟；霜降日，又祭於教場；至歲暮享太廟日，又祭於承天門外。俱旗手衛指揮行禮。

禡祭儀：一齋戒。皇帝清齋一日。大將、陪祭官以下皆如之。一省牲。前期二日，設皇帝大次於廟庭之東，省牲位於南門外。前一日，導駕官同太常寺導駕詣大次。皇帝服通天冠、絳紗袍，至省牲位。廩犧令率其屬牽牲，自東西行過御前，省訖，牽詣神厨。太常卿奏請詣神厨視鼎鑊、滌溉訖，遂烹牲。駕還大次。一陳設。前一日，執事設神案於廟殿中之北，軍牙位東立，纛位西設。籩十有二於神位東，三行，西上；豆十有二於神位西，三行，東上；簠簋各二，於籩豆間，簠東簋西。鉶三、登三於籩豆前，俎三於登、鉶前，香案於俎前，爵坫於香案前，沙池於爵坫前。設酒尊所於廟庭東，幣篚位於酒尊北，爵洗位於尊南，御洗位於爵洗南，瘞坎於神位西北。設席於坎位前，上置酒并椀五、雄雞五，以俟酹神。設御位於廟庭之南，正中北向。大將及陪祭官從後，異等重行，文東武西，皆北向。一正祭。是日清晨，建牙旗、六纛於神位後，旗東纛西。皇帝服武弁服。導駕官同太常卿導皇帝自左南門入就位。贊禮唱「迎神」，大樂作。太常卿奏「鞠躬」，樂作。奏「拜，興，拜，興，平身」，樂止。傳贊同。贊禮唱「奠幣，行初獻禮」。太常卿奏「請詣盥洗位」，皇帝至盥洗位。搢圭，盥、帨訖，出圭，請詣爵洗位，搢圭。執爵官以爵進，受爵，滌爵，拭爵訖，以授執爵官。再進爵，亦如之。出圭。請詣酒尊所，搢圭。執爵官以爵進，受爵，司尊者舉羃，酌醴齊訖，以授執爵官。再進爵，亦如之。出圭，請詣軍牙神位前。爵幣前行。皇帝陞廟壇，樂作。至神位前，奏「跪，搢圭，三上香，奠幣，三祭酒，奠爵」，出圭，樂止。讀祝官跪讀祝於神右，訖，太常卿奏「俯伏，興」，樂作。奏「拜，興，拜，興，平身」，樂止。請詣六纛神位前，禮同，復位。亞獻、終獻不奠帛、讀祝，餘皆如之。訖，贊禮唱「飲福，受胙」，太常卿奏「詣飲福位」，奏「鞠躬」，樂作；奏「拜，興，拜，興，平身」，樂止。奏「跪，搢圭，飲福，受胙」訖，出圭，奏「俯伏，興」，樂作；奏「拜，興，拜，興，平身」，樂止，復位。贊禮唱「徹豆」，樂作。掌祭官各徹豆，樂止。太常卿奏「皇帝飲福，受胙，免拜」，贊禮唱，陪祭官皆再拜。傳贊訖，贊禮唱「送神」。太常卿奏「鞠躬」，樂作；奏「拜，興，拜，興，平身」，樂止。傳贊同。贊禮唱「望燎」，讀祝官取祝，捧幣官取幣，掌禮官取饌，詣望燎所。太常卿奏「詣望燎位」。燎舉。執事殺雞，刺血於酒椀中，酹神。燎半，太常卿奏「禮畢」，仍同導駕官導引還大次內。設爵洗位、滌爵、拭爵、上香、祭酒、神前再拜、賜胙、免拜等儀，後並省。

大政紀：洪武元年十二月庚寅，立旗纛廟。

明會典：旗纛。凡各處守禦官，俱於公廨後築臺，立旗纛廟。設軍牙、六旗纛神位。春祭用驚蟄日，秋祭用霜降日。祭物用羊一、豕一、帛一白色，祝一，香燭、酒果。先期，各官齋戒一日。至日，守禦長官武服行三獻禮。若出師，則取旗纛以祭。班師則仍置於廟，儀注與社稷同，但瘞毛血、望燎，與風雲雷雨等神同。仲秋祭儀，洪武二十六年定。霜降同。一齋戒，二日。一省牲，牛一、羊一、豕一。陳設，神七位，南向：旗頭大將、六纛大將、五方旗神、主宰戰船正神、金鼓角銃砲之神、弓弩飛鎗飛石之神、陣前陣後神祇五猖等衆。犢一，羊一，豕一。登一，鉶二，籩豆各十，簠簋各二，帛七，黑二白五，禮神制帛。共設酒尊三、爵三、酒盞三十、篚一於壇東南，西向。祝文案一於壇西。一正祭。贊引引獻官至盥洗所盥洗，教坊司奏樂。典儀唱，執事官各司其事，贊引贊就位。典儀唱「迎神」，樂作，樂止。贊引贊四拜，陪祭官同。典儀唱「奠帛」，行初獻禮。奏細樂。執事捧帛爵進，贊引引獻官詣神位前奠獻訖，贊詣讀祝位。贊跪，樂止。讀祝訖，奏樂。贊俯伏，興，平身。贊復位，樂止。典儀唱「行亞獻禮」，奏樂。執事官捧爵，贊引引獻官詣神位前，獻訖，樂止。典儀唱「行終獻禮」，儀同亞獻。唱「飲福受胙」以下，如常儀。歲暮祭儀：一陳設。羊一、豕一、果五、爵三、帛一。朔望日祭旗神儀：一陳設。羊一、豕一、無帛。一正祭。贊引引獻官就位，贊四拜，贊初獻禮，贊跪，贊讀祝訖，贊俯伏，興，平身。贊亞獻禮，贊終獻禮，贊四拜，贊詣焚祝所訖，贊禮畢。

明史禮志：旗纛之祭有四。其一，洪武元年，禮官奏軍行旗纛所當祭者，乃建廟於都督府治之後，以都督爲獻官，題主曰「軍牙之神」、「六纛之神」。其二，歲暮享太廟日，祭旗纛於承天門外。其三，旗纛廟在山川壇左。初，旗纛與太歲諸神合祭於城南。九年，別建廟。每歲仲秋，天子躬祀山川之日，遣旗手衛官行禮。其正祭，旗頭大將、六纛大將、五方旗神、主宰戰船正神、金鼓角銃礮之神、弓弩飛鎗飛石之神、陣前陣後神祇五猖等衆，凡七位，共一壇，南向。皇帝服皮弁，御奉天殿降香。獻官奉以從事。祭物視先農〔一〕，帛七，黑二白五。瘞毛血、望燎，與風雲雷雨諸神同。祭畢，設酒器六於地。刺雄雞六，瀝血以釁之。其四，永樂後，有神旗之祭，專祭火雷之神。

〔一〕「視」，原作「祀」，據光緒本、明史禮志四改。

每月朔望，神機營提督官祭於教場。牲用少牢。凡旗纛皆藏内府，祭則設之。王國祭旗纛，則遣武官戎服行禮。天下衛所於公署後立廟，以指揮使爲初獻官，僚屬爲亞獻、終獻，儀物殺京都。

大政紀：永樂八年二月，以親征祓於承天門，遣官祭太歲、旗纛等神。八月丁未，遣官祭旗纛。

春明夢餘録：旗纛廟建於太歲殿之東，永樂建，規制如南京。

明會典：世宗嘉靖十八年南巡，遣官祭旗纛之神，用牲醴、制帛，三獻如常儀。

蕙田案：以上俱祭旗、纛。

又案：禡，或云祭黄帝，或云祭蚩尤。鄭康成概以爲祭造軍法者，似二説皆通矣。但明季氏本謂：「黄帝聖人，蚩尤敢與拒戰，逆臣也，何得與于祭？」其理甚正。核而論之，當以祭黄帝爲是。隋、唐皆專祭黄帝，可謂得祀典之正者。乃後世復有變，而以旗、纛之祭爲禡祭者，不知其説之何所據。太白陰經曰：「大將軍中營建旗纛。天子六軍，故用六纛，以旄牛尾爲之，在左騑馬首。」不言其有祭。黄帝出軍訣曰：「牙旗者，將軍之精，一軍之形候。凡始竪牙，必祭以剛日。」

亦未嘗以此爲禡祭。惟晉顧愷之文，始以黄帝、蚩尤與牙合而爲一。考史記裴駰集解引皇覽曰：「蚩尤冢在東平郡壽張縣闞鄉城中，高七丈，民常十月祀之。有赤氣出，如匹絳帛，民名爲『蚩尤旗』。」此則其説之所自起歟？夫以祭造軍法之人而變而祭牙旗，又因旗神而及太乙、五兵，又或兼祭蚩尤與旗神，紛紛之制，皆非古也。今並列之以備擇。又禡有三：出征而禡，一也；田獵而禡，二也；無事而禡，三也。丘瓊山曰：「至所征之地，而既有其祭，則無事之時，必有其祠可知矣。」今以無事之禡，類附于此，而田獵之禡，另入「田獵」一門。

右禡

受命於祖

禮記王制：天子將出征，受命于祖。注：告祖也。

蕙田案：孔疏謂「受命于祖，受成于學」，其禮在類、宜、造、禡之前，于經文次序既不合，且康成亦無明説，疏文並無確據，不可從。

書泰誓：予小子，受命文考，以爾有衆，底天之罰。

春秋隱公十一年左氏傳：鄭伯將伐許。五月甲辰，授兵于大宫。注：魯、鄭共謀伐許。授兵，賦車馬也。大宫，鄭祖廟也，蓋授兵車于祖廟也。凡出師必告于祖廟，而奉遷廟之主以行。

蕙田案：既已造禰，又必受命于祖，禮似近於煩數。蓋古人出師，必載遷廟之主。僅造于禰，未得奉遷廟主也。禰至親也，遷廟主則至尊也。出師大事，宜臨之以尊，不特豐于昵而已。

又案：此諸侯告祖廟禮。諸侯禮考之於經不具，故不另列。

隋書禮儀志：皇太子及大將出師，則以豭豚一釁鼓，告廟。受斧鉞訖，不得反宿于家。開皇八年，晉王廣將伐陳，内史令李德林攝太尉，告于太祖廟。

高祖本紀：開皇八年冬十月甲子，將伐陳，有事于太廟。命晉王廣、秦王俊、清河公楊素並爲行軍元帥，以伐陳。十一月丁卯，車駕餞師。乙亥，行幸定城，陳師誓衆。

遼史禮志：將出師，必先告廟。乃立三神主祭之：曰先帝，曰道路，曰軍旅。

蕙田案：受命于祖之禮，後世鮮行之者。蓋與造祭混而爲一，略採一二事以見其概。

右受命於祖

受成於學

禮記王制：天子將出征，受成于學。注：定兵謀也。疏：「受成于學」者，謂在學謀論兵事，好惡可否，其謀成定，受此成定之謀在于學裏，故云受成于學。

蕙田案：類、宜、造、禡、告廟、告學之次第，見于王制，差爲可據。而諸家之説，參差不一。孔叢子問軍禮篇先宜、社，次受成于學，次類上帝；隋禮儀志先宜、社，次類上帝，次禡；通典載北齊之制，先造廟，次宜、社，次類上帝，次禡，皆與王制不合。今一以王制爲定。司馬法先後之次與王制略同。司馬法乃古書，班史入之周禮之後，可信也。

又案：受成于學之禮，後世亦不行。

右受成於學

五禮通考卷二百三十八

軍禮六

出師

命將告廟 武成王廟附

詩小雅出車：王命南仲，往城于方。出車彭彭，旂旐央央。天子命我，城彼朔方。赫赫南仲，玁狁于襄。傳：王，殷王也。南仲，文王之屬。方，朔方，近玁狁之國也。箋：王使南仲爲將率，爲軍壘，以禦北狄之難。

采薇序：采薇，遣戍役也。文王之時，西有昆夷之患，北有玁狁之患。以天子之命，命將率遣戍役〔一〕，以守衛中國。故歌采薇以遣之。

大雅大明：維師尚父，時維鷹揚，涼彼武王。傳：師，太師也。鷹揚，如鷹之飛揚也。涼，佐也。箋：尚父，吕望也，尊稱焉。鷹，鷙鳥也。佐武王者〔二〕，爲之上將。

江漢序：江漢，尹吉甫美宣王也。

江漢浮浮，武夫滔滔。匪安匪遊，淮夷來求。既出我車，既設我旟。匪安匪舒，淮夷來鋪。

朱子曰：宣王命召虎平淮南之夷，由江、漢進兵，因以起興。首章述進兵也。

常武序：常武，召穆公美宣王也。

赫赫明明，王命卿士，南仲大祖，大師皇父：「整我六師，以修我戎。既敬既戒，惠此南國。」王謂尹氏，命程伯休父：「左右陳行，戒我師旅。率彼淮浦，省此徐土。不留不處，三事就緒。」

〔一〕「命」，諸本脱，據毛詩正義卷九補。
〔二〕「佐」，諸本作「涼」，據毛詩正義卷一六改。

春秋僖公二十七年左氏傳：晉侯蒐于被廬，作三軍，注：閔元年，晉獻公作二軍，今復大國之禮。謀元帥，趙衰曰：「郤縠可。臣亟聞其言矣，說禮、樂而敦詩、書。詩、書，義之府也。禮、樂，德之則也。德義，利之本也。君其試之。」乃使郤縠將中軍，郤溱佐之；使狐偃將上軍，讓於狐毛而佐之；命趙衰爲卿，讓於欒枝、先軫；使欒枝將下軍，先軫佐之。荀林父御戎，魏犨爲右。

史記司馬穰苴列傳：齊使司馬穰苴將兵，捍燕、晉之師。苴曰：「臣素卑賤，願得君之寵臣，國之所尊，以監軍。」景公使莊賈往。苴與賈約日中會於軍門。苴先馳至軍，立表下。賈素驕貴，夕時乃至，苴遂斬賈以狥三軍，三軍之士皆股栗。

太公兵法：凡國有難，君避正殿，召將，詔之曰：「社稷安危，一在軍令。今某國不臣，願將軍帥師行之。」將既受命，乃命太史齋三日，至太廟，鑽靈龜，卜吉日，以受斧鉞。君入廟門，西面而立。君親操斧，持首，授其將以柄，曰：「從此上至天者，將軍制之。」復操鉞，持柄，授其將以刃，曰：「從此下至淵者，將軍制之。見其虛則進，見其實則止。勿以三軍爲衆而輕敵，勿以受命爲重而必死，勿以身貴而賤人，勿以獨見而違衆，勿以辨說而必然。士未坐勿坐，士未食勿食，寒暑必同。如此，士衆必盡死力。」將已受命，拜而報君曰：「臣聞國不可從外治，軍不可從中御，二心不可以事君，疑志不可以應敵。臣既受命，專斧鉞之威，臣不敢生還，願君亦垂一言之命於臣，君不許臣，臣不敢將。」君許之，乃辭而行。軍中不聞君命，皆由將出。臨敵決戰，無有二心，若此，則戰勝於外，功立於内。

淮南子兵略訓：凡國有難，君召將，詔之曰：「社稷之命在將軍，今國有難，請子將而應之。」乃令太卜卜吉日。君入廟門，西面立。將入廟門，北面立。君親操斧鉞，授將。乃爪鬋，設明衣，鑿凶門而出。

孔叢子問軍禮：天子命將出征，親絜齊，盛服，設奠于祖以詔之。大將先入，軍吏畢從，皆北面，再拜稽首而受。天子當階，南面授之節鉞。大將受，天子乃東向，西面而揖之，示勿御也。然後告大社，冢宰執蜃〔一〕，宣于社之右，南面授大將。大將北面稽首，再拜而受之，承所頒賜於軍吏。

漢書高祖本紀：元年，漢王既至南鄭，諸將及士卒皆歌謳思東歸。韓信爲治粟都

〔一〕「蜃」，諸本作「服」，據孔叢子校釋卷六問軍禮校勘記改。

尉，亦亡去。蕭何追還之，因薦于漢王，曰：「必欲爭天下，非信無可與計事者。」于是漢王齋戒，設壇場，拜信爲大將軍，問以計策。

通典：魏故事，遣將出征，符節郎授節鉞，跪而推轂。

晉書禮志：漢、魏故事，遣將出征，符節郎授節鉞于朝堂。其後荀顗等所定新禮，遣將，御臨軒，尚書授節鉞，依古兵書「跪而推轂」之義也。

隋書禮儀志：周明帝武成元年，吐谷渾寇邊。帝常服乘馬，命大司馬賀蘭祥于太祖之廟，司憲奉鉞，進授大將。大將拜受，以授從者，禮畢，出受甲。

開元禮命將出師告于太廟：將告，有司卜日，如別儀。前一日，諸告官致齋於廟所。衛尉設告官以下次各於常所。右校掃除內外。奉禮設告官版位於內外如常。設諸將位於廟庭橫街南道東，每等異位，重行，北面，南上。又設諸將門外位於南門外道東，重行，西向，北上。太廟令整拂神幄，又帥其屬以罇坫罍洗篚冪入設，皆如常儀。告日，未明十刻，太官令先具牢饌如常。其饌，每室用特牲一。太公廟用酒、脯醢。未明二刻，奉禮帥贊者先入就位。贊引引御史、太祝以下再拜，入行掃除，皆如常。自「將告」以下至此，與太公廟儀同。贊引引太廟令、太祝、宮闈令自東階升〔一〕，入，開埳室，奉出獻祖以下神主，各置於座，如常儀。各引就位。又贊引引告官以次入就位。立定，奉禮曰「再拜」，告官以下皆再拜〔二〕。其先拜者不拜。太公廟贊引引廟令、太祝等入，當階間，北面，西上，立定。奉禮曰「再拜」，廟令以下皆再拜。升自東堦，入就位，立定。奉禮曰「再拜」，告官以下皆再拜。太官令出，帥進饌者奉饌陳于東門外。謁者引諸將以下入就位，立定。奉禮曰「再拜」，諸將以下皆再拜。謁者進告官之左，曰：「有司謹具，請行事〔三〕。」乃還本位。諸祝取幣于篚，各立于罇所。「太官令」以下至此，與太公廟儀同。謁者引告官升自東階，詣獻祖室户前，北向立。太祝以幣進，東向授告官。告官受，進，入室，北面跪，奠於獻祖座，俛伏，興，出户，北向再拜訖。次懿祖以下，並如上儀。謁者引還本位，祝還罇所。太公廟，謁者引告官升東階，詣太公座前，北向立。太祝以幣東向授告官，告官受，進，北面跪，奠于太公座前，俛伏，興，少退，北向再拜訖。謁者引告官當留侯座，受幣，奠亦如之。太官令引饌入自正

〔一〕「宮闈令」，諸本作「官」，據通典卷一三三改。
〔二〕「奉禮曰再拜告官以下皆再拜」十二字，諸本脱，據通典卷一三三、開元禮卷八八補。
〔三〕「事」，諸本脱，據通典卷一三三補。

門，升太階，諸祝迎引於階上，各設于神座前訖，太官之屬還本位訖，太祝各還罇所。謁者引告官盥洗、酌獻、讀祝文，自九室以下及飲福、受胙，皆如常儀。再拜訖，謁者引告官降，復位。太公廟奠幣訖，謁者引告官升自東階，爵獻太公及留侯，並如常儀。告官飲福將訖，謁者引諸將升東階，進當皇考睿宗大聖貞皇帝廟室户前，北面，西上。初，諸將升，諸祝帥齋郎以爵酌福酒詣諸將之東，西面，北上。諸將皆再拜受爵，跪祭酒，啐酒，奠爵，俛伏，興〔一〕。諸祝帥齋郎進俎，減神前胙肉，以次授諸將。俱跪取爵，遂飲，卒爵。太祝帥齋郎受爵，復于坫。諸將俛伏，興，再拜訖，謁者引諸將降，復位。奉禮曰「再拜」，諸將以下皆再拜，謁者引出。諸祝各進神座前，跪徹豆，俛伏，興，還罇所。奉禮曰「賜胙」，贊者唱「再拜」，在位者俱再拜。已飲福受祚者不拜。太公廟無諸將拜獻之儀。奉禮曰「再拜」，告官以下皆再拜訖，謁者進告官之左，白：「請就望瘞位。」謁者引告官就望瘞，至禮畢，如常儀。其置土，埳東西各二人。太廟令納神主如常儀。祝版燔于齋坊。若凱旋，唯陳俘馘及軍實於南門外，北面，西上，其告儀如上。

〔一〕「諸將皆再拜受爵跪祭酒啐酒奠爵俛伏興」十七字，諸本脱，據通典卷一三三、開元禮卷八八補。

宋政和五禮新儀：命將出征儀。受旌節。前一日，儀鸞司設大將次於朝堂。其日，大將常服入就次。執事者設褥位於東上閤門外階下，設制誥箱於褥位之前少西。持旌節者少南。謁者引大將至就褥位，北面立，揖。東上閤門官宣「有敕」，大將再拜，躬聽口宣訖，搢笏。謁者二人持箱進于大將之前，大將受。訖，次少府監、執事者交旌節，大將俛伏，興，再拜，搢笏，舞蹈，又再拜。訖，出文德殿門，次端禮門入右昇龍門，出宣德西偏門，大將勒所部兵衛并偏將、裨將各建旗，以正行列。大將建旗，飾以熊虎。偏將建旗，飾以鳥隼。裨將建旐，飾以龜蛇。執擎旌節，并押節人、騎士、槍牌、步兵、樂工等分左右，前導至第。引見。其日早，大將常服入就殿門外次，舍人引詣殿庭，進當殿陛，北面立，揖躬，大將再拜，興，奏「聖躬萬福」，又再拜。引大將少前，躬致詞，歸位，再拜，西出。少頃，舍人再拜，再引大將詣殿庭，進當殿陛，北向再拜。訖，引至東階，揖，升殿，近御前之左。大將奏事，稟方略。訖，降東階下殿，再拜，西出。造廟。前期，太史擇日，太常寺具時日，散告諸司。前告二日，儀鸞司設告官以下次於常所，設大將次於南門之外道東，西向。前一日，質明，告官以下赴祠所清齋，行事、執事官並集告官齋所肄儀。太祝習讀祝文，眡禮饌、香幣。次贊者引監察御史點閱禮饌，視牲充腯。凡告官、大將行事，禮直官引，餘官贊者引。乃還齋所。未後一刻，太官令帥宰人以鸞刀割牲，遂烹牲。晡後，有司帥其屬清掃廟之内外。告日，前三刻，禮直官、贊者、諸司職掌各服其服。贊者先引宫闈令入詣殿庭，北向，再拜，升殿開室訖，太常陳幣篚於神位之左，幣以帛。祝版於神位之右，置於殿，香爐并合置於案上。御封香。次設祭器，藉以席，光禄實之。每位左十有二籩，爲四行，以右爲上。第一行，魚、鱐在前，糗餌、粉餈次之。第二行，乾蘛在前，乾棗、形塩次之。第三行，鹿脯在前，榛實、乾桃次之。第四行，薐在前，芡栗次之。右十有二豆，爲四行，以左爲上。第一行，芹菹在前，筍菹、葵菹次之。第二行，菁菹在前，韭菹、酏食次之。第三行，魚醢在前，兔醢、豚拍次之。第四行，鹿臡在前，醓醢、糝食次之。俎二，一在籩前，實以羊腥七體，兩髀、兩肩、兩脅并脊。兩髀在兩端，兩肩、兩脅次之，脊在中。一在豆前。實以豕腥七體，其載如羊。又俎六，在豆右，爲三重，以北爲上。第一重，一實以羊腥腸、胃、肺。離肺一在上端，離肺三次之，腸三、胃三又次之；一實以豕腥膚九，横載。第二重，一實以羊熟腸、胃、肺，一實以豕熟膚，如載其腥。第三重，一實以羊熟十一體，肩、臂、臑、肫、胳、正脊一、直脊一、長脅一、短脅一、代脅一，皆二骨以並〔一〕，肩、臂、臑在上

〔一〕「皆」，原作「背」，據味經窩本、政和五禮新儀卷一五八改。

端，肫、胳在下端，脊、脅在中；一實以豕熟十一體，其載如羊。皆羊在左，豕在右。又俎二，在胙俎之北。實以羊豕牲首。槃一，在室户外之左。實以毛血。甑二，一在鉶之前，實以太羹。一在籩之左。實以肝膋。鉶三，在甑之後，籩豆之間。實以羹加芼滑。簠簋各二，在籩豆外二俎間，簠在左，簋在右。簠實以稻、粱，粱在稻南。簋實以黍、稷，稷在黍南。設犧罇一，置於坫，加勺冪，置諸户前楹間，北向。實以共内法酒。太常設燭於神位前，洗二於東階之東。盥洗在東，爵洗在西。罍在洗東，加勺。篚在洗西，南肆，實以巾。若爵洗之篚，則又實以爵加坫。執罍篚者在於其後。又設虛揖位於齋宮内道南及東神門外，告官、大將在南，北向；監察御史、奉禮郎、太祝、太官令在北，南向，西上。開瘞坎於西階之東，北向，方深取足容物。設望瘞位于瘞坎之南，告官、大將北向，監察御史東向，奉禮郎、太祝西向，北上。又設告官位于東階之東，西向。又設大將位於告官之南，西向；監察御史位於殿庭之南，北向；奉禮郎、太祝、太官令位於其後，西上；光禄卿位於監察御史之東，北向。又設監察御史之位於殿上之西，東向；奉禮郎、太祝在東，西向，北上。太官令於酒尊所，北向。告日未明，太官令帥其屬實饌具畢，引光禄卿入，定位。贊者曰「再拜」，光禄卿再拜，升自西階，凡行事、執事官升降階準此。點眡禮饌畢。次引監察御史升殿，點閱陳設，糾察不如儀者。光禄卿還齋所，餘官各服祭服。引告官、大將以下詣東神門外虛揖位，禮直官贊揖訖，贊者引監察御史、奉禮郎、太祝、太官令先入就位，次引告官并大將各入就位，立定。祠祭官於殿上贊「奉神主」，次引宫闈令入室，搢笏，於祏室内奉神主，設於座。奉神主詣神幄内，於後啓匱設于座，以白羅巾覆之。執笏，退復執事位。祠祭官於殿上贊「奉神主」訖，禮直官稍前，贊「有司謹具，請行事」。贊者曰「再拜」，在位者皆再拜。引監察御史、奉禮郎、太祝、太官令升就位，立定。次引告官詣盥洗位，北向立，搢笏，盥手，帨手，執笏，升詣僖祖室神位前，搢笏，跪，三上香。引奉禮郎搢笏，西向跪。執事者以幣授奉禮郎，奉禮郎以幣授告官訖，執笏，興，詣次室以俟。告官受幣奉奠訖，執笏，俛伏，興，再拜訖，引告官以次詣翼祖、宣祖、太祖、太宗、真宗、仁宗、英宗、神宗、哲宗室，奉奠並如上儀。降，復位。少頃，引告官再詣盥洗位，北向立，搢笏，盥手，帨手，執笏，詣爵洗位，北向立，搢笏，洗爵，拭爵，以爵授執事者，執笏，升詣僖祖酒尊所，西向立。執事者以爵授，執事者執笏，詣僖祖神位前，搢笏，跪。執事者以爵授告官。告官執爵，跪，三祭酒，奠爵，執笏，俛伏，興，出室户外，北向少立。太祝搢笏於室户外之右，東向跪讀祝文訖。祝文隨時事撰述。執笏，興，復位。告官再拜訖，引告官以次詣翼祖、宣祖、太祖、太宗、真宗、仁宗、英宗、神宗、哲宗室，酌獻並如上儀。降，復位。禮直官曰「賜胙」，贊者曰「再拜」，告官、大將以下皆再拜。祠祭官於殿上贊奉神主入祏室，引宫闈令搢笏，奉神主入祏室訖。宫闈令先捧匱置于神位，納神主于匱訖，捧匱入祏室。次引告官、大將詣望瘞位，有司詣神位前，取祝幣置於瘞坎。次引監察御史、奉禮郎、太祝降望瘞位，立定。禮直官曰「可瘞」。置土半坎，引告官以下復詣東神門外虚揖位，對立。禮直官贊「禮畢」，揖訖，退。太官令帥其屬徹禮饌。監察御史升殿監眡收徹訖，退。宫闈令闔户以降。太常藏祝版於匱。若凱旋，祭告惟陳俘馘及軍實於南門之外，北面，東上，其告禮並如上儀〔一〕。

蕙田案：造禰受命于祖，皆天子親征之祭，故命將别有告廟之儀，非煩瀆也。然于經不多見，惟唐、宋特詳，明制與唐、宋大略多同，故從略。

文獻通考：唐開元十九年，兩京及天下諸州各置齊太公廟。上元元年追封爲武

〔一〕「次贊者引監察御史點閲禮饌」至「並如上儀」，諸本錯簡、脱、衍、倒、誤嚴重，據政和五禮新儀卷一五八補、删、乙正、校改。

成王，遣將出師，則命有司告祭以牲、牢、幣，行一獻禮。

政和五禮新儀：告武、成王廟。前期，太史擇日。前告二日，儀鸞司設告官以下次於祠所。又設大將次於廟南門之外道東，西向。前一日，質明，告官以下赴祠所清齋。執事官並集告官齋所肄儀。太祝習讀祝文，眡禮饌、香幣，退。告日前三刻，禮直官、贊者、諸司職掌各服其服。太常陳幣於神位之左，幣以白。祝版於神位之右，置於坫，香爐并合置於案上。次設祭器，藉以席，光禄實之。每位各左一籩，實以鹿脯。右一豆，實以鹿臡。犧尊一，置於坫，加勺、冪，於殿堂上前楹間，北向，實以供内法酒。太常設燭於神位前，置二洗於東階之東，盥洗在東，爵洗在西，罍在洗東，加勺，篚在洗西，南肆，實以巾。若爵洗之篚，則又實以爵，加坫〔一〕。執罍、篚者位於其後。開瘞坎於殿後之西北壬地〔二〕，方深取足容物。設望瘞位於瘞坎之南，告官北向。大將位於西，東向。奉禮郎、太祝、太官令位於東，西向，南上。設告官位於東階之東，西向。又設大

〔一〕「肆實以巾若爵洗之篚則又實以爵加坫」十六字，原脱，據政和五禮新儀卷一五九補。
〔二〕「地」，原作「北」，據味經窩本、政和五禮新儀卷一五九改。

將位於告官之南，西向。奉禮郎、太祝、太官令位於殿庭之南，北向，西上。又設奉禮郎、太祝位於殿上之東，西向，北上。太官令於酒尊所，北向。告日未明，太官令帥其屬實饌具畢，告官以下各服祭服。贊者引奉禮郎、太祝、太官令先入就位，告官、大將，禮直官引，餘官贊者引。次禮直官引告官并大將入就位〔一〕，立定。禮直官稍前，贊「有司謹具，請行事」。贊者曰「再拜」，在位者皆再拜。次引奉禮郎、太祝、太官令升自東階，就位。次引告官詣盥洗位，北向立，搢笏，盥手，帨手，執笏，升詣神位前，搢笏，跪，三上香。次引奉禮郎搢笏，西向跪，執事者以幣授奉禮郎，奉禮郎奉幣授告官訖，執笏，興，復位。告官受幣奉奠訖，執笏，俛伏，興，再拜，降，復位。少頃，引告官再詣盥洗位，北向立，搢笏，盥手，帨手，執笏，詣爵洗位，北向立，搢笏，洗爵，拭爵，以爵授執事者，執笏升，詣尊所，西向立。執事者以爵授告官，告官搢笏，執爵，執尊者舉冪，太官令酌酒，告官以爵授執事者，執笏，詣神位前，北向立，搢笏，跪，執事者以酒授告官，告官執爵，三祭酒，奠爵，執笏，俛伏，興，少立。次引太祝詣神位前，東，搢笏，跪讀祝

〔一〕「告官大將禮直官引餘官贊者引次禮直官」十七字，諸本脱，據政和五禮新儀卷一五九補。

文訖，祝文隨時事撰述。執笏，興，復位，告官再拜訖，降，復位。次引告官詣望瘞位，有司詣神位前，取祝幣置於瘞坎，引奉禮郎、太祝降詣望瘞位。禮直官告曰：「可瘞。」置土半坎。禮直官曰「禮畢」，引告官以下退。

明集禮：遣將。皇帝服武弁服，御奉天殿，授以節鉞，就命大將造祖廟，具牲幣，行一獻禮。其宜社，告武、成王廟，亦如之。於旗纛廟壇備牲牢幣帛，行三獻禮。大將爲初獻，次將爲亞獻、終獻。祭將畢，則割雞瀝血於酒以酹神，以雞擲於四方。

右命將告廟武、成王廟附

軷

周禮夏官大馭：犯軷。王自左馭，馭下祝。登，受轡，犯軷，遂驅之。注：行山曰軷。犯之者，封土爲山象，以菩芻棘柏爲神主，既祭之，以車轢之而去，喻無險難也。春秋傳云：「跋涉山川。」聘禮曰：「乃舍軷，飲酒于其側。」禮家說亦謂道祭。

某氏曰：軷即祭名，故詩云「取羝以軷」。王在車左。大馭執轡居中，祭則大馭下車，祝神，王自左執轡駐馬，祝畢，登車，受王轡，乃驅。

及祭，酌僕，僕左執轡，右祭兩軹，祭軓，乃飲。注：軹，謂兩轊也。軓，車前軾也。疏：此云「及祭，酌僕」者，即上文將犯軷之時，當祭左右轂末及軾。酌僕者，酌酒與僕。僕即大馭也。大馭左手執轡，右手祭兩軹，并祭軓，祭訖乃飲。飲者若祭末飲福，乃轢軷而去。

戎僕：犯軷，如玉輅之儀。

王氏昭禹曰：王以兵出，故有犯軷之儀。田輅不言犯軷，則以戎輅見之。

蕙田案：大雅生民篇云：「取羝以軷。」毛傳云：「軷，道祭也。」陸德明釋文云：「軷，蒲末反。」說文云：「出必告道神，爲壇而祭爲軷。」孔疏：「軷，謂道神之祭。」此詩言后稷將行郊祀，故祭道神，則與出師無涉。即周官大馭及儀禮聘禮所云軷，皆不爲行師。但征伐，乃出行之大者，豈軷禮轉可廢耶？後世隋有此祭，見通典、隋書。開元禮則明著爲親征而行。宋、明不聞行此，闕之。

觀承案：后稷郊天，此說最爲非禮。生民末章，乃據今日以后稷配天言之耳。「后稷肇祀」句，則仍收轉第六、第七章后稷烝祭、軷祭，而結明以迄於今，可以推其功德以配天也。疏家因「上帝居歆」之文，而謂后稷自行祭帝於郊，其說必不可存。

隋書禮儀志：親征，將發軔，則軷祭。其禮，有司於國門外委土爲山象，設埋埳。有司刳羊，陳俎豆。駕將至，委奠幣，薦脯醢，加羊於軷，西首。又奠酒解羊，并饌埋於埳。駕至，太僕祭兩軹及軓前，乃飲，受爵，遂轢軷上而行。

唐開元禮皇帝親征及巡狩郊祭有司軷于國門：車駕出日，右校先於國門外委土爲軷。軷爲山象也。又爲瘞埳於神座西北，方深取足容物。太祝布神座於軷前，南向。太官令帥宰人刳羊。郊社令之屬設罇罍篚冪於神座之左〔一〕，俱右向。置幣於罇所。駕將至，太祝立於罇洗東南，西向。祝史與執罇罍篚者俱就罇罍所立。太祝再拜，詣罇所取幣，進，跪奠於神座，興，還本位。進饌者薦脯醢於神座前〔二〕，加羊於軷，西首。太祝詣罍洗盥手洗爵，詣罇所酌酒，進，跪奠於神座前，興，少退，北向立，讀祝文訖，祝文臨時撰。太祝再拜，還本位。少頃，太祝帥齋郎奉幣爵酒饌物〔三〕，宰人舉羊肆解之，太祝拜載埋埳，寘之。執罇者徹罍篚席。駕至，權停。太祝以爵酌酒授太僕卿，太僕

〔一〕「令」，諸本脱，據通典卷一三二補。
〔二〕「者」、「醢」，諸本脱，據通典卷一三二、開元禮卷八四補。
〔三〕「奉」，諸本脱，據通典卷一三二、開元禮卷八四補。

卿左執轡〔一〕，右受酒。祭兩軹及軓前，軹，轂末。軓，軾前。乃飲，受爵而退，遂驅駕轢軷上而行。

右軷

祭所過山川

周禮春官大祝：大師，國將有事于四望，則前祝。疏：有事于四望，謂軍行所過山川，造祭乃過，大祝先告，王後臨也。

肆師：封于大神，祭兵于山川，則爲位。鄭氏鍔曰：封者，累土增高。非山川之大神，則無累土，爲壇以封，崇之。禮，兵之所在，必增高以祭之。非頓兵之山川，則無祭。兵之所在，則宜有祭。此非常祭，故皆爲之位。

書武成：告于皇天后土，所過名山大川。傳謂：伐紂之時。名山，華岳。大川，河。疏：自周適商，路過河、華，故知所過名山華岳、大川河也。周禮大祝云：「王過大山川，則用事焉。」鄭云：「用事，用祭事行告也。」

〔一〕「太僕卿」三字，諸本脱，據通典卷一三二補。

真氏德秀曰：王者之師，代天致罰。非其人得罪于天，天理所不容，人情所不堪，必不輕易以動衆也。其始也，必以其人所積之惡、所犯之罪以告于皇天后土，軍旅所至之地、所經過之山川，皆必致吾所以興師及彼不可不討之意，以告于神明。苟揆之理，反諸身，而有一毫利己之私、一念忿人之意，不合于天，不順于人，決不敢輕舉焉。孟子曰：「征者，正也。己必正而後可以正人，未有己不正而能正人者也。」不正之事，告之人且不可，況神乎？神所不可間者，人決不可爲也。一己爲之且不可，況役使千萬人而爲之乎？

唐開元禮皇帝親征及巡狩告所過山川：前一日，諸告官俱清齋於告所。執事者先脩除告所。又爲瘞埳當神座之南如常。太官令備牢饌。嶽鎮、海瀆用大牢，中山川用少牢，小山川用特牲。若行速，即用酒脯。告日，郊社丞布神座席於告所近北，南向。設酒罇於神座之左，面右。設洗於酒罇東南，北向。其執罇者位如常。奉禮設告官位於罍洗東南，西向。執事者位於其後，北上。設奉禮位於告官西南，東向。贊者二人在南，少退。所司實罇罍俎豆。太祝實幣篚。齋郎取豆血。幣帛以丈八尺，各隨方色。奉禮帥贊者先入就位，執罇罍篚冪者次入就位。謁者引告官以下次入就位。立定，奉禮曰「再拜」，贊者承傳，告官以下皆再拜。謁者進告官之左，白：「有司謹具，請行事。」退，復位。奉禮曰「再拜」，告官以下皆再拜。太祝以幣授告官。告官受幣，謁者引告官詣神座前，北面跪，奠幣，俛伏，興，少退，再拜，告官復位。大官丞引饌入，太祝迎引，設於神座前。大官丞以下還本位。謁者引告官詣罍洗，盥手，洗爵訖，引告官詣酒罇所。執罇者舉羃，告官酌酒，進，跪奠於神座〔一〕，俛伏，興，少退，北向立。太祝持版進於神座之右，東面跪，讀祝文，祝文臨時撰。訖，興。告官再拜。太祝進，跪奠版於神座，俛伏，興，還罇所。太祝以爵酌福酒，進告官之右，西向立。告官再拜，受爵，跪祭，啐，奠爵及受胙以下望瘞等至燔版位，並如常儀。寘土，則埳東西各二人。

明會典：洪武三年定，天子親征，祭所過山川。有司卜日，具牲幣。皇帝服皮弁，行一獻禮。

右祭所過山川

誓師

周禮地官大司徒：施十有二教，八曰以誓教恤，則民不怠。注：恤，謂災危相憂。民

〔一〕「進跪」，諸本誤倒，據通典卷一三二、開元禮卷八四乙正。

有凶患，憂之，則民不懈怠。

黄氏度曰：祭祀有誓，軍旅有誓。恤，憂也，使憂其事也。

史氏浩曰：誓所以警戒而歸之恤，恤則無慢令致期矣，怠何由而生？

蕙田案：十二教之誓，康成及賈公彦皆以爲凶荒之禮，與出師無涉。而黄氏、史氏諸説，解爲軍中之誓。其義兩通，今從之。

秋官士師：以五戒先後刑罰，毋使罪麗于民：一曰誓，用之于軍旅。注：誓于書，則甘誓、湯誓之屬。

鄭氏鍔曰：用兵然後有誓。誓者，折之以言，使斷然必信，湯誓、泰誓作于用兵之時是也。

王氏昭禹曰：誓之所用，非特軍旅也，祭祀、田役之類皆有誓，而以軍旅爲主。

條狼氏：凡誓，執鞭以趨于前，且命之。誓僕右曰「殺」，誓馭曰「車轘」，誓大夫曰「敢不關，鞭五百」，誓師曰「三百」，誓邦之大史曰「殺」，小史曰「墨」。注：前，謂所誓衆之行前也。有司讀誓辭，則大言其刑以警所誓也。誓者，謂出軍及祭祀時也。出軍之誓，誓左右及馭，則書之甘誓備矣。車轘，謂車裂也。敢不關，謂不關於君也。　疏：誓自有大官，若月令田獵〔一〕，司徒北面以

〔一〕「獵」，原脱，據光緒本、周禮注疏卷三七補。

誓之。誓時，則條狼氏爲之大言，使衆聞之，故云「且命之」。誓僕右者，僕，太僕，與王同車，故太僕職云：「軍旅贊王鼓。」右，謂勇力之士，在車右，備非常。誓馭，謂與王馭車者也。

王氏安石曰：條狼氏主誓者，掌辟之官，以禁止爲事故也。

王氏曰：鄭氏以爲誓者，出軍及祭祀之事。但爲樂師與大史、小史主禮樂之事，故謂祭祀時耳，不知皆誓之于軍也。太師職云：「大師執同律以聽軍聲，而詔吉凶。」是軍有太師也。太史職云：「太史抱天時，與太師同車。」是軍有太史也。小史職云：「凡軍事，佐太史。」是軍有小史也。刑不上大夫，而誓之嚴如此，軍事以嚴終也，甘誓可見矣。軍國異容。祭祀之誓，太宰掌之，大司徒涖之，何預于條狼氏哉？

王氏應電曰：士師職「以五戒先後刑罰，一曰誓，用之于軍旅」，故此所誓，專主軍旅而言。

蕙田案：康成以此誓兼祭祀，兩王氏以此誓專主軍中。以士師職參考之，兩王氏之説爲長。

訝士：凡邦之大事，聚衆庶，則讀其誓禁。疏：大事者，謂在國征伐之等。聚衆庶，非諸侯之事也，則訝士讀其誓命之辭及五禁之法也。

書大禹謨：禹乃會群后，誓于師曰：「濟濟有衆，咸聽朕命：蠢茲有苗，昏迷不恭，侮慢自賢，反道敗德。君子在野，小人在位。民棄不保，天降之咎。肆予以爾衆士奉辭伐罪。爾尚一乃心力，其克有勳。」傳：軍旅曰誓。濟濟，衆盛之貌。疏：「軍旅曰誓」，曲禮文也。穀梁傳曰：「誥誓不及五帝。」不及者，言于時未有也。據此文，五帝之世有誓。穀梁傳，漢初始作，不見經文，妄言之耳。

甘誓：大戰于甘，乃召六卿。王曰：「嗟！六事之人，予誓告汝：有扈氏威侮五行，怠棄三正，天用勦絶其命。今予惟恭行天之罰。」

朱升旁訓：誓與禹征苗之誓同義，言其討叛伐罪之意。嚴其坐作進退之節。案有扈氏，夏同姓之國。史記曰：「啓立，有扈不服，遂滅之。」

胤征：維仲康肇位四海，胤侯命掌六師。羲、和廢厥職，酒荒于厥邑。胤侯承王命徂征。告于衆曰：「嗟予有衆：聖有謨訓，明徵定保。先王克謹天戒，臣人克有常憲，百官脩輔，厥后惟明明。每歲孟春，遒人以木鐸狥于路。官師相規，工執藝事以諫。其或不恭，邦有常刑。惟時羲、和，顛覆厥德，沈亂于酒，畔官離次，俶擾天紀，遐棄厥司。政典曰：『先時者殺無赦，不及時者殺無赦。』今予以爾有衆，奉將天罰。爾衆士同力王室，尚弼予欽承天子威命。火炎崑岡，玉石俱焚。天吏逸德，烈于猛火。嗚呼！其爾衆士，懋戒哉！」

蔡氏沈曰：胤，國名。征者，上伐下也。仲康丁夏之衰，羿執國政，能命胤侯掌六師。胤侯能承命討有罪，禮樂征伐猶自天子出，故録之。

湯誓：王曰：「格爾衆庶，悉聽朕言：非台小子，敢行稱亂。有夏多罪，天命殛之。今爾有衆，汝曰：『我后不恤我衆，舍我穡事，而割正夏。』予惟聞汝衆言，夏氏有罪。予畏上帝，不敢不正。今汝其曰：『夏罪其如台？』夏王率遏衆力，率割夏邑，有衆率怠弗協，曰：『時日曷喪？予及汝皆亡！』夏德若兹，今朕必往。爾尚輔予一人，致天之罰，予其大賚汝。爾無不信，朕不食言。爾不從誓言，予則孥戮汝，罔有攸赦。」傳：古之用刑，父子兄弟罪不相及。今云「孥戮汝」，權以脅之，使勿犯。疏：昭二十年左傳引康誥曰：「父子兄弟，罪不相及。」權脅之耳。不于甘誓解之者，以啓承舜、禹後，刑尚寬，殷、周以後，其罪或相緣坐，恐其實有孥戮，故于此解之。

泰誓：惟十有三年春，大會于孟津。王曰：「嗟！我友邦冢君，越我御事庶士，明聽誓：商王受弗敬上天，降災下民。皇天震怒，命我文考，肅將天威，大勳未集。肆予小子發，以爾友邦冢君，觀政于商。爾尚弼予一人，永清四海，時哉，弗可失！」惟戊午，王次于河朔。群后以師畢會，王乃徇師而誓，曰：「嗚呼！西土有衆，咸聽朕言：商王受力行無度，穢德彰聞。天其以予乂民。天視自我民視，天聽自我民聽。百姓有過，在予一人，今朕必往。」時厥明，王乃大巡六師，明誓衆士。王曰：「嗚呼！我西土君子，天有顯道，厥類惟彰。今商王受狎侮五常，荒怠弗敬，自絶于天，結怨于民。上帝弗順，祝降時喪。爾其孜孜，奉予一人，恭行天罰。古人有言曰：『撫我則后，虐我則仇。』獨夫受，洪惟作威，乃汝世讎。樹德務滋，除惡務本。肆予小子，誕以爾衆士，殄殲乃讎。爾衆士其尚迪果毅，以登乃辟。功多有厚賞，不迪有顯戮。」

牧誓：時甲子昧爽，王朝至于商郊牧野，乃誓。王左杖黄鉞，右秉白旄以麾，曰：「逖矣，西土之人！」王曰：「嗟！我友邦冢君，御事司徒、司馬、司空，亞旅、師氏、千夫長、百夫長，及庸、蜀、羌、髳、微、盧、彭、濮人。稱爾戈，比爾干，立爾矛，予其誓。」王曰：「商王受暴虐于百姓，以姦宄于商邑。今予發惟恭行天之罰。尚桓桓，如虎如貔，如熊如羆，于商郊。弗迓克奔，以役西土。勗哉夫子！爾所弗勗，其于爾躬有戮！」

疏：武王與紂戰于商郊牧地之野，將戰之時，王設言以誓衆。

費誓：公曰：「嗟！人無譁，聽命！徂兹淮夷、徐戎並興。善敹乃甲胄，敿乃干，無敢不弔！備乃弓矢，鍛乃戈矛，礪乃鋒刃，無敢不善！」傳：諸侯之事而連帝王，孔子序書，以魯有治戎征討之備，秦有悔過自誓之戒，足爲世法，故録以備王事，猶詩録商、魯之頌。又云：伯禽爲方伯，監七百里内之諸侯，帥之以征。嘆而敕之，使無喧譁，欲其靜聽誓命。言當善簡汝甲鎧胄兜鍪，施汝楯紛，無敢不令至，攻堅使可用。備汝弓矢，弓調矢利。鍛鍊戈矛，磨礪鋒刃，皆使無敢不功善。

秦誓：公曰：「嗟！我士，聽無譁！予誓告汝群言之首。」傳：誓其群臣，通稱士也。群言之首，言衆言之本要。

蕙田案：自三苗誓師以下，皆致師之誓。秦誓一篇，則還師之誓也。孔穎達正義分書之例爲十，五曰誓，獨秦誓乃誓之變體。與周禮所謂士師「五戒之誓」、司徒「十二教之誓」皆别。

司馬法：有虞氏誓于國中，欲民體其命也。夏后氏誓于軍中，欲民先成其慮也。殷誓于軍門之外，欲民先意以待事也。周將交刃而誓之，以致其志也。

文心雕龍：雷震始乎曜電，出師先乎威聲，故觀電而懼雷壯，聽聲而懼兵威。兵先乎聲，其來已久。昔帝世戒兵，三王誓師，宣訓我衆，未及敵人也。至周穆西征，祭公謀父稱古有威讓之令，有文告之辭，即檄之本源也。及春秋征伐，自諸侯出，懼敵弗服，故兵出須名，振此威風，暴彼昏亂，劉獻公之所謂「告之以文辭、董之以師武」者也。齊桓征楚，詰包茅之闕；晉厲伐秦，責箕、郜之焚。管仲、吕相，奉辭先路。詳其意義，即今之檄文。暨乎戰國，始稱爲檄。檄者，皦也。宣露於外，皦然明白也。夫兵以定亂，莫敢自專，天子親戎，則稱恭行天罰；諸侯御師，則云肅將王誅。故分閫推轂，奉辭伐罪，非惟致果爲毅，亦且厲辭爲武。使聲如衝風所擊，氣似欃槍所掃，奮其武怒，總其罪人，懲其惡稔之時，顯其貫盈之數，摇奸宄之膽，訂信慎之心，使百尺之衝，摧折于咫書；萬雉之城，顛墜于一檄者也。觀隗囂之檄亡新，布其三逆，文不雕飾，而辭切事明。隴右文士，得檄之體矣。陳琳之檄豫州，壯有骨鯁，雖奸閹攜養，章密太甚，發丘摸金，誣過其虐，然抗辭書釁，皦然露骨矣。敢指曹公之鋒，幸哉免袁黨之戮也。鍾會檄蜀，徵驗甚明；桓公檄胡，觀釁尤切：並壯筆也。

蕙田案：劉彦和雖云三代之誓，宣訓我衆，不及敵人，然三苗之誓及湯誓、泰誓等，皆數敵罪狀，不僅訓我衆也。誓辭之體，本同於檄，又或混於露布。核而論之，檄者，致師之際，聲罪而致討；露布者，戰勝之後，馳詞以揚功。今不另列「移檄」一條，「露布」則另列。其漢、唐以下檄辭，不備載。

右誓師

勞師

唐開元禮遣使勞軍將：前一日，執事者先設使者次於營南門之外道右，南向。使者至，謁者引之次。使者將到，兵部先集大將以下於南門之外，列左右廂，俱重行，北向，相對爲首。使者出次，謁者引立於門西，東面。持節者立於使者之北，吏二人持制書案，立於使者西南，俱東面，立定。大將北面再拜。謁者引使者、持節者前道，入門而左，持案者從之，使者立於幕前〔一〕，南面；持節者立於使者之東少南，西面；持案者立於使者西南，東面。又謁者引大將以下入立於使者之南，依左右廂，俱重行，北面，相對爲首，立定。持節者脱節衣。持案者進使者前，使者取制書，持案者退，復位。使者稱「有制」，大將以下俱再拜。宣詔訖，大將以下又再拜。謁者引大將進使者前，北面受制書，退，復位。持節者加節衣。謁者引使者、持節者前導以出，持案者從之，俱復門外位。大將以制書授左右，拜送使者於門外。使者退，大將入。初，使者出，諸將以下以次出。若賜衣物，使者出次立於門外，立定。執事者以衣物立於案南，俱東面，北上。使者入，衣物隨入。初，大將受制書，復位，執事者以衣物遍授之。大將以下受訖，又再拜。

右勞師

〔一〕「之使者」，諸本脱，據通典卷一三二、開元禮卷八四補。

五禮通考卷二百三十九

軍禮七

出師

軍中職事

周禮天官太宰：作大事，則戒于百官，贊王命。注：謂助王爲教令。春秋傳曰：「國之大事，在祀與戎。」

小宰：以法掌祭祀、朝覲、會同、賓客之戒具，軍旅亦如之。令百官府共其財用，治其施舍，聽其治訟。

春官典瑞：牙璋以起軍旅，以治兵守。

鄭氏鍔曰：半圭曰璋，長七寸，瑑爲齒牙之形，取牙齒之剛利噬齧，兵之象，故執以起軍旅。若屯兵于外，守要害之地，有不率紀律者，執此以治之。

李氏嘉會曰：牙璋，則軍旅之大者用之。中璋，則軍旅之小者用之。

地官大司徒：大軍旅以旗致萬民〔一〕，而治其徒庶之政令。

縣師：若將有軍旅、田役之戒，則受法于司馬，以作其衆庶及馬牛、車輦，使皆備旗鼓兵器，以帥而至。

夏官諸子：掌國子之倅，若有兵甲之事，則授之車甲，合其卒伍，以軍法治之。

注：國子，謂諸侯、卿大夫、士之子也。

李氏曰：王者之師，非直興于閭里，而又取諸世族。彼以父祖富貴，宜有報上之心，況嘗學德行道藝，孰不知忠孝之美，任之以金革，與夫干賞蹈利、庸徒鬻賣者蓋有間矣。

司右：掌群右之政令。凡軍旅、會同，合其車之卒伍，而比其乘，屬其右。

戎右：掌戎車之兵革使。注：謂王使以兵有所誅斬也。春秋傳曰：「戰于殽，晉梁弘御戎，萊

〔一〕「旅」，諸本作「役」，據周禮注疏卷一〇改。

駒爲右，戰之。明日，襄公縛秦囚，使萊駒以戈斬之。」詔贊王鼓，注：既告王當鼓之節，又助擊之。

疏：太僕已贊王鼓，此亦同是助擊其餘面也。傳王命于陳中。注：爲王大言之也。

黄氏曰：掌戎車之兵革使，蓋戰事也。戰重戎右，專使事也。鄭引左氏萊駒斬囚事，其小者耳。

虎賁氏：掌先後王而趨以卒伍，軍旅、會同亦如之。

旅賁氏：掌執戈盾。軍旅則介而趨。注：介，被甲。

王氏曰：旅賁，則王衛之尤親者，王吉服則亦吉服，王凶服則亦凶服，王戎服則亦戎服，亦與王同其憂樂也。

太僕：凡軍旅，贊王鼓。注：王通鼓，佐擊其餘面也。疏：「王通鼓」者，謂王親將軍衆，待王擊乃擊之〔一〕，若鼓人云「金鐸通鼓之類」也。王執路鼓，路鼓四面，佐擊其餘面也。

地官鼓人：以鼖鼓鼓軍事。注：鼖鼓，長八尺。大鼓謂之鼖。疏：其長八尺。對晉鼓六尺六寸者爲大。

鄧氏元錫曰：鼖，從賁，氣盛意。鼓軍事，以氣盛爲壯也。

魏氏校曰：鼓大而短，則其聲疾而短聞；小而長，則其聲舒而遠聞。鼖之爲言大也，因以肅

〔一〕「待」，諸本作「代」，據周禮注疏卷三一改。

軍令。

凡軍旅，夜鼓鼜；軍動則鼓其衆。

春官大師：大師，執同律以聽軍聲而詔吉凶。注：大師，大起軍師。兵書曰：「王者行師出軍之日，授將弓矢，士卒振旅，將張弓大呼。大師吹律合音。商則戰勝，軍士强；角則軍擾多變，失士心；宫則軍和，士卒同心；徵則將急數怒，軍士勞；羽則兵弱，少威明。」

大史：抱天時，與大師同車。

小史：佐大史。

天官幕人：軍旅，共其帷、幕、幄、帟、綬。

掌次：師田，則張幕，設重帟重案。

地官廩人：凡師役之事，則治其糧與其食。

封人：軍旅，則飾其牛牲。

天官外饔：師役，則掌共其獻賜脯肉之事〔一〕。

〔一〕「共」，諸本脱，據周禮注疏卷四補。

地官委人：軍旅，共其委積薪芻。

遺人：凡師役，掌其道路之委積。

牛人：軍事，共其犒牛。凡軍旅、行役，共其兵車之牛。

秋官小行人：若國師役，則令槁禬之。注：槁，讀如犒師之犒。禬，即大宗伯「以禬禮哀圍敗」也。

野廬氏：邦之大師〔一〕，則令埽道路，且以幾禁行作不時者、不物者。

鄭氏鍔曰：國大用師，道路之行，欲無荒穢不祥之事。苟于是時，不當行而行，不當作而作，失蚤晚之時，非所當衣而衣之，非所當操而操之，非其物而有異常之狀，皆姦人之爲寇盜者也。微伺而幾察之，以防變也。周之制，于田野之道，十里之遠，設官以治其廬舍，禁止姦盜，如此之嚴，則道不拾遺，豈不宜哉？後世十里有亭，亭必有長，其法亦出于此。

司烜氏：軍旅，脩火禁。

鄭氏鍔曰：衆之所聚，器甲資糧，勝敗所係，則火禁不可不謹也。

銜枚氏：軍旅、田役，令銜枚。注：爲其言語以相誤。

〔一〕「之」下，諸本衍「有」字，據周禮注疏卷三六刪。

王氏昭禹曰：軍旅、田役，大衆所聚，惡譁而喜靜，故令銜枚。大祭祀，止于令禁無囂者，承祭祀者，不若軍旅、田役之衆。

伊耆氏：軍旅，授有爵者杖。

黄氏曰：有爵者皆有統率，在軍見王見帥，宜當執杖。今三衙兵官常朝，亦執杖也。

鄭氏鍔曰：軍中以斧鉞爲威，將帥所執爾。若有爵者在其中，既非仗鉞之將，又非將校之列，宜有以表異之，故授以杖，見其爵位之尊。

夏官挈壺氏：掌挈壺以令軍井，挈轡以令舍，挈畚以令糧。注：鄭司農云：「挈壺以令軍井，謂爲軍穿井，井成則挈壺懸其上，令軍中士衆皆望見，知此下有井。壺，所以盛飲，故以壺表井。挈轡以令舍，亦懸轡于所當舍止之處〔一〕。使軍望見，知當舍止于此〔二〕。轡所以駕舍，故以轡表舍。挈畚以令糧，亦懸畚于其所當稟假之處，令軍望見，知稟假于此下也。畚所以盛糧之器〔三〕，故以畚表稟。軍中人多，車騎雜會讙囂，號令不能相聞，故各以其物爲表〔四〕，省煩趨疾，于事便也。」**凡軍事，懸壺以序聚**

〔一〕「轡」，原脱，據光緒本、周禮注疏卷三〇補。
〔二〕「知」下，原衍「之」字，據光緒本、周禮注疏卷三〇删。
〔三〕「所」，諸本脱，據周禮注疏卷三〇補。
〔四〕「各」，原脱，據光緒本、周禮注疏卷三〇補。

橐。注：鄭司農云：「懸壺以爲漏，以序聚橐〔一〕，以次更聚繫橐備守也。」玄謂：擊橐，兩木相敲，行夜時也。

右軍中職事

營陣行列

夏官量人：營軍之壘舍，量其市朝、州涂、軍社之所里。

鄭氏鍔曰：營軍之壘舍，非徒欲廣狹足以相容，又以社主爲重，所居之處，欲其不褻。

王氏昭禹曰：兵法曰：「善戰，致人而不致于人。」夫我案兵無動而致敵使來，以逸待勞，宜勝之矣。

禮記曲禮：行，前朱鳥而後玄武，左青龍而右白虎，招摇在上，急繕其怒，進退有度，左右有局，各司其局。注：朱鳥、玄武、青龍、白虎，以此四獸爲軍陣，象天也。急，猶堅也。繕，讀曰勁。又畫招摇星于旌旗上，以堅勁軍之威怒，象天帝也。招摇星在北斗杓端，主指者。度，謂伐與步數。局，部分也。疏：此明軍行象天文而作陣法也。前南後北，左東右西，朱雀、玄武、青龍、白虎，四

〔一〕「聚」，原作「衆」，據光緒本、周禮注疏卷三〇改。

方宿名也。軍前宜捷，故用雀。軍後須殿捍，故用玄武。玄武，龜也。龜有甲，能禦侮也。左爲陽，陽能生發，象龍變也。右爲陰，陰沈能殺，虎，沈殺也。軍之左右，生殺變應，威猛如龍虎也。鄭注「四獸」爲軍陣，則是陣法，但不知何以爲之。今之軍行，畫此四獸于旌旗，以標左右前後之軍陣。招摇，北斗七星。北斗居四方宿之中〔一〕，以斗末從十二月建而指之，則四方宿不差。今軍行法之，亦作此北斗星在軍中，舉之于上，以指正四方，使四方之陣不差也。「急繕其怒」者，軍行既張四宿于四方，標招摇于中，上象天之行，故軍旅士卒起居舉動，堅勁奮勇，如天帝之威怒也。度，謂伐與步數。牧誓云：「今日之事，不愆于六步、七步，四伐、五伐。」一擊一刺爲一伐也。「左右有局」者，局，部分也。軍之左右，各有部分，不相濫也。「各司其局」者，軍行須監領。故主帥部分，各有所司部分也。

蕙田案：正義引昭二十一年左傳宋人與華亥戰，云：「鄭翩願爲鸛，其御願爲鵝。」又兵書云：「善用兵者似率然。率然者，常山蛇，擊其首則尾至，擊其尾則首至，擊其中則首尾俱至。」則朱鳥等皆是陣法。崔靈恩謂軍行所置旌旗，畫此四物，其説淺陋，非康成意也。

觀承案：戴禮此條，即古八陣法也。握機經：「四維方而主静，正兵布陣用

〔一〕「斗」，諸本作「方」，據禮記正義卷三改。

之；四正員而主動，奇兵制勝用之。」蓋用後天八卦之位，而其天前衝，地後衡，則先天之體，亦存其中。曲禮只主出行之時，故專據龍、虎、鳥、蛇，爲震、兑、離、坎四卦「員而主動」者言之。其四維、四卦之「方而主静」者，不言可知。至招摇在上，應指大將之旌麾而言，所以行軍布陣，指揮兵衆，爲三軍之司命者也。故曰「急繕其怒」者，所以作其氣也。若「進退有度，左右有局，各司其局」，則坐作進退、疾徐變化之法，俱在其中矣。古法無傳，握機經是其遺制，武侯之八陣，亦即根源於此耳。豈知熟讀曲禮，都已包括而提其綱要也哉？

右營陣行列

車路

周禮春官巾車：掌王之五路，革路，龍勒，條纓五就，建太白以即戎。注：革路，鞔之以革而漆之，無他飾。龍，駹也。以白黑飾韋，雜色爲勒。條，讀爲絛，其樊及纓以絛絲飾之而五成。不言樊，蓋脱爾。太白，殷之旗，猶周大赤，蓋象正色也。即戎，謂兵事。疏：趙商問：「巾車職云『建太白以即戎』，司馬職『仲秋，辨旗物以治兵，王載大常』，下注云：『凡頒旗物，以出軍之旗則如秋。』不知巾車

『太白以即戎』爲在何時？」答曰：「旗之正色者，或會事，或勞師，不親將，故建先王之正色，異于親自將。」又案司馬法云：「章，夏以日月，上明；殷以虎，上威；周以龍，上文。」不用大常者，周雖以日月爲常，以龍爲章，故郊特牲云：「龍章而設日月。」又案周本紀「武王遂入，至紂所，王射之，三發而後下車，以輕劍斬紂頭，縣于太白之旗」。不用大常者，時未有周禮。故武王雖親將，猶用太白也。

典路：凡軍旅，以路從。注：王乘一路，典路以其餘路從行，亦以華國。

夏官戎僕：掌馭戎車。注：戎車，革路也。師出，王乘以自將。**掌王倅車之政，正其服。**注：倅，副也。服，謂衆乘戎車者之衣服也。**掌凡戎車之儀。**注：凡戎車，衆之兵車也。書序：「武王戎車三百兩。」疏：「凡」語廣，故知衆兵車即三百兩也。

鄭氏鍔曰：武王戎車三百兩，與紂戰于牧野。王自將，則乘戎路，戎僕爲之馭。正其所衣之服，以戎事之服異乎乘車之服。乘車之服主于文，而戎事以武爲主。則皆服皮弁。國容不可以入軍容，當一以戎衣從事，不可以不正也。

易氏祓曰：上文言「馭戎車」，則王之革路。此言「凡戎車」，則衆之兵車也。武王戎車三百兩，其進退之節，「不愆于六步、七步，不愆于四伐、五伐、六伐、七伐，乃止齊焉」，則戎車之儀可知。大司馬于蒐田之時，亦有所謂坐作、進退、疾徐、疏數之節，戎僕所以掌其儀者此也。

春官車僕：掌戎路之萃，廣車之萃，闕車之萃，苹車之萃，輕車之萃。注：萃猶副也。

此五者，皆兵車，所謂五戎也。戎路，王在軍所乘也。廣車，横陣之車也。闕車，所用補闕之車也。苹猶屏也，所用對敵自蔽隱之車也。輕車，所用馳敵致師之車也。春秋傳曰：「公喪戎路。」又曰：「其君之戎，分爲二廣。」則諸侯戎路、廣車也。又曰：「帥斿闕四十乘。」孫子八陣有「苹車之陣」，又曰「馳車千乘」。

凡師，共革車，各以其萃。注：五戎者共其一以爲王，優尊者所乘也，而萃各從其元焉。

六韜：車者，軍之羽翼也，所以陷堅陣，要强敵，遮北走也。

王氏昭禹曰：凡師共革車，則師之所用者，其車皆以革鞔之。

鄭氏鍔曰：革車亦各有萃，所以爲不可敗之策。

禮記曲禮：兵車不式，注：尚威武，不崇敬。武車綏旌。疏〔一〕：武車，亦革路也。取其建武，即云兵車；取其威猛，即云武車。旌，謂車上旗幡也〔二〕。綏，謂垂舒。

陳氏澔曰：兵車，革輅也。尚勇猛，無推讓，故不式。武車，亦革輅也，取其建戈刃，即云兵車；取其威猛，即云武車。旌，車上旌旛也，尚威武，故舒散若垂緌然。

〔一〕「疏」，諸本作「注」，據禮記正義卷三改。
〔二〕「旗幡」，諸本作「旌」，據禮記正義卷三改。

司馬法：夏后氏曰鉤車，先正也。殷曰寅車，先疾也。周曰元戎，先良也。

右車路

旌旗

周禮春官司常：凡軍事，建旌旗；及致民，置旗弊之。注：始置旗以致民，民至仆之，誅後至者。

王氏曰：置者，植之。弊者，仆之。

鄭氏鍔曰：軍旅之事，用旌旗以指麾，則掌建之，始焉置之，以致民使來；終焉弊之，以誅後至，皆司常所掌也。

禮記曲禮：前有水，則載青旌；前有塵埃，則載鳴鳶；前有車騎，則載飛鴻；前有士師，則載虎皮；前有摯獸，則載貔貅。注：載，謂舉旌于首以警衆也。禮，君行師從，卿行旅從。前驅舉此，則士衆知所有〔一〕，所舉，各以其類象之。青，青雀，水鳥也。鳶鳴則天將風，風生埃起。

〔一〕「所」，諸本脱，據禮記正義卷三補。

鴻，取飛有行列也。士師，謂兵衆也〔一〕。虎取其有威勇。貔貅，亦摯獸。書曰：「如虎如貔。」

司馬法：旂，夏后氏玄，人之執也；殷白，天之義也；周黄，地之道也。章，夏后氏以日月，尚明也；殷以虎，尚威也；周以龍，尚文也。

右旌旗

兵器

周禮夏官司兵：掌五兵五盾，各辨其物與其等，以待軍事。注：五盾，干櫓之屬。等，謂功沽上下。五兵者，戈、殳、戟、酋矛、夷矛。疏：言「各辨其物與其等」者，五兵五盾，各有物色與其善惡、長短、大小之等。及授兵，從司馬之法以頒之。及其受兵輸，亦如之。注：從司馬之法，令師、旅、卒、兩人數所用多少也。兵輸，謂師還有司還兵也。疏：「受兵，從司馬之法」者，司馬主六軍，是一官之長，先受于王命，知多少，乃始出軍，故從司馬法以頒之。

鄭氏鍔曰：物，色也。各辨其物色，使以類相從。等者，所制之長短小大。司兵授之以兵，則從司馬之法，多乎其數，則闕國之守備；寡乎其數，則乏軍之用器。軍之行也，從其法而頒之。及其還

〔一〕「衆」，原作「象」，據光緒本、禮記正義卷三改。

也，受其所輸，亦當如始者所頒之法。苟有亡矢遺鏃之事，亦如之矣。

軍事，建車之五兵，會同亦如之。

鄭氏鍔曰：軍旅之車上，必建五兵，出先刃，入後刃也。會同，王乘車，則亦建焉，皆以示威也。

司戈盾：軍旅，授貳車戈盾，建乘車之戈盾，授旅賁及虎士戈盾。注：乘車，王所乘車也。軍旅，則革路。疏：軍旅貳車，貳有車右，故授之以戈盾。云「乘車之戈盾」者，王所乘車有車右，故建戈盾。授旅賁氏及虎士戈盾者，衛王故也。

及舍，設藩盾，行則斂之。注：舍，止也。藩盾，盾可以藩衛者，如今之扶蘇歟？疏：扶蘇，舉漢法況之。

劉氏彝曰：旅賁夾王車左右，而虎士趨王車後先，舍則守王閑，則殳與戈盾，戒備之尤急者也，非其有屏蔽之用乎？

司弓矢：掌六弓四弩八矢之法。凡弩，夾、庾利攻守，唐、大利車戰、野戰。注：攻城壘者與自守者相迫近，弱弩發疾也。車戰、野戰，進退非强則不及。

凡矢，枉矢、絜矢利火射，用諸守城、車戰；殺矢、鍭矢〔一〕，用諸近射。注：枉矢、絜

〔一〕「鍭」，原作「鏃」，據光緒本、周禮注疏卷三二改。下注同。

矢，二者皆可結火以射敵。殺矢，言中則死，鍭矢象焉，二者皆可以射敵之近者。

凡師役頒弓弩，各以其物，從授兵甲之儀〔一〕。注：物，弓、弩、矢、箙之屬。

鄭氏鍔曰：師役，用兵之時。會同，行禮之時。事異禮異，故各以其所當用之物而頒之。

右兵器

軍容

禮記曲禮：介胄，則有不可犯之色。

馬氏曰：兵車者，以威克愛也。以威克愛，則服必稱情，容必稱服，故「戎容暨暨，介胄有不可犯之色」者，以此也。

介者不拜，爲其拜而蓌拜。

朱子曰：蓌，猶言有所枝拄，不利屈伸也。

少儀：乘兵車，出先刃，入後刃。軍尚左，卒尚右。

〔一〕「甲」，諸本作「至」，據周禮注疏卷三二改。

陳氏澔曰：先刃，刃向前也。後刃，不以刃向國也。左陽，生道也。右陰，死道也。左，將軍爲尊，其行伍皆尊尚左方，欲其無覆敗也。士卒之行伍尊尚右方，示有必死之志也。

軍旅思險，隱情以虞。

陳氏澔曰：軍行，舍止經由之處，必思爲險阻之防。又當隱密己情，以虞度彼之情計也。

玉藻：戎容暨暨，言容詻詻，色容厲肅，視容清明。

司馬法：古者，軍容不入國，國容不入軍。軍容入國則民德廢，國容入軍則民德弱。故在國言文而語温，在朝恭以遜，脩己以待人。不召不至，不問不言，難進易退。在軍抗而立，在行遂而果。介者不拜，兵車不式，城上不趨，危事不齒。故禮與法，表裏也。文與武，左右也。

春秋僖公三十三年左氏傳：春，秦師過周北門，左右免胄而下。超乘者三百乘。王孫滿尚幼，觀之，言于王曰：「秦師輕而無禮，必敗。輕則寡謀，無禮則脱。入險而脱，又不能謀，能無敗乎？」

右軍容

坐作進退擊刺之節

書甘誓：左不攻于左，汝不恭命。右不攻于右，汝不恭命。御非其馬之正，汝不恭命。

朱氏升曰：在車左，不治主射之事；在車右，不治擊刺之事；御者居中，不得馳驅之正，皆不恭命也。

牧誓：今日之事，不愆于六步、七步，乃止，齊焉。不愆于四伐、五伐、六伐、七伐，乃止，齊焉。尚桓桓，如虎如貔，如熊如羆，于商郊。弗迓克奔，以役西土。

傳：戰事就敵，不過六步、七步，乃止，相齊，言當旅進一心。伐，謂擊刺，少則四五、多則六七以爲例。桓桓〔一〕，武貌。貔，執夷，虎屬也。四獸皆猛健，欲使士衆法之，奮擊于牧野。商衆能奔來降者，不迎擊之。如此，則所以役我西土之義。

司馬法：逐奔不過百步，縱綏不過三舍。

家語：工尹商陽與陳棄疾追吴師，及之。陳棄疾謂工尹商陽曰：「王事也，子

〔一〕「桓桓」，諸本脱一「桓」字，據尚書正義卷一一補。

手弓而可。」手弓。「子射諸？」射之，斃一人，韔弓。又及，謂之，又斃二人。每斃一人，揜其目，止其御曰：「朝不坐，燕不與，殺三人，亦足以反命矣。」孔子曰：「殺人之中，又有禮焉。」子路怫然進曰：「人臣之節，當君大事，唯力所及，死而後已，夫子何善此？」子曰：「然如汝言也，吾取其有不忍殺人之心而已。」

蕙田案：此事亦見檀弓。

荀子：王者之軍制，將死鼓，御死轡，百吏死職，士大夫死行列。聞鼓聲而進，聞金聲而退。順命爲上，有功次之；令不進而進，猶令不退而退也，其罪唯均。不殺老弱，不獵禾稼，服者不禽，格者不舍，犇命者不獲。凡誅，非誅其百姓也，誅其亂百姓者也。百姓有扞其賊，則是亦賊也。以故順刃者生，蘇刃者死，犇命者貢。

王者有誅而無戰，城守不攻，兵革不擊，上下相喜則慶之。不屠城，不潛軍，不留衆，師不越時。故亂者樂其政，不安其上，欲其至也。

右坐作進退擊刺之節

軍中禁令

周禮秋官鄉士：大軍旅，則各掌其鄉之禁令，帥其屬夾道而蹕。

士師：掌國之五禁之法以左右刑罰，五曰軍禁。注：古之禁書亡矣。今軍有囂讙夜行之禁。

夏官小子：凡師田，斬牲以左右徇陳。注：示犯誓必殺之。

銜枚氏：軍旅，令銜枚，禁嘂呼歎嗚于國中者。

書費誓：今惟淫舍牿牛馬。杜乃擭，斂乃穽，無敢傷牿。牿之傷，汝則有常刑。馬牛其風，臣妾逋逃，勿敢越逐。祗復之，我商賚汝。乃越逐不復，汝則有常刑。無敢寇攘，踰垣牆，竊牛馬，誘臣妾，汝則有常刑。甲戌，我惟征徐戎，峙乃糗糧，無敢不逮，汝則有大刑。魯人三郊三遂，峙乃楨榦。甲戌，我惟築，無敢不供，汝則有無餘刑，非殺。魯人三郊三遂，峙乃芻茭，無敢不多，汝則有大刑。

呂氏曰：先治戎備，次之以除道路，又次之以嚴部伍，又次之以立期會。先後之序，皆不可紊。

司馬法：冢宰與百官布令於軍曰：「入罪人之地，無暴神祇，無行田獵，無毀土功，無燔牆屋，無伐林木，無取六畜、禾黍、器械。見其老幼，奉歸勿傷。雖遇壯者，不校勿敵。敵若傷之，醫藥歸之。」

右軍中禁令

軍中刑賞

周禮夏官大司馬：及戰，巡陳，眂事而賞罰。

秋官大司寇：大軍旅，莅戮于社。注：社，謂社主在軍者。鄭司農曰：「書曰：『用命賞于祖，不用命戮于社。』」

小司寇：小師，莅戮。注：小師，王不自出之師。

王氏昭禹曰：大司寇大軍旅莅戮，故小司寇小師莅戮。

鄉士：大軍旅，則各掌其鄉之禁令。凡國有大事，則戮其犯命者。疏：大事，謂征伐。故有犯命刑戮之事。

士師：大師，帥其屬而禁逆軍旅者與犯師禁者而戮之。注：逆軍旅，反將命也。犯師禁，干行陣也。

鄭氏鍔曰：王師所過而敢有沮遏，或所須而有不從令者，軍中之禁而輒敢干犯，則不循軍法之人也，安可不戮耶？晉魏絳將與狄人戰于太原，荀吴之嬖人不肯即卒則斬之；雞澤之盟，晉侯之弟楊干亂行于曲梁，魏絳戮其僕，正謂是也。

易氏祓曰：帥其屬而行其戮，所以正軍旅之法。凡此，皆以刑官之士師任其職，重其事也。

書甘誓：用命，賞于祖。不用命，戮于社。傳：天子親征，必載遷廟之祖主行。有功則賞祖主前，示不專。又載社主，謂之社事。不用命奔北者，則戮之于社主前。社主陰，陰主殺。親祖嚴社之義。疏：曾子問云：「孔子曰：『天子巡狩，以遷廟之主行，載之于齋車，言必有尊也。』」巡狩尚然，征伐必也。定四年左傳又云：「君以軍行，祓社釁鼓，祝奉以從。」是「天子親征，又載社主」之事也。郊特牲云：「惟爲社事，單出里。」故以「社事」言之。所以刑賞異處者，社主陰，陰主殺；祖主陽，陽主生。禮左宗廟，右社稷。是祖陽社陰，就祖賞，就社殺，親祖嚴社之義也。

司馬法：賞不踰時，欲民速得爲善之利也。罰不遷列，欲民速覩爲不善之害也。

孔叢子問軍禮：有司簡功行賞，不稽于時。其用命者則加爵，受賜于祖奠之前。其奔北犯令者，則戮于社主之前。信陵君問于子高曰：「古者軍旅，賞人必于祖，戮人必于社，其義何也？」答曰：「賞功于祖，告分之均，示不敢專也。戮罪于社，告中于土，示聽之當也。」

子路問於孔子曰：「臧武仲率師與邾人戰于狐駘，遇敗焉，師人多喪而无罰，古之道然與？」孔子曰：「凡謀人之軍，師敗則死之；謀人之國，邑危則亡之，古之正也。其君在焉者，有詔則無討。」

右軍中刑賞

軍中之祭

禮記曾子問：曾子問曰：「古者師行，必以遷廟主行乎？」孔子曰：「天子巡狩，以遷廟主行，載于齊車，言必有尊也。今也取七廟之主以行，則失之矣。當七廟五廟無虛主。虛主者，唯天子崩，諸侯薨，與去其國，與祫祭于祖，爲無主耳。」曾子問曰：「古者師行無遷主，則何主？」孔子曰：「主命。」問曰：「何謂也？」孔子曰：「天子、諸侯將出，必以幣帛皮圭告于祖禰，遂奉以出，載于齊車以行。每舍奠焉，而後就舍。反必告，設奠，卒，斂幣玉，藏諸兩階之間，乃出。蓋貴命也。」

陳氏澔曰：既以幣玉告于祖廟，則奉此幣玉猶奉祖宗之命也，故曰主命。每舍必奠，神之也。反，則設奠以告而埋藏之，不敢褻也。

真氏德秀曰：先儒謂廟無虚主，有廟者不可以其主行。主命，謂雖無木主，但所受于神之命，即是主也。

吴氏澄曰：遷廟主，謂祔禰時所遷昭穆最上之廟一主也，在昭廟穆廟之上，最尊最親者也。君將出行時，徧告有廟之諸主，又特告此無廟之一主，而載之以行也。

周禮春官小宗伯：若大師，則帥有司而立軍社，奉主車。

鄭氏鍔曰：古者大師，則先有事于社與廟，然後載社主與遷廟之主以行。不用命戮于社，故載社主，將以行戮。用命賞于祖，故載遷廟之主，將以行賞。小宗伯掌社稷、宗廟之禮，宜載以行，乃言「立者，蓋社本不在軍，因用師始立之。立者，出于一時之故。廟主爲尊，載之以行，不敢忽也，故言奉，奉以言其肅欽之至。帥有司者，蓋帥大祝也。大祝職曰：「大師，宜于社，造于祖，設軍社。國將有事于四望，及軍歸獻于社，則前祝。」故知此所謂有司爲大祝明矣。

肆師：凡師甸，用牲于社宗，則爲位。

易氏祓曰：用師者，必載社之石主，祖之木主，示有所受命。

鄭氏鍔曰：夫甸，獵之甸，乃四時蒐苗獮狩之田。師甸，則大用師以對敵之時，何以明之？以所祭之神知之。用師，則載社主與遷廟之主以行。此「用牲于社宗」，大戰則類造于上帝，封于大神，祭兵于山川，此有類、造、封祭之事，豈四時之甸所宜有耶？故知以師甸言社者，主也。宗者，遷廟之主，不曰「祖」曰「宗」者，宗，繼祖者也。載主而行，不在國之常位，而祭不可以無位，無位則鬼神無所依，故爲位然後祭。小宗伯于軍旅、甸後，禱祠爲位，則止爲位于肆儀之時。肆師于用牲以祭時則爲位者，蓋所掌者，立祀用牲之禮故也。

周禮春官大祝：大師，設軍社，則前祝。注：鄭司農説：「設軍社，以春秋傳曰：『所謂君以師行，祓社釁鼓，祝奉以從者也。』」疏：軍將出，祭于社，即將社主行，不用命，戮于社。出必七廟俱祭，取遷廟之主行，用命賞于祖，皆載于齊車。社在軍中，故云設軍社。

王氏安石曰：詩云：「乃立冢土，戎醜攸行。」所謂設軍社也。

鄭氏鍔曰：大師必載社主與遷廟之主以行，及軍之所在，則必設軍中之社于其地，此國外之禮，小宗伯所謂「帥有司而立軍社」是也。

小祝：大師，掌釁祈號令。

王氏昭禹曰：蓋軍行殺牲，以血釁鼓，以禦妖釁，求其所斷焉，故謂之釁祈。小祝則號致焉，而後祝耳。

鄭氏鍔曰：祓社釁鼓，以除去不祥，祈軍有功。大祝掌宜社、造祖之事，小祝掌其釁祈之祝號。

王氏曰：大師掌釁祈號祝，則左傳所謂「軍行，祓社釁鼓，祝奉以從」。

春秋定公四年左氏傳：衛祝佗子魚曰：「君以軍行，祓社釁鼓，祝奉以從。」

真氏德秀曰：古禮，天子親征，必奉廟主社主，從軍而行，有功則賞于廟主前，不用命則戮于社主前，示不專也。

孔叢子問軍禮：天子出征，命有司以特牲告社，告以所征之事而受命焉。以齋車載遷廟之主及社主行，大司馬職奉之。無遷廟主，則以幣帛皮圭告于祖禰，謂之主命，亦載齋車。凡行主，皮圭幣帛，皆每舍奠焉，而後就館。主車止于中門之外，外門之內。廟主居于道左，社主居于道右。

周禮春官小宗伯：若軍將有事，則與祭有司將事于四望。注：軍將有事，將與敵合戰也。與祭有司，謂大祝之屬，蓋司馬之官實典焉。

王氏曰：先王雖以至仁伐至不仁，然君子臨事而懼，故有事于祭焉。

鄭氏鍔曰：軍將有事則與祭者，主帥奉祭，小宗伯以職當立之奉之，故當與也。小宗伯已與祭于軍中，則四望之祭，必遣其所屬之有司往行事焉，理之宜也。戰必禱于神，欲氣勢之增倍。四望，又山川之尤大者，國家所賴以爲阻固，是以將戰則禱焉，欲其爲兵之捍蔽。

孔叢子問軍禮：及至敵所，將戰，太史卜戰日，卜右、御。先期三日，有司明以敵人罪狀告之史，史定誓命。戰日，將帥陳列車甲卒伍于軍門之前，有司讀誥誓，使周定。三令五申，既畢，遂禱戰祈克于上帝，然後即敵。將士戰，全已克敵，史擇吉日，復禡于所征之地，柴于上帝，祭社奠祖以告。克者不頓兵傷士也。戰不克，則不告也。

右軍中之祭

致師

周禮夏官環人：掌致師。注：致師者，致其必戰之志。古者將戰，先使勇力之士犯敵焉。疏：「古者將戰，先使勇力之士犯敵焉」者，案：文十二年，秦伯伐晉，秦人欲戰。秦伯謂士會曰：「若何而戰？」對曰：「若使輕者肆焉，其可。」注云：「肆，突，言使輕鋭之兵往驅突晉軍。」隱九年，北戎侵鄭。公子突曰：「使勇而無剛者嘗寇，而速去之。」注云：「勇則能往，無剛不耻退。」揚軍旅。注：爲之威武以觀敵。

鄭氏鍔曰：戰必致師，蓋使環人犯敵以致吾必戰之志，使敵人怒而求戰，其致之自吾也。

王氏昭禹曰：兵法曰：「善戰者致人而不致于人。」夫我按兵無動，而致敵使來，以逸待勞，宜勝之矣。

春秋宣公十二年左氏傳：楚許伯御樂伯，攝叔爲右，以致晉師。許伯曰：「吾聞致師者，御靡旌摩壘而還。」樂伯曰：「吾聞致師者，左射以菆，代御執轡，御下兩馬，掉鞅而還。」攝叔曰：「吾聞致師者，右入壘，折馘，執俘而還。」皆行其所聞而復。

右致師

用師名目

春秋隱公二年十有二月，鄭人伐衛。　四年春，王二月，莒人伐杞，取牟婁。夏，宋公、陳侯、蔡人、衛人伐鄭。秋，翬帥師會宋公、陳侯、蔡人、衛人伐鄭。　五年秋九月，邾人、鄭人伐宋。　冬十有二月，宋人伐鄭，圍長葛。　七年秋，公伐邾。冬，戎伐凡伯于楚丘以歸。　十年夏，翬帥師會齊人、鄭人伐宋。　秋，宋人、蔡人、衛人伐戴，鄭伯伐取之。

桓公五年秋，蔡人、衛人、陳人從王伐鄭。　十二年十有二月，及鄭師伐宋。丁未，戰于宋。　十四年冬十有二月，宋人以齊人、蔡人、衛人、陳人伐鄭。　十五年冬十有一月，公會宋公、衛侯、陳侯于袲，伐鄭。　十六年夏四月，公會宋公、衛侯、陳侯、蔡侯伐鄭。

莊公二年夏，公子慶公帥師伐於餘丘。　三年春，王正月，溺會齊師伐衛。　五年冬，公會齊人、宋人、陳人、蔡人伐衛。　九年夏，公伐齊，納子糾。　十四年春，齊人、陳人、曹人伐宋。夏，單伯會伐宋。　十五年秋，宋人、齊人、邾人伐郳。　十六年夏，宋人、齊人、衛人伐鄭。秋，荆伐鄭。　十九年冬，齊人、宋人、陳人伐我西鄙。　二十年冬，齊人伐戎。　二十六年春，公伐戎。秋，公會宋人、齊人伐徐。　二十八年春，王三月甲寅，齊人伐衛。秋，荆伐鄭。　三十年冬，齊人伐山戎。　三十二年冬，狄伐邢。

僖公元年秋七月，楚人伐鄭。　三年冬，楚人伐鄭。　四年春，王正月，遂伐楚，次于陘。秋，及江人、黄人伐陳。　六年夏，公會齊侯、宋公、陳侯、衛侯、曹伯伐鄭，圍新城。　七年春，齊人伐鄭。　八年夏，狄伐晉。　十年夏，齊侯、許男伐北戎。　十一年冬，楚人伐黄。　十五年秋七月，齊師、曹師伐厲。冬，宋人伐曹。　十七年春，齊人、徐人伐英氏。　十八年春，王正月，宋公、曹伯、衛人、邾人伐齊。冬，邢人、狄人伐衛。　十九年秋，衛人伐邢。　二十年冬，楚人伐隨。　二十一年秋，宋公、楚子、陳侯、蔡侯、鄭伯、許男、曹伯會于盂，執宋公以伐宋。冬，公伐邾。　二十二年春，公伐邾，取須句。夏，宋公、衛侯、許男、滕子伐鄭。二十三年春，齊侯伐宋，圍緡。秋，楚人伐陳。二十四年夏，狄伐鄭。二十六年夏，齊人伐我北鄙，衛人伐齊。冬，楚人伐宋，圍緡。公以楚師伐齊，取穀。二十八年春，晉侯伐衛。三十三年夏，公伐邾，取訾婁〔一〕。秋，公子遂帥師伐邾。冬，晉人、陳人、鄭人伐許。

文公元年夏，晉侯伐衛，衛人伐晉。二年冬，晉人、宋人、陳人、鄭人伐秦。三年春，王正月，叔孫得臣會晉人、宋人、陳人、衛人、鄭人伐沈，沈潰。夏，秦人伐晉。冬，晉陽處父帥師伐楚，以救江。四年秋，晉侯伐秦。七年春，公伐邾。冬，徐伐莒。九年三月，楚人伐鄭。十年夏，秦伐晉。十一年春，楚子伐麇。十四年春，邾人伐我南鄙。叔彭生帥師伐邾。十五年六月，晉郤缺帥師伐蔡。戊申，入蔡。十有二月，齊侯遂伐曹，入其郛。十七年春，晉人、衛人、陳人、鄭人伐宋。夏，齊侯伐我西鄙。

〔一〕「訾婁」，諸本作「雩婁」，據春秋左傳正義卷一七改。

宣公元年秋，宋公、陳侯、衛侯、曹伯會晉師于棐林，伐鄭。冬，晉人、宋人伐鄭。　二年春，秦師伐晉。　三年春，楚子伐陸渾之戎。　四年春，王正月，公伐莒，取向。冬，楚子伐鄭。　五年冬，楚人伐鄭。　七年夏，公會齊侯伐萊。　八年夏，晉師白狄伐秦。冬，楚師伐陳。　九年夏，齊侯伐萊。秋九月，晉荀林父帥師伐陳。冬，楚子伐鄭。　十年六月，宋師伐滕。晉人、宋人、衛人、曹人伐鄭。秋，公孫歸父帥師伐邾，取繹。冬，楚子伐鄭。　十一年夏，公孫歸父會齊人伐莒。　十二年冬，宋師伐陳。　十三年春，齊師伐莒。夏，楚子伐宋。　十四年夏，晉侯伐鄭。　十五年夏，秦人伐晉。　十八年春，晉侯、衛世子臧伐齊。公伐杞。

成公二年春，齊侯伐我北鄙。　三年春，王正月，公會晉侯、宋公、衛侯、曹伯伐鄭。夏，鄭公子去疾帥師伐許。秋，晉郤克、衛孫良夫伐廧咎如。冬，鄭伐許。　四年冬，鄭伯伐許。　六年秋〔一〕，楚公子嬰齊帥師伐鄭。　七年春，吴伐郯。秋，楚公子嬰齊帥師伐鄭。　八年冬，叔孫僑如會，晉士燮、齊人、邾人伐郯。　九年秋，晉欒

〔一〕「六年」，諸本脱，據春秋左傳正義卷二六補。

書帥師伐鄭。冬十有一月，楚公子嬰齊帥師伐莒。庚申，莒潰。秦人白狄伐晉。十年五月，公會晉侯、齊侯、宋公、衛侯、曹伯伐鄭。十三年夏五月，公自京師，遂會晉侯、齊侯、宋公、衛侯、鄭伯、曹伯、邾人、滕人伐秦。十四年秋，鄭公子喜帥師伐許。十五年夏，楚子伐鄭。十六年秋，公會尹子、晉侯、齊國佐、邾人伐鄭。十七年夏，公會尹子、單子、晉侯、齊侯、宋公、衛侯、曹伯、邾人伐鄭。冬，公會單子、晉侯、宋公、衛侯、曹伯、齊人、邾人伐鄭。十八年夏，楚子、鄭伯伐宋。

襄公元年夏，晉韓厥帥師伐鄭。二年春，鄭師伐宋。三年春，楚公子嬰齊帥師伐吴。冬，晉荀罃帥師伐許。五年冬，楚公子貞帥師伐陳。八年秋，莒人伐我東鄙。冬，楚公子貞帥師伐鄭。九年冬，公會晉侯、宋公、衛侯、曹伯、莒子、邾子、滕子、薛伯、杞伯、小邾子、齊世子光伐鄭。十年夏，楚公子貞、鄭公孫輒帥師伐宋。晉師伐秦。秋，莒人伐我東鄙。公會晉侯、宋公、衛侯、曹伯、莒子、邾子、齊世子光、滕子、薛伯、杞伯、小邾子伐鄭。十一年夏，公會晉侯、宋公、衛侯、曹伯、齊世子光、莒子、邾子、滕子、薛伯、杞伯、小邾子伐鄭。秋，楚子、鄭伯伐宋。公會晉侯、宋公、衛侯、曹伯、齊世子光、莒子、邾子、滕子、薛伯、杞伯、小邾子伐鄭。冬，秦人伐晉。十二年春，王二月，莒人伐我東鄙，圍台。　十四年夏四月，叔孫豹會晉荀偃、齊人、宋人、衛北宫括、鄭公孫蠆、曹人、莒人、邾人、滕人、薛人、杞人、小邾人伐秦。秋，楚公子貞帥師伐吴。　十五年夏，齊侯伐我北鄙，圍成。秋，邾人伐我南鄙。　十六年春，齊侯伐我北鄙。夏五月，叔老會鄭伯、晉荀偃、衛甯殖、宋人伐許。秋，齊侯伐我北鄙，圍郕。　十七年春，宋人伐陳。夏，衛石買帥師伐曹。秋，齊侯伐我北鄙，圍桃。高厚帥師伐我北鄙，圍防。冬，邾人伐我南鄙。　十八年秋，齊師伐我北鄙。冬，楚公子午帥師伐鄭。　十九年夏，衛孫林父帥師伐齊。　二十年秋，仲孫速帥師伐邾。　二十三年秋，齊侯伐衛，遂伐晉。　二十四年夏，楚子伐吴。秋七月，齊崔杼帥師伐莒。冬，楚子、蔡侯、陳侯、許男伐鄭。　二十五年春，齊崔杼帥師伐我北鄙。冬，鄭公孫夏帥師伐陳。十有二月，吴子遏伐楚，門于巢，卒。　二十六年冬，楚子、蔡侯、陳侯伐鄭。

昭公四年秋七月，楚子、蔡侯、陳侯、許男、頓子、胡子、沈子、淮夷伐吴。　五年冬，楚子、蔡侯、陳侯、許男、頓子、沈子、徐人、越人伐吴。　六年秋，楚薳罷帥師伐吴。冬，齊侯伐北燕。　十年秋七月，季孫意如、叔弓、仲孫貜帥師伐莒。　十二年冬，楚子伐徐。晉伐鮮虞。十五年秋，晉荀吴帥師伐鮮虞。十六年春，齊侯伐徐〔一〕。十九年春，宋公伐邾。秋，齊高發帥師伐莒。二十二年春，齊侯伐莒。三十二年夏，吴伐越。

定公四年秋，晉士鞅、衛孔圉帥師伐鮮虞。七年秋，齊國夏帥師伐我西鄙。八年夏，齊國夏帥師伐我西鄙。十二年夏，衛公孟彄帥師伐曹。十三年夏，衛公孟彄帥師伐曹。十五年夏，鄭罕達帥師伐宋。

哀公元年秋，齊侯、衛侯伐晉〔二〕。冬，仲孫何忌帥師伐邾。三年夏，宋樂髡帥師伐曹。五年夏，齊侯伐宋。晉趙鞅帥師伐衛。六年春，晉趙鞅帥師伐鮮虞，吴伐陳。冬，仲孫何忌帥師伐邾。宋向巢帥師伐曹。七年秋，公伐邾。八年春，吴伐我。九年夏，楚人伐陳。秋，宋公伐鄭。十年春，公會吴伐齊。夏，宋人伐鄭。冬，楚公子結帥師伐陳。十二年秋，宋向巢帥師伐鄭。十三年夏，楚公子申帥師

〔一〕「齊侯」，諸本作「晉侯」，據春秋左傳正義卷四七改。
〔二〕「晉」，諸本作「宋」，據春秋左傳正義卷五七改。

伐陳。

蕙田案：以上伐。聲罪致討曰伐。左氏傳曰：「有鐘鼓曰伐。」

莊公十年二月，公侵宋。　十五年秋，鄭人侵宋。　二十四年冬，戎侵曹。　二十九年夏，鄭人侵許〔一〕。

僖公二年冬十月，楚人侵鄭。　四年春，王正月，公會齊侯、宋公、陳侯、衛侯、鄭伯、許男、曹伯侵蔡，蔡潰。冬十有二月，公孫茲帥師會齊人、宋人、衛人、鄭人、許人、曹人侵陳。　十三年春，狄侵衛。　十四年秋，狄侵鄭。　二十一年春，狄侵衛。　二十六年春，齊人侵我西鄙。　二十八年春，晉侯侵曹。　三十年夏，狄侵齊。秋，介人侵蕭。　三十二年夏，衛人侵狄。　三十三年夏，狄侵齊。

文公四年夏，狄侵齊。　七年夏，狄侵我西鄙。　九年夏，狄侵齊。　十年冬，狄侵宋。　十一年秋，狄侵齊。　十三年冬，狄侵衛。　十五年夏，齊人侵我西鄙。十二月，齊侯侵我西鄙。

〔一〕「許」，諸本作「宋」，據春秋左傳正義卷一〇改。

宣公元年秋，楚子、鄭人侵陳，遂侵宋。冬，晉趙穿帥師侵崇。 二年夏，晉人、宋人、衛人、陳人侵鄭。 三年夏，楚人侵鄭。秋，赤狄侵齊。 四年夏，赤狄侵齊。 六年春，晉趙盾、衛孫免侵陳。

成公二年冬，楚子、鄭師侵衛。 六年春，衛孫良夫帥師侵宋。秋，仲孫蔑、叔孫僑如帥師侵宋。 八年春，晉欒書帥師侵蔡。 十年春，衛侯之弟黑背帥師侵鄭。 十六年夏四月，鄭公子喜帥師侵宋。 十七年春，衛北宮括帥師侵鄭。 十八年冬，楚人、鄭人侵宋。

襄公元年秋，楚公子壬夫帥師侵宋。 二年夏，晉師、宋師、衛甯殖侵鄭。 八年夏，鄭人侵蔡，獲蔡公子燮。 十一年夏，鄭公孫舍之帥師侵宋。 十二年冬，楚公子貞帥師侵宋。 十四年夏，莒人侵我東鄙。 十九年秋七月，晉士匄帥師侵齊，聞齊侯卒，乃還。 二十四年春，仲孫羯帥師侵齊。

定公四年三月，公會劉子、晉侯、宋公、蔡侯、衛侯、陳子、鄭伯、許男、曹伯、莒子、邾子、頓子、胡子、滕子、薛伯、杞伯、小邾子、齊國夏于召陵，侵楚。 六年二月，公侵鄭。 七年秋，齊人執衛行人北宮結以侵衛。 八年春，王正月，公侵齊。 二月，公侵齊。秋七月，晉士鞅帥師侵鄭，遂侵衛。九月，季孫斯、仲孫何忌帥師侵衛。

哀公七年春，宋皇瑗帥師侵鄭，晉魏曼多帥師侵衛。　十年夏，晉趙鞅帥師侵齊。　十三年秋，魏曼多帥師侵衛。

蕙田案：以上侵。潛師掠境曰侵。左氏傳曰：「無鐘鼓曰侵。」胡傳曰：「先儒謂無名行師曰侵。」然考諸五經，皆稱侵伐。在易謙之六五曰：「利用侵伐，征不服也。」書泰誓曰：「我武惟揚，侵于之疆。」詩皇矣曰：「依其在京，侵自阮疆。」周官大司馬：「九伐之法曰：賊賢害民則伐之，負固不服則侵之。」而以爲無名行師，可乎？蓋聲罪者，鳴鐘擊鼓，整衆而行，兵法所謂正也。潛師者，銜枚卧鼓，出人不意，兵法所謂奇也。

桓公十年冬十有二月丙午，齊侯、衛侯、鄭伯來戰于郎。　十二年十有二月丁未，戰于宋。　十三年春二月，公會紀侯、鄭伯。己巳，及齊侯、宋公、衛侯、燕人戰，齊師、宋師、衛師、燕師敗績。　十七年夏五月丙午，及齊師戰于奚。

莊公九年八月庚申，及齊師戰于乾時，我師敗績。　二十八年春，王三月〔一〕，衛人及齊人戰，衛人敗績。

僖公十五年十有一月壬戌，晉侯及秦伯戰于韓，獲晉侯。　十八年五月戊寅，宋師及齊師戰于甗，齊師敗績。　二十二年秋八月丁未，及邾人戰于升陘。　冬十有一月己巳朔，宋公及楚人戰于泓，宋師敗績。　二十八年夏四月己巳，晉侯、齊師、宋師、秦師及楚人戰于城濮，楚師敗績。

文公二年春，王二月甲子，晉侯及秦師戰于彭衙，秦師敗績。　七年夏四月戊子，晉人及秦人戰于令狐。　十二年冬十有二月戊午，晉人、秦人戰于河曲。

宣公二年春，王二月壬子，宋華元帥師及鄭公子歸生帥師戰于大棘，宋師敗績，獲宋華元。　十二年夏六月乙卯，晉荀林父帥師及楚子戰于邲，晉師敗績。

成公二年夏四月丙戌，衛孫良夫帥師及齊師戰于新築，衛師敗績。　六月癸酉，季孫行父、臧孫許、叔孫僑如、公孫嬰齊帥師會晉郤克、衛孫良夫、曹公子首及齊侯戰于

〔一〕「三月」，諸本作「正月」，據春秋左傳正義卷一〇改。

敗績。十六年夏六月甲午晦，晉侯及楚子、鄭伯戰于鄢陵，楚子、鄭師敗績。

昭公十七年冬，楚人及吴戰于長岸。

定公四年冬十有一月庚午，蔡侯以吴子及楚人戰于柏舉，楚師敗績。

哀公二年秋八月甲戌，晉趙鞅帥師及鄭罕達帥師戰于鐵，鄭師敗績。

蕙田案：以上戰。左氏傳曰：「皆陳曰戰。大崩曰敗績。」

隱公十年六月壬戌，公敗宋師于菅。

莊公十年春，王正月，公敗齊師于長勺。夏六月，公敗宋師于乘丘。秋九月，荆敗蔡師于莘，以蔡侯獻舞歸。十一年夏五月戊寅，公敗宋師于鄑。

僖公元年九月，公敗邾師于偃。冬十月壬午，公子友帥師敗莒師于酈，獲莒挐。三十三年夏四月辛巳，晉人及姜戎敗秦師于殽。秋，晉人敗狄于箕。

文公十一年冬十月甲午，叔孫得臣敗狄于鹹。

成公十二年秋，晉人敗狄于交剛。

昭公元年六月，晉荀吳帥師敗狄于大鹵。　五年秋七月戊辰〔一〕，叔弓帥師敗莒師于蚡泉。　二十三年七月戊辰，吳敗頓、胡、沈、蔡、陳、許之師于雞父。胡子髡、沈子逞滅，獲陳夏齧。

定公十四年五月，於越敗吳于檇李。

蕙田案：以上敗。左氏傳曰：「凡師，敵未陳曰敗某師。」

哀公九年春，宋皇瑗帥師取鄭師于雍丘。　十三年春，鄭罕達帥師取宋師于嵒。

蕙田案：以上取。左氏傳曰：「覆而敗之曰取某師。」

襄公二十三年冬，齊侯襲莒。

蕙田案：以上襲。左氏傳曰：「輕曰襲。」杜氏謂「掩其不備」也。

莊公三年冬，公次于滑。　八年春，王正月，師次于郎，以俟陳人、蔡人。　十年夏六月，齊師、宋師次于郎。

〔一〕「五年」，諸本作「四年」，據春秋左傳正義卷四三改。

僖公十五年三月〔一〕，遂次于匡。

文公十年冬，楚子、蔡侯次于厥貉。

襄公元年夏，仲孫蔑會齊崔杼〔二〕、曹人、邾人、杞人次于鄫。

定公九年秋，齊侯、衛侯次于五氏。　十三年春，齊侯、衛侯次于垂葭。　十五年夏，齊侯、衛侯次于渠蒢。

蕙田案：以上次。　左氏傳曰：「凡師一宿爲舍，再宿爲信，過信爲次。」

莊公十年冬十月，齊師滅譚，譚子奔莒。　十三年夏六月，齊人滅遂。

僖公二年夏，虞師、晉師滅下陽。　五年秋八月，楚人滅弦，弦子奔黄。　十年春，狄滅温，温子奔衛。　十二年夏，楚人滅黄。　十七年夏，滅項。　二十五年春，王正月丙午，衛侯燬滅邢。　二十六年秋，楚人滅夔，以夔子歸。

文公四年秋，楚人滅江。　五年秋，楚人滅六。　十六年秋，楚人、秦人、巴人

〔一〕「僖公」，諸本脱，據春秋左傳正義卷一四補。

〔二〕「崔杼」，諸本脱「崔」字，據春秋左傳正義卷二九補。

滅庸。

宣公八年夏，楚人滅舒蓼。　十二年冬十有二月戊寅，楚子滅蕭。　十五年六月癸卯，晉師滅赤狄、潞氏，以潞子嬰兒歸。　十六年春，王正月，晉人滅赤狄、甲氏及留吁。

成公十七年冬，楚人滅舒庸。

襄公六年秋，莒人滅鄫。　冬十有二月，齊侯滅萊。　十年夏五月甲午，遂滅偪陽。　二十五年秋，楚屈建帥師滅舒鳩。

昭公四年秋七月，遂滅賴。　八年冬十月壬午，楚師滅陳。　十一年冬十有一月丁酉，楚師滅蔡，執蔡世子有以歸，用之。　十三年冬，吴滅州來。　十七年八月，晉荀吴帥師滅陸渾之戎。　二十四年冬，吴滅巢。　三十年冬十有二月，吴滅徐，徐子章禹奔楚。

定公四年四月庚辰，蔡公孫姓帥師滅沈，以沈子嘉歸，殺之。　六年春，王正月癸亥，鄭游速帥師滅許，以許男斯歸。　十四年二月辛巳，楚公子結、陳公孫佗人帥師滅頓，以頓子牂歸。　十五年二月辛丑，楚子滅胡，以胡子豹歸。

蕙田案：以上滅。夷其社稷曰滅。大邑用大師取之，亦曰滅。

隱公二年夏五月，莒人入向，無駭帥師入極。五年秋，衛師入郕。十年秋，宋人、衛人入鄭。冬十月，齊人、鄭人入郕。十一年秋七月壬午，公及齊侯、鄭伯入許。

桓公二年九月〔一〕，入杞。

莊公十四年秋七月，荆入蔡。

閔公二年十有二月，狄入衛。

僖公二十年夏，鄭人入滑。二十七年秋八月乙巳，公子遂帥師入杞。二十八年三月丙午，晉侯入曹，執曹伯，畀宋人。三十三年春，王二月，秦人入滑。

文公五年夏，秦人入鄀。

宣公十一年冬十月丁亥，楚子入陳。

成公七年秋，吳入州來。九年冬，楚人入鄆。

〔一〕「二年」，諸本作「元年」，據春秋左傳正義卷五改。

襄公二十五年六月壬子，鄭公孫舍之帥師入陳。

昭公十八年六月，邾人入鄅。

定公四年十有一月庚辰，吳入郢。　五年夏，於越入吳。

哀公七年八月己酉，入邾，以邾子益來。　八年春，王正月，宋公入曹，以曹伯陽歸。　十三年夏，於越入吳。

蕙田案：以上入。左氏傳曰：「弗地曰入。」謂破其地而不能有也。

莊公八年夏，師及齊師圍郕，郕降于齊師。

僖公六年秋，楚人圍許。　十九年秋，宋人圍曹。　二十五年秋，楚人圍陳。　二十七年冬，楚人、陳侯、蔡侯、鄭伯、許男圍宋。　二十八年冬，諸侯遂圍許，曹伯襄復歸于曹，遂會諸侯，圍許。　三十年秋，晉人、秦人圍鄭。　三十一年冬，狄圍衛。

文公三年秋，楚人圍江。　十二年夏，楚人圍巢。

宣公三年秋，宋師圍曹。　九年冬，宋人圍滕。　十二年春，楚子圍鄭。　十四年秋九月，楚子圍宋。

成公三年秋，叔孫僑如帥師圍棘。　九年冬，鄭人圍許。

襄公元年春，仲孫蔑會晉欒黶、宋華元、衛甯殖、曹人、莒人、邾人、滕人、薛人圍宋彭城。　四年冬，陳人圍頓。　七年冬十月，楚公子貞帥師圍陳。　十八年冬十月，公會晉侯、宋公、衛侯、鄭伯、曹伯、莒子、邾子、滕子、薛伯、杞伯、小邾子同圍齊。

昭公十一年夏四月，楚公子棄疾帥師圍蔡。　十三年春，叔弓帥師圍費。　二十三年春，晉人圍郊。　二十六年夏，公圍成。

定公四年秋，楚人圍蔡。　五年冬，晉士鞅帥師圍鮮虞。　六年冬，季孫斯、仲孫忌帥師圍鄆。　十年夏，晉趙鞅帥師圍衛。　叔孫州仇、仲孫何忌帥師圍郈。　秋，叔孫州仇、仲孫何忌帥師圍郈。　十二年十有二月，公圍成。

哀公元年春，王正月，楚子、陳侯、隨侯、許男圍蔡。　三年春，齊國夏、衛石曼姑帥師圍戚。　冬，叔孫州仇、仲孫何忌帥師圍邾。　七年秋，宋人圍曹。

蕙田案：以上圍。　環而攻之曰圍。

莊公六年春，王正月，王人子突救衛。　二十八年秋，公會齊人、宋人救鄭。

閔公元年春，王正月，齊人救邢。

僖公元年春，王正月，齊師、宋師、曹伯次于聶北，救邢。　六年秋，諸侯遂救許。

十五年三月，公孫敖帥師及諸侯之大夫救徐。　十八年夏，師救齊。

文公九年三月，公子遂會晉人、宋人、衛人、許人救鄭。

宣公元年秋，晉趙盾帥師救陳。　九年冬，晉郤缺帥師救鄭。　十二年冬，衛人救陳。

成公六年冬，晉欒書帥師救鄭。　七年秋，公會晉侯、齊侯、宋公、衛侯、曹伯、莒子、邾子、杞伯救鄭。

襄公五年冬，公會晉侯、宋公、衛侯、鄭伯、齊世子光救陳。　十年冬，楚公子貞帥師救鄭。　十二年春，王二月，季孫宿帥師救台，遂入鄆。　十五年夏，公救成，至遇。　二十三年八月，叔孫豹帥師救晉，次于雍榆。

哀公七年冬，鄭駟弘帥師救曹[一]。　十年冬，吴救陳。

蕙田案：以上救。　赴難曰救。　左氏傳曰：「凡書救，善之也。」

莊公十有八年，夏公追戎于濟西。

[一]「曹」，原作「鄭」，據光緒本、春秋左傳正義卷五八改。

僖公二十六年春，公追齊師至酅，弗及。

蕙田案：以上追。敵已去而躡之曰追。

僖公二十八年春，公子買戍衛，不卒戍，刺之。

襄公五年冬，戍陳。　十年冬，戍鄭虎牢。

蕙田案：以上戍。以兵守之曰戍。

又案：春秋書戰事，爲例十有三，雖未盡合周禮，然猶近古，與後世專以殺人爲功者有間。

僖公二十六年，公子遂如楚乞師。

成公十三年春，晉侯使郤錡來乞師。　十六年夏，晉侯使欒黶來乞師。　十七年秋九月，晉侯使荀罃來乞師。　十八年冬，晉侯使士魴來乞師。

蕙田案：以上乞師。

右用師名目

凱旋告祭獻俘 宣露布附

書武成：丁未，祀于周廟，邦甸、侯、衛，駿奔走，執豆籩。越三日，庚戌，柴望，大告武成。

真氏德秀曰：此武功成，告祖及天之禮。先祖後郊者，鄭氏謂其自近始，蔡氏以爲由親而尊。竊以謂武王伐商，受命于文考，及其成功也，先告焉。因告文考，遂及七世之廟。故又三日，然後以所以成文考之志者告天焉。蓋武王成文考之志，而文考又所以成天之志也，豈以遠近爲先後哉？

周禮春官大司樂：王師大獻，則令奏愷樂。 注：大獻，獻捷于祖。愷樂，獻功之樂。鄭司農說以春秋晉文公敗楚于城濮，傳曰：「振旅愷以入于晉。」 疏：鄭志趙商問：「大司馬云：『師有功，則愷樂獻于社。』春官大司樂云：『王師大獻，則令奏愷樂。』注云：『大獻，獻捷于祖。』不達異意。」答曰：「司馬云『師大獻則獻社』，以軍之功，故獻于社。大司樂，宗伯之屬，宗伯主于宗廟之禮，故獻于祖也。」

樂師：凡軍大獻，教愷歌，遂倡之。 注：鄭司農云：「樂師主倡也。」 疏：大獻者，謂師克勝獻捷于祖廟也。云「教愷歌」者，愷謂愷詩，師還未至之時，預教瞽矇入祖廟，遂使樂師倡道爲之，故云遂倡之。

鄭氏鍔曰：王師大獻，令奏愷樂，則王親征之師，故大司樂合之。軍大獻，教愷歌，遣將出軍而歸，故樂師教之，又倡之，異尊卑。

李氏嘉會曰：愷歌歌于堂上，愷樂作于堂下，二者相應。愷歌在前，樂師倡之。

鎛師：軍大獻，則鼓其愷樂。疏：軍大獻，謂獻捷于祖。

詩周頌酌序：酌，告成大武也。

於鑠王師，遵養時晦。時純熙矣，是用大介。我龍受之，蹻蹻王之造，載用有嗣，實維爾公允師。

孔叢子問軍禮：然後鳴金振旅，有司徧告捷于時所有事之山川，既至，舍于國外，三日齊，以特牛親格于祖禰。然後入，設奠，以反主。若主命，則卒奠，斂玉埋之於廟兩階間。

唐開元禮凱旋告廟：陳俘馘于南門外，北面，西上，軍實陳于後。其告奠之禮，皆與告禮同。解嚴。未解嚴前一日，本司各隨職供辦。尚舍奉御設御座于太極殿中楹間南向如常〔一〕。守宮設文武百官次于東西朝堂。奉禮于東西朝堂設文武官版位如

〔一〕「設御」，諸本脱，據通典卷一三二補。

初。典儀設位于殿廷，文東武西，皆重行，北向，相對爲首。設典儀位于東階東南〔一〕，贊者二人在南差退〔二〕，乘黃令陳革輅旌旗之屬于殿廷〔三〕。其日平明，諸衛各勒所部屯門列仗。百官服袴褶，督將戎服〔四〕，皆集朝堂。晝漏上水五刻，侍中版奏「請中嚴」，鈒戟以次列于殿廷。上水七刻，典謁引群官以次入就位。上水十刻，應奉迎之官詣閤奏迎。侍中版奏「外辦」，皇帝服通天冠、絳紗袍，御輿以出，曲直華蓋警蹕如常。皇帝出自西房，即御座，侍臣夾侍如常。典儀稱「再拜」，贊者承傳，群官皆再拜。通事舍人以次引群官出。侍中跪奏稱「禮畢」，俛伏，興，還侍位。皇帝降座，御輿入自東房。侍臣從至閤如常。

通典：武德元年十一月，秦王平薛仁杲凱旋，獻于太廟。四年七月，秦王平東都，被黃金甲，陳鐵馬一萬，甲士三萬，以王世充、竇建德及隋文物輦路，獻捷于太廟。

〔一〕「東南」，諸本脱，據通典卷一三二、開元禮卷八三補。

〔二〕「贊者二人在南差退」八字，諸本脱，據通典卷一三二、開元禮卷八三補。

〔三〕「乘黃令陳」四字，諸本脱，據通典卷一三二、開元禮卷八三補。

〔四〕「督將」二字，諸本脱，據通典卷一三二補。

貞觀四年三月，李靖俘頡利可汗，獻捷于太廟。

遼史禮志：下城克敵，班師，以所獲牡馬、牛各一祭天地〔一〕。

明會典：軍凱還，皇帝率諸將以凱樂、俘馘陳于廟、社門外。告畢，以俘馘付刑部，協律郎導樂以退。其告祭用三獻，禮儀與出師同。

蕙田案：漢、唐以下，凱還儀節，歷代不同，未便細分，如此段「告廟而兼之告社」是也。今一以經爲主。此段入告廟，即不復入告社。餘倣此。

又案：此凱旋告天地、宗廟。

周禮夏官大司馬：若師有功，則左執律、右秉鉞，以先愷樂獻于社。注：功，勝也。律，所以聽軍聲。鉞，所以爲將威也。先，猶道也。兵樂曰愷〔二〕。獻于社，獻功于社也。司馬法曰：「得意則愷樂愷歌，示喜也。」

鄭氏鍔曰：軍行必聽同律，而鉞者，大將所執也。有功則執律者，示師出以律而取勝也。陽六爲律，左，陽也，故左執之。鉞，所以主殺，陰也，右亦陰也，故右秉之。

〔一〕「牛」，諸本作「羊」，據遼史禮志三改。
〔二〕「樂」，原作「書」，據光緒本、周禮注疏卷二九改。

春官大祝：大師，軍歸，獻于社，則前祝。反行，舍奠。注：舍奠之禮，所以告至。

鄭氏鍔曰：軍有功，歸而獻于社，大祝處前告神。

孔叢子問軍禮：反社主如初迎之禮。

蕙田案：此凱旋告社稷。

禮記王制：天子出征，執有罪。反，釋奠于學，以訊馘告。注：釋菜奠幣，禮先師也。訊馘，所生獲斷耳者。詩曰：「執訊獲醜。」又曰：「在頖獻馘。」疏：出師征伐，執此有罪之人還反而歸，釋菜奠幣于學，以可言問之訊，截左耳之馘，告先聖先師也。

禮經補逸：汪氏克寬曰：訊者，問其首惡。馘者，截其左耳。夫執訊獲醜而反舍奠于先聖先師，以是告之者，蓋始出征受成于學，今師還，以武功告成于文德之地，明不專恃乎威戮，而必任之以德禮也。昔僖公在頖獻馘，而國人以文、武頌之者，亦以此歟？

詩魯頌泮水：矯矯虎臣，在泮獻馘。淑問如皋陶，在泮獻囚。

詩緝：嚴氏粲曰：古者受成于學，故出征，執有罪，反，釋奠于學，以訊馘告。詩人因其泮宮可以爲獻功之地而頌禱之耳。

孔叢子問軍禮：舍奠于帝學，以訊馘告。大享于群吏，用備樂。

蕙田案：此凱旋釋奠于學。

詩小雅出車序：出車，勞還率也。

我出我車，于彼牧矣。自天子所，謂我來矣。召彼僕夫，謂之載矣。王事多難，維其棘矣。我出我車，于彼郊矣。設此旐矣，建彼旄矣。彼旟旐斯，胡不旆旆？憂心悄悄，僕夫況瘁。王命南仲，往城于方。出車彭彭，旂旐央央。天子命我，城彼朔方。赫赫南仲，玁狁于襄。昔我往矣，黍稷方華。今我來思，雨雪載塗。王事多難，不遑啓居[一]。豈不懷歸，畏此簡書。喓喓草蟲，趯趯阜螽。未見君子，憂心忡忡。既見君子，我心則降。赫赫南仲，薄伐西戎。春日遲遲，卉木萋萋。倉庚喈喈，采蘩祁祁。執訊獲醜，薄言還歸。赫赫南仲，玁狁于夷。

蕙田案：此凱旋勞還率。

周禮春官眡瞭：賓射，奏其鐘鼓。鼜、愷獻，亦如之。注：愷獻[二]，獻功愷樂也。杜子春讀「鼜」爲「憂戚」之戚，謂戒守鼓也。擊鼓聲疾數，故曰戚。疏：鼜，謂夜戒守之鼓。愷獻，謂戰勝獻俘之時作愷樂。二者皆眡瞭奏其鐘鼓。

[一]「啓」，諸本作「起」，據毛詩正義卷九改。

[二]「愷」，諸本作「凱」，據周禮注疏卷二三改。

春秋僖公二十八年左氏傳：晉侯獻楚俘于王，駟介百乘，徒兵千。鄭伯傅王，用平禮也。己酉，王享醴，命晉侯宥。王命尹氏及王子虎、内史叔興父策命晉侯爲侯伯，賜之大輅之服、戎輅之服，彤弓一、彤矢百，玈弓矢千，秬鬯一卣，虎賁三百人，曰：「王謂叔父，敬服王命，以綏四國，糾逖王慝。」晉侯三辭，從命，曰：「重耳敢再拜稽首，奉揚天子之丕顯休命。」

真氏德秀曰：此古人獻俘策命之禮見于春秋者。

秋七月丙申，振旅，愷以入于晉，獻俘、授馘，飲至、大賞，徵會討貳，殺舟之僑以狥于國，民於是大服。

真氏德秀曰：此雖春秋時事，而亦可見三代振旅凱旋之遺制〔一〕。

昭公十年左氏傳：季平子伐莒，取郠，獻俘。

十七年左氏傳：晉荀吴滅陸渾，獻俘于文宮。

隋書高祖本紀：開皇九年春正月，陳國平。四月乙巳，三軍凱入，獻俘于太廟。

〔一〕「旋」，原作「旅」，據光緒本改。

唐書高祖本紀：武德元年十一月癸亥，秦王世民俘薛仁杲以獻。四年五月壬戌，秦王世民敗竇建德于虎牢，執之。七月甲子，秦王世民俘王世充以獻。

唐會要：武德四年，秦王世民平東都，被黄金甲，乘戎輅。李世勣等二十五將從其後，陳鐵騎一萬，甲士三萬，前後部鼓吹，俘王世充、竇建德及隋器物輦輅，獻于太廟。

蕙田案：唐秦王破宋金剛，李勣平高麗，皆凱歌入京師，其樂歌則有破陣樂、應聖朝等篇，其奏樂則有鐃歌、鼓吹二部，笛、篳篥、簫、笳、鐃、鼓等器。至廟社，但陳列于門外，不奏歌曲。俟告獻禮畢，復奏曲如儀。以廟社尊嚴之地，鐃吹諠譁，恐乖肅敬，故不奏曲。

唐書太宗本紀：貞觀四年三月，李靖俘突厥頡利可汗以獻。十四年十二月丁酉，侯君集俘高昌王以獻。

高宗本紀：永徽元年九月，高侃俘突厥車鼻可汗以獻。

王綝傳：綝，字方慶。神功初，清邊道大總管武攸宜破契丹凱還，且獻俘，内史王及善以孝明帝忌月，請鼓吹備而不作，方慶曰：「晉穆帝納后，當康帝忌月，時以爲疑。荀訥謂禮有忌日無忌月，世用其言。臣謂軍方大凱，作樂無嫌。」詔可。

玄宗本紀：開元二十年正月，信安郡王禕爲河東、河北道行軍副元帥，以伐奚、契丹。五月戊申，忠王浚俘奚、契丹以獻。

宋史太祖本紀：建隆元年六月辛未，拔澤州，筠赴火死。丁亥，筠子守節以城降。九月甲子，歸太原俘。

禮志：宋制，親征、納降、獻俘，皆遣官奏告天地、宗廟、社稷、諸陵、嶽瀆、山川、宮觀、在京十里内神祠。其儀，用犧尊、籩、豆各一，實以酒、脯、醢。宮寺以素饌、時果代。用祝幣，行一獻禮。建隆元年，太祖平澤、潞，仍祭祆廟，泰山、城隍，用此禮。

太祖本紀：乾德三年春正月乙酉，蜀王孟昶降。

禮志：受降、獻俘。太祖平蜀，孟昶降，詔有司約前代儀制爲受降禮。昶至前一日，設御座仗衛于崇元殿，如元會儀。至日，大陳馬步諸軍于天街左右，設昶及其官屬素案席褥于明德門外，表案于横街北。通事舍人引昶及其官屬素服紗帽北向序立。昶跪奉表授閤門使，復位待命。表至御前，侍臣讀訖，閤門使承旨出，昶等俯伏。通事舍人掖昶起，官屬亦起。宣制釋罪，昶等再拜呼萬歲。衣庫使導所賜襲衣冠帶陳于前，昶等又再拜跪受，改服乘馬，至昇龍門下馬，官屬至啓運門下馬，就次。帝常服升坐，百官先入起居，班立。閤門使引昶等入，舞蹈拜謝。召昶升殿，閤門使引自東階升，宣撫使承旨安撫之。昶至御座前，躬承問訖，還位，與官屬舞蹈出。中書率百官稱賀，遂宴近臣及昶于大明殿。

太祖本紀：開寶四年春二月己丑〔一〕，潘美克廣州，俘劉鋹，廣南平。五月乙未朔，御明德門，受劉鋹俘，釋之。

禮志：嶺南平，劉鋹就擒，詔有司撰獻俘禮。鋹至，上御明德門，列仗衛，諸軍、百官常服班樓前，別設獻俘位於東西街之南，北向；其將校位于獻俘位前，北上，西向。有司率武士係鋹等白練，露布前引。至太廟西南門，鋹等並下馬，入南神門，北向，西上立，監將校官次南立。俟告禮畢，于西南門出，乘馬押至大社，如上儀。乃押至樓南御路之西，下馬立俟。獻俘將校，戎服帶刀。攝侍中版奏「中嚴」，百官班定；版奏「外辦」，帝常服御座。百官舞蹈起居畢，通事舍人引鋹就獻俘位，將校等詣樓前舞蹈

〔一〕「二月」，諸本作「正月」，據宋史太祖本紀改。

訖，次引露布案詣樓前北向，宣付中書、門下，如宣制儀。通事舍人跪受露布，轉授中書，門下轉授攝兵部尚書。次攝刑部尚書詣樓前跪奏以所獻俘付有司。上召鋹詰責，鋹伏地待罪。詔誅其臣龔澄樞等〔二〕，特釋鋹縛與其弟保興等罪，仍賜襲衣、冠帶、鞾笏、器幣、鞍馬，各服其服，列謝樓下。百官稱賀畢，放仗如儀。

太祖本紀：開寶八年十一月乙未，曹彬克昇州，俘其國主煜，江南平。九年春正月辛未，御明德門，見李煜于樓下，不用獻俘儀。

禮志：南唐平，帝御明德門，露布引李煜及其子弟官屬素服待罪。初，有司請如獻劉鋹。帝以煜奉正朔，非若鋹拒命，寢露布弗宣，遣閤門使承制釋之。

太宗本紀：太平興國四年五月甲申，劉繼元降，北漢平。

禮志：太宗征太原，劉繼元降。帝幸城北，陳兵衛，張樂，宴從臣於城臺。繼元率官屬素服臺下。遣閤門使宣制釋罪，召繼元親勞之。從臣詣行宮稱賀。時以在軍中，故不備禮。繼元至京師，詔告獻太廟。前一日，所司陳設如常告廟儀。告日黎

〔二〕「龔澄樞」，原作「襲澄樞」，據味經窩本、光緒本、宋史禮志二十四改。

明，博士引太尉就位。通事舍人引繼元西階下東向立，其官屬重行立。贊者贊「太尉再拜」訖，博士引就盥爵如常儀，詣東階，解劍脱舄，升第一室進奠，再拜，太祝跪讀祝文訖，又再拜。通事舍人引繼元及官屬詣室前西階下，北向立。舍人贊云：「皇帝親征，收復河東，僞主劉繼元及僞命官見。」贊者曰「再拜」，訖，退位。次至第二、第三、第四、第五室，皆如第一室。博士引太尉降階，佩劍納履，復位〔一〕。贊者曰「再拜」，太尉與繼元等皆再拜，退。焚祝版於齋坊。繼元既命以官，故不稱俘焉。

寧宗本紀：開禧三年春正月甲午，吴曦僭位于興州。二月，四川宣撫副使司隨軍轉運安丙及興州中軍正將李好義、監四川總領所興州合江倉楊巨源等共誅吴曦，傳首詣行在，獻于廟社。

禮志：開禧三年三月，四川宣撫副使安丙函逆臣吴曦首并違制創造法物、所受金國加封蜀王詔及金印來獻。四月三日，禮部太常寺條具獻馘典故，俟逆曦首函至日，臨安府差人防守，殿前司差甲士二百人同大理寺官監引赴都堂審驗。奏獻太廟、别

〔一〕「復」，原脱，據光緒本、宋史禮志二十四補。

廟，差近上宗室南班，奏獻太社、太稷，差侍從官。各前一日赴祠所致齋。至日，行奏獻之禮。大理寺、殿前司計會行禮時刻，監引首函設置以俟。奏獻禮畢，梟于市三日，付大理寺藏于庫。

宋政和五禮新儀：師旋奏凱。某日，大將勒所部兵衛執俘陳於都門外。鼓吹令、丞押凱樂，分前後二部，並其次第陳列。將入都門，鼓吹振作，迭奏樂歌。其詞隨時事撰述。行至太廟及太社門，工人下馬，陳列于門外，奏歌曲。俟告獻禮畢，復導引奏曲，至宣德門樓前兵仗外二十步，樂工皆下馬，徐行前進。兵部尚書於中路前導至樓下。次協律郎二人公服執麾，分導鼓吹令引樂工等至獻俘位之南面，重行，立定。大司樂于樂工之前，俛伏，跪奏「具官臣某言，請奏凱樂」。協律郎舉麾，鼓吹大作，徧奏樂曲。協律郎偃麾，樂止，大司樂跪奏「臣某言，奏凱樂畢」。兵部尚書、大司樂退。協律郎導鼓吹令引樂工等並于兵仗外序立。次引復入獻，如別儀。獻俘。前期，殿中監帥其屬，尚舍設御座于宣德門樓上前楹當中，南向。又設御幄于御座之右北。儀鸞司分設文武百僚及獻俘、將校次于樓下之左右，隨地之宜。其日未明，尚書兵部率其屬陳列黃麾大仗于樓前東上閤門。御史臺、太常寺設文武百僚等班位，並如受降之儀。又設獻俘位于樓前少南，又設獻俘將校位于獻俘位之北。刑部尚書奏請獻俘位又於其北，並北向。門下侍郎受露布于樓下之東，兵部尚書位於其南，並西向。文武百僚、諸方客使各赴樓前就位次。皇帝常服，出内東門。先知客省事以下六尚局應奉官祗應，武功大夫至保義郎、知内侍省事以下帶御器械官闘班立定。屏門開，先禁衛諸班親從等迎駕，自贊常起居。次知客省事以下、知内侍省事以下常起居。次樓上侍立知樞密院官、翰林學士承旨宣名常起居，貯廊南管軍臣寮宣名常起居訖，管軍臣僚導從駕至僚門，導赴樓下侍立〔一〕。皇帝乘輿，升宣德門樓，降輿，歸御幄。禮直官、舍人分引文武百僚就位，立定。樓下〔二〕，東上閤門進班齊牌，以紅條袋引升樓上。東上閤門附内侍進訖，内侍承旨索扇，扇合，皇帝即御座，簾捲。内侍又贊扇，扇開，侍衛如常儀。諸班親從并裏圍人等迎駕，自贊常起居。次舍人贊執儀將士常起居。次禮直官、舍人分別文武百僚横行，北向。贊曰「拜」，在位官皆再拜，搢笏，舞蹈，三呼萬

〔一〕「樓」，諸本作「門」，據政和五禮新儀卷一五九改。
〔二〕「下」，諸本脱，據政和五禮新儀卷一五九補。

歲，又再拜。班首奏「聖躬萬福」，又再拜。訖，禮直官舍人分引各就東西序立。次樓上侍臣承旨進詣樓前宣引獻俘。宣訖，將校執俘，就北面位立定。東上閤門官引露布案于樓前，北向，稱宣附訖，附門下省，東上閤門官案西，東向立，引門下侍郎于案南，北向，搢笏，跪。提點承受，闕，即行首承受〔一〕。于案上捧露布躬授門下侍郎，俛伏，興，置案于近北，東上閤門官隨案退。門下侍郎以露布傳授通事舍人，折方南行〔二〕，誥文武班南宣〔三〕。宣訖，通事舍人捧露布跪授門下侍郎，轉授兵部尚書。次禮直官引刑部尚書進當樓前，俛伏，跪，進奏「具官臣某言，某使某官某以某處所俘執獻，請付所司」，奏訖，復位，以俟旨。合就刑者立于西廂，東向。禮直官引大理卿受之，詣法場准式。若上命釋罪者，通事舍人詣樓前，南向，宣「有敕釋縛」。釋縛訖，俟命。又東上閤門官宣制「釋放」。其詞，學士院隨事撰述。宣訖，通事舍人贊謝恩，拜，再拜，隨拜，三稱萬歲訖，於東廂西向序立。如有賜物，即臨時承旨宣賜，贊謝恩如受降之儀。贊樓上

〔一〕「即行」，諸本作「耶仁」，據政和五禮新儀卷一五九改。
〔二〕「行」，諸本作「方」，據政和五禮新儀卷一五九改。
〔三〕「誥」，諸本脱，據政和五禮新儀卷一五九補。

侍郎立官稱賀再拜。禮直官、舍人分引文武百僚橫行，北向，立定。贊者曰「拜」，在位官皆再拜。班首少前，俛伏，跪稱賀訖，其詞，中書省隨事撰述。俛伏，興，退，復位。贊者曰「拜」，在位官皆再拜。搢笏，舞蹈，三稱萬歲，又再拜。東上閤門官進詣樓前承旨，就班首宣曰「有制」，贊者曰「拜」，在位官皆再拜。宣答訖，其詞，學士院隨事撰述。贊者曰「拜」，在位官皆再拜，搢笏，舞蹈，三稱萬歲，又再拜。分班，樓上樞密院少進前，俛伏，跪奏稱「具官臣某言，禮畢」，俛伏，興，退，復位。內侍承旨索扇，扇合，皇帝降座，簾降。內侍省贊扇開，所司承旨放仗。樓下鳴鞭，贊文武百僚再拜。訖，退。皇帝乘輿還內，如常儀。

明典禮志：洪武四年秋七月乙丑，指揮萬德送、明昇並降，表至京師。初，上聞大軍下蜀，命中書集六部、太常、翰林院定議受降等禮。省部請如宋太祖乾德三年受蜀主孟昶降禮。上御奉天門，昇等于午門外跪進待罪表。侍儀使捧表入，宣表官宣讀訖，承制官出，傳制官出傳制，賜衣服冠帶，昇等皆俯伏于地。侍儀舍人掖昇起，其屬官皆起，跪聽宣制釋罪，昇等五拜，三呼萬歲。承制官傳制，賜衣服冠帶，侍儀舍人引昇入丹墀中，四拜。侍儀使傳旨，昇跪聽宣諭，俯伏，四拜，三呼萬歲，又四拜，出。丞相率文武百官行賀禮。上曰：「明昇與孟昶不同。昶專治國政，所爲奢縱。昇年幼，事由臣下，宜免其叩頭伏地上表請罪之禮。」是日，昇及其官屬朝見，百官稱賀，制授昇爲歸義侯，賜冠帶衣服及居第于京師。

明會典：永樂四年，定獻俘。前期，兵部官以露布奏聞。禮部告示，文武百官具朝服并坊厢里老人等行慶賀禮。先一日，内官設御座于午門樓前楹正中。是日，錦衣衛設儀仗于午門前御道之東西。教坊司陳大樂于御道南東西，北向。鴻臚寺設贊禮二人于午門前，東西相向。承制官一員位于午門前東立，西向；設宣制位于午門東稍南，西向；設文武官及諸蕃使客人等侍立位于樓前御道南，文東武西，相向。設露布案于午門前御道東，設宣露布官一員、展露布官二員及刑部獻俘官位于午門前御道東稍南，西向；設獻俘將校位于午門前御道西稍南，北向；設進露布官位于御道南稍東。引禮引文武官東西序立。引進露布官捧露布置于案，退，就位。獻俘將校引俘列于午門前西邊武班之後以俟。上常服，御奉天門，鐘聲止。鴻臚寺跪奏「請上乘輿」，樂作；至午門樓，上陞座，樂止。鳴鞭訖，贊禮贊進露布官四拜，樂作；平身，樂止。贊進露布，樂作；執事者舉案置于中道，樂止。贊宣露布官跪，宣露布官與展露布官詣案前取露布，跪宣訖，仍置於案，退。贊俯伏，興，樂作；四拜，平身，樂止。執事者舉案，復置于御道東。引禮引進露布官退。贊獻俘，獻俘將校引俘至獻俘位，北向，立定。俘跪于前。刑部官詣樓前中道，跪奏云：「具官臣某奏云，某官以某處所俘獻，請付所司，伺旨。」有合受刑者，立于西廂，東向，以付刑官。若上釋罪，承制官詣御道，跪請制，由東街南行至宣制位，西向立，稱「有制，所獲俘囚，咸赦其罪」。宣旨曰：「有敕釋縛。」所釋之俘叩頭訖，將校引俘起。引禮贊文武百官入班，北向立。唱排班，班齊。致詞官詣中道，跪致詞云云。賀訖，贊鞠躬，樂作；五拜，三叩頭，興，平身，樂止。鴻臚寺跪奏「禮畢」，樂作；駕興，樂止。百官以次退。次日，行開讀禮，如常儀。第三日，文武百官上表行慶賀禮，如常儀。

凡各處奏捷，鴻臚寺于早朝將差來人役引至御前宣讀捷音。隆慶六年，令擇吉宣捷。至日不奏事，次日行慶賀禮。

王圻續通考獻俘儀注：穆宗隆慶四年十二月，禮部奏：是日，文武百官具朝服詣午門前行慶賀禮。先一日，内官設御座于午門樓前楹正中。是日早，錦衣衛設儀仗于午門前御道之東，西向。教坊司陳大樂于御道南，東西相向。鴻臚寺設贊禮二人于午門前，東西相向。設文武官侍立位于樓前御道南，文東武西，相向。及刑部獻俘官位于午門前御道東稍南，西向。設獻俘將校位于午門前御道西稍南，北向。引禮引文武官東西序立。獻俘將校引俘列于午門前西邊文武班之後伺候。上常服，御皇極門，鐘聲止。鴻臚寺跪奏「請上乘輿」，樂作；至午門樓，上陞座，樂止。鳴鞭訖，鴻臚寺官宣奏畢，贊獻俘將校引俘至獻俘位，北向，立定。俘跪于將校之前。刑部官詣樓前中道，跪奏云「具官臣某奏云，某官以某處所俘獻，請付所司」。候旨傳下，刑部官承旨訖，即同將校押出施行。文武百官入班，北向立。唱排班，班齊。致詞官詣中道，跪致詞稱賀訖，贊鞠躬，樂作；五拜，三叩頭，興，平身，樂止。鴻臚寺官跪奏「禮畢」，樂作；駕興，樂止。百官以次退。

湧幢小品：上御午樓，獻俘奏事畢，上曰：「拿去。」廷臣尚未聞聲，左右勳戚接者二遞爲四，乃有聲。又爲八，爲十六，漸震。爲三十二，最下則大漢將軍三百六十人，齊聲如轟雷矣。

蕙田案：以上獻俘。

通典：後魏每攻戰克捷，欲天下聞知，乃書帛，建于漆竿上，名爲露布。彭城王勰曰：「露布者，布于四海，露之耳目。」蓋謂獻捷之書不封，而以告諭于天下也。隋文帝開皇中，詔太常卿牛弘、太子庶子裴政撰宣露布禮。及九年平陳，元帥晉王以驛上露布。兵部奏請依新禮，集百官、四方客使等並赴廣陽門外，朝服朝衣，各依其列。内史令稱「有詔」，在位者皆拜。宣訖，蹈舞者三，又拜而罷。

唐開元禮宣露布：其日，守宫量設群官次。露布至，兵部侍郎奉以奏聞。仍承制集文武群官、客使於東朝堂。群官、客使至，俱就次，各服其服。奉禮設群官版位于東朝堂之前近南，文東武西，重行，北向，相對爲首。又設客使位如常儀〔一〕。設中書令于群官之北，南面。量時刻，吏部、兵部贊群官、客使出次。謁者贊引就位，立定。中書令受露布，置于案，令史二人絳公服對舉之。典謁者引中書令，舉案者從之，出就南面位；持案者立于中書令西南，東面立定。持案者進，中書令取露布，持案者退，復位。中書令稱「有制」，群官、客使皆再拜〔二〕。中書令宣露布訖，群官、客使又再拜，

〔一〕「位」，諸本作「各」，據通典卷一三二改。
〔二〕「皆」下，諸本衍「拜」字，據通典卷一三二删。

皆舞蹈訖，又再拜。謁者引兵部尚書進中書令前受露布，退，復位。兵部侍郎前受之。典謁引中書令入，謁者引群官、客使各還次。

郭正域典禮志：永樂四年定。前期，兵部官以露布奏聞，文武百官具朝服。先一日，内官設御座于午門樓前楹正中。是日早，錦衣衛設儀仗于午門前御道之東西。教坊司樂陳大樂于御道西南，東西相向。鴻臚寺設贊禮二人于午門前，東西相向。承制官一人位于午門前，西向。設宣制位于午門東稍南，西向。設文武官及諸蕃使客人等侍立位于樓前御道南，東西向。設露布案于午門前御道東，設宣露布官一、展宣露布官二及刑部獻俘官位于午門前御道東，西向。設獻俘將校位于午門前御道西，北向。設進露布官位于御道南稍東。引禮導文武官東西序立。引進露布官捧露布置于案，退，就位。獻俘將校引俘列于午門前武班之後。上常服，御奉天門，鐘聲止。鴻臚寺跪奏「請上乘輿」，樂作；至午門樓，上陞座，樂止。鳴鞭訖，贊禮贊進露布官四拜，樂作；平身，樂止。贊進露布，樂作；執事者舉案置于中道，樂止。宣露布，贊獻俘。獻俘將校引俘至，北向立。俘跪于前。刑部官詣樓前中道，跪奏曰：「某官臣某奏曰，某官以某處所獻俘，請付所司，伺旨。」有合受刑者，立于西廂，東向，以付刑官。若上釋罪，承制官詣御道，跪請制，由東街南行至宣制位〔二〕，西向立，稱旨曰：「所獲俘囚，咸赦其罪。」宣旨曰：「有敕釋縛。」所釋之俘，將校引俘起。文武百官入班，北向立，致詞官跪致詞賀訖，樂作，五拜，三叩首，興，樂止。樂作，駕興。百官以次退。次日，行開讀禮，如常儀。第三日，文武百官上表行慶賀禮，如常儀。

潘昂霄金石例：露布之名，始于漢。案光武紀注漢制度曰：「制詔三公，皆璽封，尚書令印重封，露布州郡。」祭祀志注引東觀書：「有司奏孝順號，露布奏可。」又鮑昱詣尚書封胡降檄曰：「故事，通官文書不著姓，又當司徒露布。」李雲「露布上書」注：「謂不封也。」魏改元景初，詔曰：「司徒露布，咸使聞知。」蜀漢建興五年春，伐魏，詔曰：「丞相某露布天下。」此皆非將帥獻捷所用。後魏王肅獲賊二三，皆爲露布，韓顯宗有「高曳長縑，虚張功捷」之譏。孝文稱傅脩期「下馬作露布」，齊神武破芒山軍爲露布，杜弼即書絹，不起草。唐制，下之通上，其制有六，三曰露布。兵部侍郎奉以奏聞，集群官東朝堂，中書令宣布。張九齡爲崑丘道記室，平龜兹露布

〔二〕「宣」，諸本作「東」，據皇明典禮志卷二〇改。

爲士所稱。于公異爲昭討府掌書記，朱泚平露布曰：「臣既肅清宫禁，祗奉寢園，鐘簴不移，廟貌如故。」德宗咨歎焉。東晉未有露布，隆興初，以晉破苻堅命題，似有可疑。然文章緣起曰「漢賈洪爲馬超伐曹操作」，而魏志注謂「虞松從司馬宣王征遼東，及破賊，作露布」。隋志有魏武帝露布文九卷。世説云：「桓温北征，令袁宏倚馬前作露布，手不輟筆，俄成七紙。」則魏、晉已有之。嘗考宋朝王元之擬李靖平突厥露布，此擬題之始歟？

蕙田案：以上宣露布。

又案：獻俘與宣露布二事相連，分而實合，但獻俘見于經，宣露布起于後世，故以獻俘居前，次宣露布附焉。

右凱旋告祭獻俘宣露布附

獻捷

春秋成公二年左氏傳：晉侯使鞏朔獻齊捷于周，王弗見，使單襄公辭焉，曰：「蠻夷戎狄，不式王命，淫湎毁常，王命伐之，則有獻捷。王親受而勞之，所以懲不敬，勸有功也。兄弟甥舅，侵敗王略，王命伐之，告事而已，不獻其功，所以敬親暱、禁淫慝也。今叔父克遂，有功于齊，而奸先王之禮。余雖欲于鞏伯，其敢廢舊典以忝叔父？夫齊，甥舅之國也，而太師之後也，寧不亦淫從其欲以怒叔父，抑豈不可諫誨？」士莊伯不能對。王使委于三吏，禮之如侯伯克敵使大夫告慶之禮。

三年左氏傳〔一〕：鄭皇戌如楚獻捷。

襄公二十五年左氏傳：鄭伐陳，入之。子產獻捷于晉，戎服將事。晉人問陳之罪。對曰：「昔虞閼父爲周陶正，以服事我先王。我先王賴其利器用也，與其神明之後也，庸以元女大姬配胡公，而封諸陳，以備三恪。則我周之自出，至于今是賴。桓公之亂，蔡人欲立其出，我先君莊公奉五父而立之，蔡人殺之，我又與蔡人奉戴厲公。至于莊、宣，皆我之自立。夏氏之亂，成公播蕩，又我之自入，君所知也。今陳忘周之大德，蔑我大惠，棄我姻親，介恃楚衆，以憑陵我敝邑，不可億逞，我是以有往年之告。未獲成命，則有我東門之役。當陳隧者，井堙木刊。敝邑大懼不競而恥大姬，天誘其

〔一〕「三年」，諸本作「二年」，據春秋左傳正義卷二六改。

衷，啓敝邑心。陳知其罪，授手于我。用敢獻功。」晉人曰：「何故戎服？」對曰：「我先君武、莊爲平、桓卿士，城濮之役，文公布命，曰：『各服舊職。』命我文公戎服輔王，以授楚捷，不敢廢王命故也。」士莊伯不能詰，乃受之。

王圻續通考奏捷儀注：凡各處奏捷，鴻臚寺於早朝將差來人役引至御前宣讀捷音。

隆慶六年，令擇吉宣捷，至日不奏事，次日行慶賀禮。

神宗八年定，凡大捷，於常朝期宣奏捷音。是日，百官各具吉服，候宣捷之後，鴻臚寺官致詞，行五拜三叩頭禮。本日早，即遣官薦告郊廟，行翰林院撰文，太常寺辦祭品。中捷以下，立宣捷，不行祭告、慶賀禮。

右獻捷

受降

宋史哲宗本紀：元符二年秋七月丙寅，洮西安撫使王贍復邈川城，西蕃首領勤巴阿勝以城降。

禮志：元符二年，西蕃王隆贊、邈川首領轄氻等降，詔具儀注。以受降日御宣德門，設諸班直、上四軍仗衛，諸軍素服陳列。降者各服蕃服以見，審問訖，有旨放罪，各等第賜首服袍帶。百官稱賀訖，再御紫宸殿賜宴會。哲宗崩，樞密院留隆贊等西京聽旨。詔罷御樓立仗，但引見于後殿。隆贊一班；契丹公主一班，夏國、回鶻公主次之〔一〕；瞎征一班〔二〕，策巴克嘉勒并族屬次之。應族屬首領各從其長，以次起居。僧尼公主皆蕃服蕃拜。並賜冠服。謝訖，賜酒饌横門外。

政和初，議禮局上受降儀。皇帝乘輿升宣德門樓，降輿，坐御幄。百官與降王、蕃官各班樓下，如大禮肆赦儀。東上閤門以紅條袋班齊牌引升樓。樓上東上閤門官附内侍承旨索扇，扇合，帝即御坐，簾捲。内侍又贊扇開，侍衛如常儀。諸班親從并裹圍降王人等迎駕，自贊常起居。次舍人贊執儀將士常起居。次管幹降王使臣并隨行舊蕃官常起居。次禮直官、舍人引百官横行北向。贊者曰「拜」，在位官皆再拜，舞

〔一〕「主」，原脱，據光緒本、宋史禮志二十四補。
〔二〕「瞎征」，原作「回鶻」，據味經窩本、乾隆本、光緒本、宋史禮志二十四改。

蹈，三稱萬歲，又再拜。班首奏「聖躬萬福」，又再拜，退。百官各就東西位。舍人引降王服本國衣冠詣樓前，北向；女婦少西立，僧又少西，尼立于後。入内省官詣御坐前承旨，傳樓上東上閤門官承旨録訖，以紅條袋降制樓下，東上閤門官承旨退。降王以下俯伏，東上閤門官至，令通事舍人掖之起，首領以下皆起，鞠躬。閤門宣「有敕」，降王以下再拜，僧尼止躬呼萬歲。閤門録敕旨付管幹官，降王等躬聽詰問。如有復奏，閤門録訖，仍以紅條袋引升樓。如無復奏，入内省官詣御坐承旨，傳樓上閤門官稱「有敕放罪」訖，舍人贊謝恩，降王以下再拜，稱萬歲，復序立。入内省官詣御坐承旨，傳樓上閤門官稱「有敕各賜首服袍帶」，樓下閤門官承旨，引所賜檐牀陳于西。舍人宣曰「有敕」，降王以下再拜，鞠躬，舍人稱各賜某物。賜物畢，又再拜稱萬歲。若賜官，即贊謝再拜，並歸次，易所賜服。舍人先引降王以下至授遥郡以上當樓前，北向，東上立，贊再拜，稱萬歲，又再拜。次贊服冠帔婦女再拜。僧尼别謝，引還。次贊樓上侍立官稱賀再拜，禮直官、舍人分引百官横行北向立。贊拜訖，班首少前，俛伏，跪，稱賀。其詞，中書隨事撰述。賀訖，復位。在位者又再拜，舞蹈，三稱萬歲，又再拜。東上閤門官進詣樓前承旨，就班首宣曰「有制」，贊者曰「拜」，在位官皆再拜，宣答，其詞，學士院隨事撰述。又贊「再拜」，三稱萬歲，又再拜。樓上樞密院前跪奏，稱「某官臣其言，禮畢」，内侍索扇，扇合，簾垂，帝降坐。内侍贊扇開，所司承旨放仗。樓下鞭鳴，百官再拜退。

蕙田案：受降，秦、漢以下有之。儀制自宋史始，故首宋。

右受降

飲至

詩小雅六月：吉甫燕喜，既多受祉。來歸自鎬，我行永久。飲御諸友，炰鼈膾鯉。侯誰在矣？張仲孝友。箋：吉甫既伐玁狁而歸，天子以燕禮樂之，則歡喜矣，又多受賞賜也。御，侍也。王以吉甫遠從鎬地來，又日月長久，今飲之酒，使其諸友恩舊者侍之，又加其珍美之饌，所以極勸也。

春秋隱公五年左氏傳：臧僖伯曰：「三年而治兵，入而振旅，歸而飲至，以數軍實。注：飲于廟，以數車徒器械及所獲也。昭文章，明貴賤，辨等列，順少長，習威儀也。」

桓公十六年秋七月，公至自伐鄭。左氏傳：夏，伐鄭。秋七月，公至自伐鄭，以飲至之禮也。

孔叢子問軍禮：饗有功于祖廟，舍爵策勳焉，謂之飲至，此天子親征之禮也。

陳書宣帝本紀：太建八年夏四月甲寅，詔曰：「元戎凱旋，群師振旅。旌功策賞，宜有享宴。今月十七日，可幸樂遊苑，設絲竹之樂，大會文武。」

舊唐書太宗本紀：貞觀十四年十二月丁酉，交河道旋師。吏部尚書、陳國公侯君集執高昌王麴智盛，獻捷于觀德殿，行飲至之禮。

王圻續通考：成祖永樂十二年二月，詔親征衛拉特。三月，車駕發北京。六月壬寅朔，寇達勒巴、瑪哈穆特、太平、巴圖博囉等率衆逆我師，上麾柳升等發神機銃砲，親率鐵騎擊之，達哩大敗。上還帳中，皇太孫入見。上曰：「此賊尚未還，遲明追撲之，必盡殲乃已。」皇太孫對曰：「陛下督戰勤勞，天威所加，虜衆破膽矣。今既敗走，假息無所，寧敢返顧乎？請不須窮追，宜及時班師。」上然之。庚戌，班師。戊午，駐蹕三峰山之西南，和寧王阿嚕台遣所部都督多爾濟藏布等來朝，命中官王安賫敕往勞之。己巳，車駕次黑山峪，敕皇太孫以班師告天地、宗廟、社稷，遂頒詔天下。八月辛丑朔，車駕至北京，上御奉天殿受賀，大宴文武群臣及從征將校，命禮部會議將士功賞。

宣德三年八月，上召公侯伯、五軍都督府諭曰：「北寇擾邊，朕將親歷諸關，警飭兵備。」丁未，發京師。九月，命諸將搜山谷，約畢至則班師。戊午，召文武大臣諭曰：「諸將至者，今已六七。孟冬廟享之期不遠，應早旋師。」甲子，詔班師。車駕發鐵將軍店。乙丑，駐蹕偏嶺。丙寅，車駕入喜峰關内。庚午，駐蹕三河縣。在京文武衙門，各遣官進平胡表。壬申，駐蹕齊化門。癸酉，車駕至京師，謁告太廟。皇太后置酒上壽。

蕙田案：以上二事，俱有讌樂，故采入飲至之末。

右飲至

論功行賞

易師卦：上六，大君有命，開國承家，小人勿用。

何氏楷曰：上處卦末，乃師之終，功之成，論功行賞之時也。有命，即開國承家之命。

李氏九我曰：開國承家者，所以優功臣而廣封建，見聖人待天下之公。小人勿用者，所以御才將而絶禍端，見聖人慮天下之遠。

周禮夏官司勳：戰功曰多。注：剋敵出奇，若韓信、陳平。司馬法曰：「上多前虜。」疏：知多是克敵出奇者，以其言多，是于衆之中比較多少之事，故知是克敵出奇，比彼爲多者也。云「司馬法曰上多前虜」者〔一〕，彼亦是戰，以功多爲上，居于陳前，虜獲俘囚也。凡有功者，銘書於王之太常，祭于大烝，司勳詔之。注：銘之言名也。生則書于王旌，以識其人與其功也。死于烝，先王祭之。詔，蓋告其神以辭也。

詩大雅江漢：釐爾圭瓚，秬鬯一卣，告于文人。錫山土田，于周受命，自召祖命。虎拜稽首：「天子萬年。」傳：釐，賜也。秬，黑黍也。鬯，香草也。築煮合而鬱之曰鬯。卣，器也。九命，錫圭瓚秬鬯。文人，文德之人也。諸侯有大功德，則賜之名山土田附庸。箋：秬鬯，黑黍酒也。謂之鬯者，芬香條鬯也。王賜召虎以鬯酒一罇，使以祭其宗廟，告其先祖諸有德美見記者。周，岐周也。自，用也。宣王欲尊顯召虎，故如岐周，使虎受山川土田之賜，命用其祖召康公受封之禮。岐周，周之所起，爲其先祖之靈，故就之。拜稽首者，受王命策書也。臣受恩，無可以報謝者，稱言使君壽考而已。

通典：漢高祖有天下，論功定封。誓曰：「黃河如帶，泰山如礪，國以永存，爰及苗裔。」於是定十八侯之位次，以蕭何爲第一。

〔一〕「上多前虜」，原作「上功多虜」，據光緒本、周禮注疏卷三〇改。

光武中興，定封功臣。詔曰：「諸將業遠功大，誠欲傳于無窮。其顯效未酬，名籍未立者，大鴻臚趣上。朕將差而録之。」於是封高密侯鄧禹等二十八人。

晉太元十年，論淮、淝之功，封謝安廬郡公〔一〕、謝石南康公、謝玄康樂公、謝琰望蔡公、桓伊永脩公，自餘封拜有差。

唐高祖武德元年，論太原建義功，以秦王世民爲首，長孫順德、劉宏基等次之。太宗即位，定功臣封户，自裴寂以下，差功大小第之，總四十三人。

文獻通考：宋定天下，賞功臣石守信等有差。乾道中，以中興十三處戰功列于銓法。

明集禮：論功行賞儀注。前期，内使監陳御座、香案于奉天殿，如常儀。尚寶司設寶案于殿上正中，侍儀司設詔書案于寶案之前，設誥命案于丹陛正中之北，設皇太子、諸王侍立位于殿上之東北，設承制官承制位于殿上之東，及宣制位于丹墀誥命案之北，吏部尚書、户部尚書、禮部尚書位于殿上之東南，設大都督府、兵部尚書位于殿

〔一〕「廬郡公」，晉書孝武帝本紀作「廬陵郡公」。

上之西南。應受賞官拜位于丹墀之中，異位重行；序立位于丹墀之西南，受賞位于誥命案之南，受賞執事位于受賞官序立位之西。每受賞官用捧誥命、捧禮物者各一人。知班二人位于受賞官拜位之北，東西相向。贊禮二人位于知班之北，東西相向。典儀二人位于丹墀上之南，東西相向。文武官侍立位于丹墀之北，東西相向。侍從班、起居注、給事中、殿中侍御史、尚寶卿、侍儀司官位于殿上之東，懸刀武官位于殿上之西。殿前班指揮司三人位于丹陛之西，東向。光禄寺三人位于丹陛上之東，西向。拱衛司二人位于殿中門之左右。典牧所官二人位于仗馬之前。宿衛鎮撫二人位于丹陛下，東西相向。護衛千户二十八人位于宿衛鎮撫之南稍後，東西相向。護衛千户八人位于奉天殿東西門之左右，將軍二人位于殿上簾前之東西，將軍六人位于奉天殿門之左右，將軍四人位于丹陛上之四隅。將軍六人位于奉天門之左右，俱東西相向。鳴鞭四人位于丹陛之南，北向。是日，擊鼓初嚴，金吾衛列旗幟、器仗，拱衛司設儀仗、車輅，典牧司陳仗馬、虎豹，内使監擎執，樂工陳樂，皆如正會之儀。禮部陳設詔書，吏部陳設誥命，户部陳設禮物。陳設執事各立于案之左右。殿前班、糾儀、典儀、知班、贊禮、宿衛鎮撫、護衛將軍各入就位。舍人催受賞官及侍立文武官各具朝服。

擊鼓次嚴，侍從班文武官入迎車駕。舍人引受賞官齊班于午門外之南，東西相向。引文武官齊班于午門之北，東西相向。擊鼓三嚴，侍儀版奏「中嚴」，御用監官奏請皇帝于謹身殿服衮冕，皇太子、諸王于奉天殿門東耳房具冕服。舍人引文武官入就丹墀侍立位，引受賞官入就丹墀序立位。侍儀版奏「外辦」，皇帝御輿以出，仗動，樂作，侍衛導從如常儀。陞御座，捲簾，鳴鞭，樂止。司辰報時雞唱訖，引進引皇太子、諸王自奉天門東門入，樂作，由東陛陞殿，東門入至侍立位，樂止。舍人引受賞官入就拜位。知班唱「班齊」，贊禮唱「鞠躬」，樂作，拜，興，拜，興，拜，興，拜，興，平身，樂止。承制官前跪承制，由殿中門出中陛，降至宣制位。吏部尚書、户部尚書、禮部尚書由西門出西陛，降立于誥命、禮物案之東。承制官南向，稱「有制」。贊禮唱「跪」，受賞官皆跪。承制官宣制曰：「朕嘉某等爲國建功，宜加爵賞。今授某以某職，賜以某物，其共承朕命。」受賜員數不拘多少，載在其中。宣畢，贊禮唱「俛伏，興」，樂作；拜，興，拜，興，平身，樂止。贊禮唱「行賞」，舍人引受賞官第一人詣案前。贊禮唱「跪，搢笏」，吏部官捧誥命，禮部官捧禮物，各授受賞官。受賞官受誥命、禮物以授左右，左右跪受于受賞官之左，興，退，復位。贊禮唱「出笏，俯伏，興，復位」，舍人引受賞官復位。引以次受賞官詣案前，皆如常儀。承制官、吏部尚書、户部尚書、禮部尚書由西陛陞，西門入，跪上位之西，云「承制」訖，興，各復位。贊禮唱「鞠躬」，樂作，拜，興，拜，興，樂止。贊禮唱搢笏，鞠躬三，舞蹈，跪，山呼萬歲，山呼萬歲，再山呼萬萬歲。樂工齊聲應之。出笏，俯伏，興，樂作，拜，興，拜，興，拜，興，拜，興，平身，樂止。贊禮唱「禮畢」，侍儀跪奏「禮畢」。鳴鞭，皇帝興，樂作，警蹕侍從導引至謹身殿，樂止。引進引皇太子、諸王還宫。舍人引受賞官及文武官以次出。至午門外，以誥命、禮物置于龍亭，用儀仗鼓樂各送還本第。

右論功行賞

師不功

周禮夏官大司馬：若師不功，則厭而奉主車。鄭司農云：「厭，謂厭冠，喪服也。軍敗則以喪禮，故秦伯之敗于殽也，春秋傳曰：『秦伯素服郊次，鄉師而哭。』」玄謂：厭，伏冠也。奉猶送也。送主歸于廟與社。疏：「厭，伏冠」者，案下曲禮云：「厭冠不入公門。」彼差次當緦、小功之冠，以義言之，五服之冠皆厭，以其喪冠反吉冠，于武上向内縫之，喪冠于武下向上縫之，以伏冠在武，故得厭伏之名。

案檀弓注：「厭冠，喪冠〔一〕，其服亦未聞。」

鄭氏鍔曰：奉主車以歸，肆師助牽之，故肆師云：「師不功，則助牽主車。」

王弔勞士庶子，則相。注：師敗，王親弔士庶子之死者，勞其傷者，則相王之禮。庶子，卿大夫之子從軍者，或謂之庶士。

鄭氏鍔曰：士庶子，宿衛王宫者也。王親征則從王在軍而屬司馬。有死者，王親弔之，司馬相其弔勞之禮，以其在軍故也。

春官肆師：凡師不功，則助牽主車。

鄭氏鍔曰：戰所以全宗社，不功而失乎主車，是失宗社。肆師掌爲位以祭宗社爲職。大司馬于師不功則厭而奉主車，肆師爲大司馬之助而已。

李嘉會曰：牽主車，亦所以安神靈也。

禮記檀弓：軍有憂，則素服哭于庫門之外，赴車不載櫜韔。

陳氏澔曰：櫜，甲衣。韔，弓衣。甲不入櫜，弓不入韔，示再用也。

右師不功

〔一〕「喪冠」，諸本作「喪服」，據周禮注疏卷二九改。

遣戍

詩小雅采薇序：采薇，遣戍役也。

采薇采薇，薇亦作止。曰歸曰歸，歲亦莫止。靡室靡家，玁狁之故。不遑啓居，玁狁之故。　采薇采薇，薇亦柔止。曰歸曰歸，心亦憂止。憂心烈烈，載飢載渴。我戍未定，靡使歸聘。　采薇采薇，薇亦剛止。曰歸曰歸，歲亦陽止。王事靡盬，不遑啓處。憂心孔疚，我行不來。　彼爾維何？維常之華。彼路斯何？君子之車。戎車既駕，四牡業業。豈敢定居，一月三捷。　駕彼四牡，四牡騤騤。君子所依，小人所腓。四牡翼翼，象弭魚服。豈不日戒，玁狁孔棘。　昔我往矣，楊柳依依。今我來思，雨雪霏霏。行道遲遲，載渴載飢。我心傷悲，莫知我哀。

杕杜序：杕杜，勞還役也。

有杕之杜，有睆其實。王事靡盬，繼嗣我日。日月陽止，女心傷止，征夫遑止。　有杕之杜，其葉萋萋。王事靡盬，我心傷悲。卉木萋止，女心悲止，征夫歸止。　陟彼北山，言采其杞。王事靡盬，憂我父母。檀車幝幝，四牡痯痯，征夫不遠。　匪載匪來，憂心孔疚。期逝不至，而多爲恤。卜筮偕止，會言近止，征夫邇止。

范氏曰：出車勞率，故美其功。杕杜勞衆，故極其情。先王以己之心爲人之心，故能曲盡其情，民忘其死以忠于上也。

右遣戍

五禮通考卷二百四十

軍禮八

校閱

蕙田案：古者寓兵於農，有校閱之禮，有田獵之禮。考周禮「大田之禮，簡衆也」，又云「聽師田以簡稽」，春而振旅，夏而茇舍，秋而治兵，冬而大閱，非徒以餘禽取獸供賓客宗廟之用而已。蓋安不忘危，講武之儀，即寓於游田之内。故校閱即田獵，田獵即校閱，二者不可分也。然觀月令「講武」、「飭事」之文，則其事亦有不爲田獵者，即康成注亦未嘗與冬狩混而爲一也。至春秋一經，所書大閱、治兵之事尤多。蓋列國多故，臨戰而習武，以是爲權禮焉。漢、唐以下，其事益分，古今異宜，無容泥古也。今分爲二門，而於大司馬四時之狩悉歸之「田獵」云。

校閱

春秋莊公八年公羊傳：治兵者何？出曰治兵，入曰振旅。其禮一也，皆習戰也。

國語周語：三時務農，而一時講武。故征則有威，守則有財。

蕙田案：以上總論。

禮記月令：孟冬之月，天子乃命將帥講武，習射御，角力。注：爲簡習之，亦因營室主武士也。

仲冬之月，飭死事。注：飭軍士戰必有死志。疏：因殺氣之盛以飭軍士〔一〕，使戰者必有死志，故曰「飭死事」也。

蕙田案：以上王畿校閱之禮。

〔一〕「殺」，原作「死」，據光緒本、禮記正義卷一七改。

春秋桓公六年秋八月壬午，大閱。杜注：齊爲大國，以戎事徵諸侯之戍，嘉美鄭忽，而忽欲以有功爲班〔一〕，怒而訴齊〔二〕，魯人懼之，故以非時簡車馬。　疏：「公狩于郎」、「公狩于禚」，皆書公；「大蒐」、「大閱」不書公者，周禮雖四時教戰，而遂以田獵，但蒐、閱車馬，未必皆因田獵；田獵從禽，未必皆閱車馬。何則？怠慢之主，外作禽荒，豈待教戰，方始獵也？「公及齊人狩于禚」，乃與鄰國共獵，必非自教民戰。以「矢魚于棠」，非教戰之事，主爲游戲〔三〕，而斥言公。則狩于郎、禚，亦主爲游戲，故特書公也。大蒐、大閱，國家之常禮，公身雖在，非爲游戲，如此之類，例不書公。定十四年：「大蒐于比蒲，邾子來會公。」公身在蒐，而經不書公，知其法所不書。以其國家大事，非公私欲故也。且比蒲、昌間，皆舉蒐地，此不言地者，蓋在國簡閱，未必田獵。昭十八年，鄭人簡兵大蒐，在于城内，此亦當在城内。　**左氏傳：秋，大閱，簡車馬也。**　**公羊傳：大閱者何？簡車徒也。何以書？蓋以罕書也。**注：大簡閱兵車，使可任用而習之也。比年簡徒，謂之蒐；三年簡車，謂之大閱；五年大蒐車徒，謂之大蒐。　**穀梁傳：大閱者何？閱兵車也，修教明諭，國以道也。平而修戎事，非正也。**注：因四時田獵以習用戎事。平，謂不因田獵，無事而修之。

〔一〕「班」下，諸本衍「首」字，據春秋左傳正義卷六删。
〔二〕「齊」下，諸本衍「人」字，據春秋左傳正義卷六删。
〔三〕「主」，原作「至」，據光緒本、春秋左傳正義卷六改。

蕙田案：杜預以大閱爲因事習武，何休以大閱爲五年定制〔一〕，二説不同，然皆以爲與田獵異事，書之於策，非有所譏也，觀孔氏正義自明。乃穀梁以爲非正，范甯以不因田獵貶之，恐非經意。

莊公八年春，王正月，師次于郎，以俟陳人、蔡人。甲午，治兵。杜注：治兵于廟，習號令，將以圍郕。疏：周禮：「仲春教振旅，仲秋教治兵。」穀梁云：「出曰治兵，習戰也；入曰振旅，習戰也。」釋天云：「出爲治兵，尚威武也；入爲振旅，定尊卑也。」孫炎云：「出則幼賤在前，貴勇力也；入則尊老在前，復常法也。」彼言治兵、振旅，皆謂因田獵而選車徒，教戰法，習號令，知此治兵亦是習號令。此治兵于廟，欲就尊嚴之處，使之畏威用命耳。但軍旅之衆，非廟内所容，止應告于宗廟，出在門巷習之。昭十八年傳稱「鄭人簡兵大蒐，將爲蒐除」，注云：「治兵于廟，城内地迫，故除廣之〔二〕。」是告于廟，習于巷也。下有圍郕，知治兵爲圍郕也。沈云：「周禮『中秋治兵』，月令孟春云『是月也，不可以稱兵，稱兵必天殃』，所以甲午治兵者，以爲圍郕。故非時治兵，猶如備難而城，雖非時不譏。」沈又云：「治兵之禮，必須告廟。告廟雖是内事，治兵乃是外事，故雖告廟，仍用甲午。且治兵則征伐之類，又爲圍郕，雖在郊内，亦

〔一〕「五年」，據春秋公羊傳注疏卷四當作「三年」。
〔二〕「之」，原作「云」，據光緒本、春秋左傳正義卷八改。

用剛日。」甲午治兵，公羊以爲祠兵[一]，殺牲饗士卒。穀梁傳：出曰治兵，習戰也；入曰振旅，習戰也。治兵而陳、蔡不至矣。注：師次于郎，以俟陳人、蔡人。兵事以嚴終。故曰「善陳者不戰」，此之謂也。善爲國者不師。注：道德齊禮，鄰國望之，歡如親戚，何師之爲？善師者不陣。注：師衆素嚴，不須耀兵列陣。善陣者不戰。注：軍陣嚴整，敵望而畏之，莫敢與戰。善戰者不死。注：役兵勝地，故無死者。善死者不亡。注：民盡其命，無奔背散亡[二]。

蕙田案：以上魯校閲之禮。

國語齊語：管仲作内政而寄軍令，制三軍。有中軍之鼓，有國子之鼓，有高子之鼓。春以振旅，秋以治兵。是故卒伍整于里，軍旅整于郊。

蕙田案：以上齊校閲之禮。

春秋昭公十四年左氏傳：夏，楚子使然丹簡上國之兵于宗丘，且撫其民。分貧振窮，長孤幼，養老疾，收介特，救災患，宥孤寡，赦罪戾[三]，詰奸慝，舉淹滯。禮新叙舊，

[一]「祠」，諸本作「治」，據春秋左傳正義卷八改。
[二]「背散」，原作「敵皆」，據光緒本、春秋穀梁傳注疏卷五改。
[三]「赦」，原作「救」，據光緒本、春秋左傳正義卷四七改。

祿勳合親，任良物官。注：上國，在國都之西。西方居上流，故謂之上國。宗丘，楚地。介特〔一〕，單身民。收，聚，不使流散。物，事也。疏：周禮司兵「掌五兵」，鄭衆云：「五兵者，戈、殳、戟、酋矛、夷矛。」鄭玄云：「步卒之五兵，則無夷矛，而有弓矢。」然則兵者，戰器之名。戰必令人執兵，因即名人爲兵也。此「簡上國之兵」，謂簡料人丁之强弱，于宗丘之地，集而簡之。使屈罷簡東國之兵于召陵，亦如之。注：兵在國都之東者。好于邊疆，息民五年，而後用師，禮也。

蕙田案：以上楚校閱之禮。

僖公二十七年左氏傳：楚子將圍宋，使子文治兵于睽，注：子文，時不爲令尹，故云使治兵，習號令也。睽，楚邑也。終朝而畢，不戮一人。注：終朝，自旦及食時也。子文欲委重于子玉，故略其事。子玉復治兵于蔿，注：子玉爲令尹故。蔿，楚邑。終日而畢，鞭七人，貫三人耳。國老皆賀子文，子文飲之酒。注：賀子玉堪其事。蔿賈尚幼，後至，不賀。子文問之，對曰：「不知所賀。子之傳政于子玉，曰：『以靖國也。』靖諸内而敗諸外，所獲幾何？子玉之敗，子之舉也。舉以敗國，將何賀焉？子玉剛而無禮，不可以治民；過三

〔一〕「介」，諸本脱，據春秋左傳正義卷四七補。

百乘，其不能以入矣。苟入而賀，何後之有？」注：三百乘，二萬二千五百人。言子玉力小任重，將不能以入其衆而治之也。苟子玉能入其衆而舉賀典，未爲後時而失禮。言不勝其任，不足賀。

蕙田案：以上校閱失禮之事。

右校閲

漢

通典：漢興，設南、北軍之備外，命天下郡國選能引强、蹶張、材力武猛者，以爲輕車、騎士、材官、樓船。常以立秋後郊禮畢，斬牲於東門，以薦陵廟，肄孫、吴兵法六十四陣。每十月，都課試金革騎士〔一〕，各有員數。

蕙田案：劉昭注續漢志引魏書：漢承秦制，十月，會五營士，爲八乘進退，名曰乘之。晉志亦曰都講。

續漢禮儀志：漢儀，立秋之日，自郊禮畢，始揚威武，斬牲於郊東門，以薦陵廟。

〔一〕「課」，諸本脱，據通典卷七六補。

乘輿御戎輅，白馬朱鬣，躬執弩射牲。太宰命謁者各一人，載以獲車，馳送陵廟。於是乘輿還宮〔一〕，遣使者齎束帛以賜武官。武官肆兵，習戰陣之儀、斬牲之禮，名曰貙劉。兵、官皆肄孫、吴兵法六十四陣，名曰乘之。

晉書禮志：既還，公卿以下陳雒陽街，乘輿到，公卿以下拜。天子下車，公卿親識顔色，然後還宮。

漢書文帝本紀：十四年冬，匈奴寇邊，殺北地都尉卬。遣三將軍軍隴西、北地、上郡，中尉周舍爲衛將軍，郎中令張武爲車騎將軍，軍渭北，車千乘，騎卒十萬人。上親勞軍，勒兵，申教令，賜吏卒。

武帝本紀：元封元年冬十月，詔曰：「南越、東甌咸伏其辜，西蠻、北薾頗未輯睦。朕將巡邊陲，擇兵振旅，躬秉武節，置十二部將軍，親帥師焉。」行自雲陽，北歷上郡、西河、五原，出長城，北登單于臺，至朔方，臨北河。勒兵十八萬騎，旌旗徑千餘里。

郊祀志：冬，上議曰：「古者先振兵釋旅，然後封禪。」遂北巡朔方，勒兵十餘萬

〔一〕「於是乘輿」四字，諸本脱，據後漢書禮儀志中補。

騎，還祭黃帝冢橋山，釋兵涼如。注：李奇曰：涼如，地名。

後漢書世祖本紀：建武六年，初罷郡國都尉官。

劉氏攽曰：郡有都尉，國有中尉，此時罷郡都尉耳，不應有「國」字。

章如愚曰：光武見翟義反，隗囂叛，皆以秋試勒車騎，誅守長以起事也。是以罷郡國都尉，無都試之法，惟京師肄兵如故。

順帝本紀：永建元年夏五月，嚴飭障塞，繕設屯備，立秋之後，簡習戎馬。冬十月庚寅，遣黎陽營兵出屯中山北界。告幽州刺史，令緣邊增置步兵，列屯塞下，調五營弩師，郡舉五人，令教習戰射。注：調，選也。五營，五校也，謂長水、步兵、射聲、屯騎、越騎五校尉〔一〕。

何進傳：靈帝中平五年，天下滋亂，望氣者以爲京師當有大兵，兩宮流血。大將軍司馬許涼、假司馬伍宕說進曰：「太公六韜有天子將兵事，可以威厭四方。」進以爲然，入言之於帝。於是乃詔進大發四方兵，講武於平樂觀下。起大壇，上建十二重五

〔一〕「屯騎越騎」，諸本作「胡騎車騎」，據後漢書順帝本紀改。

采華蓋，高十丈。壇東北爲小壇，復建九重華蓋，高九丈。列步兵、騎士數萬人，結營爲陣。天子親出臨軍，駐大華蓋下，進駐小華蓋下。禮畢，帝躬擐甲介馬〔一〕，稱「無上將軍」，行陣三匝而還。詔使進悉領兵屯於觀下。是時置西園八校尉，以小黄門蹇碩爲上軍校尉，虎賁中郎將袁紹爲中軍校尉，屯騎都尉鮑鴻爲下軍校尉，議郎曹操爲典軍校尉，趙融爲助軍校尉，淳于瓊爲佐軍校尉，又有左右校尉。帝以蹇碩壯健而有武略，特親任之，以爲元帥，督司隸校尉以下，雖大將軍亦領屬焉。

魏志武帝本紀：建安十三年春正月，作玄武池，以肄舟師。

晉書禮志：獻帝建安二十一年，魏國有司奏：「古四時講武，皆於農隙。漢西京承秦制，三時不講，惟十月都試。今金革未偃，士衆素習，可無四時講武。但以立秋擇吉日，大朝車騎，號曰治兵。上合禮名，下承漢制。」奏可。是秋閲兵，魏王親執金鼓以令進退。

右漢

〔一〕「甲」，原脱，據光緒本、後漢書何進傳補。

三國

晉書禮志：延康元年，魏文帝爲魏王。是年六月立秋，治兵于東郊，公卿相儀，王御華蓋，親令金鼓之節。

魏志文帝本紀：黄初六年十月，行幸廣陵故城，臨江觀兵。

明帝本紀：太和元年冬十月丙寅，治兵於東郊。

蜀志：後主建興十年，亮休士勸農於黄沙，作流馬木牛畢，教兵講武。

右三國

晉

晉書武帝本紀：咸寧元年十一月癸亥，大閲於宣武觀。三年十一月丙戌，帝臨宣武觀大閲。

太康四年十二月庚午，大閲於宣武觀。六年十二月甲申，大閲於宣武觀，旬日而罷。

禮志：元帝太興四年，詔左右衛及諸營教習，依大習儀作雁羽仗。

成帝本紀：咸和元年十一月壬子，大閱於南郊。

文獻通考：咸寧元年、太康四年、六年，皆大閱習衆，然不自令進退。自惠帝以後，其禮遂廢。成帝咸和中，詔内外諸軍戲兵於南郊之場，故其地因名鬭場。自後蕃鎮桓、庾諸方伯往往閱習，朝廷無事焉。

右晉

南北朝

宋書文帝本紀：元嘉二十年二月甲申〔一〕，車駕於白下閱武。二十五年春二月庚寅〔二〕，詔曰：「安不忘虞，經世之所同；治兵教戰，有國之恒典。故服訓明恥，然後少長知禁。頃戎政雖修，而號令未審。今宣武場始成，便可剋日大習衆軍，當因校獵，肄武講事。」

〔一〕「甲申」，諸本作「甲寅」，據宋書文帝本紀改。
〔二〕「二月」，諸本作「正月」，據宋書文帝本紀改。

孝武帝本紀：孝建二年九月丁亥，車駕於宣武場閱武〔一〕。大明五年二月癸巳，車駕閱武。詔曰：「昔人稱人道何先，于兵爲首。雖淹紀勿用，忘之必危。朕以聽覽餘閒，因時講事，坐作有儀，進退無爽。軍幢以下，普量班錫。」七年春正月癸未，詔曰：「春蒐之禮，著自周令；講事之語，書於魯史。所以昭宣德度，示民軌則。今歲稔氣榮，中外寧晏。當因農隙，葺是舊章。可剋日於玄武湖大閱水師，并巡江右，講武校獵。」十一月癸巳，車駕習水軍於梁山。

南齊書武帝本紀：永明二年八月戊申，車駕幸玄武湖講武。四年閏月戊午〔二〕，車駕幸宣武堂，詔曰：「今親閱六師，少長有禮，領馭群帥，可量班賜。」九年九月戊辰〔三〕，車駕幸琅邪城講武，觀者傾都，普頒酒肉。

陳書後主本紀：禎明四年秋九月甲午，車駕幸玄武湖，肄艫艦閱武，宴群臣賦詩。

魏書昭成帝本紀：建國五年秋七月七日，諸部畢集，設壇埒，講武馳射，因以

〔一〕「宣武場」，原脱「宣」字，據光緒本、宋書孝武帝本紀補。
〔二〕「四年」，原作「三年」，據光緒本、南齊書武帝本紀改。
〔三〕「九年」，原作「四年」，據光緒本、南齊書武帝本紀改。

爲常。

道武帝本紀：登國六年秋七月壬申，講武於牛川。　八年秋七月，車駕臨幸新壇。庚寅，宴群臣，仍講武。　十年八月，帝親治兵於河南。

皇始元年八月庚寅，治兵於東郊。

天興二年秋七月辛酉，大閱於鹿苑，享賜各有差。　五年春正月，帝聞姚興將寇邊。庚寅，大簡輿徒，詔并州諸軍積穀於平陽之乾壁。　六月，治兵於東郊，部分衆軍。

明元帝本紀：永興二年秋七月丁巳，立馬射臺於陂西，仍講武教戰。　五年春正月己巳，大閱，畿内男子十二以上悉集。　己卯，幸西宮，頞拔大渠帥四十餘人詣闕〔一〕，賜以繒帛錦罽，各有差。　乙酉，詔諸州六十户出戎馬一匹。　庚寅，大閱於東郊，部署將帥。　以山陽侯奚斤爲前軍，衆三萬，陽平王熙等十二將各萬騎；帝臨白登，躬自校覽焉。　二月戊申，賜陽平王熙及諸王、公、侯、將士布帛各有差。　庚戌，幸高柳川。　甲寅，車駕還宫。

〔一〕「頞拔」，原脱「頞」字，據光緒本、魏書明元帝本紀補。

太武帝本紀：始光元年九月，大簡輿徒，治兵於東郊，部分諸軍五萬騎。二年冬十月，治兵於西郊。四年夏四月，治兵講武。延和元年夏五月，大簡輿徒於南郊。太平真君九年九月乙酉〔一〕，治兵於西郊。十一年八月癸未，治兵於西郊。

文成帝本紀：興安二年九月壬子，閱武於南郊。

册府元龜：太安四年七月壬子，詔曰：「朕每歲以秋月閒日，命群官講武平壤，所幸之處，必立宫壇，糜費之功，勞損非一，宜仍舊貫，何必改作也。」

文獻通考：文成帝和平三年，因歲除大儺，遂耀兵示武。更爲制，令步兵陳於南，騎士陳於北，各擊鐘鼓，以爲節度。其步兵所衣青、赤、黑、黄，别爲部隊，楯矟矛戟相次，周迴轉易，以相赴就。有飛龍騰蛇之變，爲車箱、魚鱗、四門之陣，凡十餘法。跪起前卻，莫不應節。陣畢，南、北二軍皆鳴鼓角，衆盡大譟，各令騎將六千人去來挑戰，步兵更進退以相拒擊，南敗北捷，以爲威觀，自後以爲常。

〔一〕「太平真君」四字，原脱，據光緒本、魏書太武帝本紀補。

魏書孝文帝本紀：延興四年八月戊申，大閱於北郊。　五年冬十月，太上皇帝大閱於北郊。

太和五年二月己酉，講武於唐水之陽。　三月辛酉朔，車駕幸肆州。　癸亥，講武於雲水之陽。　九月庚子〔一〕，閱武於南郊，大享群臣。　十六年八月癸丑，詔曰：「文武之道，自古並行，威福之施，必也相藉。故三、五至仁，尚有征伐之事；夏、殷明叡，未舍甲兵之行。然則天下雖平，忘戰者殆。不教民戰，可謂棄之。是以周立司馬之官，漢制將軍之職，皆所以輔文强武，威肅四方者矣。國家雖崇文以懷九服，修武以寧八荒，然於習武之方，猶爲未盡。今則訓文有典，教武闕然。將於馬射之前，先行講武之式，可敕有司豫修場埒。其列陣之儀，五戎之數，别俟後敕。」　十八年八月丁未，幸閱武臺，臨觀講武。　十九年春正月壬午，講武於汝水之西，大賚六軍。　二十年九月戊辰，車駕閱武於小平津。　癸酉，還宫。　二十二年三月庚寅，行幸樊城，觀兵襄沔，耀武而還。

〔一〕「庚子」，諸本作「庚午」，據魏書孝文帝本紀改。

宣武帝本紀：景明三年九月丁巳，車駕行幸鄴。戊寅，閲武於鄴南。

隋書禮儀志：後齊常以季秋，皇帝講武于都外。有司先萊野爲場，爲三軍進止之節。又别墠於北場，輿駕停觀。遂命將簡士教衆，爲戰陣之法。凡爲陳，少者在前，長者在後。其還，則長者在前，少者在後。長者持弓矢，短者持旌旗。勇者持鉦鼓刀楯，爲前行，戰士次之〔一〕，槊者次之，弓箭爲後行。將帥先教士目，使習見旌旗指揮之蹤，發起之意，旗卧則跪〔二〕。教士耳，使習金鼓動止之節，聲鼓則進，鳴金則止。教士心，使知刑罰之苦，賞賜之利。教士手，使習持五兵之使，戰鬭之備。教士足，使習跪及行列嶮泥之塗。前五日，皆請兵嚴於場所，依方色建旗爲和門。都墠之中及四角，皆建五采牙旗。應講武者，各集于其軍。戒鼓一通，軍士皆嚴備。二通，將士貫甲。三通，步軍各爲直陳，以相俟。大將各處軍中，立旗鼓下。有司陳小駕鹵簿，皇帝武弁，乘革輅，大司馬介冑乘，奉引入行殿。百司陪列。位定，二軍迭爲客主。先舉爲

〔一〕「戰士次之」四字，原作「戟」，據光緒本、隋書禮儀志三改。

〔二〕「跪」，原脱，據光緒本、隋書禮儀志三補。

客，後舉爲主。從五行相勝法，爲陣以應之。

周書太祖本紀：大統三年，進太祖柱國大將軍。五年冬，大閱於華陰。九年冬十月，大閱於櫟陽，還屯華州。十年冬十月，大閱於白水。十一年冬十月，大閱於白水，遂西狩岐陽。

武帝本紀：保定二年冬十月辛亥，帝御大武殿大射，公卿列將皆會。戊午，講武於少陵原。三年冬十月丁亥，上親率六軍講武於城南京邑，觀者輿馬彌漫數十里，諸蕃使咸在焉。

天和六年冬十月壬寅，上親率六軍講武于城南。

建德元年十一月丙午，上親帥六軍講武城南。二年十一月辛巳，帝親率大軍講武於城東。癸未，集諸軍都督以上五十人於道會苑大射，帝親臨射宮，大備軍容。三年六月丁未，集諸軍將，教以戰陣之法。十月丙辰〔一〕，行幸同州。十一月己

〔一〕「十月丙辰」，原作「十一月」，據光緒本、周書武帝本紀改。

巳〔一〕，大閲於城東。十二月癸卯，集諸軍講武於臨臯澤。

宣帝本紀：宣政元年十一月己亥，講武於道會苑，帝親擐甲冑。

右南北朝

隋

隋書文帝本紀：開皇二年十二月辛未，上講武於後園。

煬帝本紀：大業五年四月癸亥〔二〕，出臨津關，渡黄河，至西平，陳兵講武。

通典：隋大業七年，征遼東。衆軍將發，御臨朔宫，親授節度。每軍大將、亞將各一人。騎兵四十隊，隊百人。百人置一纛。十隊爲一團，團有偏將一人。第一團，皆青絲連明光甲〔三〕、鐵具裝、青纓拂，建狻猊旗。第二團，絳絲連珠犀甲、獸文具裝、赤纓拂，建貔貅旗。第三團，白絲

〔一〕「十一月」，原脱，據光緒本、周書武帝本紀補。
〔二〕「四月」，原脱，據光緒本、隋書煬帝本紀補。
〔三〕「明」，諸本脱，據通典卷七六補。

連明光甲、鐵具裝〔一〕、素纓拂，建辟邪旗。第四團，烏絲連玄犀甲、獸文具裝、黑纓拂〔二〕，建六駁旗。前部鼓吹一部，大鼓、小鼓及鞞、長鳴、中鳴等各十八具，棡鼓〔三〕、金鉦各二具〔四〕。後部鐃吹一部，鐃二面，歌簫及笳各四具，節鼓二面，簞篥、横笛各四具，大角十八具。又步卒八十隊，分爲四團，團有偏將一人。第一團，每隊給青隼旟幡一。第二團，每隊給黄隼旟幡一。第三團，每隊給蒼隼旟幡一。第四團，每隊給烏隼旟幡一。長矟、楯、弩及甲氈等，各稱兵數。受降使者一人，給二馬軺車一乘，白獸幡及節每一，騎吏三人，車輻白從十二人〔五〕。承詔慰撫，不受大將節制，戰陣則爲監軍〔六〕。軍將發，候大角一通，步卒第一團出營東門，東向陣。第二團出營南門，南向陣。第三團出營西門，西向陣。第四團出營北門，北向陣。陣四面團營，然後諸團嚴駕立〔七〕。

〔一〕「鐵」，原作「銑」，據光緒本、通典卷七六改。
〔二〕「黑纓拂」，諸本脱，據通典卷七六補。
〔三〕「棡」，諸本作「栅」，據通典卷七六改。
〔四〕「二具」，原作「一具」，據光緒本、通典卷七六改。下「二面」同。
〔五〕「白」，諸本作「自」，據通典卷七六改。
〔六〕「陣」，諸本作「前」，據通典卷七六改。
〔七〕「諸」，諸本作「請」，據通典卷七六改。

大角三通，則鐃鼓俱振。騎第一團引行〔一〕，隊間相去各十五步。次第二團，次前部鼓吹。次弓矢一隊，各二百騎。建蹲獸旗，颮槊二張〔二〕，大將在其下〔三〕。次鞚馬二十匹，次大角，次後部鐃吹。次第四團，次受降使者〔四〕。次及輜重戎車散兵等，亦有四團。第一輜重出，收東面陣，分爲兩道，夾以行。第二輜重出，收南面陣，夾以行。第三輜重出，收西面陣，夾以行。第四輜重出，收北面陣，夾以行。亞將領五百騎，建騰豹旗，殿軍後。至營，則第一團騎陣於東面，第二團騎陣於南面，鼓吹翊大將軍居中〔五〕，駐馬南面。第三團騎陣於西面，第四團騎陣於北面，合爲方陣。四方外向，步卒翊輜重入於陣內，以次安營。營定〔六〕，四面陣者，引入營。亞將率驍騎遊奕督察。

〔一〕「騎」，諸本脱，據通典卷七六補。
〔二〕「颮」，諸本作「爬」，據通典卷七六改。
〔三〕「下」，諸本脱，據通典卷七六補。
〔四〕「次」，原脱，據光緒本、通典卷七六補。
〔五〕「吹」，原脱，據光緒本、通典卷七六補。
〔六〕「營」，諸本脱，據通典卷七六補。

其安營之制，以車外布，間設馬槍，次施兵幕，内安雜畜〔一〕。事大將、亞將等各就牙帳，馬步陣與軍中散兵交爲兩番，五日而代。於是每一日遣一軍發，相去四十里，連營漸進。二十四日續發而進。首尾相繼，鼓角相聞，旌旗亘九百六十里。天子六軍次發，兩部前後先置，又亘八十里。通諸道合三十軍，亘千四十里。諸軍各以帛爲帶，長尺五寸，闊二寸，題其軍號爲記。御營内者，合十二衛〔二〕、三臺、五省、九寺，並分隸内外前後左右六軍，亦各題其軍號〔三〕，不得自言臺省。王公以下，至於兵丁斷隸〔四〕，悉以綴於衣領，名「軍記帶」。諸軍並給幡數百，有事使人交相去來者〔五〕，執以行。執幡而離本軍者，他軍驗軍記帶〔六〕，知非本部兵，則所在斬之。

蕙田案：此爲征遼東事，當屬出師。然其儀節，實係將出兵之前，先定其訓

〔一〕「内安」，諸本誤倒，據通典卷七六乙正。

〔二〕「十二衛」，諸本脱「二」字，據通典卷七六補。

〔三〕「軍」，諸本脱，據通典卷七六補。

〔四〕「丁斷」，諸本作「馬私」，據通典卷七六改。

〔五〕「有」下，諸本衍「餘」字；「者」，諸本脱，據通典卷七六删、補。

〔六〕「軍記」，諸本脱「軍」字，據通典卷七六補。

練、簡閱之禮也。

右隋

唐

唐開元禮皇帝講武：仲冬之月，講武於都外。前期十有一日，所司奏講武。兵部承詔，遂命將帥簡軍士。有司先芟萊除地爲場，方一千二百步，四出爲和門。又於其内墠地爲步騎六軍營域處所：左右廂各爲三軍位，上軍在北，中軍次之，下軍在南，東西相向，中間相去三百步。五十步立表一行〔一〕，凡立五行。表間前後各相去五十步，爲三軍進止之節。又別墠地於北廂，南向，爲車駕停觀之處。前三日，尚舍奉御，設大次及御座於其中，如常儀。前一日，講武將帥及士卒集於墠所，禁止諠譁。依方色建旗爲和門，於都墠之中及四角皆建以五綵牙旗，旗鼓、甲仗、威儀悉備於墠所。大將以下，各有統帥，如常式。步軍大將被甲冑乘馬，教騎大將亦乘馬，教習士衆爲戰

〔一〕「一」，諸本脱，據通典卷一三二補。

隊之法。講武日，未明七刻，搥一鼓爲一嚴。侍中奏：「開宮殿門及城門。」未明五刻，搥二鼓爲再嚴，侍中版奏：「請中嚴。」文武官應從者俱先至，文武官皆公服。所司爲小駕，依圖陳設。未明二刻，搥三鼓爲三嚴。諸衛各督其隊與鈒戟以次入陳於殿庭。諸侍衛之官各服其器服，諸侍臣俱詣西階下奉迎。侍中負璽如式。乘黄令進革輅於太極殿前，皇帝服武弁之服，餘並如圜丘儀。駕至墠所，兵部尚書介胄乘馬奉引至講武所，入自都墠北和門，至兩步軍之北〔一〕，當空南向。黄門侍郎奏稱「請降輅」，還侍位。皇帝降輅，入大次而觀。兵部尚書停於東廂，西向。三仗小退，以通觀路。領軍減小駕騎士，立於都墠之四周。侍臣依左右廂立於大次之前，東西面，北上。文武九品以上皆公服，文東武西，在侍臣之外十步，重行北上。諸州使人及蕃客先集於都墠北和門外，東方南方立於道東，西方北方立於道西，皆向輅而立，以北爲上。駕至和門，奉禮曰「再拜」，在位者皆拜。訖，皇帝入次。謁者引諸州使人，鴻臚卿引蕃客，東方南方立於大次東北，南向，以西爲上；西方北方立於大次西北，南向，以東爲上。若有觀

〔一〕「至」，諸本脱，據通典卷一三二、開元禮卷八五補。

者，立於都墠騎士仗外四周，任意。然後講武。諸州使人及蕃客立定，吹大角三通〔一〕，中軍將各以鞞命鼓，二軍俱擊鼓。三鼓，有司偃旗，步卒皆跪，二軍諸帥果毅以上各集於中軍大將旗鼓之下。左廂中軍大將立於旗鼓之東，西面；諸軍將立於旗鼓之南，北面，東上；右廂中軍大將立於旗鼓之西，東面；諸軍將立於旗鼓之南，北面，西上；以聽誓。大將誓曰：「今行講武，以教人戰，進退左右，一如軍法。用命有常賞，不用命有常刑，可不勉之！」誓訖，左右三軍各長史二人振鐸分巡以警衆，諸果毅各以誓詞遍告其所部。遂聲鼓，有司舉旗，士衆皆起，騎從皆行，及表，擊鉦，騎從乃止。又擊三鼓，有司偃旗，士衆皆跪；又擊，有司舉旗，士衆皆起，騎驟徒趨，及表乃止，整列位定。東軍一鼓，舉青旗爲直陣；西軍亦鼓，而舉白旗爲方陣以應之；次南軍一鼓，而舉赤旗爲鋭陣；北軍亦鼓，而舉黑旗爲曲陣以應之。次東軍鼓，而舉黄旗爲圓陣；西軍亦鼓，而舉青旗爲直陣以應之。次西軍鼓，而舉白旗爲方陣；東軍亦鼓，而舉赤旗爲鋭陣以應之。次東軍鼓，而舉黑旗爲曲陣；西軍亦鼓，而舉黄旗爲圓

〔一〕「三通」，原作「一通」，據光緒本、通典卷一三二改。

陣以應之。凡陣，迭爲主客，先舉者爲客，後舉者爲主，從五行相勝之法，爲陣以應之。每變陣，二軍各選刀楯之士五十人，挑戰於兩軍之前。第一、第二挑戰迭爲勇怯之狀，第三挑戰爲敵均之勢，第四、第五挑戰爲勝敗之形。每將變陣，先鼓而爲直陣，然後變從餘陣之法。五陣畢，兩軍俱爲直陣。又擊三鼓，有司偃旗，士衆皆跪。又聲鼓舉旗，士衆皆起，騎馳徒走，左右軍俱至中表，相擬擊而還。每退至一行表，跪起如前，遂復本列。侍中跪奏：「請觀騎軍。」又侍中稱：「制曰可。」侍中俛伏，興。二軍吹角擊鼓，誓衆俱進，及表乃止，皆如步軍，唯無跪起耳。騎軍東西迭爲主客，爲五變之陣，皆如步軍之法。每陣各八騎，挑戰於兩陣之間，如步軍法。五陣畢，俱大擊鼓而前，盤馬相擬擊而罷，遂振旅而還。凡步騎二軍之士，備則滿數，省則半之，損益隨時，唯不得減將帥。凡相擬擊，皆不得以刃相及。凡步士逐退，過中表二十步而止，不得過也。騎士不在此例。若由田狩，則令講武軍士之外，先期爲圍，觀訖，乘馬、鼓行、親禽如別禮。狩訖，乘輅振旅而還，如常儀。講武罷，侍中跪奏稱：「侍中臣具言，講武禮畢，請還。」俛伏，興。皇帝降御輿，侍衛如常儀。皇帝升輅，太僕卿立授綬〔一〕，升。訖，敕車右升，千牛將軍升輅陪乘，黄門侍郎奏「請鑾駕發引」，以下如圜丘還宫儀，唯不作鼓吹，不撞蕤賓。解嚴訖，將士各還。明日，群官奉參起居，如别儀。

蕙田案：以上開元禮，與隋書禮儀志有同者，今删併。又見唐書禮樂志，亦不復複載。

唐書兵志：每歲季冬，折衝都尉率五校兵馬之在府者，置左右二校尉，位相距百步。每校爲步隊十，騎隊一，皆卷矟幡，展刃旗，散立以俟。角手吹大角一通，諸校皆斂人騎爲隊；二通，偃旗矟，解幡；三通，旗矟舉。左右校擊鼓，二校合譟而進。右校擊鉦，隊少却，左校進逐至右校立所；左校擊鉦，隊少却，右校進逐至左校立所；右校復擊鉦，隊還，左校復薄戰；皆擊鉦，隊各還。大角復鳴一通，皆卷幡、攝矢、弛弓、匣刃；二通，旗矟舉〔二〕，隊皆進；三通，左右校皆引還。

〔一〕「卿」，原作「御」，據光緒本、通典卷一三二、開元禮卷八五改。
〔二〕「旗矟舉」，原脱，據味經窩本、光緒本、新唐書兵志補。

蕙田案：開元禮所載，天子親自臨閱，京師所行也。兵志所載，折衝都尉臨閱，郡國所行也。

唐書高祖本紀：武德元年十月辛丑，大閱。

册府元龜：唐高祖武德元年十月，詔曰：「安人靜俗，文教爲先。禁暴懲凶，武略斯重。比以喪亂日久，黎庶凋殘。是用務本勸農，冀在豐贍。而人蠹未盡，寇盜尚繁，欲暢兵威，須加練習。今農收已畢，殺氣方嚴，宜順天時，申耀威武，可依别敕，大集諸軍。朕將躬自循撫，親臨校閱。」

舊唐書高祖本紀：武德五年十一月丙申，幸宜州，簡閱將士。八年十一月辛卯，如宜州。庚子，講武於同官。九年三月，幸昆明池，習水戰。

太宗本紀：武德九年八月癸亥，高祖傳位於皇太子，太宗即位。九月丁未，引諸衛騎兵統將等習射於顯德殿庭，謂將軍以下曰：「自古突厥與中國，更有盛衰。若軒轅善用五兵，即能北逐獯狁；周宣馳驅方、召，亦能制勝太原。至漢、晉之君，逮於隋代，不使兵士素習干戈，突厥來侵，莫能抗禦，致遺中國生民塗炭於寇手。我今不使汝等穿池築苑，造諸淫費，農民恣令逸樂，兵士惟習弓馬，庶使汝鬭戰，亦望汝前無横敵。」于是每日引數百人於殿前教射。帝親自臨試，射中者隨賞弓刀、布帛。朝臣多有諫者，曰：「先王制法，有以兵刃至御所者刑之，所以防萌杜漸，備不虞也。今引裨卒之人，彎弧縱矢於軒陛之側，陛下親在其間，正恐禍出非意，非所以爲社稷計也。」上不納。自是後，士卒皆爲精鋭。

唐書太宗本紀：貞觀八年十二月丁卯，從太上皇閲武於城西。

舊唐書高祖本紀：貞觀八年，是歲閲武於城西，高祖親自臨視，勞將士而還。

唐書高宗本紀：顯慶二年十一月乙巳，獵于滍南。壬子，講武於新鄭。

唐會要：高宗顯慶二年十一月二十一日，講武於滍水之南，行三驅之禮，上設次於尚書臺以觀之。許州長史封道弘奏言：「後漢南郡太守馬融講尚書于此，因爲名。今請改爲觀武臺。」從之。五年三月八日，又講武於并州城北。上御飛閣，群臣臨觀之。左衛大將軍張延師爲左軍，左右驍武等六衛、左羽林騎士屬焉。左武衛大將軍梁建方爲右軍，左右威武等六衛、右羽林騎士屬焉。一鼓而誓衆，再鼓而整列，三鼓而交前。左爲曲、直、圓、鋭之陣，右爲方、鋭、直、圓之陣。三挑而五變，步退而騎進，五合而各復。許敬宗奏曰：「延師整而堅，建方敢而鋭，皆良將也。」上曰：「講閲者，安不忘危之道也。

梁朝衣冠甚盛，人物亦多，侯景以數千人渡江，一朝瓦解。武不可黷，人不可棄，此之謂也。」

蕙田案：此事亦見新唐書高宗本紀及册府元龜。

册府元龜：麟德二年四月丙寅，講武於邙山之陽。帝御城北門樓以觀之。

文獻通考：武太后聖曆二年，欲以季冬講武，有司請延至孟春。王方慶上疏曰：「謹案禮記月令：『孟冬之月，天子命將帥講武，習射御，角力。』此乃三時務農，一時講武，蓋王者常事，安不忘危之道也。『孟春之月，不可以稱兵』者，兵，金也，金性克木。春，盛德在木，金氣以害盛德，逆生氣。『孟春行冬令，則水潦爲敗，霜雪大摯，首種不入』。案蔡邕月令章句：『太陰休，少陽尚微，而行冬令以道水氣，故水潦至而敗生物也。雪霜大摯，摧傷物也〔一〕。太陰干時，雨雪而霜，故傷首種。』謂宿麥也。麥以秋種，故謂之首種。今孟春講武，是行冬令，以陰犯陽氣，害發生之德，臣恐水潦敗物，霜雪損稼，宿麥不登，無所收入也。請至明年孟冬教習，以順天道。」從之。

〔一〕「摧」，原作「催」；「物」，原作「者」，據光緒本、文獻通考卷一五七改。

冊府元龜：玄宗先天二年十月癸亥，親講武於驪山之下。徵兵二十萬，旌旗連亘五十餘里，戈鋋金甲，照耀天地。列大陣於長川，坐作進退，以金鼓之聲節之。三軍出入，號令如一。帝親擐戎服，持沈香大鎗立于陣前，威振宇宙。長安士庶，奔走縱觀，填塞道路。兵部尚書郭元振以虧失軍容，坐於纛下，將斬之。宰相劉幽求、張説跪於馬前，諫曰：「元振翊戴上皇，有大功於國，雖犯軍令，不可加刑。伏願寬宥，以從人望。」帝乃赦之，配流新州。給事中知禮儀事唐紹以草軍儀有失，坐於纛下，斬之。禮畢，乃下制曰：「傳不云乎，兵之設久矣，所以威不軌而昭文德，聖人以興，亂人以廢，皆兵之由也。故文事必有武備，耀德在於觀兵。所以外清蠻貊，内輯華夏，其經濟之致歟！自有隋失道，三靈改卜，我唐受命，百姓與能，四罪而天下服，一戎而天下定，航海梯山，罔不率俾，休牛歸馬，永不復用。德逮群物，刑清百年。然而制軍爲旅，先王分職，在祀與戎，前史垂訓。則未學也，孰可棄之？往以韋氏搆逆，兇魁作禍，則我之宗祀，危如綴旒。故斬長蛇，截封豨，戮梟獍，掃欃槍，使武之不修，則兆人何乂？朕以薄德，皆奉聖謨。濟邦家之多難，畏君父之嚴旨。自撫兹億兆，若臨淵谷，雖重譯雲歸，和親日至，遂五兵之不教，慮七德之未康。今蓋玄冬戒時，農事爰隙。驪山之下，鴻門在望。橫層阜以南屬，耿長川而北流。嚴霜初隕，疾風始至。以時而命群帥，得地以講武功。料其勝負，詳其進退，以振國威，用蒐軍實。故披堅執銳，干戈有容；練卒陳師，金鼓有節。上應於天也，下順於人也。三光之靈可接，五行之德斯用。將孫、吴不遠，頗、牧同時。非熊所期，怒蛙亦勸。布三令，調九章，且閲宣場之儀，若觀莘墟之禮。情兼慰賞，義宏寵錫。惟此畿甸，比經水旱，總集士馬，頗有煩勞。中念元元，更資勤恤。其講武使各賜物一百段，將軍各八十段，中郎將各六十段，郎將及左右軍長史各四十段，折衝、果毅各三十段，押官六品以下各二十段。新豐百姓，宜免來年地税。置頓使賜物一百段，緣頓踏踐麥苗，給米酬直。」

開元二年八月辛巳，上以河、隴之故，命有司大募壯勇士從軍。既募，引見，置酒於朝堂，享之。詔曰：「朕光宅四海，撫御百蠻。屬疆埸未寧，軍國多費。每欲指揮方略，親率軍師，故召募爾等，擬從朕行。知爾等材力冠群，藝能拔萃。但以不教人戰，豈知金鼓之聲？授以兵律，方辨干戈之勢。所以且遣薛訥等於隴右防禦使，令教習爾等。既練韜鈐，須明隊伍，使投石拔劍，以勵威鋒。裹糧坐甲，待清逋寇。若能因機立效，遇敵邀勳，酬以官榮，必超格例。然後陪朕輿駕，從戎塞垣。俾爾先驅，敬聽後命。今宴勞爾等，并賜錢三千貫，可節級領取，即宜好去。」十月，薛訥克吐蕃，帝遂停親征。詔曰：「比來緣邊鎮軍，每年更代，兵不識將，將不識兵，豈有緣路疲人，蓋是以卒與敵。其以西北軍鎮，宜加兵數。先以側近兵人充，並精加簡擇。其有勞考等色，所司具以條例奏聞。戰兵別簡爲隊伍，專令教練，不得輒有使役。仍令兵部侍郎裴璀、太常少卿姜晦往軍州計會，便簡支配。有見集後軍兵，宜令兵部侍郎韋抗、紫微舍人王珽即簡擇以聞。」

八年八月，詔曰：「國家偃武教，修文德，百年於兹矣。自運屬清平，人忘爭戰，俎豆之事，嘗聞之矣，軍戎之禮，我所未暇。且五材並用，誰能去兵？四方雖安，不可忘戰。故周禮以軍禁糾邦國，以蒐狩習戎旅，不教人戰，是爲棄之。宜差使於兩京及諸州，且揀取十萬人。務求灼然驍勇，不須限以蕃漢，皆放番役差科，惟令團伍教練，辨其旗物，簡其車徒，習攻取進退之方，陳威儀貴賤之等。俾夫少長有禮，疾徐有節，將以伐叛懷服，將以保大定功。叶于師貞，以宏武備。應須集期，及有蠲免，所司明爲條制，別作優異法奏聞。仍敕幽州刺史邵寵，於幽、易兩州選二萬灼然驍勇者充幽州經略軍健兒，不得雜使，租庸資課並放免。」

肅宗至德二載八月，帝在鳳翔。癸巳，六軍大閲，帝御府城樓觀軍陣之容。

舊唐書肅宗本紀：至德三載正月庚寅，大閲諸軍於含元殿庭，上御棲鸞閣觀之。

册府元龜：代宗寶應元年九月壬寅，大閲兵馬於鳴鳳門街。

舊唐書代宗本紀：大曆九年四月乙酉，詔郭子儀等大閲兵師以備吐蕃。

德宗本紀：貞元十六年春正月庚子朔，乙巳，上閲兵於麟德殿前。

册府元龜：宣宗大中五年五月敕：「如聞諸道軍將及官健兒等，近日所在將帥，多務因循，當召募之時，已不選擇，及收補之後，曾莫教招。遂使名在戎行，少能知其弓矢；職居列校，罕見識於韜鈐。緩急忽有徵差，便取現在應數。惟憂就役，豈暇圖功？虚費資糧，莫克讎敵。爲弊頗久，須有舉明。自今以後，委諸道觀察、節度、都防禦、團練、經略等使，每道慎擇會兵法及能弓馬、解槍弩及筒射等軍將兩人充教練使，每年至合教習時，分番各以本藝閲試。其間或有伎藝超異者，量加優賞，仍作等第節級與進改職名。每至年終，都具所教習馬步及各執所藝人數申兵部及中書門下，仍委兵部簡勘，都開件奏聞。所冀各盡伎能，自成勁鋭。其支郡有兵處〔一〕，亦委本道點簡訓練，准詔處分。」

右唐

五代

五代史梁太祖本紀：開平元年冬十月己未，講武於繁臺。

霍存傳：太祖已即位，閱騎兵於繁臺，顧諸將曰：「使霍存在，豈勞吾親閱耶？諸軍寧復思之乎？」它日語，又如此。

開平四年春正月丁未，講武於榆林。

乾化元年八月戊寅，大閱於興安鞠場。冬十月丙子，大閱於魏東郊。

唐莊宗本紀：天祐十有五年八月，大閱於魏東郊。

册府元龜：明宗天成二年十月癸未，御興教門觀兵。自卯至午，隊伍方絶。

晉高祖天福二年十月，敕：「習戰講武，歷代通規。選士練兵，其來舊制。宜以每

〔一〕「郡」，諸本作「部」，據册府元龜卷一二四改。

年農隙時講武，仍准令式處分。」

五代史晉出帝本紀：開運元年春正月辛卯，講武於澶州。二年二月丙子，大閱於戚城。

周世祖本紀：顯德元年三月壬辰，次澤州，閱兵於北郊。

右五代

宋

宋史禮志：閱武，仍前代制。太祖、太宗征伐四方，親講武事，故不盡用定儀，亦不常其處。鑿講武池朱明門外以習水戰。復築講武臺城西楊村。秋九月大閱，與從臣登臺觀焉。真宗詔有司擇地含輝門外之東武村爲廣場，憑高爲臺，臺上設屋，構行宮。其夜三鼓，殿前、侍衛馬步諸軍分出諸門。詰旦，帝乘馬，從官並戎服，賜以窄袍。至行宮，諸軍陣臺前，左右相向，步騎交屬，亘二十里。諸班衛士，翼從于後。有司奏「成列」，帝升臺，東向，御戎帳，召從臣坐觀之。殿前都指揮使執五方旗以節進退，又於兩陣中起候臺相望，使人執旗如臺上之數以相應。初舉黃旗，諸軍旅拜。舉赤旗則騎進，舉青旗則步進。每旗動，則鼓騶大譟，聲震百里外，皆三挑乃退。次舉白旗，諸軍復再拜呼萬歲。遂舉黑旗以振旅。軍於左者略右陣以還，由臺前出西北隅；軍於右者略左陣以還，由臺前出西南隅，並凱旋以退。乃召從臣宴，教坊奏樂。回御東華門，閱諸軍還營，鈞容奏樂於樓下，復召從臣坐，賜飲。明日，又賜近臣飲於中書，諸軍將校飲於營中，内職飲於軍器庫，諸班衛士飲於殿門外。

兵志：訓練之制。禁軍月奉五百以上，皆日習武技；三百以下，或給役，或習技。其後別募厢兵，亦閲習武技，號教閲厢軍。戍川、廣者舊不訓練，嘉祐以後稍習焉。凡諸日習之法，以鼓聲爲節，騎兵五習，步兵四習，以其坐作進退非施於兩軍相當者然。自宋初以來，諸軍皆用之。

宋史太祖本紀：建隆元年十一月丁未，命諸軍習戰艦於迎鑾。三年十月丙戌，幸太清觀，遂幸造船務，觀習水戰。己亥，幸岳臺，命諸軍習騎射。

乾德元年四月庚寅〔一〕，出内錢募諸軍子弟鑿習戰池。乙巳，幸玉津園，閲諸軍騎

〔一〕「元年」，原作「四年」，據光緒本、宋史太祖本紀改。

射。六月己酉，命習水戰於新池。七月丁卯，幸武、成王廟，遂幸新池，觀習水戰。

文獻通考：開寶九年四月，幸金明池，習水戰。上御水心殿，命從臣列坐以觀。戰艦角勝，鼓譟以進，往來馳突，爲迴旋擊刺之狀。顧謂侍臣曰：「兵棹之技，南方之事也。今已平定，固不復用，但時習之，不忘武功耳。」迄真宗朝，歲習不輟。

太宗本紀：太平興國二年秋九月辛亥，幸講武臺，大閱。

崔翰傳：太平興國二年秋，講武於西郊。時殿前都指揮使楊信病瘖，命翰代之。翰分布士伍，南北綿亘二十里，建五色旗號令，將卒望其所舉，以爲進退，六師周旋如一。上御臺臨觀，大悦，以藩邸時金帶賜之，謂左右曰：「晉朝之將，必無如崔翰者。」

文獻通考：太平興國二年，將伐太原，詔築講武臺於西郊。九月，大閱，上與從官登而觀焉。是冬，又觀飛山兵射連弩發機石於臺下。

宋史太宗本紀：太平興國五年閏三月庚午〔一〕，幸講武池，觀習樓船。十二月甲

〔一〕「閏」，諸本脱，據宋史太宗本紀補。

戌，大閱，遂宴幄殿。

山堂考索：太平興國九年，上親閱諸軍，參考勞績升絀之。上曰：「兵雖衆，苟不簡閱，即與無兵同。先帝訓練之方，咸盡其要。朕因講習，漸至精鋭。倘統帥得人，何敵不克？」

兵志：至道元年，帝閲禁兵有挽彊弩至一石五斗，連二十發而有餘力者，顧謂左右曰：「今宇内阜安，材武間出，弧矢之妙，亦近代罕有也。」又令騎步兵各數百，東西列陣，挽强彀弩，視其進退發矢如一，容止中節。因曰：「此殿庭間數百人爾，猶兵威可觀，况堂堂之陣數萬成列者乎！」

曲洧舊聞：真宗咸平二年秋，大閱。其日，殿前侍衛馬步軍二十萬。是夜三鼓初，分出諸門，遲明乃絶。詰旦，上按轡出東華門，從行臣僚並賜戎服。既回，御東華門，閲諸軍還營，奏樂於樓下。

真宗本紀：咸平三年春正月丁亥，幸紫極宫，還登子城閲騎射。夏四月，閲河北防城舉人康克勤等擊射。十二月丁巳，閲武藝，遂宴射苑中。六年十一月己亥，閲捧日軍士教三陣於崇政殿。

山堂考索：太宗祥符六年，詔：「在京諸軍，選江、淮水卒於金明池按試戰櫂，立爲水虎翼軍，置營於側。其江浙、淮南諸州，亦令准此選卒置營。」初，太祖立神衛水軍，及江、淮平定，不復舉。上以兵備不可廢，故復置焉。

兵志：明道二年，樞密使王曙言：「天下厢軍〔一〕，止給役而未嘗習武技，宜取材勇者訓肄，升補禁軍。」上可其奏。

仁宗康定元年，帝御便殿閲諸軍陣法。議者謂諸軍止教坐作進退，雖整肅可觀，然臨敵難用。請自今遣官閲陣畢，令解鐙以弓弩射。營置弓三等，自一石至八斗；弩四等，自二石八斗至二石五斗，以次閲習。詔行之陝西、河東、河北路。是歲，詔：「教士不衹帶金革，緩急不足以應敵。自今諸軍各予鎧甲十、馬甲五，令迭披帶。」又命諸軍班聽習雜武技，勿輒禁止。

慶曆元年，徙邊兵不教者於内郡，俟習武技即遣戍邊。二年，諸軍以射親疏爲賞罰，中的者免是月諸役，仍籍其名。闕校長，則按籍取中多者補。樞密直學士楊偕

〔一〕「天下厢軍」，諸本作「本厢下軍」，據宋史兵志九改。

請教騎兵止射九斗至七斗三等弓〔一〕，畫的爲五暈，去的二十步，引滿即發，射中者，視暈數給錢爲賞。騎兵佩劈陣刀，訓肄時以木桿代之。奏可。　四年，詔：「騎兵帶甲射不能發矢者，奪所乘馬與本營藝優士卒。」韓琦言：「教射惟事體容及彊弓〔二〕，不習射親不可以臨陣。臣至邊，嘗定弓弩挽彊、蹠硬、射親格，願行諸軍立賞肄習。歲以春秋二時各一閱，諸營先上射親吏卒之數，命近臣與殿前、馬步軍司閱之。其射親入第四至第七等，量先給賜；入第三等以上及挽彊、蹠硬中格，悉引對親閱；等數多者，其正副指揮使亦第賜金帛。」詔以所定格班教諸軍。　四年，遣官以陝西陣法分教河北軍士。　五年，密詔益、利、梓、夔路鈐轄司，以弓弩習士卒，候民間觀聽寢熟，即便以短兵日教三十人，十日一易。　知并州明鎬言：「臣近籍諸營武藝之卒〔三〕，使帶甲試充奇兵外，爲三等，庶幾主將悉知軍中武技强弱，臨敵可用。」詔頒其法三路。　范仲淹請以帶甲射一石充奇兵，餘自九斗至七斗第爲三等，射力及等即升之。詔著爲令。

〔一〕「楊偕」，諸本作「楊楷」，據宋史兵志九改。
〔二〕「射」，原脱，據光緒本、宋史兵志九補。
〔三〕「臣近」，諸本誤倒，據宋史兵志九乙正。

六年，詔諸軍夏三月毋教弓弩，止習短兵。又詔：「以春秋大教弓射一石四斗、弩彍三石八斗、槍刀手勝三人者〔一〕，立爲武藝出衆格。中者，本營闕階級即以次補。」

至和元年，詔：「諸軍選將校，武藝鈞〔二〕，以射親爲上。」韓琦又言：「奉詔，軍士弩彍四石二斗并弓箭、槍手應舊規選中者，即給挺補守闕押官，然則排連舊制爲虛文矣。請三路兵遇春秋大教，武技出衆者優給賞物，免本營他役，候階級闕，如舊制選補。」奏可。

仁宗本紀：嘉祐二年七月辛巳〔三〕，詔河北諸道總管分遣兵官教閱所部軍。

兵志：治平二年，詔：「河北戰卒三十萬一千、陝西四十五萬九百并義勇等，委總管司訓練，毋得冗占。」

神宗熙寧元年，詔曰：「國家置兵以備戰守，而主兵之官冗占者衆〔四〕，肆習弗時，

〔一〕「八斗」，原作「八挺」，據宋史兵志九改；「三人」，原作「二人」，據味經窩本、宋史兵志九改。
〔二〕「鈞」，原脱，據味經窩本、宋史兵志九補。
〔三〕「嘉祐」，原作「至和」，據光緒本、宋史仁宗本紀改。
〔四〕「主兵之官」，諸本作「主官之兵」，據宋史兵志九改。

或誤軍事。帥臣、按撫、監司其察所部有占兵不如令者以聞。」十月，樞密院請陝西、河東選三班使臣及士人任殿侍者，以爲河北諸路指使，教習騎軍。或言河朔兵有教閲之名而無其實，請班教法於其軍〔一〕，久而弗能者，罷爲厢軍。奏可。二年，帝嘗語執政：「並邊訓練士卒，何以得其精熟？」安石對曰：「京東所教兵已精强，願陛下推此法以責邊將，間詔其兵親臨閲試。訓練簡閲有不如詔者罰之，而賞其能者。賞不遺賤，罰不避貴，則法行而將吏加勸，士卒無不奮勵矣。」九月，選置指使巡教諸軍，殿前司四人，馬步軍司各三人。

山堂考索：神宗熙寧二年，樞密院言：「厢軍近已團結，教閲武藝，欲給威邊指揮。請以州軍大小定人數，自三百人至百人。仍改軍額。淮南曰壯武，江南曰雄武，荆湖曰静江，兩浙曰崇節，福建曰保節，並加『教閲』二字於軍額上。」從之。

宋史兵志：熙寧三年，帝親閲河東所教排手，進退輕捷，不畏矢石。遂詔殿前司，

〔一〕「班」，原脱，據光緒本、宋史兵志九補。

步軍指揮當出戍者，内擇槍刀手伉健者百人，教如河東法，藝精者免役使〔一〕，以優獎之。

五年四月，詔在京殿前馬步諸軍巡教使臣，並以春秋分行校試。射命中者第賜銀楪，兵房置籍考校，以多少定殿最。五月，詔以涇原路蔡挺衙教陣隊於崇政殿引見，仍頒諸路。其法：五伍爲隊，五隊爲陣，陣横列，騎兵二隊亦五伍列之。其出皆以鼓爲節，束草象人而射焉，中者有賞。馬步皆前三行槍刀，後二行弓弩，附隊以虎蹲弩、牀子弩各一，射與擊刺迭出，皆聞金即退。預籍人馬之彊者隱於隊中，遇可用，則別出爲奇。帝以其點閲周悉，常有出野之備，故今頒行。

李氏燾長編：神宗閲左藏庫副使幵斌所教排手於崇政殿，乃命殿前步軍司擇驍健者依法教習。自是，營屯及更戍諸軍、畿甸三路民兵皆隨伎藝召見親閲焉。凡閲試禁衛、戍軍、民兵，總率第其精惴，賜以金帛；而超等高者，至命爲吏選官，其典領者，優加職秩。涇原經略蔡挺肄習諸將軍馬，點閲周悉，隊伍有法，入爲

〔一〕「免」，諸本脱，據宋史兵志九補。

樞密副使，因言於上而引試之。舊以七軍營陣校試，而分數不齊，前後牴牾。命校試官采綴定爲八軍法。及軍法成，頒行諸路。既又定九軍法，以一軍營陣，即城南好草坡閱之，皆有賞賚。其按閱砲場連弩及便坐、日閱召募新軍時，令習戰如故事。

文獻通考：神宗諭近臣曰：「黄帝始置八陣法，敗蚩尤於涿鹿。諸葛亮造八陣圖於魚復平沙之上，壘石爲八行。晉桓温見之曰：『常山蛇勢也。』文武皆莫能識之，此即『九軍陣法』也。後至隋，韓擒虎深明其法，以授其甥李靖。靖以時遇久亂，將臣通曉其法者頗多，故造六花陣，以變九軍之法，使世人不能曉之。大抵八陣即九軍，九軍者，方陣也。六花陣即七軍，七軍者，圓陣也。蓋陣以圓爲體，方陣者内圓而外方，圓陣即内外俱圓矣。故以圓物驗之，則方以八包一，圓以六包一，此九軍、六花陣之大體也。六軍者〔一〕，左右虞候軍各一，爲二虞候軍；左右廂各二，爲四廂軍；與中軍共爲七軍。八陣者，加前後二軍，共爲九軍。本朝祖宗以來，置殿前、馬步軍三帥，即

〔一〕「六軍」，原作「七軍」，據味經寓本、乾隆本、光緒本、文獻通考卷一五七改。

中軍、前後軍帥之别名；而馬步軍都虞候是爲二虞候軍，天武、捧日、龍、神衛四廂是爲四廂軍也。中軍帥總制九軍，即殿前都虞候，專總中軍一軍之事務，是其名實與古九軍及六花陣相符而不少差也。今論兵者，俱以唐李筌太白陰經中所載陣圖爲法，失之遠矣。朕嘗覽近日臣僚所獻陣圖，皆妄相眩惑，無一可取。果如此輩之説，則兩敵相遇，必須遣使豫約戰日，擇一寬平之地，仍夷阜塞壑，誅草伐木，如射圃教場，方可盡其法耳。以理推之，知其不可用也決矣。今可約李靖法爲九軍營陣之制。然李筌之圖乃營法，非陣法也。朕採古之法，酌今之宜，曰營曰陣，本出於一法而已。止曰營，行曰陣，在奇正言之，則營爲正、陣爲奇也。」於是，以八月大閲八軍陣於城南荆家陂。已事，拆營回軍，賜遂等以下指揮馬步諸軍銀絹有差。

宋史兵志：六年，詔：「河北四路，承平日久，重於改作，苟遂因循〔一〕，益隳軍制。其以京東武衛等六十二營隸屬諸路，分番教習，餘兵並分遣主兵官訓練。」九月，詔：「自今巡教使臣校殿最，雖以十分爲率，其事藝第一等及九分以上，或射親及四分，雖

〔一〕「苟」，諸本脱，據宋史兵志九補。

殿，除其罰；第二等事藝及八分，或射親不及三分，雖最，削其賞。」十月，選涇原士兵之善射者，以教河朔騎軍馳驟野戰。帝曰：「裁併軍營，凡省軍員四千餘人，此十萬軍之資也。儻訓練精勇，人得其用，不惟勝敵，亦以省財。」安石等曰：「陛下頻年選擇使臣，專務訓練，間御便殿，躬親試閱，賞罰既明，士卒皆奮。觀其技藝之精，一人爲數夫之敵，此實國家安危所繫也。」是時，帝初置内教法，旬一御便殿閱武，校程其能否而勸沮之，士無不爭勸者。　七年，詔教閱戰法，主將度地之形，隨宜施行。二月，詔：「自今歲遣一使，按視五路安撫使以下及提舉教閱諸軍、義勇、保甲官，課其優劣以聞而誅賞之。」　七年，命呂惠卿、曾孝寬比校三五結隊法。十月，以新定結隊法并賞罰格及置陣形勢等，遣近侍李憲付趙卨曰：「陣法之詳，已令憲面諭。今所圖止是一小陣，卿其從容析問，憲必一一有說。然置陣法度，久失其傳，今朕一旦據意所得，率爾爲法，恐有未盡，宜無避忌，但具奏來。」繼又詔曰：「近令李憲齎新定結隊法并賞罰格付卿，同議可否，因以團立將官，更置陣法，卿必深悉朝廷經畫之意。如近日可了，宜令李憲齎赴闕。」卨奏曰：「置陣之法，以結隊爲先。李靖以五十人爲一隊，每三人自相得者結爲一小隊，合三小隊爲一中隊，合五中隊爲一大隊，餘押官、隊頭、副隊頭、左右傔旗五人即充五十，並相依附。今聖制：每一大隊合五中隊，五十人爲之；中隊合三小隊〔一〕，九人爲之；小隊合三人爲之，亦擇心意相得者。又選壯勇善槍者一人爲旗頭，令自擇如己藝、心相得者二人爲左右傔；次選勇悍者一人爲引戰〔二〕；又選軍校一人，執刀在後，爲擁隊。凡隊内，一人用命，二人應援；小隊用命，中隊應援；中隊用命，大隊應援；大隊用命，小隊應援。如逗撓觀望〔三〕，不即赴救，致有陷失者，本隊委擁隊軍校〔四〕，次隊委本轄隊將，審觀不救所由，斬之。其有不可救，或赴救不及，或身自受敵，體被重創，但非可救者，皆不坐。其説雖與古同，而用法尤爲精密。此蓋陛下天錫勇智，不學而能也。然議者謂四十五人而一長，不若五人而一長之密。且以五人而一長，即五十人而十長也，推之于百千萬，則爲長者多，而統制不一也。至如周制，五人爲伍，屬之比長；五伍爲兩，屬之閭胥；四兩爲卒，屬之族師；五卒爲

〔一〕「三」，原脱，據光緒本、宋史兵志九補。
〔二〕「次」，諸本作「自」，據宋史兵志九改。
〔三〕「逗」，原作「通」，據味經窩本、光緒本、宋史兵志九改。
〔四〕「隊」，諸本脱，據宋史兵志九校勘記補。

旅，屬之黨正；五旅爲師，屬之州長；五師爲軍，屬之命卿。此猶今之軍制，百人爲都，五都爲營，五營爲軍，十軍爲厢。自厢都指揮而下，各有節級，有員品，亦昔之比長、閭胥、族師、黨正之任也。議者謂什伍之制，於都法爲便，然都法恐非臨陣對敵決勝之術也。況八陣之法，久失其傳，聖制一新，稽之前聞，若合符節。夫法一定，易以制人。敵好擊虚，吾以虚形之；敵好背實，吾以實形之。然而所擊者非其虚，所背者非其實，故逸能勞之，飽能飢之，此所謂致人而不致於人也。」七月，詔諸路安撫使各具可用陣隊法，及訪求知陣隊法者以聞。九月，崇儀使郭固以同詳定古今陣法賜對，於是内出攻守圖二十五部付河北。

蕙田案：志稱太宗選州兵壯勇者補禁衛，餘留本城。於是兵勢重於内，輕於外，本城但更戍而不教閲矣。故陳傅良言：「熙寧按天下厢軍之籍，五十萬人皆不足戰，而教閲之法起。教閲者，拔之厢軍之中，而排立在就糧禁軍之下，於是禁軍始遍天下。」然吾觀神宗教閲之法，如此其詳；矯前人之弊，防兵力之弱，如此其至。而當時如王韶輩，僅能小得志於南詔、瀘夷而已。至以當西夏，動輒敗北。李復圭、李信、劉甫挫衄於前，韓絳、种諤、李憲、高遵裕、王中正、劉昌祚、徐禧、曲珍等喪師於後。諸將濫邀功賞，皆以城築而已。然則當日教閱，亦徒有其名，未嘗獲一勁旅之用也。故太宗之失，失在略外，而不在置禁軍之多；神宗之失，失在務名，而不在更廂兵之制。

八年，詔：「在京諸軍營屯迫隘，馬無所調習。比創四教場，益寬大，可以馳騁。其令騎軍就教者，日輪一營，以馬走驟閱習。」五月，臧景陳馬射六事：一，順鬉直射；二，背射；三，盤馬射；四，射親；五，野戰；六，輪弄。各爲説以曉射者。詔依此教習。八月，帝令曾孝寬視教營陣。大閱八軍陣於荆家陂，訖事大賞。

神宗本紀：熙寧九年十月乙未，詔東南諸路教閱新軍。

兵志：元豐元年十月，詔立在京校試諸軍技藝格，第爲上中下三等。步射，六發而三中爲一等，二中爲二等，一中爲三等。馬射，五發驟馬直射三矢、背射二矢，中數、等如步射法〔一〕。弩射，自六中至二中，牀子弩及砲，自三中至一中，爲及等，並賞銀有差。槍刀并標排手角勝負，計所勝第賞。其弓弩墜落，或縱矢不及堋，或挽弓破

〔一〕「法」，諸本脱，據宋史兵志九補。

體，或局而不張，或矢不滿，或弩蹠不上牙，或擭不發，或身倒足落，並爲不合格。即射已中賞，餘箭不合格者，降一等。無可降者，罷之。是月，賈逵、燕達等言〔一〕：「近者增損東南排弩隊法，與東南所用兵械不同，請止依東南隊法，以弩手代小排。若去敵稍遠則施箭，近則左手持弩如小排架隔，右手執刀以備斬伐，與長兵相參爲用。」詔可。其槍手仍以標排兼習。十一月，京西將劉元言〔二〕：「馬軍教習不成，請降步軍；又不成，降廂軍。」乃下令諸軍，約一季不能學者，如所請降之。十二月，詔：「開封府界、京東西將兵，十人以一人習馬射，受教於中都所遣教頭；在京步軍諸營弓箭手，亦十人以一人習馬射，受教於教習馬軍所。藝成，則展轉分教於其軍。」二年四月，遣內侍石得一閱視京西第五將所教馬軍。五月，得一言其教習無狀，詔本將陳宗等具析。宗等引罪，帝責曰：「朝廷比以四方驕悍爲可虞，選置將臣，分總禁旅，俾時訓肄，以待非常。至於部勒規模，悉經朕慮，前後告戒，已極周詳。使宗等稍異木石，亦宜

〔一〕「賈逵」，原作「賈達」，據味經窩本、宋史兵志九改。
〔二〕「京西」，諸本誤倒，據宋史兵志九乙正。

歲費緡錢至幾百萬，又有銀楪賞錢之賜，此皆在常額之外者也。夫廂軍取之欲精，教之欲熟，不此之求，而別立名目，多爲擾費。因廂兵之冗占而爲保甲，因保甲之新募而施教法，因教法之專於保丁而廂兵益以懈弛，此非熙、豐之弊政而何？

又案：志稱「四年，改五路義勇爲保甲」，則是時義勇即保甲也。五路，當即河北、河東、陝西、京東、京西。

兵志：元豐四年，以九軍法一軍營陣按閱於城南好畤坡，已事，獎諭。七年〔一〕，詔：「已降五陣法，令諸將教習，其舊教陣法並罷。」蓋九軍營陣爲方、圓、曲、直、鋭，凡五變，是爲五陣。

神宗本紀：元豐六年正月，御崇政殿閱武士。七年三月庚申，御崇政殿大閱。

兵志：元祐元年四月，右司諫蘇轍上言：「諸道禁軍自置將以來，日夜按習武藝，將兵皆早晚兩教，新募之士或終日不得休息。今平居無事，朝夕虐之以教閱，使無遺

〔一〕「七年」上，諸本衍「熙寧」二字，據宋史兵志九删。

力以治生事，衣食殫盡，憔悴無聊，緩急安得其死力！請使禁軍，除新募未習之人，其餘日止一教〔一〕。」是月，朝請郎任公裕言：「軍中誦習新法，愚懵者頗以爲苦。夫射志於中，而擊刺格鬬期於勝，豈必盡能如法？」樞密院亦以爲元降教閱新法自合教者指授，不當令兵衆例誦。詔從之。九月，樞密院奏：「異時馬軍教御陣外，更教馬射。其法，全隊馳馬皆重行爲『之』字，透空發矢，可迭出，最便利。近歲專用順鬃直射、抹鞦背射法，止可輕騎挑戰，即用衆乃不能重列，非便。請自今營閱排日，馬軍『之』字射與立背射，隔日互教。」詔可。

哲宗本紀：元祐二年七月辛亥，夏人寇鎮戎軍〔二〕。詔府界、三路教閱保甲。

兵志：三年五月，罷提舉教習馬軍所。

哲宗本紀：元祐五年十二月丙辰，禁軍大閱，賜以銀楪、匹帛。

兵志：紹聖元年三月，樞密院言：「禁軍春秋大教賞法，每千人增取二百一十人，

〔一〕「日」，諸本作「月」，據宋史兵志九改。

〔二〕「軍」，原脱，據光緒本、宋史兵志九補。

給賞有差。」從之。　三年五月，詔在京、府界諸路禁軍格鬭法，自今並依元豐條法教習。七月，詔選弩手兼習神臂弓。八月，詔：「殿前、馬步軍司見管教頭，别選事藝精强、通曉教像體法者，展轉教習。其弓箭手馬步射射親，用點藥包指及第二指知鏃，並如元豐格法。」是月，又詔復神臂弓射法爲百二十步。

徽宗本紀：崇寧四年九月乙巳，詔京畿、三路保甲並於農隙教閱。

兵志：大觀二年〔一〕，詔以五陣法頒行諸路。

蕙田案：五陣法，謂方陣、圓陣、曲陣、直陣、鋭陣也。五陣法，前此曾罷矣。崇寧、大觀間紹復熙、豐，故有此命。

政和元年二月〔二〕，詔：「春秋大教，諸軍弓弩斗力，並依元豐舊制。」　四年五月，臣僚上言：「神臂弓垛遠百二十步，給箭十隻，取五中爲合格，軍中少得該賞，恐惰於習射。送殿前、馬步軍司勘會，將中貼箭數並改爲上垛，其一中貼此兩上垛。」從

〔一〕「二年」，原作「元年」，據光緒本、宋史兵志九改。
〔二〕「二月」，原作「三月」，據光緒本、宋史兵志九改。

之。五年三月，詔：「自今敢占留將兵，不赴教閱，並以違御筆論。不按舉者，如其罪。」十一月，臣僚言：「春秋大教，諸軍弓弩上取斗力高强，其射親中多者，激賞太薄，無以爲勸。」詔依元豐法。八年，詔州郡禁軍出戍外，常留五分在州教閱，從毛友之請也。

重和元年正月，兵部侍郎宇文粹中進對，論禁軍訓練不精〔二〕，多充雜役。帝曰：「祖宗軍旅之法最爲密緻，神考尤加意訓習。近來兵官，寖以弛慢。古者春振旅，夏茇舍，秋治兵，冬大閲，皆于農隙以講事。大司馬教戰之法，大宗伯大田之禮。細論周制，大抵軍旅之政，六卿無有不總之者。今士人作守倅，任勸農事，不以勸耕稼爲職；管軍府事，不以督訓練爲意。自今如役使班直及禁衛者，當差人捉探懲戒。更候日長，即親御教閲激賞。」尋以粹中所奏參照條令行之。

宣和三年四月，立騎射賞法，其背射上垛中貼者，依步射法推賞。

欽宗本紀：靖康元年冬十月己酉，閲砲飛山營。

〔二〕「禁軍」，原脱，據光緒本、宋史兵志九補。

兵志：靖康元年二月，詔：「軍兵久失教習〔一〕，當汰冗濫〔二〕，今三衙與諸將招軍，惟務增數希賞，但及等杖，不問勇怯。招收既不精當，教習又不以時，雜色占破，十居三四。今宜招兵之際，精加揀擇，既係軍籍，專使教習，不得以雜色拘占。又神臂弓、馬黄弩乃中國長技，宜多行教習，以扞邊騎。仍令間用衣甲教閲，庶使習熟。」四月，詔復置教場，春秋大閲，及復内教法以激賞之。

蕙田案：靖康之詔，切中當日之弊。東坡云：「三代之法，兵農爲一。唐中葉，盡變府兵爲長征之卒，自爾以來，農出穀帛以養兵，兵出性命以衛農，天下便之，聖人復起，不能易也。」熙、豐以降，訖于靖康，教閲繁密，而兵不足用，豈非安石改制之罪耶？

高宗建炎元年，始頒樞密院教閲法，專習制禦摧鋒破敵之藝，全副執帶出入、短樁神臂弓、長柄刀、馬射穿甲、木梃。每歲擬春秋教閲法，立新格。神臂弓日給箭二

〔一〕「失」，諸本脱，據宋史兵志九補。
〔二〕「當」，諸本脱，據宋史兵志九補。

十，射親去垛百二十步。刀長丈二尺以上，氈皮裹之，引鬭五十二次，不令刀頭至地。每營選二十人閱習，經兩閱者五十人爲一隊，教習分合，隨隊多少，分隸五軍。每軍各置旗號，前軍緋旗，飛鳥爲號；後軍皂旗，龜爲號；左軍青旗，蛟爲號；右軍白旗，虎爲號；中軍黄旗，神人爲號。又别以五色物號制招旗、分旗。舉招旗，則五軍以旗相應，合而成陣；舉分旗，則五軍以旗相應，分而成隊。左右前却，或分藏爲伏，或分出爲奇，皆舉旗爲號。更鳴小金、應鼓，備瞻望不及者。豫約伏藏之所，緩鳴小金即止，急鳴應鼓即奇兵出陣趨戰，急鳴小金即伏兵出。其春秋大教推賞，依海行格法。李綱言：「水戰之利，南方所宜。沿河、淮、海、江帥府、要郡，宜做古制造戰船，以運轉輕捷安穩爲良。又習火攻，以焚敵舟。」詔命楊觀復往江、浙措置，河、淮别委官。

高宗本紀：建炎二年冬十月甲寅，命揚州濬隍修城。閱江、淮州郡水軍。三年七月乙巳，詔江西、閩、廣、荆湖諸路團教峒丁、槍杖手。

山堂考索：紹興三年十二月辛亥，司封員外郎鄭士彦奏：「國以兵故强，兵以教故精。孔子曰：『以不教民戰，是謂棄之。』甚言其教之不可廢也。惟國家方承平之際，禁軍教習之法，最嚴且密，況當艱虞之時，其可忽諸？方今諸州軍，往往冗占椿留，實妨教閲。大抵以將迎爲急務，而以教習爲虚文。伏望深詔有司，參酌祖宗成法，申嚴而行之。每州遴選兵官三兩員，專主教習，庶責任嚴而成效速。歲終，則較其精粗而賞罰之。如此，則兵精而國振矣。」詔劄與諸路帥司措置施行。

紹興四年冬十月丁酉，詔州縣團教弓手、土兵。　五年春正月庚申，置諸州軍教場，選兵專習弓弩，立格按試。

禮志：紹興五年正月，始御射殿，閲諸班直殿前司諸軍指教使臣、親從宿衛親兵并提轄部押親兵使臣射射。共一千二百六十人，每六十人作一撥。遂詔户部支金千兩，付樞密院激賞庫充犒用。三月，御射殿，閲等子趙青等五十人角力，轉資，支賜錢銀有差。八月，御射殿，閲廣東路經略司解發到韶州士庶子弟陳裕試神臂弓，特補進武校尉，賜紫羅窄衫、銀束帶，差充本路經略司指使。

高宗本紀：紹興十四年十一月甲子，復内教，即禁中閲試三衙將士。

禮志：十四年十一月，閲殿前、馬步軍將士藝精者，賞有差。自是，歲以冬月行之，號曰冬教。

兵志：二十四年，臣僚言：「州郡禁卒，遠方縱弛，多不訓練，春秋教閲，臨時備數，乞申嚴舊制。」

高宗本紀：紹興三十年秋七月甲申，詔諸路帥司春秋教閱禁兵、弓弩手。三十一年五月壬辰，選兩浙、江東、福建諸州禁軍弓弩手之半，部送樞密院按試。秋七月丙子，詔諸路帥臣教閱土兵、弓手。

兵志：三十一年，詔：「比聞諸路州廂、禁軍、土軍，有司擅私役，妨教閱。帥府其嚴責守兵勒兵歸營，訓練精熟，以備點視。」

禮志：三十二年四月二十五日，御射殿閱射。

乾道二年十一月，幸候潮門外大教場，次幸白石教場。應從駕臣僚，自祥曦殿並戎服起居，從駕往回。内管軍、御帶、環衛官從駕，宰執以下免從。就逐幕次賜食，俟進晚膳畢，免奏萬福，并免茶，從駕還内。二十四日，幸候潮門外大教場，進早膳，次幸白石教場閱兵。三衙率將佐等導駕詣白石，皇帝登臺，三衙統制、統領官等起居畢，舉黄旗，諸軍皆三呼萬歲，拜訖，三衙管軍奏報取旨，馬軍上馬打圍教場。舉白旗，三司馬軍首尾相接；舉紅旗，向臺合圍，聽一金止。軍馬各就圍地，作圓形排立。射生官兵隨鼓聲出馬射獐兔，一金止。疊金，射生官兵各歸陣隊。舉黄旗，射生官兵就御臺下獻所獲。帝遂慰勞，賜賚諸將鞍馬金帶，以及士卒。諸軍懽騰，鼓舞就列。百姓觀者如山。時久陰曀，暨帝出郊，雲霧解駁，風日開霽。帝遣諭主管殿前司王琪等曰：「前日之教，師律整嚴，人無譁嚻，分合應度，朕甚悦之，皆卿等力也。」琪等曰：「此陛下神武之化，六軍恭謹所致。臣願得以此爲陛下剪絶奸宄。」四年十月，殿前司言〔一〕：「相視龍王堂北、江岸以東茅灘一帶平地，可作教場。已脩築將臺，將來三司馬步軍並各全裝，披帶衣甲，執色器械，至日，先赴教場下方營排辦〔二〕，俟駕登臺，聽金鼓起居畢，依資次變陣教閲。所有聖駕出郊，除禁衛外，欲于本司入陣馬軍内摘差護聖駕軍八百人騎、弓箭、器械，作十六隊，于儀衛前後引從，各分八隊，隊各五十人，往回沿路，各奏隨軍鼓笛大樂。及摘差本司入教陣隊内諸軍步親隨一千人〔三〕，并統領將官三員，至日，先赴將臺下，各分左右，于後壁周圍留空地三十步，以容禁衛，外作三重環立。」十六日，車駕至灘上。諸軍人馬，前一日于教場東列幕宿營。是日，三

〔一〕「言」，諸本作「官」，據宋史禮志二十四改。
〔二〕「方」，諸本脱，據宋史禮志二十四補。
〔三〕「隊」，原脱，據味經窩本、乾隆本、光緒本、宋史禮志二十四補。

衛管軍與各軍統領將佐導駕乘馬至護聖步軍大教場亭，更御甲冑至灘上。皇帝登臺，三衙起居畢，權主管殿前司王逵奏三司人馬齊，舉黄旗，諸軍呼拜者三。逵奏請從頭教閲，中軍鳴角，倒門角旗出營，馬步軍簇隊成，收鼓。訖，連三鼓，馬軍上馬，步人撮起旗槍。四鼓舉白旗，中軍鼓聲旗應，變方陣爲備敵之形。别高一鼓，步軍四向作禦敵之勢，且戰且前，馬軍出陣作戰鬭之勢。别高一鼓，各分歸地分。五鼓舉黄旗，變圓陣爲自環内固之形。如前節次訖，三鼓，舉赤旗，變鋭陣，諸軍相屬，魚貫斜列，前利後張，爲衝敵之形。亦依前節次訖，王逵奏：「人馬教絶，取旨。」舉青旗，變放教直陣。收鼓訖，一金止。重鼓三，馬軍下馬，步人斂落旗槍，皆應規矩。帝大悦，犒賞倍之。士卒歡呼謝恩如儀。鳴角聲簇隊訖，放教拽隊。步人分東西引拽，馬軍交頭于御臺下，隨隊呈試驍鋭大刀武藝。繼而進呈車砲、火砲、烟槍。及赭山打圍射生，馬步軍統制官蕭鷓巴以所獲獐鹿等就御臺下進獻，人馬拽絶。皇帝復御常服，乘馬至車子院，宣唤殿前司撥發官馬定遠、侯彦昌各賜馬一匹，彦昌仍自準備將特陞副將。進御酒，上謂王逵曰：「今日教閲，進止分合，軍律整肅，皆卿之力也。」逵奏：「陛下神武，四海共知。六師軍容，孰敢不肅！」時賜酒，俱以十分，逵奏以軍馬事不敢飲，帝曰：「少飲之。」親減大半。飲畢，謝恩退。又宣問主管侍衛馬軍司李舜舉：「今日按閱之兵，比向時所用之師何如？」舜舉奏曰：「今日所治之兵，皆陛下平時躬親訓練，撫以深恩，賜之重賞，忠勇百倍，非昔日可比。」

蕙田案：乾道二年、四年，凡兩大閱，俱見兵志，而禮志爲詳。禮志所載儀節與序事，頗有不同。二年，舉白旗、紅旗，軍馬各就圍地作圓形，而其儀則教直、鋭、圓三陣也。二年，射生官、射獐兔，而其儀則無射生事也。二年，獻獲頒賜畢，即訖事退，而其儀則於教閱畢後尚有宰執等進御茶、御酒諸儀也。至四年，于禁衛外又摘護聖馬軍作引從，而二年及儀並無之，其餘與儀同。蓋四年之閱，較二年特爲詳備。且二年未有茅灘教場，祇就白石行之，廣狹不同耳。

孝宗本紀：乾道六年十二月戊申，大閱。

兵志：乾道中，詔弓箭手元射一石四斗力升加三斗，元射一石力升加五斗，弩手元射四石力升加五斗，元射兩石七斗力升加八斗，進秩推賞有差。宰執進射親賞格，虞允文曰：「拍試以斗力升請給，今用射親定賞，恐不加意斗力。」上曰：「然。他日雖强弓弩可以取勝，若止習射親，則斗力不進。此賞格不須行。」

孝宗本紀：七年三月乙亥，詔訓習水軍。五月，遣知閤門事王抃點閱荆、襄軍馬〔一〕。淳熙四年春正月戊申，詔自今内外諸軍，歲一閱試〔二〕。庚申，詔沿江諸軍歲再習水戰。十二月乙亥，大閱。十年十一月甲戌，幸龍山大閱。

兵志：淳熙間，立槍手及射鐵簾格。上謂輔臣曰：「聞射鐵簾，諸軍鼓躍奮厲。」周必大曰：「兵久不用，此輩無進取，自然氣惰。今陛下激勸告戒，人人皆勝兵。」于是殿前、步軍司諸軍及馬軍舊司弓弩手，射鐵簾合格兵共一千八百四十餘。詔中垛簾弓箭手一石二斗力十箭，弩手四石力八箭，依格進兩秩，各賜錢百緡；弓箭手一石力十箭以上，弩手三石力八箭，各進兩秩。詔中外諸軍賞格亦如之。

禮志：慶元元年十月，以在諒闇，令宰執于大教場教閱。

寧宗本紀：慶元二年冬十月甲戌，大閱。

嘉泰二年十二月庚寅，大閱。三年冬十月丙午〔三〕，命兩淮諸州以仲冬教閱民

〔一〕「王抃」，諸本作「王樸」，據宋史孝宗本紀改。
〔二〕「試」，諸本脱，據宋史孝宗本紀補。
〔三〕「十月丙午」，原作「十一月丙子」，據宋史寧宗本紀改。

兵弓弩手。

兵志：寶慶二年，莫澤言：「州郡禁軍，平時則以防寇盜，有事則以備戎行，實録於朝廷，非州郡可得私役。比年州郡軍政墮廢，吝于廩給，闕額恒多。郡官、主兵官有窠占，寓公有借事，存留者不什一。當教閱時，鈐、總、路分雖號主兵，僅守虚籍，莫敢號召。入教之次，坐作進退，殆同兒戲。守臣利虚券不招填，主兵受厚賂改年甲。且一兵請給，歲不下百緡，以小計之，一郡占三百人，是虚費三萬緡也。私役禁軍，素有常憲。守帥闢園池，建第宅，不給餐錢；寓公去城遼絶，類得借兵，擾害鄉閭，近而輔郡至有寓公占四五百兵者，良由兵官之權輕而私占之禁弛也。乞嚴戒監司、守倅等，止許借厢軍，仍不得妨教閱，餘官雖厢軍亦勿借。」

王圻續通考：嘉熙四年閏十二月，閲軍頭司武伎。

淳祐十一年十二月，上諭輔臣曰：「邊事未息，武備當嚴。五兵所先，莫如弧矢。昔种世衡守青澗，日教習射，羌人畏之，其法可以推行。詔令諸路帥閫守臣講明區畫，詳議激勸，使各令自衛鄉井，弓弩箭隻，聽從其便。」

宋史度宗本紀：咸淳元年八月庚辰，命陳奕沿江按閲軍防，賜錢二十萬給用。

兵志：咸淳初，臣僚言：「諸軍統領、統制、正將、副將正欲在軍訓練，閑于武事，一有調用，令下即行，士悉將智，將悉士勇，所向無敵。今江南州郡、沿江制閫置帳前官，專任營運，不爲軍計，實爲家謀，絶無戰陳新功，率從帳前升差。大略一軍僅二三千，而使臣至五六百，以供雜役。」

王圻續通考：淳祐中，董槐知建康府時，軍政弛弗治，乃爲賞三等以教射，歲餘，盡爲精鋭矣。

宋史度宗本紀：咸淳二年五月癸丑，詔諸節制將帥討軍實，節浮費，毋占役兵士，致妨訓練。

兵志：九年，臣僚言：「比者招募軍兵，一時徒取充數，以覬賞格。涅刺之後，更不教閲。主兵官苦以勞役，日夜罔休，一或少違，即罹囹圄搒掠之酷，兵不堪命，而死者逃者接踵也。今請以新招軍分隸諸隊，使之熟紀律，習事藝，或旬或月，上各郡閲試。」蓋弊至于此，而訓練之制大壞矣。

禮志：教閲儀。皇帝至祥曦殿，行門、禁衛等並戎服迎駕常起居。皇帝至，知閤門官以下並戎服常起居。訖，皇帝乘馬出，從駕官從駕至候潮門外大教場御幄殿下馬，入幄更衣訖，皇帝被金甲出幄，行門、禁衛等迎駕，奏萬福。皇帝乘馬至教場臺下馬，升臺入幄。從駕官、宰執、親王、使相、正任、知閤、御帶、環衛官升臺，於幄殿分東西相向立。管軍並令全裝衣甲，帶御器械執骨朵升臺，于幄殿稍南面西立，俟入内官喝排立。皇帝出幄，行門、禁衛等迎駕，奏萬福。皇帝出，閤門分引殿前馬步三司統制、統領官常起居。訖，次三司將佐以下，聽鼓聲常起居。次殿帥執骨朵赴御座前奏教直陣。俟教閱畢，再赴御座前奏教圓陣。俟教閱畢，再赴御座前奏教鋭陣。俟教閱畢，再赴御座前奏教閱畢，歸侍立。内侍傳旨與殿前太尉某，諸軍謝恩承旨訖，轉與撥發官引三司統制、統領、將佐再拜謝恩訖，各歸本軍。皇帝起，入幄更衣訖，皇帝出幄。皇帝座，舍人引宰執墩後立，俟進御茶牀。舍人贊就坐，宰執躬身應喏訖，直身立，就坐。進第一盞酒，起立墩後，俟皇帝飲酒訖，舍人贊就坐，躬身應喏訖，直身立〔一〕。俟宰執酒至，接盞飲酒訖，盞付殿侍。次舍人贊食，並如儀。至第四盞，傳旨宣勸訖，御藥傳旨不拜，舍人承旨贊不拜，贊就坐。第五盞宣勸如第四盞儀。酒食

〔一〕「立」，原脱，據光緒本、宋史禮志二十四補。

畢，舉御茶牀。舍人分引宰執于幄殿重行立，御藥傳旨不拜，舍人承旨訖，揖宰執躬身贊不拜，各祇候直身立，降踏道歸幕次。皇帝起，乘馬至車子院下馬。皇帝出幄至車子院門樓上，出賜親王酒，再拜謝訖，次賜使相、正任並管軍、知閤、御帶、環衞官酒。訖，逐班再拜謝。訖，依舊相向立〔一〕。次親王執盞進皇帝酒，皇帝飲酒訖，一班再拜謝。訖，俟皇帝觀畢，起，降車子院門樓歸幄。親王以下退。皇帝乘馬出車子院門，行門、禁衞等迎駕，奏萬福。皇帝乘馬至候潮門外大教場，應從駕官並戎服乘馬從駕回。皇帝乘馬入和寧門，至祥曦殿上下馬，還宮。

乾淳御教記：大閱先一日，諸軍人馬金裝執色，于教場東布列軍幕宿營。至日，殿前、馬步諸軍先赴教場下方營，并親隨軍排列將壇之後。質明，三衙管軍官並金裝從駕。上自祥曦殿戎服乘馬，太子、親王、宰執、近臣並戎服乘馬以從護聖駕。馬軍八百騎，分執鎗旗、弓矢、軍器。前後奏隨軍番部大樂。等駕入教場，升幄殿，殿帥執撾躬身奏：「諸司人馬排立齊。」舉黃旗，招諸軍向御殿。梆子一鼓唱喏，一鼓呼萬歲，

〔一〕「相」，諸本脱，據宋史禮志二十四補。

再一鼓又呼萬歲，疊鼓呼萬萬歲，又一鼓唱喏。殿帥奏取聖旨，鳴角發嚴。上御金裝甲冑，登將壇幄殿，鳴角戒嚴。殿帥奏取聖旨，馬步軍整隊成屯，以備教戰。連三鼓，馬軍上馬，步軍起旗槍，分東西爲應敵之勢。舉白旗，教方陣，黄旗變圓陣，皂旗變曲陣，青旗變直陣，緋旗變鋭陣，緋心皂旗作長蛇陣，緋心白旗作伏虎陣。殿帥奏取聖旨，兩陣各遣勇將挑戰，變八圓陣。疊鼓舉旗，左馬軍戰右步軍，右馬軍戰左步軍。再疊鼓交旗，擊刺混戰。三疊金分陣大勢，馬軍四面大戰。三疊金分陣，殿帥奏「教陣訖，取旨」，人馬排列，當頭鳴角簇隊，以俟放教。諸軍呈大刀、車砲、煙槍，諸色武藝。御前傳宣撫諭將士。射生官進獻獐鹿。上更戎服，賜宰臣已下對御酒五行。殿帥奏取旨謝恩如前。唱喏訖，駕出教場。

蕙田案：南宋自慶元、嘉泰以後，禁衛之訓練，猶間行之，而外郡之兵，多爲州軍官所占役，謂之「軍匠」，甚至雕鏤、組繡、攻金、設色之事，皆兵爲之。蓋光、寧怠廢，重以韓、賈諸姦，姑息之習成，虚糜之政煩也。

右宋

遼史太宗本紀：天顯元年十二月甲辰，閲旗鼓。　三年春正月己酉〔一〕，閲北剋兵籍。庚戌，閲南剋兵籍。丁巳，閲皮室、伊喇、摩哩三軍。　四年冬十月甲辰，幸諸營，閲軍籍。庚戌，以雲中郡縣未下〔二〕，大閲六軍。

會同三年五月戊子，閲騎兵于南郊。　六月丙申，閲步卒于南郊。　七年十二月癸卯，南伐。甲子，次古北口。閏月己巳，閲諸道兵于温榆河。　九年八月，自將南伐。九月壬辰，閲諸道兵于漁陽西棗林淀。

聖宗本紀：統和元年冬十月，上將征高麗，親閲東京留守耶律末只所總兵馬。　三年七月丁卯，遣使閲東京諸軍兵器及東征道路。　四年十一月癸酉〔三〕，御正殿，大勞南征將校。丙子，南伐，次狹底堝，皇太后親閲輜重兵甲。　十四年冬十月丙辰，命劉遂教南京神武軍士劍法，賜袍帶錦幣。

〔一〕「三年」，原作「二年」，據光緒本、遼史太宗本紀改。
〔二〕「下」，原作「平」，據光緒本、遼史太宗本紀改。
〔三〕「十一月」，原作「十二月」，據光緒本、遼史聖宗本紀改。

興宗本紀：重熙四年十二月癸丑，詔諸軍砲、弩、弓劍手以時閱習。

道宗本紀：壽隆元年九月丙辰，詔西京砲人、弩人教西北路漢軍。

蕙田案：遼史兵衛志初分德呼部爲二，又分舒紳軍、皮室軍，此御帳親軍也。各宮有正丁、轉丁騎軍，各京有提轄司，此宮衛騎軍也。親王、大臣所置私甲，則大首領部族軍及衆部族軍也。此皆屬禁衛。至五京鄉丁，則分屬州縣者矣。其校閱之事，祇見於本紀而志不及。以今推之，本紀所載國主自臨閱者，皆禁衛之軍。其宮衛騎軍，當使提轄司臨閱；首領部族軍，當使招討司、統軍司、部署司、兵馬司臨閱也。

金史太宗本紀：天會三年八月壬子，詔有司揀閱善射勇健之士以備宋。

王圻續通考：天會三年十月，詔分遣呼沙呼等十三人閱諸路丁壯，調赴軍。

金史世宗本紀：大定二十二年三月，命尚書省申敕西北路招討司勒明安穆昆官督部人習武備。二十六年十月庚寅〔一〕，上謂宰臣曰：「西南、西北兩路招討司地隘，

〔一〕「十月」，原作「九月」，據光緒本、金史世宗本紀改。

明安人户無處圍獵，不能閑習騎射。委各明安穆昆官依時教練，其弛慢過期及不親監視，並決罰之。」

章宗本紀：明昌六年五月乙巳，詔諸路明安穆昆農隙講武，本路提刑司察其惰者罰之。

承安三年正月丁巳，併上京、東京兩路提刑司爲一，提刑使、副兼安撫使、副安撫專掌教習武事，毋令改其本俗。

王圻續通考：承安四年九月，詔訓練軍士。

金史宣宗本紀：貞祐三年三月丙寅，敕河東、河北、大名長貳官訓練隨處義兵，鄰境有警，責其救援。

興定二年六月甲辰，樞密院言：「諸路表稱大元集兵應州、飛狐，將分道南下，觀其意不在河北，而在陝西。河東各路義士、土兵、蕃漢弓箭手，宜于農隙教閲，以備緩急。」

蕙田案：金兵志諸部長爲貝勒，千夫長爲明安，百夫長爲穆昆。天會二年罷是制，凡諸部降人但置長吏，以下從漢官之號。燕山八路民兵隸諸萬户。蓋金之初起，將志一而兵力齊，其時校閲訓練之制，史志無文，殆不教而自精也。明、章以下，裸用漢制，兵之訓練，大約責成於招討、安撫二司矣。

元史兵志：至元九年正月，河南省請益兵，敕諸路僉軍三萬。詔元帥府、統軍司、總管萬户府閲實軍籍。

世祖本紀：至元十六年十一月丙辰〔二〕，命湖北道宣慰使劉深教練鄂州、漢陽新附水軍。　二十二年十二月己亥，江淮行省以戰船千艘習水戰江中。　二十五年六月乙丑，詔蒙古人總漢軍，閲習水戰。

成宗本紀：大德五年十一月丁未，選六御扈從漢軍習武事，仍禁萬户以下毋令私代，犯者斷罪有差。

仁宗本紀：至大四年冬十月壬辰，敕諸衛漢軍練習武事。

皇慶元年夏四月庚午，命浙東都元帥鄭祐同江浙軍官教練水軍。

延祐元年十月，監察御史言：「乞命樞密院設法教練士卒，一應軍官襲職者，試以

〔二〕「丙辰」，諸本作「戊子」，據元史世祖本紀改。

武事而後任之。」詔曰：「可。」

英宗本紀：延祐七年十一月，遣使閱實各行省戍兵。

至治三年春正月，遣回回砲手萬户赴汝寧、新蔡，遵世祖舊制，教習砲法。

泰定帝本紀：泰定三年八月乙亥，遣納瑪台簡閱邊兵。十二月〔一〕，御史言：「比年營繕，以衛軍供役，廢武事不講。請遵世祖舊制，教習五衛親軍，以備扈從。」不報。

四年二月，詔同僉樞密院事雅克特穆爾教閱諸衛軍。

蕙田案：元史兵志國初典兵之官，長萬夫者爲萬户，千夫者爲千户，百夫者爲百户。世祖脩官制，內立五衛，以總宿衛諸軍，衛設親軍都指揮使；外則萬户之下置總管，千户之下置總把，百户之下置彈壓，立樞密院以總之。遇方面有警，則置行樞密院，事已則廢，而移都鎮撫司屬行省。以上皆軍官也。然其校閱之事則不專於以上諸官。其在外，則令元帥府統軍司主之，或宣慰使，或都元帥；其在內，或特遣人，如泰定三年之遣納瑪台，四年之遣雅克特穆爾是也。此

〔一〕「十二月」，原作「十一月」，據光緒本、元史泰定帝本紀改。

正當日内外相維、文武相制之深意。

右遼金元

明

王圻續通考：明太祖吴元年春三月，大閲。時張士誠據兩淮未下。太祖議征討，遂揀將士，更制編伍。命鎮撫居明領之。分隊習戰，勝者賞銀十兩，其傷而不退者亦稱勇敢士，賞銀有差。因諭之曰：「刀不素持，必致血指，舟不素操，必致傾業，弓馬不善習而欲攻戰，未有不敗者。吾故令汝等練之。汝等勇健若此，臨敵何憂不克。爵賞富貴，惟有功者得之。」又謂起居注詹同曰：「兵不貴多而貴精。多而不精，徒累行陣。近來軍中募兵，多有冗濫，故特戒之，冀得精鋭，庶幾有用也。」初，定鼎金陵，置五軍營，設大教場在都城外南二里，小教場在國子監之右，望皇城迤西。

大政紀：洪武六年正月壬子，命吉安侯陸仲亨偕大同都督何文輝往北平練兵防禦。戊午，命中書省臣同大都督府、御史臺、六部議教練軍士律。

明會典：凡操練。洪武六年定操練軍士律。騎卒必善馳射及鎗刀，步兵必善弓弩及鎗。凡射，十二箭内，六箭遠可到，近可中，爲試中。遠可到，將士以一百六十步，軍士以一百二十步；近可中，以五十步。凡射弩，每用十二箭内，五箭遠可到，蹶張以八十步，划車以六十步。凡用鎗，以進退習熟爲試中。凡在京衛所，每一衛以五千人爲則，内取一千人，令所管指揮、千百户總、小旗領赴御前試驗，餘以次輪班。在外都司衛所，每衛五千人取一千人，令千百户總、小旗領赴京師，一體驗試，餘以次輪班。其所試軍士，如騎卒騎射便熟，善鎗刀，步軍善弓弩及鎗者，所管指揮、千百户總、小旗各以其能受賞，不中者降罰。軍士中者受賞，不中者亦給錢六百文爲道里費。指揮所管軍士一千人内，三百人至四百人不中者，住俸四箇月；四百至五百人不中者，住俸半年；五百人至六百人不中者，住俸十箇月；六百人至七百人不中者，住俸一年；七百人以上不中者，指揮使降同知，同知降僉事，僉事降千户。千户所管軍士一千人内，二百人至四百人不中者，住俸半年；四百人至六百人不中者，住俸一年；六百人以上不中者，降百户。百户所管軍士一百人内，二十人至四十人不中者，住俸半年；四十人至六十人不中者，住俸一年；六十人以上不中，降充總旗。總旗所管五十人内，二十五人以上不中；小旗所管十人内，五人以上不中者，皆降爲軍。在京衛所，發廣西、南寧、柳州守禦；在外衛所，北方者發南烟瘴地方，南方者發迤北極邊衛分守禦。各都指揮使司所試軍士四分以上不中者，住俸一年；六分以上不中者，都指揮罷職。

蕙田案：此校閱律令格式。

大政紀：洪武十年正月，命都督僉事藍玉練兵東昌。十一年正月，命信國公湯和率列侯韓政、郭興、俞通源、黄彬練兵臨清，以聽調遣。

明史兵志：洪武十六年，令天下衛所善射者十選一，於農隙分番赴京較閱，以優劣爲千百户賞罰。邊軍本衛較射。

太祖本紀：二十年二月壬午，閱武。

兵志：洪武二十年，命衛士習射於午門丹墀。明年復令：「天下衛所馬步軍士，各分十班，將弁以蔭叙久次陞者統之，冬月至京閲試。指揮、千百户，年深、慣戰及屯田者免。」明年，詔五軍府：「比試軍士分三等賞鈔，又各給鈔三錠爲路費，不中者亦給之。明年再試不如式，軍移戍雲南，官謫從征，總、小旗降爲軍。武臣子弟襲職，試騎步射不中程，令還衛，與半俸。二年後仍試如故者，亦降爲軍。」

太祖本紀：二十四年五月戊戌，漢、衞、谷、慶、寧、岷六王練兵臨清。二十五年二月戊午，靖寧侯葉昇等練兵於河南及臨、鞏。閏月戊戌，馮勝爲總兵官，傅友德副之，練兵山西、河南。二十六年三月辛亥，長興侯耿炳文練兵陝西。三十年秋八月甲午，李景隆爲征虜大將軍，練兵河南。

王圻續通考：初立大、小教場，以練五軍將士。永樂初，既有五軍，又有三千營以司寶纛令旗，神機營以司神鎗火器，是爲三大營。各營管操者曰提督，各哨分管官曰坐司，俱奏請于公侯伯、都督、都指揮內推選。永樂間，始間用內臣，而神機火器則特命內臣監之，曰監鎗；又有掌號、把總、把司、牌等官，皆于都指揮內推選。又京營之制，主訓練在京官軍，永樂遷都，又于中都、大寧、山東、河南附近衞所摘撥官軍，輪班上操，以內衞京師，外備四方征伐云。五軍營，曰中軍，曰左掖，曰右掖，曰左哨，曰右哨，管操練京衞及中都留守司、山東、河南、大寧三都司，各衞輪班。馬步軍又有十二營，管隨駕擺列馬隊官軍；圍子手營，管操練上直叉刀手及京衞步隊官軍；幼官舍人營，管操練京衞幼官及應襲舍人；殫忠效義營，管操練京衞報效舍人。餘丁皆五軍之支分也。永樂初，始以龍旗、寶纛、勇字旗、負御寶及兵仗局什物等件上直官軍。

一管左右二十隊勇字旗、大駕旗纛金鼓等件上直官軍。一管傳令旗令牌，御用監盔甲、尚冠、尚衣、尚履什物等件上直官軍。一管執大駕勇字旗、五軍紅盔貼直官軍。一管殺虎手、馬轎及前哨馬營上直明甲官軍，又有隨侍營隨侍東宮官舍、遼東備禦回還官軍。此則三千營之支分也。後永樂間，因征交阯，得其神機火箭之法，遂立神機營，亦設中軍、左掖、右掖、左哨、右哨，各有坐營、把司、把牌等官，管操演神銃、神砲等項火器。又有五千下者，因得都督譚廣馬五千匹，今謂之譚家馬者即此，亦另置坐營、把司等官統之。此則神機營之支分也。

明史兵志：文皇即位，五駕北征，六師嘗自較閱。又嘗敕秦、晉、周、肅諸王，各選護衛軍五千，命官督赴真定操練，陝西、甘肅、寧夏、大同、遼東諸守將，及中都留守、河南等都司，徐、宿等衛，遣將統馬步軍分駐真定、德州操練，候赴京閱視。

蕙田案：永樂中，選步騎兵，遣能幹指揮千户、百户統領赴京閱視。此京操與輪操並重之始也。考大事記，於正史所舉諸處外，尚有陝西守將，山東、山西、陝西都司，淮邳、淮安、揚州、武平、歸德、睢陽、潼關諸衛，較正史更詳備。

大政紀：永樂八年二月丁巳，駐蹕宣府，閲武營内。癸亥，命鎮守大同江陰侯吴高操練山西大同、天城、陽和等處軍馬，整理城池，節制山西都司、行都司及太原三護衛官軍。甲子，駐蹕興和，閱武營外。上指揮將士坐作進退，折旋無不如旨。十二年三月庚寅，車駕發北京。四月甲辰朔，駐蹕興和。己酉，大閱軍士于沙城。五月癸酉朔，駐蹕楊林戍，大閱武。

明會典：凡行軍號令。永樂十二年令，凡交鋒之際，突入賊陣、透出其背、殺敗賊衆者，敢勇入陣、斬將搴旗者，本隊已敗賊衆、別隊勝負未決而能救援克敵者，受命能任其事、出奇破賊成功者，皆爲奇功。齊力進前首先敗賊者，前隊交鋒未決後隊向前殺敗賊衆者，皆爲頭功。凡建立奇功、頭功者，其親管頭目即爲報知。妄報者，治以重罪。行營及下營之時，擒獲奸細者，陞賞准頭功。哨馬生擒寇賊一人者，賞銀三十兩；斬首一級者，二十兩。凡行營之時，遇有鞍馬衣服器械不同者，衣甲器械相同而喝問答號不同者，皆即擒之。來降寇賊所攜人口財畜分毫不許侵犯，即時來報。凡與賊對陣，須齊力殺賊，不許聚爲一處，掣拽空缺。如力不能支，不能決勝，無勇無謀，及不盡力殺賊者，全伍皆斬。凡隊伍已定，不許馬軍入步隊，步軍入馬隊，違者重罪。如臨陣混戰，失其本隊，插入別隊者，不拘。凡殺敗寇賊，須盡力進勦，不許搶掠人畜財物，違者重罪。如所乘馬困乏，許以所擒賊馬换乘。凡對敵之際，一隊遞看一隊，有不齊力前進者，戰勝之後，連隊之人首告，治以重罪；容情不首告者，罪同。凡管軍頭目，須愛恤軍士，軍士亦聽令〔一〕，不許怠慢。如伍中有一人不在，小旗報總旗，總旗報百户，以次報至總兵官，總兵官奏知。從征官軍有在逃者，斬。該管頭目不報者，重罪。凡軍士須人馬相應，不許以輭弱不堪者插入隊伍。如人壯馬弱，或馬壯人弱者，許弱者以馬與壯者。若自己有馬，臨戰之際，能借與驍勇者殺賊有功，許借馬人分賞，不願分者聽。其戰馬臨敵許騎，無事騎者，治罪。各營馬驢，須愛恤馱載，該管官時常點閱，有故違及將軍器抛失或盜賣者，俱重罪。凡軍士行糧，該管官旗時行點閱，有過用及遺棄者，并該管頭目皆斬。凡軍行及下營之時，須各認隊伍，不許擅離及雜入别營别隊，違者併該管頭目俱重罪。凡夜行相遇，即喝問，有答號不得者，擒送辨驗。果是奸細，照例陞賞。故不答號及見而不擒者，事覺，俱治以重罪。凡軍中遇夜，以各樣大小銅角、笛聲爲號，不許聲音相同。各聽號聲，識認隊伍，不許叫

〔一〕「軍士」，諸本脱，據明會典卷一三四補。

營，違者論罪。但夜間有喧譁者，即問所起之處及左右應聲之人，與該管頭目，皆治以重罪。凡行營，須待大營旗纛起行，或聽駕前銅角聲，各營方許起行。每日下營，量撥步軍或五隊十隊，馬軍五隊或三四隊，步軍披甲，馬軍不摘鞍，伺候長圍及架砲者布列已定，方許入營休息。有盜人衣糧諸物及盜驢馬宰殺，并檢括隱藏人遺失物者，俱斬。知情實首者給賞，知而不首者同罪。若收得馬驢騾垛者，即送該軍，轉送大營，召人識認。如有遺失，被後哨官軍收獲者，收後官治以重罪。凡各營有失火者，即是與賊遞送消息，并該管頭目俱重罪。其每日行營，不許在途炊飯，違者并本管頭目皆斬。下營掘井，必令人監守，不許作踐及占藏自用。凡軍中有病者，管隊官旗即令醫療掌藥料官及醫士常加巡視，不許勒取財物，違者重罪。凡長圍及坐冷者，須晝夜關防。各營架砲者，務依方瞭望。有灰塵揚起、人馬往來，若聞哨馬營及四面砲響，即時傳報。其管事官，遇有事隨即飛報，不許頃刻遲慢。凡掠陣官，臨敵時視有畏避退後者，即斬之。紀功過官遇有功者即紀之，有過者即録之，以憑賞罰。凡臨陣，令內官持象牙牌，視有勇敢當先殺賊能立奇功、頭功者，即與牙牌收執，徑赴大營給與勘合，以憑陞賞。凡軍中有妄談災異及妖言，或漏洩軍機者，皆斬。知情不首者，罪同。首實者重賞。凡見鹿及野馬、黄羊諸物驚走，突入營伍，及望見塵起及旋風揚沙，野獸騰踏，及見死馬、牛、羊與牛、羊、駝馬遺穢蹤迹，或拾得一應物件，若男女衣服首飾并文字等項，不論久近，隨即報知。凡軍行在道，不許圍獵。或遠望似馬非馬，似鹿非鹿，似人非人，白日見烟，入夜見火，不論是非，即報。凡功次，務須實報，有虚誑者重罪。所報實者，給與勘合。無勘合者，不准陞賞。凡號令，總兵官告都指揮，都指揮告指揮，指揮告千户，千户告百户，百户告總旗，總旗告小旗，小旗告軍士，務令遵守。

蕙田案：此申明行軍號令。

明史成祖本紀：永樂二十年夏四月乙卯，次雲州，大閲。五月乙丑，獵于偏嶺。丁卯，大閲。辛未，次西涼亭。壬申，大閲。二十一年秋七月戊申，次宣府。八月己酉，大閲。二十二年三月戊寅，大閲。

仁宗本紀：永樂二十二年十一月乙亥，始命近畿諸衛官軍更番詣京師操練。

宣宗本紀：宣德元年春正月己未，遣侍郎黄宗載十五人清理天下軍伍，後遣使，著爲令。

明會典：凡輪操。宣德元年，調河南、山東、大寧都司、中都留守司、直隸、淮揚等衛及宣府軍士至京操備，令每歲輪班往來。

明通紀：宣德三年八月，車駕巡邊閱武。四年七月，上巡邊校獵閱武。尋還京。

大政紀：正統元年十月望，車駕閱武于將臺。上命諸將騎射，以三矢爲率。受命者萬餘。十一年十月，閱武近郊。

明史英宗前紀：正統十四年六月戊寅，平鄉伯陳懷，駙馬都尉井源，都督王貴、吴克勤，太監林壽，分練京軍於大同、宣府。

明會典：正統十四年，令外衛輪班京操者，前班三月還，八月到；後班八月還，次年三月到。河南、山東、北直隸强壯官軍皆隸前班。

蕙田案：洪武之際，國勢草創，其練兵也，皆因出師征討，而無事之時，未有定式。永樂有定式矣，然天子自行大閱者，亦爲命將出師，或親征行之也，仁、宣之世亦然。景泰以後，因土木之變，國家多故，特重京操。隆、萬以還，操練更頻數矣，然兵反不如洪武者，戚繼光所謂但練「花法」，與陣上所用全不相涉耳。

明史景帝本紀：景泰三年十二月癸巳，始立團營。太監阮讓、都督楊俊等分統之，聽于謙、石亨，太監劉永誠、曹吉祥節制。

王圻續通考：明景泰三年，始立京營團操法。先是，京軍分立三大營，及土木變後，卒伍耗弱，屬邊報時警，京師戒嚴。兵部尚書于謙建議云：「此三營不相統一，每遇調遣選摘，號令不同，兵將不相識，或因而誤事。請揀選諸營五步官軍一十五萬，分爲十營團操，以備警急。是團營每營官軍一萬五千員名，各以都督領之。每兵五千用都指揮一員，十營共指揮三十員。每營中每千用都指揮或指揮一員，共十五員。每指總共五百名分管。每隊用管隊官二員。又命兵部尚書，或都御史一員提督之。嘗令在營操練，統體相維，兵將相識，出征就令，原都督等統領前去，庶號令歸一，而行伍不亂。」制曰：「可。」

成化三年，始立十二團營法。時議抽選京衛伉健八萬，外衛八萬。外衛者分二班，每班四萬，連京衛共十二萬，分爲十二營，曰奮武，曰耀武，曰練武，曰顯武，曰敢勇，曰果勇，曰效勇，曰鼓勇，曰立威，曰伸威，曰揚威，曰振威，是爲十二團營。而三大營官軍之數不與焉。每營各分五軍、三千、神機三營。五軍營管內外馬步官軍，三千營管内外馬隊官軍，神機營管内外步隊官軍。每營各設坐營、把總等官統之。若遇出征，即量調而行。三大營所揀存老弱者，名曰老家兒，專備營造差撥等用。十二團營，益以北直隸各衛，曰京衛。及山東、河南、江北各都司衛所精兵，曰外衛。并三大營兵，共二十五萬。實之分爲春秋二班團操聽征。十二營之制，又自此始。

大政紀：成化三年四月，復十二團營，命太子少保兵部尚書白圭，不妨部事，提督操練。

明通紀：成化九年十月，上閱武于内苑，公侯而下皆騎射。英國公張懋三發連中，上大喜，錫鈔千貫，白金五十兩，金帶一束，尋命掌中軍都督府事，提督五軍營。

弘治十五年春，發保定京操軍回衛團操。先是，上欲于附近地方團操人馬，以爲京師左右掖，以問劉大夏，對曰：「京西保定府地方獨設都司，統五衛，仰思祖宗，恐亦是此意。」未幾，一御史陳言，奏：「將保定兩班一萬餘人，回衛團練。」奏入，上可之。遂敕都指揮戴儀往任其事。乃有造飛語帖子于宫門以誣大夏。上曰：「宫門豈外人可到，必此曹忿不得私役此軍者所爲耳。」

王圻續通考：嘉靖十四年，設池河演武場，在定遠縣東二十里。時雖遷都于北，而在南兵衛不廢，且練習以時，皆轄于兵部及操江都御史。蓋以重根本而飭江防云。　十五年，都御史兼提督團營王廷相上疏云：「即今團營內外官軍雖有十二萬之數，而京衛撥去捕盜已五千六百員名，外衛撥去各處做工及拽木等項常不下二萬有零，雖云暫時借用，而營伍經年空缺。其見操者中間，老弱疲羸，不能執弓習藝者甚衆。校閱之際，已不堪觀，脱有緊急邊情調遣，又安望其投石超距奮勇以禦敵哉？又團營軍士，派之雜差，撥之做工，留之拽木，終歲不得入操。困苦以勞其身，而敵愾之氣縮；畚鍤以奪其習，而弓馬之藝疏。雖有團營聽征之名，實與田畝常耕之夫無異。是不能養其氣于未戰之先。又軍士替役之難，緣吏胥需索重賄，貧軍不能辦此，是以終年累月，老弱在營，苟且應役，而精壯子弟不得收練。是當革其弊于搭補之時。又三大營挑選精壯以聽征，有等富貴奸猾之徒，懼營操出征之苦，賄該管人員，僞爲不堪之數揀存本營，其貧者不能營幹，常川操練。是當革三大營買差之弊。由斯三者，軍士之所以不精力也。」丙申，詔改大興隆寺爲講武堂。先是，兵部以爲言，上諭輔臣改之。又諭禮部尚書夏言曰：「雖是兵事，係典禮，卿部裏可具奏來。」言奏曰：「周禮，大司馬每遇仲月，因時教武，惟冬農隙，則大閱之。在漢，有會都平樂觀之講，唐有都外驪山之講，宋有近郊、西郊之講。歷代之典，雖各不同，然倣古周制，思患預防，蓋未始有二也。太祖高皇帝經理淮甸，親閱試將士。太宗文皇帝靖難之後，亦時加簡練。是以國初名將疊出，類皆文武兼資，韜略素習，威震沙漠，策勳闕庭，漢、唐、宋以來所未有也。及今百七十餘年，承平日久，武備漸弛，將驕卒惰，幾不知兵，宜有足厪聖慮者講武事，誠不可緩。」上嘉納之，言因條三事以進，一曰專教將領，一曰尊崇廟祀，一曰時加懲勸。

大政紀：隆慶二年八月，大學士張居正疏陳六事：「一飭武備。今議者皆曰『兵不多，食不足，將帥不得其人』。臣以爲此三者，皆不足患也。夫兵不患少而患弱。今軍伍雖缺，而糧籍具存，若能按籍徵求，清查影占，隨宜募補，著實訓練，何患無兵？捐無用不急之費，併其才力以撫養鬬戰之士，何患無財？懸重賞以勸有功，寬文法以伸將權，則忠勇之夫孰不思奮，又何患于無將？臣之所患，特患於無奮勵激發之志耳。故願皇上急先自治之圖，堅定必爲之志，屬任謀臣，脩舉實政，不求近功，不忘有事，熟計而審行之，不出五年，敵可圖矣。至于目前自守之策，莫要于選擇邊吏，團操鄉兵，併守墩堡，令民收保，時簡精鋭，出其空虛以制之。即敵入犯，亦可不至大失。又考之古禮及我祖宗故事，俱有大閱之禮，以習武事而戒不虞。今京城内外，守備單弱，臣嘗以爲憂。伏乞敕下戎政大臣，申嚴軍政，設法訓練。每歲或間歲季冬農隙之時，恭請聖駕親臨校閱。一以試將官之能否，一以觀軍士之勇怯，注意武備，整飭戎事，亦足以伐狂寇之謀，銷未萌之患，誠轉弱爲强之一機也。」疏入，上曰：「覽卿奏，皆深切時務，具見謀國忠懇，該部看議以聞。」兵部議覆飭武備事宜。其一議兵。祖宗朝，九邊兵以百萬計，今尚存六十萬有奇。其逃者，若能設法請補，原額亦可盡復。至于團練之法，當令各邊選編見在軍士，五人爲伍，五伍爲一隊，各立之長，長各擇教師，教以武藝。其一議食。冗兵汰則冒替之糧減，主兵練則客兵之餉省。我兵能戰，而敵一遭衂，則數年不擾，而行糧可免。敵既遠遁，則我之威力能制屬裔之死命，而撫賞亦可罷。是足食之方，已寓于練兵之中矣。至于興屯監以復本色，視豐儉以爲折支，又在户部酌議施行。其一議將。將才難得，亦難任。今邊臣不肯效死者，弊在操切太過，爵賞太輕。請令督撫、兵備官，一切閫外之務，悉聽總兵，而下自擇進止，不得拘以文法。其一議選擇邊吏。各邊守令，務得真才。其一議團練鄉兵。凡沿邊郡縣，不分城市、村堡，軍餘民舍，皆列爲鄉兵，如邊軍隊伍之制，各不妨農務，隨時訓習，遇有寇警，移檄郡縣，轉相告諭，各率鄉兵，乘機防守。賊退而鄉兵有斬獲者，仍照軍例陞賞。雖無斬獲而防守無失者，亦量犒之。其一議守城堡。寇賊臨墻，不能拒之邊外，則當急入收堡。而邊内城堡，又不能盡守，則當擇適中之處，將附近小堡併入大堡，脩城浚濠，務得堅固。其軍民有自願包磚者聽，亦量助之。其一議整飭京營。祖宗設立京營，屯兵數十萬，歲久逃亡者衆。見存僅九萬餘人，中又多四方竄籍之人。有以一人而應三五役者。即春秋操演，亦虛文耳。今宜盡數報册，有名者行衛查補，無名者發單清勾。兵數既足，仍行戎政，大臣從實操練，季冬會同巡視科道官，視勤惰以聞。至于大閱之禮，宣宗嘗行之兔兒山，英宗嘗行之北郊，又嘗行之西苑。望自隆慶二年爲始，于季冬農隙之候，恭請聖駕親臨校閱，一以甄別將官，驗其教練之多寡，以爲黜陟之次第；一以考校軍士，視其技藝之高下，以爲賞賚之等差。但有老弱，即行汰易。上曰：「然。大閱既祖宗成憲，允宜脩舉。兵部宜與戎政官先期整飭，俟明年八月内來聞，餘悉如議。」

明會典：隆慶二年，題准大閱儀注。先一日，預告於内殿，用告詞，行四拜禮，如出郊常儀。是日，司禮監設御幄于將臺下，總協戎政大臣、巡視科道官督率將領軍兵預肅教場內外。至日早，遣官於教場內祭旗纛之神。三大營官軍俱各披戴，陳旌旗器械于本營擺列。仍選撥將官四員統領有馬戰兵二十名于長安左門外伺候扈駕。文職各堂上官，六科十三道掌印官并禮科、兵科、禮部儀制司、兵部四司官及糾儀官、監射御史、鴻臚寺供事官，武職除應該操閱外，其餘都督以上并錦衣衛堂上及南鎮撫司掌印僉書官，各具大紅便服，關領扈從牙牌懸帶，俱詣教場伺候。一是日免朝。錦衣衛備鹵簿駕，設輦于皇極門下。上常服乘輦，由長安左門出，扈駕官軍前後導從，鉦鼓響器振作。從安定門出，至閱武門外，總協戎政官率領大小將佐官戎服跪迎，候駕過方起，隨入將臺下，北向序立。駕進閱武門，內中軍舉號砲三，各營鉦鼓響器振作，扈從官序立于行宮門外迎駕。上到行宮門，降輦。兵部官導上入行宮，鳴金止鼓，候上升座，扈從官行一拜叩頭禮，傳賜酒飯。各官仍叩頭謝恩畢，即退出，於將臺下東面序立。兵部官跪奏「請登臺大閱」，兵部、鴻臚寺官導上登臺，陞御幄，舉號砲三。鴻臚寺官跪奏京營將士叩頭，贊一拜叩頭禮畢，分東西侍立。總協戎政官列于扈從官之北，其餘將佐列於扈從官之南。兵部尚書跪奏，請令各營整搠人馬。承旨畢，將臺上吹號笛，麾黄旗，總協戎政官、指揮、副、參、遊、佐等官，各歸所部，整搠人馬。兵部尚書跪奏「請閲陣」，號砲三。馬步官軍演陣，悉如常法。演畢，將臺上吹號笛，麾黄旗，各將官軍士俱各回營。少頃，兵部尚書跪奏「請閲射」。總協戎政官、指揮、副、遊、參、佐、坐營、號頭、中軍、千總等官及聽射公、侯、駙馬、伯、錦衣衛等官，俱於將臺下比較射藝。馬上人各三箭，步下人各六箭，中的者鳴鼓以報，用御史二員、兵部司官二員監視紀録。其餘把總以下及家丁、軍士射箭，以府部大臣并御史及兵部司官各四員於東西廳分投校閲，一體紀録。其刀鎗火器等藝，聽總協戎政官各量取一隊，於御前呈驗。訖，兵部尚書跪奏「大閲畢」，將臺上舉號旗，總協戎政官及大小將領俱詣將臺下，北向序立。鴻臚寺官奏傳制，贊「跪」，各官皆跪，鴻臚寺官宣制訖，贊「叩頭」，各官叩頭。訖，先退出閲武門外伺候，仍贊扈從官行叩頭禮。訖，鴻臚寺官奏「禮畢」，上回行宫少憩。扈從官趨至閲武門内序立，伺候送駕。上陞輦，中軍舉號砲三，各營鼓吹齊鳴，鹵簿及馬戰兵導從如來儀，鉦鼓響器與大樂相應振作。總協戎政以下官候駕至，跪叩頭，退。馬戰兵至長安左門外止。鹵簿、大樂至午門外止。上還，仍詣内殿參謁，如前儀。是日，百官不係扈從者，各具吉服於承天門外橋南向北序立恭送，候駕出長安左門，退于本衙辦事。駕還之時，仍前序立迎候，駕入午門，百官退。

蕙田案：以上專論京營及輪班馬軍教練之儀。

又案：明太祖初即位，即命元勛宿將如馮勝、傅友德輩分道練兵，但未有定制。其後，洪武二十一年，始下操練法俾遵行，不如法及不嫺習者罰。是時，操練之制，蓋内外並重也。景泰初，始立十團營。給事中鄧林進軒轅圖，即「八陣法」，因用以教軍。成化間，增團營爲十二，命月二次會操，起仲春十五日，止仲夏十五日，秋冬亦如之。嘉靖六年，又申其制。隆慶初，命各營將領以教練軍士分數多寡爲黜陟。全營教練者，加都督僉事，以次減；全不教練者，降祖職一級，革任回衛。三年内教練有成，操協大臣奬諭恩録，無功績者議罰。於是操練乃特重于京營矣。其衛所兵操練之制，兵志略而不言。然京營之重如此，而及其末造兵力衰弱不振者，何歟？此則志所謂「規制雖立，將卒惰媮，操演徒爲具文」故也。

又案：輪班馬軍，本衛所之軍而番上京師者也。始於永樂十三年，其制頗有唐府兵番上宿衛之遺意。此雖屬外兵，實與京營同教練者。

又案：王圻續通考及會典所載永樂摘撥官軍輪班之制，但有中都、大寧、山東、河南四處。明史兵志則併及山西、陝西各都司及江南、北諸衛，其説不同。竊以既調官軍輪班，不應但舉四處，當以正史爲據。

大政紀：隆慶三年八月，大閲將士于京營教場。是日，上戎服登壇，軍容整肅。

五年正月，以歲終閲視京營將士。

明史兵志：穆宗從給事中吴時來請，命戚繼光練兵薊門。薊兵精整者數十年。繼光著練兵實紀以訓士。一曰練伍。首騎，次步，次車，次輜重；先選伍，次較藝，總之以合營。二曰練膽氣。使明作止進退及上下統屬、相友相助之義。三曰練耳目〔一〕。使明號令。四曰練手足。使熟技藝。五曰練營陣。詳布陣起行、結營及交鋒之正變。終之以練將。

明會典：神宗九年，上親大閲，一如隆慶中故事。

蕙田案：明之軍制，變於團營，操演教閲，此爲最重。一罷於英宗天順元年

〔一〕「目」，諸本脱，據明史兵志四補。

四月，至憲宗成化二年四月而復；再罷於武宗正德十六年三月，至穆宗隆慶二年而復，復之是也。然而憲、孝以上，以團營而盛；嘉、隆以後，以團營而衰。孝宗十八年，已有工作不得擅役團營軍士之詔，及觀王廷相所陳，則占役買閑，積弊尤甚矣。李夢陽亦言「十二團營，近日欲遣將北伐，拔之不滿三萬」，狼狽若此，何也？官不恤軍，豪勢多占，壯丁各營，其身老弱，出而應點，冗食而無補，空名而鮮實也。明史兵志謂「京軍積弱，由於占役買閑，而其弊實始於紈袴之營帥，監視之中官」，後人可不鑒哉！

右明

五禮通考卷二百四十一

軍禮九

車戰

蕙田案：古者戰陣之事，有車有徒而無騎。蓋井田行則車有所出，溝洫修則騎不得用。故車戰之利，戰守兼資，不貴馳突，而務爲其不可敗。然於險阨之地，則亦不用車而用人，從所宜也。井田、溝洫廢，騎兵起，而車戰不可復矣。至於齎器械、載衣糧，車亦有不可廢者。古者有兵車、有田車、有乘車，三者其制大約相同，詳見考工記輪人、輿人、輈人諸職。若車人所爲大車、羊車、柏車，則其式與今日之車相似，非戰車也。其用以戰，亦有卒伍之法，已詳見前「軍制」門。

今取其規製、職掌并漢以下事，論次以備考。

車戰

周禮考工記：車有六等之數：車軫四尺，謂之一等；戈柲六尺有六寸，既建而迆，崇於軫四尺，謂之二等；人長八尺，崇於戈四尺，謂之三等；殳長尋有四尺，崇於人四尺，謂之四等；車戟常，崇於殳四尺，謂之五等；酋矛常有四尺，崇於戟四尺，謂之六等。注：此所謂兵車也。軫，輿後橫木。崇，高也。八尺曰尋，倍尋曰常。殳長丈二。戈、殳、戟、矛皆插車輢。輢，車傍也。鄭司農云：「迆讀爲『猗移從風』之移，謂著戈於車邪倚也。酋發聲，直謂矛。」疏：有刃曰戈、矛、戟，無刃曰殳。殳主擊，戈、矛、戟主刺。

王氏曰：輪六尺有六寸，軹崇三尺有三寸，加軫與轐之七寸，爲四尺，是軫去地四尺矣，故曰：「車軫四尺，謂之一等。」自軫而上，其事之等，皆以四尺爲差。戈柲六尺有六寸，則以四尺崇于軫，故謂之二等。人長八尺，則以四尺崇于戈，故謂之三等。殳長尋有四尺，則以四尺崇于人，故謂之四等。車戟常，則以四尺崇于殳，故謂之五等。酋矛常有四尺，則以四尺崇于戟，故謂之六等。

王氏應電曰：五兵之用，遠則弓矢射之，近則矛者句之。句之矣，然後殳者擊之，戈矛者刺之。司馬法曰：「弓矢圍，殳矛守，戈戟助。」凡用此者，皆長以衛短，短以救長。今此戈、殳、矛、戟，皆置之車傍，不言弓矢，則乘車之人佩之。

蔡氏德晉曰：車，謂兵車。軫，輿四旁横木，所謂「軫方以象地」也。四尺，謂去地四尺也。柲，柄也。建，建于車輢也。迤，邪倚也。崇，高也。戈柄建于輿上，本六尺六寸，以其邪倚，故止四尺高也。人長八尺，立于輿上，是高于戈四尺。八尺曰尋，尋有四尺，丈二尺也，比于人，又高四尺。倍尋曰常，丈六尺也，又高殳四尺。酋，長貌。矛，鎗也。常有四尺，二丈也，又高戟四尺。自軫至酋矛，其崇總以四尺爲差，此謂前驅車所建。不然，此車之上，不可以建蓋。

凡察車之道，欲其樸屬而微至。不樸屬，無以爲完久也；不微至，無以爲戚速也。輪已崇，則人不能登也；輪已庳，則於馬終古登阤也。故兵車之輪六尺有六寸。注：樸屬，猶附著堅固貌。齊人有名疾爲戚者。春秋傳曰：「蓋以操之爲已蹙矣。」速，疾也。鄭司農云：「微至，謂輪至地者少，言其圓甚，著地者微耳。著地者微則易轉也。」已，太也，甚也。崇，高也。齊人之言終古猶言常也。阤，阪也。輪庳則難引。疏：此云造輪有善惡、高下、大小之宜。

王氏曰：輪過六尺六寸爲太高，人斯病於難登；不及六尺六寸爲太卑，馬斯病於難引。其引之也，常作登阪然。

陳氏禮書：古者服牛乘馬，引重致遠，以利天下，則車之作尚矣。或曰黄帝作軒冕，不可考也。車之制，象天以爲蓋，象地以爲輿，象斗以爲杠轂，象二十八星以爲蓋弓，象日月以爲輪輻。前載而後户，前軌而後軫，旁輢而首以較，下軸而銜以轐。對人者謂之對車，如舟者謂之軸揉，而相迎者謂牙。輈之曲中，謂之前疾。輒之上平，謂之衡。衡之材與輿之下木皆曰任，以其力任於此也。轂之端與輢之下木皆曰軹，以其旁止於此也。軫可以名輿，可以名車。達常可以名部，輅前横木可以名輅，此又因一材而通名之也。其爲車也，有長轂者，有短轂者，有杼輪者，有侔輪者，有反揉者，有仄揉者，有兩輪者，有四輪者，有有輻者，有無輻者，有曲轅者，有直轅者，輂，直轅。有一轅者，有兩轅者，有直輿者，有曲輿者，鈎車曲輿。有廣箱者，有方箱者，有重較者，有單較者。或駕以馬，或駕以牛，或輓以人，或飾以物，或飾以漆，或樸以素。要皆因宜以爲之制，稱事以爲之文也。然禮有屈伸，名有抑揚，故論其任重，則雖庶人牛車亦與大夫同稱大車；論其等威，則雖諸侯之正路於王門曰偏駕而已。

蕙田案：周有五路：玉路、金路、象路、革路、木路。王行，五路有先後之儀。孔安國曰：「大路，玉。綴路，金。先路，象。次路，革、木也。」蓋王之行也，乘玉路而先之以象路，次之以革路、木路，而金路綴于玉路之後，故云綴路也。而周禮車僕「掌戎路之萃」，戎路即革路也。然則革路即戎車、兵車之類矣。

又案：以上兵車之制。

春官巾車：革路，龍勒，條纓五就，以即戎。注：革路，鞔之以革而漆之，無他飾。即戎，謂兵事。

車僕：掌戎路之萃，廣車之萃，闕車之萃，苹車之萃[一]，輕車之萃。凡師，共革車，各以其萃。注：萃猶副也。

夏官戎僕：掌馭戎車。注：戎車，革路也，師出，王乘以自將。掌王倅車之政，正其服。掌凡戎車之儀。注：倅，副也。服，謂衆乘戎車者之衣服。凡戎車，衆之兵車也。書序曰：「武王戎車三百兩。」

王氏應電曰：戎車之副謂之倅者，若衆子之倅其嫡以備卒也，有時而佐焉。田車之副謂之佐者，如衆臣之佐其君謂之卿佐也，常以佐之爲事。道車之副謂之貳者，如世子之貳其父謂之貳儲也，有故乃攝而代之。其義各有所主也。掌凡戎車之儀，戎以威爲主，甲冑有不可犯之色，則戎車之儀可知矣。

馭夫：掌馭貳車、從車、使車，分公馬而駕治之。注：貳車，象路之副。從車，戎路、田路

[一]「苹」，原作「革」，據光緒本、周禮注疏卷二七改。

之副。使車，驅逆之車。

王氏應電曰：自大馭以至田僕，皆王五路之馭者也。馭夫則馭貳車、從車、使車而已。貳車，五路之副貳也。從車，公卿、大夫從王之車也。使車，聽王役使之車。三者皆公車，故分公馬而駕治之。三等之車既衆，故其員亦六十人。

蕙田案：以上掌戎車之官。

孟子：武王之伐殷也，革車三百兩。

書序：武王戎車三百兩。

詩大雅大明：牧野洋洋，檀車煌煌，駟騵彭彭。傳：洋洋，廣也。煌煌，明也。騵馬白腹曰騵。言上周下殷也。箋：言其戰地寬廣，明不用權詐也。兵車鮮明，馬又强，則暇且整。疏：煌煌，言車之鮮，故爲明也。

小雅六月：戎車既飭。傳：飭，正也。箋：戎車，革路之等也。其等有五。疏：春官巾車：「掌王之五路，革路以即戎。」故知「戎車，革路之等也」。車僕「掌戎路之萃，廣車之萃，闕車之萃，屏車之萃，輕車之萃。」注云「此五者皆兵車，所謂五戎」，是其等有五也〔一〕。吉甫所乘兵車亦革路，在軍所

〔一〕「有」，諸本脱，據毛詩正義卷一〇補。

乘，與王同，但不知備五戎與否。鄭因事解之，不必備五也。

元戎十乘，以先啓行。傳：元，大也。夏后氏曰鉤車，先正也。殷曰寅車，先疾也。周曰元戎，先良也。

戎車既安，如輊如軒。箋：戎車之安，從後視之如輊，從前視之如軒，然後適調也。

朱子集傳：輊，車之覆而前也。軒，車之却而後也。

采芑：方叔莅止，其車三千，師干之試。方叔率止，乘其四騏，四騏翼翼。路車有奭，簟茀魚服，鉤膺鞗革。傳：方叔，卿士也，受命爲將。干，扞。試，用也。奭，赤貌。鉤膺，樊纓也。箋：方叔臨視此戎車三千乘，其士卒皆有佐師扞敵之用爾。率者，率此戎車士卒而行也。茀之言蔽也，車之蔽飾，象席文也。魚服，矢服也。鞗革，轡首垂也。疏：言「鉤膺，樊纓」者，以此言鉤是金路，故引金路之事以説之。在膺之飾，惟有樊纓，故云「鉤膺，樊纓也」〔一〕。巾車注云：「鉤，婁頷之鉤也。金路無錫有鉤，亦以金爲之。」是鉤用金，在頷之飾也。彼注又曰：「樊，讀如鞶帶之鞶，謂今馬大帶。纓，今馬鞅。金路其樊及纓，以五采罽飾之而九成。」是帶鞅在膺，故言膺以表之也。巾車：「金路，同姓以封。」今方叔所乘者，或方叔爲同姓也。又下云「方叔元老」，則方叔五官之長，是上公也。上公雖非同姓，

〔一〕「纓」，原脱，據毛詩正義卷一〇補。

或亦得乘金路矣。不乘革路者，以革路臨戰所乘，此時受命率車，未至戰時，故不言戎車也。

方叔莅止，其車三千，旂旐央央。方叔率止，約軝錯衡，八鸞瑲瑲。傳：軝，長轂之軝也，朱而約之。錯衡，文衡也。瑲瑲，聲也。箋：交龍爲旂，龜蛇爲旐。此言衆軍將帥之車皆備。疏：説文云：「軝，長轂也。」則轂謂之軝。考工記説兵車，「乘車，其轂長于田車」，是爲長轂也。言「朱而約之」，謂以朱色纏束車轂以爲飾。輪人云：「容轂必直，陳篆必正。」注云：「容者，治轂爲之形容也。篆，轂約也。」並以皮纏之，而上加以朱漆也。知約以朱者，以上言鉤膺是陳金路之事也。金路以金爲飾，轂色宜與金同。且言「路車有奭」，奭是赤貌，故知約必用朱也。知錯衡必爲文衡者，錯者，雜也，雜物在衡，是有文飾。其飾之物，注無云焉，不知何所用也。

戎車嘽嘽，嘽嘽焞焞，如霆如雷。傳：嘽嘽，衆也。焞焞，盛也。箋：言戎車既衆盛，其威又如雷霆。

秦風小戎：小戎俴收，五楘梁輈。游環脅驅，陰靷鋈續。文茵暢轂，駕我騏馵。傳：小戎，兵車也。俴，淺也。收，軫也。五，五束也。楘，歷録也。梁輈，輈上句衡也。一輈五束，束有歷録。游環，靷環也。游在背上，所以禦出也。脅驅，慎駕具，所以止入也。陰，揜軓也。靷，所以引也。鋈，白金也。續，續靷也。暢轂，長轂也。

朱子集傳：車前後兩端横木，所以收斂所載，故名收。凡車之制，廣皆六尺六

寸。其平地所載者爲大車，則軫深八尺，兵車則軫深四尺四寸，比之爲淺，故曰「俴，收也」。梁輈，從前軫以前稍曲而上，至衡則向下鉤之，衡横于輈下，而輈形穹隆上曲，如屋之梁，又以皮革五處束之，其文章歷録然也。游環，以皮爲環，當兩服馬之背上，游移前却無定處，引兩驂馬之外轡貫其中而執之，所以制驂馬使不得外出，左傳曰「如驂之有靳」是也。脅驅，亦以皮爲之，前係于衡之兩端，後係于軫之兩端，當服馬脅之外，以驅驂馬使不得内入也。陰，揜軓也。軓在軾前，而以板横側揜之，以其陰映此軓，故謂之陰也。靷，以皮二條前係驂馬之頸，後係陰板之上也。鋈續，陰板之上有續靷之處，消白金沃灌其環以爲飾也。蓋車衡之長唯六尺六寸，止容二服，驂馬之頸不當衡，故别爲二靷以引車，亦謂之靷，左傳曰「兩靷將絶」是也。文茵，車中所坐虎皮褥也。暢，長也。大車之轂一尺有半，兵車之轂三尺三寸，比大車爲長，故曰暢轂。

四牡孔阜，六轡在手。騏騮是中，騧驪是驂。龍盾之合，鋈以觼軜。傳：軜，驂内轡也。箋：鋈之，觼以白金爲飾也。

朱子集傳：䡅，環之有舌者。置䡅于軾前以繫軜〔一〕，故謂之䡅軜，亦銷沃白金以爲飾也。

王氏曰：晉欒鍼曰：「吾有二位於戎路。」襄十四年左。晉侯獻楚俘，王賜以戎路之服。僖二十八年左。乾時之戰，魯莊公喪戎路。莊九年。漢、淮之軍，楚鬭丹獲戎車。桓公八年。皆其君之所乘者也。然周之鋒車曰「元戎」，秦之兵車曰「小戎」，周禮車僕自廣車而下皆戎車也，特不謂之戎路爾。車僕：「凡師，革車會同，亦如之。」戎僕：「掌馭戎車。凡巡狩及兵車之會，亦如之。」會同、巡狩，王雖不乘戎車，猶共以從，不失備也。

陳氏禮書：乘車之禮，君處左，車右處右，僕處中。故造車者，必慎於左，考工記所謂「終日馳騁，左不揵」是也。乘車者不敢曠左，戎右所謂「會同，充革車」是也。器物不敢措之於左〔二〕，月令所謂「載耒耜于參保介之御間」是也。後世魏公子虛左以迎侯生，秦皇虛左以迎太后，皆古之遺制耳。此特乘車爲然。若兵車，則馭

〔一〕「軜」，原作「軸」，據光緒本、詩集傳卷六改。
〔二〕「措」，原作「指」，據光緒本、禮書卷一四六改。

者在左，戎右在右，將帥居中。昔晉伐齊，郤克將中軍，解張御，鄭丘緩爲右。郤克傷矢，流血及屨，鼓音未絶，曰：「余病矣。」解張曰：「自始合，而矢貫余手及肘，余折以御，左輪朱殷，豈敢言病？」夫郤克傷矢而未絶鼓音，則將在鼓下矣。解張傷手而血殷左輪，則御在車左矣。此將帥所乘也。

兵車，左人持弓，右人持矛，中人御。故書戒「左不攻於左，右不攻於右，御非馬之正」，言左右而又言御，則御在中可知也。左傳稱秦師過周北門，左右免胄而下，言左右下，則御在中，不下可知也。僖三十三年。楚樂伯曰：「致師者，左射以菆。」是左人持弓也。宣十二年。欒鍼爲晉侯右，曰：「寡君使鍼持矛焉。」成十六年。衛太子爲簡子禱曰：「蒯聵不敢自佚，備持矛焉。」是右人持矛也。哀二年。蓋御無定位，右有常處。故將帥車則御在左，士卒車則御居中，右人之持矛，雖將帥、士卒之車不同，而所居常在右，所職常持矛也。凡此，皆三人乘車之法也。太僕：「凡軍旅、田役，贊王鼓。」王之乘車，有御與戎右，又有太僕，則四駟乘矣。春秋之時，「侯叔夏御莊叔，綿房甥爲右，富父終甥駟乘」，杜預云：「駟乘，四人乘車。」

蕙田案：此論乘車左右之禮。

六韜：武王問於太公曰：「以車與騎步，所當幾何？」公曰：「車者，軍之羽翼也，所以陷堅陣，要强敵，遮北走。易戰之法：一車當步卒八十人，八十人當一車。一車當六騎，六騎當一車。十乘敗千人，百乘敗萬人。此其大數也。置車之吏數：五車而一長，十車而一吏，五十車而一率〔一〕，百乘而一將。易戰之法：五車爲列，前後相去四十步，左右十步。險戰之法：車必循道，十車爲聚，二十車爲屯，前後相去二十步，左右六步，隊間三十六步。五車一長，縱横相去一里，各返故道。選車士之法：取年四十以下，長七尺五寸已上，走能逐馬及馳而乘之，前後、左右，上下周旋，能超乘旌旗，力彀八石，弩射前後，皆便習者，武車之士，不可不厚也。車戰之地：凡車之死地有十，其勝地有八。往而無還者，車之死地也；越絶險阻、乘敵遠行者，車之竭地也；前易後險者，車之困地也；陷之險阻而難出者，車之絶地也；圮下漸澤、黑土黏埴者，車之勞地也；左險右易、上陵抑阪者，車之逆地也；殷草横畝、犯歷深澤者，車之拂地也；車少地易、與步不敵者，車之敗地也；後有溝瀆，左

〔一〕「率」，諸本作「卒」，據文獻通考卷一五八引六韜改。

有新水，右有險阪者，車之壞地也；日夜霖雨，旬日不止，道路潰陷，前不能進，後不能解者，車之陷地也。此十者，車之死地也。敵之前後，行陣未定，即陷之；旌旆擾亂，人馬數動，即陷之；士卒前後相顧，前往而疑，後恐而怯，即陷之；三軍卒驚，皆薄而起，即陷之；戰于易地，暮不能解，即陷之；遠行而暮舍，三軍恐懼，即陷之。此八者，車之勝地也。」

陳氏禮書：古者之用兵也，險野，人爲主；易野，車爲主。則險野非不用車而主於人，易野非不用人而主於車。車之於戰，動則足以衝突，止則足以營衛。將卒有所芘，兵械衣裘有所齎。詩曰：「君子所依，小人所腓。」則車之爲利大。昔周伐鄭，爲魚麗之陳，先偏後伍，伍承彌縫。桓公五年。邲之戰，楚君之戎分爲二廣，廣有一卒，卒偏之兩。宣公十二年。楚巫臣使於吳，以兩之一卒適吳，舍偏兩之一焉。成公七年。考之周禮，五伍爲兩，四兩爲卒。司馬法「二十五人爲兩，百人爲卒」，卒、兩則人也，偏則車也。杜預云：「十五乘爲大偏，九乘爲小偏。其尤大者，又有二十五乘之偏。」則周魚麗之偏，二十五乘之偏也；楚二廣之偏，十五乘之偏也；巫臣所舍之偏，九乘之偏也。先偏後伍，伍從其偏也。卒偏之兩，兩從其偏也。先其車足以當敵，後其人足以待變，則古者車戰之法，略可知也。或者謂晉人以什共車必克，房琯以車戰取敗，遂以爲用車不若用人與騎之愈，是不知晉人之克，非什之利，用什之幸也；房琯之敗，非車之不利，用車之罪也。古者教民，以射御爲藝。君子以射御爲能。故孔子曰：「吾執射乎？執御乎？」詩稱叔段之多才，則曰：「叔善射忌，又良御忌。」古人相率以射御如此，則登車而不能御、參乘而不能射者鮮矣。房琯之用車，有是人乎？不然，巫臣教吴以乘車而能取勝於楚，何也？戎車之制，不可以考，姑倣小戎以見之。

章氏潢曰：車戰之法，每車用甲士三人，步卒七十二人。行則以車爲衛，居則以車爲營。一車之間，又有倅車。見周禮車僕。春秋如韓原之戰，輅秦伯，將止之；鞌之戰，韓厥中御而從齊侯；鄢陵之戰，郤至遇楚子，韓厥從鄭伯；邲之戰，楚子乘廣以逐趙旃，用車以戰，而使敵人得與吾元帥相接，則是環衛之車不設也。蓋古者車戰之法，前後整齊，必有護衛，前後行列，元帥未易動摇也。至春秋列國所云，往往軍伍不整，而元帥每以車逐利，混然左右，率無定法，故敵人得以及之。終春秋之世，致敗者未有不由車戰之無法而輕動摇也。惟繻葛之戰，二拒用事，若原繁、高渠彌以中軍奉公，未嘗輕動摇，深得古法。

馬氏端臨曰：兵雖凶器，然古之以車戰，其坐作進退，整暇有法，未嘗掩人之不備而以奇取勝也。故韓厥遇齊侯，則奉觴加璧；郤至遇楚子，則免冑趨風。可以死，則爲于犨之請矢；可以無死，則爲庾公之叩輪。所謂「殺人之中，又有禮焉」。雖春秋伯國之君臣，其志在於爭城爭地，然於勍敵之人，初不迫人於險固如此。至後世，捨車而用徒。然彼長於徒，我長於車。今捨吾之長技而與之搏，是以兵予敵也，故必設覆以誘之，未陳而薄之，然後可以取勝，而車戰之法廢矣。

顧氏炎武曰：古制，一車甲士三人，步卒七十二人，炊家子十人，固守衣裝五人，厩養五人，樵汲五人。見司馬法。隨車而動，如足之腓也。傳曰：腓，辟也。箋曰：「腓，當作『芘』。」皆未是。步乘相資，短長相衛，行止相扶，此所以爲節制之師也。繻葛之戰，鄭原繁、高渠彌以中軍奉公，爲魚麗之陳，先偏後伍，伍承彌縫，卒不隨車，遇闕即補，斯已異矣。古時營陳，遇闕處，仍以車補。周禮車僕「掌闕車之萃」，注：「闕車，所用補闕之車也。」左傳宣公十二年：「楚子使潘黨率游闕四十乘。」注：「游車，補闕者。」大鹵之師，魏舒請毁車以爲行，五乘爲三伍。注：乘車者，車三人，五乘十五人。今改去車，更以五人爲伍，分爲三伍。爲五陳以相離，兩於前，伍於後，專爲右角，參爲左角，偏爲前拒，專任步卒，以取捷速。然亦必山林險阻之地而後可用也。步不當騎，於是趙武靈王爲變服、騎射之令，而後世因之，所以取勝於敵者益輕益速而一敗塗地，亦無以自保，然後知車戰之謀遠矣。終春秋二百四十二年，車戰之時，未有斬首至於累萬者。車戰廢而首功興矣，先王之用兵，服之而已，不期於多殺也。殺人之中，又有禮焉。以此毒天下而民從之，不亦宜乎？

蕙田案：以上七條，論車戰之道。

觀承案：車戰自是古法，然與井田相待而成。井田既廢，已無車賦，又無溝洫以限戎馬之足，而猶泥古之迹，侈言魚麗，此房琯陳濤斜之敗所以貽笑於唐也。

右車戰

攻城之車

詩大雅皇矣：以爾鉤援，與爾臨衝，以伐崇墉。臨衝閑閑，崇墉言言。臨衝茀茀，崇墉仡仡。傳：鉤，鉤梯也。臨，臨車也。衝，衝車也。閑閑，動搖也。茀茀，强盛也。箋：言言，猶孽孽，將壞貌。疏：臨者，在上臨下之名；衝者，從旁衝突之稱，二車不同。兵書有作臨車、衝車之法，墨子有備衝之篇，知臨、衝俱是車也。箋以詩美文王以德服崇，若臨衝本所不用，則不應言之；今詩言衝，則是用以攻城，故知言言、仡仡皆將壞之貌。

陳氏禮書：詩曰「臨衝閑閑」，毛氏曰：「臨車，衝車也。」蓋臨車高，衝車大。高則可以臨下，大則可以突前。故荀卿曰：「渠衝入穴而求利。」楊子曰：「衝不薺。」皆言衝車之大也。「衝」或作「幢」，說文曰「陷陣車」。孫武曰：「攻城之法，修其櫓轒轀。」轀，四輪車，蓋衝車之類也。楚子使解揚登樓車以告宋人，蓋臨車之類。

右攻城之車

春秋車戰

春秋隱公九年左氏傳：北戎侵鄭。鄭伯禦之，患戎師，曰：「彼徒我車，懼其侵軼我也。」注：徒，步兵也；軼，突也。公子突曰：「使勇而無剛者，嘗寇而速去之。注：嘗，試也。勇則能往，無剛則不恥退。君爲三覆以待之。注：覆，伏兵也。戎輕而不整，貪而無親，勝不相讓，敗不相救。先者見獲必務進，進而遇覆必速奔。後者不救，則無繼矣，乃可以逞。」從之。戎人之前遇覆者奔，祝聃逐之，衷戎師，前後擊之，盡殪。戎師大奔。

宣公十二年左氏傳：邲之戰，欒武子曰：「楚君之戎，分爲二廣，注：君之親兵。廣有一卒，卒偏之兩。注：十五乘爲一廣。司馬法：「百人爲卒，二十五人爲兩。」車十五乘爲大偏〔一〕，今廣十五乘，亦用舊偏法，復以二十五人爲承副。右廣初駕，數及日中，左則受之，以至于昏。內官序當其夜，注：內官，近官。序，次也。以待不虞。不可謂無備。」

楚子爲乘廣三十乘，分爲左右。右廣雞鳴而駕，日中而説；注：説，舍也。左則受之，日入而説。許偃御右廣，養由基爲右；彭名御左廣，屈蕩爲右。注：楚王更迭載之，故各有御、右。

成公七年左氏傳：晉申公巫臣使于吴，以兩之一卒適吴，舍偏兩之一焉。注：司馬法：「百人爲卒，二十五人爲兩。」車九乘爲小偏，十五乘爲大偏。蓋留九乘車及一兩二十五人，令吴習之也。與其射御，教吴乘車，教之戰陣，教之叛楚。寘其子狐庸焉，使爲行人於吴。

〔一〕「十五乘」，原脱「五」字，據春秋左傳正義卷二三補。

昭公元年左氏傳：晉中行穆子敗無終及群狄于太原，注：即大鹵也。無終，山戎。崇卒也。注：崇，聚也。將戰，魏舒曰：「彼徒我車，所遇又阨，注：地險，不便車。以什共車，必克。注：更增十人，以當一車之用。困諸阨，又克。注：車每困於阨道，今去車，故爲必克。請皆卒。注：去車爲步卒。自我始。」乃毁車以爲行，注：魏舒先自毁其屬車，爲步陣。五乘爲三伍，注：乘車者，車三人，五乘十五人。今改去車，更以五人爲伍〔一〕，分爲三伍。荀吴之嬖人不肯即卒，斬以徇。注：魏舒輒斬之，荀吴不恨，所以能立功。爲五陳以相離，兩於前，伍於後，專爲右角，參爲左角，偏爲前拒，注：皆臨時處置之名。以誘之，翟人笑之，未陳而薄之，大敗之。注：傳言荀吴能用善謀。

右春秋車戰

漢至宋車戰

漢書夏侯嬰傳：破李由軍于雍丘，以兵車趣攻戰疾，破之。從擊章邯軍東阿、濮

〔一〕「車更」，諸本誤倒，據春秋左傳正義卷四一乙正。

陽下，以兵車趣攻戰疾，破之。又擊秦軍雒陽東，以兵車趣攻戰疾，破之。

灌嬰傳：嬰以御史大夫將車騎別追項籍，至東城，破之。

衛青傳：青以武剛車自環爲營，張晏曰：兵車也。而縱五千騎往當單于。

李廣傳：陵與單于相值，圍陵軍。陵居兩山間，以大車爲營。引士出營外爲陳。連戰，士卒中矢傷，三創者載輦，兩創者將車，一創者持兵戰。

馬氏端臨曰：先儒因考西漢書此數條，以爲車戰之制，漢尚用之。然詳考其辭，則是以車載糗粱器械，立則環以爲營耳。所謂「甲士三人，左持弓，右持矛，中執綏」之法，已不復存矣。

文獻通考：後漢光武造戰車，可駕牛，上作樓櫓，置於塞上以拒敵。

靈帝時，陽璇爲零陵守，制車數十乘以禦賊。

蕙田案：以上漢。

晉馬隆擊鮮卑，樹機能以衆數萬據險拒之。隆以山陿隘，乃作扁箱車，地廣則爲鹿角車營，路狹則爲木屋，施於車上，轉戰而前，行千餘里，殺傷甚衆，遂平涼州。

劉裕伐南燕，以車四千乘爲左右翼，方軌徐進，與燕兵戰于臨朐，敗之。

裕伐秦，假道於魏，魏遣軍徼之。裕遣白直隊主丁旿帥仗士七百人，車百乘，渡北岸，去水百餘步，爲却月陣，兩端抱河，車置七仗士。事畢，使豎一白旄。魏人不解其意，皆未動。裕先命寧朔將軍朱超石戒嚴。白旄既舉，超石率二千人馳往赴之，齎大弩百張，一車益二十人，設彭排於轅上。魏人圍之，超石以大鎚及矟千餘張禦之〔一〕，魏師奔潰。

蕙田案：以上晉。

魏太武真君四年，北征柔然。騎十萬，車十五萬兩，旌旗千里，遂渡大漠。柔然怖畏，不敢復南向。

蕙田案：以上北魏。

通鑑：隋開皇二年，遣諸將與突厥戰，戎車、步騎相參，與鹿角爲方陣。

蕙田案：以上隋。

〔一〕「張」，諸本脱，據文獻通考卷一五八補。

唐書裴行儉傳：調露元年，突厥阿史德温傳反，詔行儉爲定襄道行軍大總管〔一〕，統兵討之。先時饋糧，數爲敵鈔，軍餒死。行儉乃詐爲糧車三百乘，伏壯士伍輩，齎陌刀、勁弩，以羸兵挽進，又伏精兵衝其後。敵果掠車，羸兵走險，賊驅就水草，解鞍牧馬，方取糧車中，而壯士突出，伏兵至，殺獲幾盡，自是糧車無敢近者。

房琯傳：琯將兵復兩京，至便橋、陳濤斜，琯效春秋時戰法，以牛車二千乘，馬步夾之。既戰，賊乘風譟，牛悉股栗，賊縱火焚之，人畜大亂，官軍死傷者四萬人。

馬燧傳：燧爲河東節度使，爲戰車，冒以狻猊象，列戟于後〔二〕，行以載兵，止則爲陣，遇險則制衝冒，以討田悦，推火車焚其將楊朝光栅，進擊，大破之。

蕙田案：以上唐。

李燾長編：宋真宗咸平四年，吴淑請復古車戰之法，曰：「衛青、李陵、田豫、馬隆，皆以車而勝。近符彦卿破敵陽城，亦拒馬爲行塞。夫北敵所長者，騎兵也。苟非

〔一〕「行軍」，諸本脱，據新唐書裴行儉傳補。
〔二〕「戟」，原作「戰」，據光緒本、新唐書馬燧傳改。

連車以制之，則何以禦其奔突哉？故用車戰爲便。其制，取常用車接其衡軛，駕以牛，車上置鎗，以刃外向，列士卒於車外，賊至，射之，乃出騎兵擊之。此制敵要術也。戰之用車，一陣之鎧甲也，故可以行止爲營陣，賊至則斂兵附以拒之，賊退則乘勝出兵以擊之，出則藉此爲所居之地，入則以此爲所居之宅，故人心有依，不懼胡騎之陵突也。」景德初，契丹入寇。大將李德隆以澶淵不足守，命士卒掘濠塹，以大車數十乘重壘環之，步騎處中。戎馬數萬來攻其營，禦之，遁去。

仁宗至和二年，韓琦言：「郭固就民車，約古制爲兵車，臨陣禦敵，緩急易集。其車前鋭後方，上置七槍，爲前後二拒，此馬燧戰車，行載兵甲、止爲營陣也。又以民車之箱增爲重箱，高四尺四寸，用革輓之，吴起所謂『革兵揜户，輓輪籠轂』是也。臣以爲可用於平川之地，臨陣以折奔衝，下營以爲寨脚。今令固自賫車式進呈。」試之，以固爲衛尉寺丞。范仲淹上議攻云：「延安之西，慶州之東，有賊界百餘里，侵入漢地。唐馬燧造戰車，行載甲兵，止爲營陣。此路山陂，大車難進，當用小車二十兩，銀絹錢二十萬，賞有功將吏。」

神宗時，以北邊將入寇，遣中貴人取兩河民車爲備，民大驚擾。上問沈括曰：「卿知籍車之事乎？」括曰：「車戰之利，見於歷世。但古人所謂輕車者，兵車也。今之民車重大，以牛挽之，日不能行三十里。少蒙雨雪，跬步不進。故俗謂之『太平車』，恐兵間不可用耳。」上喜曰：「無人如此語朕。」遂罷籍車之令。

徽宗時，涇原邢恕建兵車之議，下令創造，買牛以駕，凡數千乘。已而蔡碩又請河北置五十將兵器，仍爲兵車萬乘。蔡京主其説行之，姦吏旁緣，即日散行郡縣，掠民緡錢矣。崇寧三年，河北、陝西都轉運司皆奏：「兵車用許彥圭所定式，則車大而費財實多。依往年二十將兵車式，輕小易用，復可省費。」詔卒用許彥圭式行下。時熙河轉運副使李復先奏曰：「古者師行，固嘗用車。然井田法廢已久，且今之用兵與古不同。古者，兵不妄加，征戰有禮，不爲詭遇，動皆有法，又多在平原易野，故車可以行而敵人不敢輕犯。今之用兵，盡在極邊，下寨駐軍〔一〕，各以保險爲利，車不能上。又戰陣之交，一進一退，車不能及。或爲敵所襲，逐車又不及收。臣於戎馬間觀之屢矣，乃至糧糗、衣服、器械有不能爲用者，而況於車乎？臣聞此議出於許彥圭，彥圭因

〔一〕「軍」，原作「車」，據光緒本改。

姚麟上其說爲身謀。朝廷但以麟邊人，熟邊事，遂然之，而不知彥圭輕妄，麟立私恩，以誤國計。昔唐房琯用車戰大敗於陳濤斜，當時在畿邑平地尚如此，況今欲用於峻坂溝谷之間乎？且戰車，比常車闊六七寸，運不合轍，昨東來者，牽挽不行，致兵夫典賣衣物，自賃牛具，終日而進六七里，率多逃亡，戰車棄於道路。未造，則有配買物材、顧差夫匠之擾；既成，又艱於運致。然則其爲諸路之患，其費不知其幾千萬矣。彥圭苟望一官之進，上欺朝廷，下害百姓，此而不誅，何以懲後？臣今乞便罷造，已造者不復運來，以寬民力。」其後，彥圭卒得罪。

欽宗靖康末，樞密將官劉浩在河北募兵，創造戰車。其法有左右角、前後拒。各用卒二十五人，每車計百人。

文獻通考：高宗建炎初，宗澤造戰車法：運車者十有一，執器械輔車者四十有四，每車計五十五人。李綱造戰車法：兩竿雙輪，上設皮籬，以捍矢石；下施鐵裙，以衛人足；旁施鐵索，聯可爲營。四人推竿以運車，一人登車以發矢，二十人執軍器發車之兩旁，每車用二十五人。其法竟不及施。蓋自渡江後，東南沮洳之區，險隘之地，不以車爲主也。

紹興二年，布衣王大智獻車式，上命爲樞密計議官。明年，車成而不可用，罷之。

上謂輔臣曰：「車制雖古，然用各有宜，況其物料多南方所無。且古人用車，亦或不利，如『駿絓而止』之類。蓋用車戰陣間，亦非利器也。」席益曰：「古人之戰，彼此皆用車，至於彼徒我車，已有侵軼之慮。而後人每以車敵騎，其敗固宜，房琯陳濤斜是也。」

孝宗隆興初，宰臣進呈陳敏軍中措置教習車陣。陳康伯曰：「數年前，陳敏增制，造行下三衙相度，有車樣陣圖見在。」上曰：「車戰古法，平原曠野，可以備馳突爾。」亦卒不用。

寧宗開禧初，中郎將厲沖方者爲歷陽守，嘗造戰車、九牛弩，未及用而罷去。周虎繼之，用其戰車，敗敵于清水鎮。

蕙田案：以上宋。

又案：車戰行于秦、漢之下，往往利少而害多，故唐、宋兵志皆不載車制，略之也。

右漢至宋車戰

舟師

蕙田案：周禮卒徒車馬，皆出于井田丘甸，無所謂舟師者。春秋之季，荆、吴始大，而地界澤國，水戰乃興。易曰：「地險，山川丘陵也。」孟子曰：「固國不以山谿之險。」然則欲爭川與谿之險者，其必不能廢舟矣。後世用之者尤多。明堂月令曰：「舫人習水。」而世所傳六韜，亦有水戰篇。今輯爲一卷，附「車戰」後。

春秋舟師

春秋襄公二十四年左氏傳：夏，楚子爲舟師以伐吴。注：舟師，水軍。不爲軍政，注：不設賞罰之差。無功而還。

昭公十七年左氏傳：吴伐楚，陽匄爲令尹，戰于長岸，大敗吴師，獲其乘舟餘皇。注：舟名〔一〕。使隨人與後至者守之〔二〕，環之，及泉，注：環，周也。盈其隧炭，陳以待命。

〔一〕「名」，諸本作「師」，據春秋左傳正義卷四八改。
〔二〕「與」，諸本脱，據春秋左傳正義卷四八補。

注：隧，出入道。吴公子光請於其衆〔一〕，曰：「喪先王之乘舟，豈唯光之罪，衆亦有焉。請藉取之以救死。」衆許之。使長鬣者三人，注：長鬣〔二〕，與吴人異形，詐爲楚人。潛伏於舟側，曰：「我呼餘皇，則對。師夜從之。」三呼，皆迭對。楚人殺之。楚師亂，吴人大敗之，取餘皇以歸。

二十四年左氏傳：楚子爲舟師以略吴疆。沈尹戌曰：「此行也，楚必亡邑。不撫民而勞之，吴不動而速之，注：速，召也。吴踵楚，注：躡楚踵迹。而疆埸無備，邑能無亡乎？」越大夫胥犴勞王於豫章之汭，注：汭，水曲。越公子倉歸王乘舟。注：歸，遺也。倉及壽夢帥師從王，注：壽夢，越大夫。王及圉陽而還。注：圉陽，楚地。吴人踵楚，而邊人不備，遂滅巢及鍾離而還。

定公四年左氏傳：蔡侯、吴子、唐侯伐楚。舍舟于淮汭，注：吴乘舟從淮來，過蔡而舍之。自豫章與楚夾漢。注：豫章，漢東、江北地名。左司馬戌謂子常曰：「子沿漢而與之上

〔一〕「其」，諸本脱，據春秋左傳正義卷四八補。
〔二〕「長」下，諸本衍「髭」字，據春秋左傳正義卷四八删。

下，注：沿漢上下，遮勿令渡。我悉方城外以毀其舟，注：以方城外人毀吳所舍舟。還塞大隧、直轅、冥阨。注：三者，漢東之隘道。子濟漢而伐之，我自後擊之，必大敗之。」既謀而行。武城黑謂子常注：黑，武城大夫。曰：「吳用木也，我用革也，注：用軍器〔一〕。不可久也，不如速戰。」史皇謂子常：「楚人惡子而好司馬。若司馬毀吳舟于淮，塞城口而入，注：城口，三隘道之總名。是獨克吳也。子必速戰，不然，不免。」乃濟漢而陳，自小別至於大別。注：禹貢：漢水至大別南入江，然則二別在江夏界。三戰，子常知不可，欲奔。史皇曰：「安，求其事；難而逃之，將何所入？子必死之。」十一月庚午，二師陳于柏舉。闔廬之弟夫概王以其屬先擊子常之卒，大敗之。吳從楚師，及清發，半濟而擊之，又敗之雍澨。五戰，及郢。

哀公九年左氏傳：吳城邗，溝通江、淮。注：于邗江築城穿溝，東北通射陽湖，西北至末口入淮〔二〕，通糧道。

〔一〕「軍」，諸本作「重」，據春秋左傳正義卷五四改。

〔二〕「末口」，諸本作「宋口」，據春秋左傳正義卷五八改。

蕙田案：舟師之制，不始于春秋。竹書紀年帝相二十七年，澆伐斟，大戰于濰，覆其舟，滅之。楚辭天問「覆舟斟鄩，何道取之」，正謂此也。可見舟師之制，不特餘皇之呼、淮汭之舍，始見于經傳矣。但夏后時事，荒遠無稽，不若春秋有據耳。

右春秋舟師

漢至明舟師

漢書武帝本紀：元鼎五年夏四月，南越王相呂嘉反，遣伏波將軍路博德出桂陽，下湟水；樓船將軍楊僕出豫章，下湞水；歸義越侯嚴爲戈船將軍，出零陵，下離水；甲爲下瀨將軍，下蒼梧。皆將罪人，江淮以南樓船十萬人。越馳義侯遺別將巴、蜀罪人，發夜郎兵，下牂牁江，咸會番禺。注：張晏曰：嚴，故越人，降爲歸義侯。越人于水中負人船，又有蛟龍之害，故置戈于船下，因以爲名也。臣瓚曰：伍子胥書有戈船，以載干戈，因謂之戈船也。離水出零陵。師古曰：以樓船之例言之，則非爲載干戈也。此蓋船下安戈戟以御蛟鼉水蟲之害。張説近之。服虔曰：甲，故越人歸漢者也。臣瓚曰：瀨，湍也，吴、越謂之瀨，中國謂之磧。伍子胥書有下瀨船。應劭曰：遺亦越人也。如淳曰：番禺，音潘愚，尉佗所都。師古曰：即今之廣州。

西南夷列傳：始楚威王時，使將軍莊蹻將兵循江上，略巴、黔中以西，以其衆王滇。建元六年，大行王恢擊東粵，因兵威使番陽令唐蒙風曉南粵。蒙迺上書説上曰：「南粵王黄屋左纛，地萬餘里，實一州。今以長沙、豫章往，水道多絶，難行。竊聞夜郎所有精兵可得十萬，浮船牂牁〔一〕，出不意，此制粵一奇也。」乃拜蒙以郎中將，將千人，食重萬餘人，從巴莋關入。

兩粵傳：元鼎五年，南粵反，餘善上書請以卒八千從樓船擊吕嘉等。兵至揭陽，以海風波爲解，不行，持兩端，陰使南粵。及漢破番禺，樓船將軍僕上書願請引兵擊東粵。上以士卒勞倦，不許。罷兵，令諸校留屯豫章、梅領待命。明年秋，餘善聞樓船請誅之，漢兵留境，且往，迺遂發兵距漢道，號將軍騶力等爲「吞漢將軍」，入白砂、武林、梅領，殺漢三校尉。是時，漢使大司農張成、故山州侯齒將屯，不敢擊，卻就便處，皆坐畏懦誅。餘善刻「武帝」璽自立，詐其民，爲妄言。上遣横海將軍韓説出句

〔一〕「船」，原脱，據光緒本、漢書西南夷列傳補。

章，浮海從東方往；樓船將軍僕出武林，中尉王温舒出梅領，粤侯爲戈船、下瀨將軍出如邪、白沙。元封元年冬，咸入東粤。東粤發兵距嶮，使狥北將軍守武林，敗樓船軍數校尉，殺長史。樓船軍卒錢唐榱終古斬狥北將軍，爲語兒侯。自兵未往。故粤衍侯吴陽前在漢，漢使歸諭餘善，不聽。及横海軍至，陽以其邑七百人反，攻粤軍於漢陽。及故粤建成侯敖與繇王居股謀，俱殺餘善，以其衆降横海軍。封居股爲東成侯，萬户；封敖爲開陵侯；封陽爲卯石侯，横海將軍説爲按道侯，横海校尉福爲繚嫈侯。及東粤將多軍，漢兵至，棄軍降，封無錫侯。故甌駱將左黄同斬西于王，封爲下鄜侯。

蕙田案：武帝開昆明池以習水戰，然樓船、下瀨、伏波、横海諸軍皆用之于南粤、東夷耳，餘固無所用之。

後漢書岑彭傳：建武九年，公孫述遣其將田戎等據荆門、虎牙，横江水起浮橋、開樓，立攢柱以絶水道，結營跨山，以塞陸路距漢兵。岑彭屯津鄉，數攻田戎，不克。十一年，帝遣吴漢率誅虜將軍劉隆等三將發荆州兵凡六萬餘人，騎五千匹，與彭會荆門。彭裝戰船數十艘，吴漢以諸郡棹卒多費糧穀，欲罷之。彭以蜀兵盛，不可遣，上書言狀[二]。帝報彭曰：「大司馬習用步騎，不曉水戰。荆門之事，一由征南公爲重而已。」彭令軍中募攻浮橋，偏將軍魯奇應募而前。時東風狂急，奇船逆流而上，直衝浮橋，而欑柱有反把鉤，奇船不得去。奇等乘勢殊死戰，因飛炬焚之，風怒火盛，橋樓崩燒。彭悉順風並進，所向無前，蜀兵大亂，溺死者數千人。

文獻通考：建安十三年，曹操南擊劉表，取荆州，追劉備於當陽。備遣諸葛亮求救於孫權。操遺權書曰：「今治水軍八十萬衆，方與將軍會獵於吴。」長史張昭曰：「將軍大勢可以拒操者，長江也。今操得荆州，奄有其地。劉表治水軍，蒙衝鬭艦乃以千數，操悉浮以沿江。此爲長江之險，已與我共之矣。不如迎之。」周瑜曰：「今北土未平，而操舍鞍馬，仗舟楫，與吴、越爭衡。又今盛寒，馬無槀草，驅中國士衆遠涉江湖之間，不習水土，必生疾病。此數者，用兵之患，而操皆犯之。瑜請得精兵數萬人，保爲將軍破之。」權從之。遣兵三萬人，令瑜拒操。與操遇於赤壁。時操軍已有疾疫，初一交戰，不利，引次江北。瑜部將黄蓋曰：「今寇衆我寡，難與持久。操軍方

[二]「上」，原作「二」，據光緒本、後漢書岑彭傳改。

進，船艦首尾相接，可燒而走也。」乃取蒙衝鬬艦十艘，載燥荻、枯柴，灌油其中，裹以帷幕，上建旌旗，豫備走舸，繫于其尾。先以書遺操，詐云欲降。時東南風急，蓋以十艦最著前，中江舉帆，餘船以次俱進。操軍吏士皆出立營觀，指言蓋降。去北軍二里餘，同時發火，火烈風猛，船往如箭，燒盡北船，延及岸上營落。頃之，烟炎張天，人馬燒溺死者甚衆。瑜等率輕鋭繼其後，靁鼓大震，北軍大壞。操引軍從華容道步走，引軍北遁。

二十四年，孫權使吕蒙襲關羽於江陵。蒙至潯陽，盡伏其精兵䑠䑧中，使白衣摇櫓，作商賈人服，晝夜兼行。羽所置江邊屯候盡收縛之，故羽不聞知。至江陵，羽將士遂以城降。

蕙田案：以上漢。

晉武帝謀伐吴，詔王濬修舟艦，乃作大船連舫，百二十步，受二千餘人。以木爲城，起樓櫓，開四出門，其上皆得馳馬往來。又畫鷁首怪獸于船首，以懼江神。舟楫之盛，自古未有。時造船木柹，蔽江而下，吴建平太守吴彦，取以白吴主曰：「晉必有攻吴之計，宜增建平兵。」皓不從。太康元年，王濬伐吴，攻丹陽，克之。吴人于江磧要害之處，並以鐵鏁横截之。又作鐵錐長丈餘，暗置江中，以逆距船。濬乃作大筏數十，方百餘步，縛草爲人，被甲持仗，令善水者以筏先行，遇鐵錐，輒著筏去。又作火炬，長十丈，大數十圍，灌以麻油，在船前，遇鎖，然炬燒之，須臾，融液斷絶，於是船無所礙，順流徑造三山。孫皓遣游擊將軍張象率舟師萬人禦濬，象望旗而降，濬兵甲滿江，旌旗燭天，吴人大懼。

安帝義熙六年，盧循因劉裕北伐，乘虚襲建康，率衆數萬，方艦而下。裕引兵南還拒之，出輕利鬭艦，躬提幡鼓，衆軍騰勇爭先。軍中多萬鈞神弩，所至摧陷。裕自中流蹙之，因風水之勢，賊艦悉泊西岸。岸上軍先備火萬具，悉焚之，賊衆大敗。

太尉劉裕率師伐秦，王鎮惡請率水軍自河入渭，直至渭橋。鎮惡所乘，皆蒙衝小艦，行船者悉在艦内，泝渭而進，艦外不見有行船人，北土素無舟楫，莫不驚異以爲神。

蕙田案：以上晉。

唐書李靖傳：蕭銑據江陵，靖陳圖銑十策，詔拜靖行軍總管攝趙郡王孝恭行軍長史。武德四年八月，大閲兵夔州。時秋潦，濤瀨漲惡，銑以靖未能下，不設備，諸將亦請江平乃進。靖曰：「兵機事，以速爲神。今士始集，銑不及知，若乘水傳壘，是震霆不及塞耳，倉卒召兵，無以禦我，此必禽也。」孝恭從之。九月，舟師叩夷陵，銑將文士弘以卒數萬屯清江，孝恭欲擊之，靖曰：「不可。士弘健將，下皆勇士，今新失荆門，悉鋭拒我，此救敗之師，不可當。宜駐南岸，待其氣衰乃取之。」孝恭不聽，留靖守屯，自往戰，大敗還。賊委舟散掠，靖視其亂，縱兵擊破之，取四百餘艘，溺死者萬人。即率輕兵五千爲先鋒，趨江陵，薄城而營，破其將楊君茂、鄭文秀。銑懼，檄召江南軍，不及，明日降。

蕙田案：新唐書兵志不載舟師事，無可考。

又案：以上唐。

文獻通考：宋太祖乾德初，鑿大池于京城之南，引蔡水以注之。造樓船百艘，選精兵，號「水虎揵」，習戰池中。

開寶六年，詔以新池爲講武池。七年，將有事于江南。是歲，凡五臨幸，觀習水戰。九年四月，幸金明池，習水戰。上御水心殿，命從臣列坐，以觀戰艦角勝，鼓譟以進，往來馳突，爲迴旋擊刺之狀。顧謂侍臣曰：「兵棹之技，南方之事也。今已平定，固不復用，但時習之，不忘武功耳。」訖真宗朝，歲習不輟。

高宗建炎元年，右僕射李綱言：「當於沿河、沿淮、沿江帥府置水兵二軍，要郡別置水兵一軍，招集善波、操舟便利之人，擬立軍號，曰『凌波樓船軍』。」從之。四年夏四月，兀术入寇，自明州回歸。韓世忠先屯焦山，以邀其歸路。兀术遣人約日會戰，世忠伏兵擊之，俘獲甚衆，及其舟千餘艘。敵終不得濟，復使致詞，願還所掠，益以名馬求假道。世忠不從，與相持于黄天蕩。世忠以海艦進泊金山下，將戰，世忠預命工鍛鐵相連爲長綆，貫一大鉤，以授士之驍捷者。平旦，敵以舟噪而前，世忠分海舟爲兩道，出其背，每縋綆則曳一舟而入，敵竟不得濟。乃求與世忠語。世忠酬答如響，時於所佩金鳳瓶傳酒，縱飲示之。兀术見世忠整暇，色益沮，乃求假道甚恭。世忠曰：「是不難，但迎還兩宫，復舊疆土，歸報明主，足相全也。」兀术既爲世忠所阨，欲自建康謀北歸，不得去。或教以蘆場地鑿大渠二十餘里，上接江口，在世忠之上。遂傍治城西南隅鑿渠，一夜渠成。次早出舟，世忠大驚。金人悉趨建康，世忠尾擊，敗之。兀术乃揭榜，募人獻所以破海舟之策。有教其於舟中載土，以平版鋪之，穴船板以櫂槳，俟風息則出江，有風則勿出。海舟無風，不可動也。以火箭射其篛蓬，則不攻自破矣。一夜造火箭成，是日引舟出江，其疾如飛，天霽無風，海舟皆不能動，以火箭射海舟篛蓬，世忠軍亂，遂潰還鎮江。

紹興三十一年，金亮渝盟入寇，李寶以舟師禦之。至東海縣時，金兵已圍海州，寶麾兵登岸。敵驚出意外，亟引去。於是魏勝出城迎寶，寶遣辯士四人，招納降附。時山東豪傑王世修輩，皆各以義旗聚衆，爭應爲援。寶與子公佐引舟師至密之膠西石臼島，而敵舟已出海口，泊唐島，相距止一山，候風即南，不知王師之猝至也。寶伺敵未覺，遣其將曹洋、黄端禱于石臼神，祈風助順。忽風自南來，衆喜，爭奮引帆握刃，俄頃，過山薄敵，鼓聲震蕩，敵驚失措。敵帆皆以錦纈爲之，彌亘數里，忽爲波濤捲聚一隅，窘促摇兀，無復行次。寶命以火箭射之，烟焰隨發，延燒數百。火不及者，猶欲前拒。寶命健士躍登其舟，以短兵擊刺，殪之舟中。其餘簽軍皆中原舊民，脱甲而降者三千餘人。獲首完顔鄭家奴等六人，斬之。又獲其統軍印與僞詔、文書、器甲、糧斛以萬計。寶欲乘勝以進，而聞逆亮已濟淮，遂旋師駐東海，視緩急爲援，遣小舟奏捷。既至，上命降詔奬之，除寶靖海節度、沿海制置使。十一月，亮親統細軍駐和州，欲由采石而渡。朝廷詔王權赴行在，以李顯忠代之，命虞允文趣顯忠交權兵。

時顯忠未至，權聽留水軍舟船咸在。允文督軍士決戰，于是統制張振、王琪等列江岸以待之，而以海鰍船載精兵駐中流迎敵。布陣甫畢，亮以小紅旗麾舟絶江而來，諸將盡伏山崦，敵未之覺，一見大驚，欲退不可。敵舟皆旋爲之，底極不平，舟中之人皆不能施，盡爲官軍所殺。明日，允文又命戚新引舟師直楊林河口，駐舟江心，齊力射敵。敵見舟無歸路，於下流縱火自焚，官軍亦於上流焚其舟，凡百八十，亮引去。

孝宗隆興元年九月，詔諸州召募水手，于手上刺「某州水軍」字，以革冒代之弊。四年，樞密院言，潮州守臣傅自修欲於本軍禁軍闕額人數内撥三指揮二百人，專防海道，以諳識水勢人充。

蕙田案：以上宋。

明史兵志：舟之制，江、海各異。太祖于新江口設船四百；永樂初，命福建都司造海船百三十七，又命江、楚、兩浙及鎮江諸府衛造海風船；成化初，濟州衛楊渠獻槳舟圖，皆江舟也。海舟以舟山之烏槽爲首。福船耐風濤，且禦火。浙之十裝標號軟風、蒼山，亦利追逐。廣東船，鐵栗木爲之，視福船尤巨而堅。其利用者二：可發佛郎機，可擲火毬。大福船亦然，能容百人。底尖上闊，首昂尾高，柁樓三重，帆桅二，傍護以板，上設木女牆及礮牀，中爲四層，最下實土石；次寢息所；次左右六門，中置水櫃，揚帆炊爨皆在是；最上如露臺〔一〕，穴梯而上，傍設翼板，可憑以戰。矢石火器則皆俯發〔二〕，可順風行。海蒼視福船差小。開浪船能容三五十人，頭鋭，四槳一櫓，其行如飛。艟艚船視海蒼又小。蒼山船首尾皆闊，帆櫓並用。櫓設船傍近後，每傍五枝，每枝五跳，跳二人，以板閘跳上，露首于外。其制上下三層，下實土石，上爲戰場，中寢處。其張帆下椗，皆在上層。戚繼光云：「倭舟甚小，一入裏海，大福、海蒼不能入，必用蒼船逐之，衝敵便捷，温人謂之蒼山鐵也。」沙、鷹二船，相須成用。沙船可接戰，然無翼蔽。鷹船兩端鋭，進退如飛。傍釘大茆竹，竹間窗可發銃箭〔三〕，窗内舷外隱人以蕩槳〔四〕。先駕此入賊隊，沙船隨進，短兵接戰，無不勝。漁船至小，每舟三人，一執布帆，一執槳，一執鳥嘴銃，可掩賊不備。網梭船，形如梭。竹桅布帆，容二三

〔一〕「如」，諸本脱，據明史兵志四補。
〔二〕「火器」，諸本作「火發」，據明史兵志四改。
〔三〕「銃」，諸本作「鋭」，據明史兵志四改。
〔四〕「窗」，諸本脱，據明史兵志四補。

人，可哨探。蜈蚣船，象形也。能駕佛郎機銃，底尖面闊，兩傍楫數十，行如飛。兩頭船，旋轉在柁，因風四馳，諸船無逾其速。蓋自嘉靖以來，東南日備倭，故海舟之制特詳。

顧炎武海師説：海道用師，古人蓋屢行之矣。吴徐承率舟師，自海入齊，此蘇州下海至山東之路。越王句踐命范蠡、舌庸率師，沿海泝淮，以絶吴路，此浙東下海至淮上之路。唐太宗遣强偉於劍南，伐木造舟艦，自巫峽抵江、揚，趨萊州，此廣陵下海至山東之路。漢武帝遣樓船將軍楊僕，從齊浮渤海擊朝鮮；魏明帝遣汝南太守田豫，督青州諸軍自海道討公孫淵；秦苻堅遣石越率騎一萬，自東萊出石逕，襲和龍；唐太宗伐高麗，命張亮率舟師，自東萊渡海趨平壤；薛萬徹率甲士三萬，自東萊渡海，入鴨緑水，此山東下海至遼東之路。漢武帝遣中大夫嚴助，發會稽兵，浮海救東甌；横海將軍韓説自句章浮海擊東越，此浙江下海至福建之路。劉裕遣孫處、沈田子自海道襲番禺，此京口下海至廣東之路。隋伐陳，吴州刺史蕭瓛遣燕榮以舟師自東海至吴，此又淮北下海而至蘇州也。公孫度越海攻東萊諸縣，侯希逸自平盧浮海據青州，此又遼東下海而至山東也。宋李寶自江陰率舟師敗金兵于膠西之石臼島，此又江南下海而至山東也。此皆古人海道用師之效。

蕙田案：以上明。

右漢至明舟師

五禮通考卷二百四十二

軍禮十

田獵上

蕙田案：田獵之禮，起於皇古。傳曰：「古者聖人舉事必反本。五穀者，以奉宗廟、養萬民也。」禽獸多則害稼穡，故田獵以共承宗廟，示不忘武備，因以爲田除害也。是以師之六五取象於「田有禽」，程子以爲「寇賊姦宄，爲生民之害，若禽獸入於田中，侵害稼穡，於義宜取則獵取之」，其義精矣。至於順天時，因地利，備賓祭，蒐軍實，習勞懲怠，辨尊明卑，舉一事而衆善皆備者，此也。自秦、漢以下，每代皆有田獵之事。今折衷於周官，考其沿革，以類相附焉。

田獵名義

易繫辭：包犧氏作，結繩而爲網罟，以佃以漁，蓋取諸離。

屯卦六三：即鹿无虞，惟入于林中，君子幾不如舍，往吝。象曰：即鹿无虞，以從禽也；君子舍之，往吝窮也。

趙氏汝楳曰：田者必夷其險阻，虞人設驅逆之車，使禽趨田，然後有獲无虞。不驅禽即我，我反從禽，故曰「即鹿」也。

師卦六五：田有禽，利執言，无咎。

何氏楷曰：於師言田者，古人一歲三田，所以習武事也。班孟堅云：「禽者，鳥獸之總名，言爲人所禽制也。」

華氏學泉曰：奉辭伐罪，如害稼之禽，執之，有辭所謂田有禽利執言也〔一〕。

比卦九五：顯比，王用三驅，失前禽，邑人不誡，吉。

程傳：先王以四時之畋不可廢也，故推其仁心，爲三驅之禮，乃禮所謂「天子不

〔一〕「華氏」至「言也」二十七字，原脱，據味經窩本、乾隆本、光緒本補。

合圍」也。成湯祝網，是其義也。天子之畋，圍合其三面，前開一路，使之可去，不忍盡物，好生之仁也。只取其不用命者，不出而反入者也。禽獸前去皆免矣，故曰「失前禽」也。王者顯明其比道，天下自然來比。來者撫之，罔不煦煦然來比於我。若田之三驅，禽之去者，從而不追，來者則取之也。

恒卦九四：田无禽。

朱子曰：以陽居陰，久非其位，故爲此象。

解卦九二：田獲三狐，得黄矢，貞吉。

朱子曰：大抵此爻爲卜田之吉占。

錢氏一本曰：獲三狐，小人狐媚之險，至二而無不解。得黄矢，君子中直之道，至二而無不行。

巽卦六四：悔亡，田獲三品。

折中曰：四居高當位，載纘武功，而田害悉去。解獲三狐，而此獲三品，所獲者多矣。

周禮春官大宗伯：大田之禮，簡衆也。注：古者，因田習兵，閲其車徒之數。

王氏昭禹曰：坐作進退，不講則不知；刺伐擒縱，不習則不能。春以振旅，夏以茇舍，秋以治兵，冬以大閲，此所以簡其能也。

又曰：攻鬭而冒矢石，人情之所不欲；馳騁而逐禽獸，人情之所同欲。以人情之所不欲者寓于所同欲之間，此人情樂爲之用，而四時教戰，所以皆寓于田。

天官太宰：以八則治都鄙，八曰田役，以馭其衆。

王氏昭禹曰：田以簡衆，役以任衆。

禮經會元：春蒐，夏苗，秋獮，冬狩，雖云農隙以講事，然以四時講武，使民奔走服役之不暇，終身擾擾不得休息，豈先王使民之政乎？大抵成周致軍，其於六鄉、六遂之民，本不盡用也。雖曰田與追胥竭作，必隨遠近之地而遞征之，何嘗一一盡致於司徒而聽教於司馬也？辨鼓鐸，則有軍將、師帥、旅帥、卒長、兩司馬、公司馬之屬；辨號令，則有群吏、百官、帥家、縣鄙、鄉野之屬；辨旗物，則有諸侯、群吏、帥都、鄉遂、郊野、百官之屬；四時必隨其地之遠近，帥屬而遞教之矣。大司馬於四時之田，亦姑總其大綱言之爾。如此盡舉畿内之民而教之，吾恐所田之野，四表相去，才三百五十步爾，雖容百官且不足，況六軍乎？都鄙去王城五百里，雖一年調發且不可，況四時乎？

蕙田案：葉氏此條，得古人馭衆之意。

小宰：以官府之六聯合邦治，五曰田役之聯事。

禮經會元：成周田獵之制，見於他官，如大司徒則以旗致民；小司徒則會卒伍以作田役；鄉師則前期出田法，簡其鼓鐸兵器，修其卒伍；州長則帥民而致之；黨正則作民而治其政事；族師則合其卒伍，簡其兵器，以鼓鐸、旗物帥而至；縣師則受法于司馬，作其衆庶、牛馬、車輦，會其卒伍、旗鼓、兵器，帥而至；遂人則作野民，帥而至；遂師則平野民；縣正則用野民，帥而至；稍人則以縣師之法，作其同徒、輂輦，帥而至，以聽於司馬；鼓人則掌六鼓、四金，以正田役；司常則贊司馬，頒旗物，及致民，置旗弊之。此田獵致民之禁令見於他官者然也。山虞則萊山田之野，及弊田，植虞旗于中，致禽而珥焉；澤虞則萊澤野，及弊田，植虞旌以屬禽；迹人則掌邦田之地，爲厲禁而守之；牧師則贊焚萊；獸人則時田守罟，及弊田，令禽注于虞中；小宗伯則帥有司而饁獸于郊，遂頒禽；肆師則四時田獵，祭表貉，則爲位；甸祝則致禽于虞中，乃屬禽，及郊，饁獸，合奠于祖禰，乃頒禽；田僕則設驅逆之車；小子則斬牲，左右徇陳。此田獵致禽之禁令見於他官者然也。成周田政，必分掌於六官之屬，以其皆預田也。而四時教法，則大司馬實總之。是以仲春而教振旅，平列陳，辨鼓鐸鐲鐃之用，遂以蒐田祭社。仲夏而教茇舍，撰車徒，讀書契，辨號名之用，遂以苗田以享礿；中秋而教治兵，辨旗物之用，遂以獮田以祀祊；中冬而教大閲，則合三時之所辨者而皆辨之，遂以狩田以享烝。則大司馬因講武以寓田，因致禽以修祀，其禮然也。

蕙田案：葉氏此條，實所以發明田役聯事之意。

觀承案：田獵之禮大矣。古者寓兵於農，亦即寓戰於獵。蓋戰不可試也，惟因爲田除害，且可供祭祀、待賓客，故教民田獵，即於此簡車徒，練軍實，辨鼓旗，備行陣，所以教其坐作進退之方，馳驅控縱之節，已無不周至；而其民惟知踴躍鼓舞，以及時趨赴，各有所得而反。不知其戰陣之法，已熟練於平素而無不精矣。此古禮之妙，所以使人悦而忘勞者也。

禮記仲尼燕居：以之田獵有禮，故戎事閑也。

陳氏禮書：周官四時之田，春蒐以教振旅，夏苗以教茇舍，秋獮以教治兵，冬狩以教大閲。鄉師於凡田前期，出田法於州里，簡其兵器，脩其卒伍；山虞萊山田之野；澤虞萊澤野。而大閲之禮，爲表，百步則一表，爲三表，又五十步爲一表。田之日，司馬建旗于後表之中，群吏以旗物帥民而致。質明，弊旗，誅後至者。群吏聽誓於陳前，教以坐作進退之節，遂以狩田。以旌爲左右和之門，群吏各帥其車徒以敘和出，左右陳車徒，有司平之；既陳，乃設驅逆之車，有司表貉于陳前。中軍以鼙令鼓，銜枚而進。獲者取左耳。然則虞人所萊之野，穀梁所謂「艾蘭以爲防」是也；以旌爲左右和之門，穀梁所謂「置旃以爲轅門，以葛覆質以爲槷」是也。其未田也，教戰於此。及田，則驅禽以入，天子發則抗大綏，諸侯發則抗小綏，諸侯發然後大夫、士發，置虞於其中，以致禽焉。小宗伯「帥有司而饁獸於郊，遂頒禽」，則饁獸于郊者，月令所謂「既田命祠，祭禽四方」是也。頒禽，詩傳及穀梁所謂「擇取三十爲俎，其餘以予大夫、士」是也。田之服則冠弁服，車則木路，旗則大麾，弓則夾弓、庾弓，矢則鍭矢、殺矢。其出也，用牲于社宗而載之行；其止也，張幕設重帟重案，而於是臨誓。先王之於田，宜社造廟，祭馬祖，繼之以饁獸于郊，慎之至也。

蕙田案：陳氏此條，敘田獵始終儀節，正記所云「有禮」者也。

王制：無事而不田曰不敬，田不以禮曰暴天物。

春秋隱公五年左氏傳：臧僖伯曰：「春蒐、夏苗、秋獮、冬狩，皆於農隙以講事也。

三年而治兵，入而振旅，歸而飲至，以數軍實，昭文章，明貴賤，辨等列，順少長，習威儀也。鳥獸之肉，不登於俎；皮革、齒牙、骨角、毛羽，不登於器，則君不射，古之制也。」疏：爾雅釋四時之獵名與此同。周禮大司馬職：「中春教振旅，中夏教茇舍，中秋教治兵，中冬教大閱。」其名亦與此同。桓四年公羊傳曰：「春曰苗，秋曰蒐，冬曰狩。」三名既與禮異，又復夏時不田。穀梁傳曰：「四時之田，皆爲宗廟之事也。春曰田，夏曰苗，秋曰蒐，冬曰狩。」皆與禮異者，良由微言既絶，曲辨妄生，丘明親受聖師，故獨與禮合。明帝集諸學士作白虎通義，因穀梁之文爲之説曰：「王者、諸侯所以田獵何？爲苗除害，上以共宗廟，下以簡集士衆也。春謂之田何？春者歲之本，舉本名而言之也〔一〕。夏謂之苗何？擇其懷任者也。秋謂之蒐何？蒐索肥者也。冬謂之狩何？守地而取之也。四時之田，總名爲田何？田，除害也。」案：苗非懷任之名，何云「擇去懷任」？秋獸盡皆不瘦，何云「蒐索取肥」？雖名「通義」，義不通也，故先儒皆依周禮。謂之獵者，蔡邕月令章句曰：「獵者，捷取之名也。」

蕙田案：經傳所説四時之田，異説甚多。周禮、左傳四時皆田，公羊注夏時不田。其異一。周禮蒐、苗、獮、狩，歲歲皆行，左傳治兵振旅，三年一舉。其異二。周禮、左傳以蒐、苗、獮、狩分春、夏、秋、冬，公羊春苗、秋蒐，穀梁春田、秋

〔一〕「舉」，諸本作「以」，據春秋左傳正義卷三改。

蒐。其異三。案大宗伯言「大田之禮」，則田者總名，何故專屬之春？賈誼新書亦謂：「夏不田，何也？曰：天地陰陽盛長之時，猛獸不攫，鷙鳥不搏，蝮蠆不螫，鳥獸蟲蛇且知應天，而況人乎哉？」此説似亦近理。然周禮明有夏苗，則亦不足據也。餘三説，亦當以左傳爲正。

賈誼新書：王者、諸侯所以田獵者，何也？爲田除害，上以供宗廟，下以簡集士衆也。蒐、苗、獮、狩之禮，簡戎事也。苗者，毛取之；蒐者，搜索之；狩者，守留之。謂之畋何？去禽獸害稼穡者，故以田言之。孝子已有三牲，必田狩者，以爲己之所養，不如天地自然之牲逸豫肥美也。

劉向説苑：謂之畋何？聖人舉事必反本。五穀者，以奉宗廟、養萬民也。去禽獸害稼穡者，故以田言之。聖人作名號而事義可知也。傳曰：「春曰蒐，夏曰苗，秋曰獮，冬曰狩。百姓皆出，不失其馳，不抵禽，不詭遇，逐不出防，此蒐、苗、獮、狩之義也。」故蒐、苗、獮、狩之禮，簡戎事也。

右田獵名義

田獵時令

春秋桓公四年公羊傳：春曰田，夏曰苗，秋曰蒐，冬曰狩。

蕙田案：何休以公羊夏苗但去害苗而不田獵。

穀梁傳：春曰田，夏曰苗，秋曰蒐，冬曰狩。四時也，四用三焉〔一〕。

蕙田案：此即夏不田之説，傳意謂有此禮而不常用也，可與月令孟夏「毋大獵」相發明。

禮記月令：季春之月，田獵，罝罘、羅網、畢翳、餧獸之藥，毋出九門。注：爲鳥獸方孚乳，傷之逆天時也。獸罟曰罝罘，鳥罟曰羅網，小而柄長謂之畢。翳，射者所以自隱也。凡諸罟及毒藥，禁其出九門，明其常有，時不得用耳。天子九門者，路門也，應門也，雉門也，庫門也，皋門也，城門也，近郊門也，遠郊門也，關門也。疏：路門內有者，不得出路門；應門內有者，不得出應門。舉此可以知之。

孟夏之月，驅獸，毋害五穀，毋大田獵。

〔一〕「四時也四用三焉」，春秋穀梁傳注疏卷三作「四時之田用三焉」。

陳氏澔曰：夏獵曰苗，正爲驅獸之害禾苗者，與三時大獵自不同。

季秋之月，天子乃教于田獵，以習五戎，班馬政。注：教于田獵，因田獵之禮教民以戰法也。五戎，謂五兵，弓矢、殳、矛、戈、戟也。馬政，謂齊其色，度其力，使同乘也。校人職曰：「凡軍事，物馬而頒之。」

仲冬之月，山林藪澤，有能取蔬食、田獵禽獸者，野虞教道之。其有相侵奪者，罪之不赦。

王制：獺祭魚，然後虞人入澤梁。豺祭獸，然後田獵。鳩化爲鷹，然後設罻羅。注：取物必順時候也。梁，絶水取魚者。罻，小網也。疏：案月令正月「獺祭魚」，孝經緯云「獸蟄伏，獺祭魚」，則十月中也。是獺一歲再祭魚。此下文「鳩化爲鷹」、「草木零落」交相連接，則「獺祭魚」謂十月時。魯語里革云：「鳥獸孕，水蟲成，于是乎禁罝罜羅網。」然則正月雖獺祭魚，虞人不得入澤梁。月令「九月，豺乃祭獸」，夏小正「十月，豺祭獸」，則是九月末十月之初豺祭獸後，可以田獵。「鳩化爲鷹」者，謂八月時，但鳩化有漸，故月令季夏云「鷹乃學習」，孟秋云「鷹乃祭鳥」，其化爲鷹，則八月也。以月令二月「鷹化爲鳩」，則八月鳩化鷹也。周禮司裘云「中秋，獻良裘」，鄭司農云「中秋鳩化爲鷹」是也。「設罻羅」者，説文云：「罻，捕鳥網也。」又爾雅云：「鳥罟爲羅。」罻羅，總是捕鳥之網。

蕙田案：玩此條，知古人田獵重於秋冬，春夏雖有其制而不備也。考之經傳，謂四時皆田者，周禮、左傳、穀梁傳也；謂夏不田者，公羊傳何休注及春秋緯運斗樞也。何休竟以夏無田獵譏穀梁爲短，固屬非是。鄭康成則以緯書爲孔子所作，四時田者周制，三時田者夏、殷制，孔子欲改周制，不敢顯露，陰書于緯，而于春秋則仍用周制。其説穿鑿而害道，皆未細玩月令「季春，羅綱毋出；孟夏，毋大田獵」及穀梁「四用三焉」之義。觀王制「獺祭魚」云云，亦專指秋冬。又云「天子諸侯，無事則歲三田」，即周禮所載儀節，亦惟治兵、大閲特詳于振旅、茇舍，古聖人順天時以取物，因農隙以講武，春夏生長之候，決不肯多殺以擾民也。然四時皆有農隙，而武備不可以不時肄，故斟酌于四時之中，而有詳略之别焉，其義精矣。

觀承案：周禮四時皆田，以四時皆有農隙，則乘其隙而行之可也。然王制已有「天子諸侯無事則一歲三田」之文，蓋夏禾方盛，於田獵原不甚相宜，因思宣王車攻詩，特標出「之子于苗」句，此與六月之詩同意。蓋宣王非無事之時，既盛夏興師，又行夏苗之禮，以習軍陣也。則平日之田，不必四時皆行，故周禮尤詳大閲之禮，而豳風「一之日于貉，二之日載纘武功」，亦總在冬時。然則田雖備四，而行之當酌其宜，要惟秋冬爲重也。

右田獵時令

田獵官司戒具

周禮天官：獸人掌罟田獸，辨其名物。注：罟，網也，以網搏所當田之獸。疏：名物者，謂獸皆有名號物色也。案：夏官四時田獵，春用火，夏用車，秋用羅，冬用徒。四時各以其一爲主，無妨四時兼有網也。

冬獻狼，夏獻麋，春秋獻獸物。注：狼膏聚，麋膏散，聚則温，散則涼，以救時之苦也。獸物，凡獸皆可獻也，及狐狸。疏：內則：「狐去首，狸去正脊，二者並堪食之物。」

凡田獸者，掌其政令。

王氏曰：畋狩有時，王制「獺祭魚，然後虞人入澤梁」云云是也。取獸有法，如「不麛、不卵、不殺胎、不殀夭、不覆巢、踐毛不獻、不成禽不獻」是也。田獵有地，如「東有甫草，駕言行狩」是也。及夫辨其死生鱻薨之物，當公當私之宜，斷其爭禽之訟，皆所謂「政令」也。

地官迹人：掌邦田之地政，爲之厲禁而守之。注：田之地，若今苑也。疏：迹人主迹禽獸之處，有禽獸處則爲苑囿，以林木爲籓羅，使其地之人遮獲而厲守之。

凡田獵者受令焉。注：令，謂時與處也。疏：時，謂仲春、仲夏、仲秋、仲冬。處，謂山澤也。其受令者，謂夏官主田獵者。

禮記郊特牲：大羅氏，天子之掌鳥獸者也，諸侯貢屬焉。草笠而至，尊野服也。羅氏致鹿與女，而詔客告也。以戒諸侯曰：「好田、好女者亡其國。」

蕙田案：以上官守職掌。

周禮天官小宰：以官府之八成經邦治，二曰聽師田以簡稽。注：簡猶閱也。稽猶計也。計其士之卒伍，閱其兵器，爲之要簿也。

孟子：孔子之仕于魯也，魯人獵較，孔子亦獵較。奚獵較也？孔子先簿正祭器，不以四方之食供簿正。注：先爲簿書，以正其宗廟祭祀之器，即其舊禮，取備于國中，不以四方珍食供其所簿正之器。

蕙田案：以上田獵簿録會計。

周禮春官巾車：木路，前樊鵠纓，建大麾以田。注：木路，不鞔以革，漆之而已。前，讀爲緇翦之翦。翦，淺黑也。木路無龍勒，以淺黑飾韋爲樊，鵠色飾韋爲纓。不言就數，飾與革路同。大麾不在九旗中，以正色言之則黑，夏后氏所建。田，四時田獵。疏：趙商問：「大司馬職曰『四時皆建大常』，今又云『建大麾以田』，何？」答曰：「麾，夏之正色。雖習戰，春夏尚生，其時宜入兵，夏本不以兵得天下，故建其正色以春田。秋冬出兵之時，乃建大常。」

夏官田僕：掌馭田路，以田以鄙。注：田路，木路也。田，田獵也。鄙，循行縣鄙。疏：縣鄙在六遂之中，王巡六遂縣鄙，則六鄉州黨巡之可知。舉遠以明近也。

鄭氏鍔曰：王田必乘木路者，蓋木德盛於東方，仁也。王者之田不合圍，仁也。然「以田以鄙」，或以爲都鄙。王者無循行縣鄙親自省耕之理，然則或田于三田之地，或田于縣鄙之地而已。

王氏曰：王行在鄙則去飾，故乘木路。

蕙田案：木路之解，以王氏「去飾」之説爲確，鄭氏「東方木德」之説太鑿。「以鄙」之解，以鄭氏「田於縣鄙」之説爲確，注疏解爲「巡行縣鄙」。案此官名田僕，其下文所言皆是田事，巡行事無據。況國中及六鄉公田都鄙皆不見有巡行之文，舉遠見近，究曲説也。

掌佐車之政。注：佐，亦副。疏：少儀注云：「朝祀之副曰貳，戎獵之副曰佐。」案王制云：「大夫殺，則止佐車。佐車止，則百姓田獵。」

鄭氏鍔曰：田必有佐車，掌其政令，使當田者則田，當止者則止，所以全人君之仁。

設驅逆之車。注：驅，驅禽獸使前趨獲。逆，衙還之，使不得出圍。

鄭氏鍔曰：自後驅禽，使之就獲。自前逆禽，使不出圍。

令獲者植旌。注：以告獲也。植，樹也。

鄭氏鍔曰：獲者植旌，使人望其旌而知其獲禽，不獨爲己有也。山虞植虞旗，澤虞植虞旌，爲屬禽設此，則令獲禽者自植以告獲也。

禮記月令：季秋之月，命僕及七騶咸駕，載旌旐，授車。注：僕，戎僕及御夫也。七騶，謂趣馬，主爲諸官駕説者也。既駕之，又爲之載旌旗，司馬職曰「仲秋教治兵，如振旅之陳，辨旗物之用：王載大常，諸侯載旂，軍吏載旗，司都載旜，鄉遂載物，郊野載旐，百官載旟」是也。

周禮春官司常：凡軍事，建旌旗，及致民，置旗，弊之。甸亦如之。注：始置旗以致民，民至，仆之，誅其後至者。

蕙田案：以上田獵、車馬、旌旗。

地官山虞：若大田獵，則萊山田之野。注：萊，除其草萊也。疏：謂大田獵，謂王親行也。萊山田之野，謂於防南擬教戰之處芟去草萊。南北二百五十步，東西步數未聞，廣狹可容六軍，三三而居一偏。

地官澤虞：若大田獵，則萊澤野。

王氏曰：澤野，所謂藪也。

蕙田案：澤中之獵，不見於大司馬，春秋内外傳所載「如棠觀魚」、「濫於泗淵」之類，又皆失禮之事居多。然地官山虞、澤虞並有「大田獵」之文，則其事可以意會。其從略者，殆以周官之時，舟師未備，故講武亦詳山而略澤歟？

詩毛傳：田者，大艾草以爲防，或舍其中，褐纏旃以爲門，裘纏質以爲槸。槸，魚列反。間容握，驅而入，擊則不得入。左者之左，右者之右，然後焚而射焉。

孔穎達曰：田獵者，必大芟殺野草以爲防限，作田獵之場，擬殺圍之處。或復止舍其中，謂未田之前，誓士戒衆，故教示戰法，當在其間止舍也。既爲防限，當設周衛而立門焉。乃以織毛褐布纏通帛旃之竿，以爲門之兩旁。其門蓋南開，並爲二門，用四旃四褐也。又以裘纏椹質，以爲門中之闑。闑，車軏之裏，兩邊約車輪者。其門之廣狹，兩軸頭去旃竿之間各容一握。握，人四指爲四寸，是門廣於軸八寸也。入此門，當馳走而入，不得徐也。以教戰試其能否，故令驅焉。若驅之，其軸頭擊著門旁旃竿，則不得入也，所以罰不正也。以天子六軍，分爲左右，雖同舍防内，令三軍各在一方，取左右相應，其屬左者之左門，屬右者之右門，不得越離部伍，以此故有二門也。

春秋昭公八年穀梁傳：因蒐狩以習用武事，禮之大者也。艾蘭以爲防，置旃以爲轅門，以葛覆質以爲槷，流旁握，御轚者不得入。注：蘭，香草也。防，爲田之大限。旃，旌旗之名。周禮：「通帛，旃。」轅門，卬車，以其轅表門。質，椹也。槷，門中臬。葛，或作「褐」。流旁握，謂車兩轊頭各去門邊空握。握，四寸也。轚挂則不得入門。疏：「置旃以爲轅門」，謂以車爲營，舉轅爲門，又建旃以表之。「以葛覆質以爲槷」，質者，中門之木椹。謂恐木椹傷馬足，故以葛草覆之以爲質。葛或爲褐者，謂以毛布覆之。「流旁握，御轚者不得入」，徐邈云：「流，至也。」門之廣狹，足令車通，至車兩軸，去門之旁邊一握。握，四寸也。轚，謂挂著。若車挂著，則不使得入，以恥其御拙也。

禮記月令：季秋之月，命僕以級，整設于屏外。注：級，等次也。整，正列也。設，陳也。屏，所田之地，門外之蔽。　疏：戎僕等以馬駕車，又載旌旐既畢，以其尊卑等級，正其行列，設于軍門之外東西廂，以爲行陣。于是司徒在兩行之間，北面誓之。或者屏之外，左右六軍鄉南而陳，司徒于陣前，北面誓之也。云「屏，所田之地，門外之蔽」者，案詩傳云：「褐纏旃以爲門，驅而入，擊則不得入〔一〕。」既門外驅車，則不得有屏。此内外之屏者，蓋車入之時則去屏，無事之時則設屏也。

周禮天官幕人：凡田役，共其帷、幕、幄、帟、綬。注：共之者，掌次當以張。

〔一〕「擊」，諸本作「槷」，據禮記正義卷一七改。

掌次：師田，則張幕，設重帟重案。注：不張幄者，于是臨誓衆，王或回顧占察。

蕙田案：田獵之前，必先治其止舍之處以爲防限，是以山虞、澤虞既已先期芟除草萊，而臨時則又有戎僕等爲之設其轅門，正其行列，然後掌次、幕人等共其幄帟，而規制周密矣。若毛詩傳疏所言，即今之圍場也。穀梁、月令及周禮天官所言，即今之帳房也。考史記五帝本紀，黄帝以師兵爲營衛，遷徙無常處。此即古者營盤壘砦之遺制，蓋其所從來者遠矣。

又案：月令以級整設於屏外，雖專爲季秋言之，然車攻之詩云「之子于苗」，本爲夏狩，而毛、鄭亦以艾蘭爲防之説解之，則知此制固通于四時也。

又案：以上田獵場地、陳設。

禮記月令：季秋之月，司徒搢扑，北面誓之。注：誓衆以軍法也。疏：司徒職云：「施十有二教，八曰以誓教恤，則民不怠。」誓民，誓以犯田法之罰也〔一〕。誓曰：「無下車，無自後射。」案：于經注則司徒主誓，今田獵出軍，亦于所獵之地而搢扑北面誓之也。搢，插也。

〔一〕「罰」，諸本作「誓」，據禮記正義卷一七改。

蕙田案：以上田獵之前誓衆。

周禮春官司几筵：甸役，則設熊席，右漆几。注：謂王甸，有司祭表貉所設席。

陳氏曰：大田簡衆，大役任衆，莅之不可以無威，故席以熊皮設之。或曰右几，武事尚右也。

蕙田案：以上田獵几席。

司服：凡甸，冠弁服。注：甸，田獵也。冠弁，委貌，其服緇布衣，亦積素以爲裳，諸侯以爲視朝之服。疏：士冠禮及郊特牲皆曰：「委貌，周道。」鄭注士冠云：「委，猶安也，言所以安正容貌。」故云委貌。若以色言，則曰玄冠也。云「其服緇布衣，亦積素以爲裳」者，士冠禮云：「主人玄冠朝服，緇帶素韠。」注云：「衣不言色者，衣與冠同。」裳又與韠同色，是其朝服緇布衣，亦如皮弁積素以爲裳也。言「凡甸，冠弁服」，據習兵之時。若正四時，則當戎服。是以月令「季秋，天子乃教於田獵，以習五戎。司徒搢扑，北面以誓之。天子乃厲飾，執弓挾矢以獵」，注云：「厲飾，謂戎服，尚威武也。」以此觀之，「習五戎」，「司徒誓之」，不戎服，著冠弁可知。

王氏應麟曰：兵事，韋弁服；眡朝，則皮弁服；甸，則冠弁服。左傳「衛獻公不釋皮冠」，則皮弁、韋弁同，但色異耳。是正田用韋弁也。援神契云：「皮弁，素積軍旅也。」軍士之服，通皆韋皮。坊記注云：「在軍同服。」左傳：「均服振振。」

郝氏敬曰：冠弁，即爵弁，以繒帛爲之。古冠制，小用緇布玄繒，後世用爲弁，故曰冠弁，明與韋皮二弁異，猶冕之言弁冕也。曾子問云「尸弁冕而出」，鄭謂「委貌」，非也。委貌，冠耳。

蕙田案：以上田獵冠服。

夏官司弓矢：夾弓、庾弓，以授射鳥獸者。注：往體多，來體寡，曰夾、庾。射鳥獸，近射也，近射用弱弓。

凡矢，殺矢、鍭矢用諸近射、田獵；矰矢、茀矢用諸弋射。注：殺矢〔一〕，弓所用也。鍭矢〔二〕，弩所用也。殺矢，言中則死。鍭矢象焉，鍭之言候也。二者皆可以射禽獸，前尤重，中深，而不可遠也。結繳于矢謂之矰。矰，高也。茀矢象焉，茀之言刜也。二者皆可以弋飛鳥，刜羅之也。前于重，又微輕，行不低也。

蕙田案：以上田獵弓矢。

又案：田獵所用之器物，非先時而爲之備則事不濟。以上所列，皆豫備事也。先車馬旌旗，次場地者，月令「七騶咸駕」，然後及整設車馬。旌旗，田獵之所首重，無此，則不能立止舍之處也。場地之下，即次誓衆者，月令疏「整設屏

〔一〕「矢」，諸本脱，據周禮注疏卷三二補。
〔二〕「矢」，諸本脱，據周禮注疏卷三二補。

外，司徒誓衆於其中」故也。自是而几席、冠服、弓矢。至鼓鐸、車旗、器物，則錯見於鄉師以下徵發諸條。其先後條理，可以意會也。詩「我車既攻」、「田車既好」，詠車也；「我馬既同，四牡龐龐」、「四黄既駕，兩驂不倚」，詠馬也；「建旐設旄」、「悠悠旆旌」，詠旌旄也；「決拾既佽，弓矢既調」，詠兵器也。車攻、吉日二篇之所陳，蓋略備矣。

天官獸人：時田則守罟。注：守，謂備獸觸攫也。　疏：時田，謂四時田獵。

右田獵官司戒具

田獵徵發政令

周禮地官大司徒：大田役，以旗致萬民，而治其徒庶之政令。注：旗，畫熊虎者也。徵衆，刻日樹旗，期民於其下。　疏：凡軍旅田獵所用民徒，先起六鄉之衆。

史氏曰：軍旅所以用衆，大田所以簡衆。衆之所聚，政令行焉。不有旗表，其觀視何所趨向哉？

易氏祓曰：大司徒以旗致民，致之于比、閭、族、黨、州、鄉之聯也；大司馬以旗致民，致之于平列陳之際也。

鄉師：凡四時之田，前期，出田灋于州里，簡其鼓鐸、旗物、兵器，修其卒伍。注：田灋，人徒及所當有。

魏氏校曰：簡者，豫爲閱計。修者，豫爲配當。古之勇，好以整，又好以暇。

及期，以司徒之大旗致衆庶，而陳之以旗物；辨鄉邑，而治其政令刑禁；巡其前後之屯，而戮其犯命者，斷其爭禽之訟。注：司徒致衆庶者，以熊虎之旗。陳之以旗物，以表正其行列。疏：鄉師爲司徒致衆庶，故還用司徒之大旗。辨鄉邑者，四時六鄉之衆，與公邑之民皆在焉，各分别爲陣也。

黄氏度曰：鄉師致衆庶，各致其鄉之民也。將田，先閱于其鄉，而以司徒之旗致之，使知有所統也。

高氏愈曰：古者因田以講武，其事至重，故鄉師特主治之。

州長：若國作民而師田行役之事，則帥而致之，掌其戒令與其賞罰。注：致之，致之于司徒也。掌其戒令賞罰，則是于軍爲師帥。疏：田，謂田獵。

黄氏度曰：六鄉之軍，聽于王，主于司徒。平居常自爲六軍之教，故六鄉徵發則稱國，言有天子之命也。獨見之于州長，州長承其命也。帥而致之，軍旅致之于小司徒，役致之于鄉師；小司徒、鄉師各以其事帥之，而致于大司徒。

黨正：凡作民而師田行役，則以其灋治其政事。注：亦於軍因爲旅帥。

鄭氏鍔曰：師田行役，衆庶所聚，非致嚴以馭之不可也。以法而治其政事，又異乎平日之教以禮事矣。

族師：若作民而師田行役，則合其卒伍，簡其兵器，以鼓鐸、旗物帥而至，掌其治令、戒禁、刑罰。注：亦於軍因爲卒長。疏：「帥而以至」者，帥至于鄉師，以致于司徒也。

鄭氏鍔曰：一旅之衆，居則有比閭之聯，而卒伍猶未之合；有耒耜之用，而兵器或未之精。至于作之而師田行役，族師遂爲一卒之長。欲其師行之有統，則必合爲卒伍；欲其攻戰之必勝，則必簡其兵器。合則使之聯而不散，簡則使之精而無敝。又用鼓鐸、旗物率之至于師田行役之所，猶恐其不肅，復掌其治令、戒禁、刑罰，孰敢不率哉？

縣師：若將有軍旅、田役之戒，則受灋于司馬，以作其衆庶及馬牛、車輦，會其車人之卒伍，使皆備旗鼓、兵器，以帥而至。注：受灋於司馬者，知所當徵衆寡。

黄氏度曰：司馬主兵，其令不得直行，必有縣師關節，此先王微意。兵皆民也，發民爲兵，而主兵之官不應全不知，故使其屬行司馬之法。作，起也。起其衆庶、馬牛、車輦，而後會其車人卒伍。邦國、都鄙、卒伍、鄉法雖素定，而車人不相須；甸、稍、縣、都、野法，車人相須，而縣鄙居民，未嘗爲卒伍，故於此皆以司馬之法會之。五人爲伍，百人爲卒，離則皆伍，聯則皆什，百人爲卒，鄉爲四閭，野爲四里，車徒異部，多少稱事。

遂人：若起野役，則令各帥其所治之民而至，以遂之大旗致之，其不用命者誅之。注：役，謂師田。遂之大旗，熊、虎。　疏：「令各帥其所治之民而至」者，謂令縣正以下，遂人、遂大夫合用鳥隼之旗致衆。今遂人掌衆與大司徒同，故致衆得用熊、虎爲旗也。

凡事，致野役，而師田作野民，帥而至，掌其政治禁令。鄭氏鍔曰：國有功役之事，又有師田之事。功役則用當役之人，師田則衆民竭作。故於事言「野役」，於師田言「野民」。當役之人，則致之使自至。衆力竭作，則其事大，有以作而起之。遂人帥而至，掌政治禁令，以齊一之，則衆雖繁不亂矣。

遂師：軍旅、田獵，平野民，掌其禁令，比叙其事而賞罰。注：平，謂正其行列部伍也。鄭司農云：「比，讀爲庀。」　疏：野民，謂六遂之民。比叙者，校比次叙其行伍而行賞罰。周禮云「比」者，後鄭皆爲校比，先鄭皆爲庀。庀爲具，得通一義，故引之在下也。

魏氏校曰：未至師，遂師先以軍法部署而行賞罰。帥而至，則賞罰一聽於大司馬及大司徒。

縣正：若將用野民師田行役，移執事，則帥而至，治其政令。注：移執事，移用其民。鄭司農云：「謂轉相佐助。」

稍人：若有師田之事，則以縣師之法作其同徒、輂輦，帥而以至，治其政令，以聽於司馬。注：有軍旅、田役之戒，縣師受灋于司馬。邦國、都鄙、稍甸、郊里，惟司馬所調。以其法作其衆庶及馬牛、車輦，會其車人之卒伍，使皆備旗鼓兵器，以帥而至，是以書令之耳。其所調若在家邑、小都、大都，則稍人用縣師所受司馬之法作之，帥之以致於司馬也。同徒，司馬所調之同。凡用役者，不必一時皆徧，以人數調之，使勞逸遞焉。疏：稍人屬縣師，縣師屬大司馬，大司馬得王進止，縣師即受法於司馬。縣師既得法，稍人又受法于縣師，故云「以縣師之法作其同徒」也。既作同徒，乃致與大司馬，故云「以聽于司馬」也。

蕙田案：起徒役之事，惟田與追胥竭作，則是田獵起徒較他事獨衆。凡經文「師田」連言者，今於「出師」門内，不復分析兩載，總入「田獵」内，可以互見云。

又案：六鄉之鄉師、州長、族師、黨正等官，六遂之遂人、遂師、縣正等官，皆平日治民之官也。及其有師田之事，則凡起徒致民之政令，皆以屬之，遞相統率，以致於大司徒，因以屬于大司馬。惟比長、閭師、鄰長、里宰、酇長、鄙師諸官所轄者少，故不復詳。但於閭胥云：「凡春秋之役政，聚衆庶則讀法。」鄙師云：「凡作民，則掌其戒令。」酇長云：「若作其民而用之，則以旗鼓兵革帥而至。」里宰云：「掌比其邑之兵器，以待有司之政令。」如是而已。

又案：出師之制，先發六鄉爲六軍，次發六遂爲十二軍。自近而遠，各有差等。田獵亦宜然。故經於六鄉之官，言「師田」者四，六遂之官，言「師田」者三，若稍人不過一條，而縣畺則無文。蓋六遂已不常發，稍地則所發尤稀，縣畺則其地益遠，田獵徵發，未必及之，此經之所以略也。然又有説者，大司徒，地官之長，固無所不統矣。而縣師之所掌，亦兼邦國、都鄙、稍甸、郊里之地域，則是從六鄉以外及於邦國，無不統轄。又遂人「掌邦之野」，鄭云「此野爲甸稍、縣都」，則遂人於畿内亦無不統轄。遂師云「經牧其田野」，疏「遂人兼掌采地，采地有井田法，故此經云經牧其田野」，則遂師於畿内亦無不統轄。其各條内所言「師田」，蓋連稍縣畺亦并包在内。此皆經外之意，可以推而知也。

國語周語：王治農於藉，蒐於農隙，耨穫亦於藉，獮於既烝，狩於畢時，是皆習民數者也。

右田獵徵發政令

田獵祭祀

周禮春官小宗伯：凡王之甸役之禱祠，肄儀爲位。注：肄，習也。爲位，小宗伯主其位。

肆師：凡四時之大甸獵，祭表貉，則爲位。注：貉，師祭也。於所立表之處爲師祭，造軍法者，禱氣勢之倍增也。其神蓋蚩蚘，或曰黃帝。

甸祝：掌四時之田、表貉之祝號。注：杜子春云：貉，兵祭也。爾雅曰：「是類是禡，師祭也。」玄謂：田者，習兵之禮，故亦禡祭，禱氣勢之什百而多獲。

詩小雅吉日：吉日維戊，既伯既禱。注：伯，馬祖也。重物慎微，將用馬力，必先爲之禱其祖。禱，禱獲也。疏：言王以吉善之日維戊也，於馬祖之伯既祭之求禱矣，以馬祖謂之伯〔一〕，伯者，長也。鄭云：「馬祖，天駟。」釋天云：「天駟，房也。」孫炎曰：「龍爲天馬，故房四星謂之天駟。」鄭亦引孝經説曰「房爲龍馬」者是也。

何氏楷曰：「既伯既禱」，田祭也。伯，通作「貊」，亦作「貉」。鄭司農讀爲禡。王制：「禡於所征之地。」孔叢子云：「已克敵，使擇吉日，復禡於所征之地。」鄭玄云：「禡，師祭也，爲兵禱，其禮亡。」其田獵之祭，則名之爲貉。周禮「蒐苗獮狩，有司皆表貉於陳前」，鄭注謂：「貉，讀爲千百之百，於立表處爲師祭，祭造軍法者，其神蓋蚩尤，或曰黃帝。」杜子春讀亦同，云：「貉，兵祭也。」田以講武治兵，故有兵祭，

〔一〕「馬祖」，諸本作「田祖」，據毛詩正義卷一〇改。

禱氣勢之十百而多獲。邢昺云：「貉之言百，祭祀此神，求獲百倍也。」愚案：「貉」、「貊」本是一字，以「百」解「貊」，無乃强解；讀「貊」爲「百」，亦未必然。又有言「祭貉以導獸」者，要皆附會。以愚意揣之，政緜古人讀「貊」與「禡」同音，遂訛「禡」爲「貊」耳。禡，祭名也。故字從示其意，馬諧聲，義必有取。或殺馬爲牲，或以馬者國之大事，克敵必藉焉，故爲馬祈福，亦未可知。師、田皆行軍之事，其同有禡祭焉，宜也。觀説文「既伯」作「既禡」，可證今韻會中「伯」字亦有「禡」音。蓋緜「伯」、「貊」相訛而然，無足疑者。此「既伯」，即田獵之日表貉之祭也。毛傳以伯爲馬祖，案周禮校人職云：「春祭馬祖。」鄭以爲「天駟」。天駟，房也。晉天文志云：「天駟，爲天馬，主車駕〔一〕。南星曰左驂，次左服，次右服，次右驂，亦曰天厩。」孔云：「馬與人異，無先祖可尋，故取孝經説『房爲龍馬』，是馬之祖。」一云行神。四時之祭，各有所爲，未聞田獵有馬祖之祭，亦從未聞馬祖有伯之稱也。祖者始也，伯者長也，二義懸殊，何得以伯當祖乎？祈福曰禱，毛以爲「禱獲」是也。戰必禱克，田必禱

〔一〕「車」，諸本作「軍」，據詩經世本古義卷一〇改。

獲，説文作「禂」，云「禱牲馬祭也」。案禱牲、馬祭，分爲二事。周禮甸祝職云：「禂牲、禂馬，皆掌其祝號。」杜子春注云：「爲田禱多獲禽牲，爲馬禂無疾。」觀此「禂牲」，即貉祭所禱；「禂馬」，即校人四時之祭所禱，皆名爲禂也。此詩「既伯既禱」，乃甸祝所職也，爾雅以爲馬祭，似誤以「禂牲」爲「禂馬」耳。

周禮春官肆師：舍奠于祖廟，禰亦如之。注：「舍」，讀爲「釋」。釋奠者，告將時田，若將征伐。鄭司農云：「禰，父廟。」疏：非時而祭曰「奠」。

王氏曰：舍奠，有牲而無尸，所謂「造於祖」也。

鄭氏鍔曰：將出田，必行釋奠之禮，以告于廟，乃載遷廟之主以行。其載以祖爲主，故舍奠于祖廟，禰則但祭而不載，亦如之，謂舍奠也。

右田獵祭祀

春蒐

夏官大司馬：中春，教振旅。注：兵者，守國之備。孔子曰：「以不教民戰，是謂棄之。」兵者，凶事，不可空設，因蒐狩而習之。凡師，出曰治兵，入曰振旅，皆習戰也。四時各教民，以其一焉。春習振旅，兵入收衆，專于農。　疏：爾雅云：「出爲治兵，尚威武也。入爲振旅，反尊卑也。」反尊卑者，出則壯者在前，老弱在後；入則壯者在後，老弱在前。

孔氏穎達曰：春秋振旅者，以陽氣方長，兵宜止息也。

黄氏度曰：四時之田，先教振旅。王者之兵，出於萬全。

司馬以旗致民，平列陳，如戰之陳。　注：以旗者，立旗期民於其下。　疏：熊、虎之旗。

鄭氏鍔曰：司徒於大軍旅、大田役，以旗致六鄉之民。遂人於起野役，以遂之大旗致六遂之民。民之目，熟於熊虎之狀久矣。及是時，鄉遂之官致之而來。司馬亦以旗致之，因民之所習熟者使之，易知耳。

王氏昭禹曰：田獵所習，無非軍事，故平列陳，如戰之陳。平者，高下如一之謂。雖如戰之陳而平列陳，則無事於戰矣。

辨鼓、鐸、鐲、鐃之用：王執路鼓，諸侯執賁鼓，軍將執晉鼓，師帥執提，旅帥執鼙，卒長執鐃，兩司馬執鐸，公司馬執鐲。　鼓人職曰：「以路鼓鼓鬼享，以鼖鼓鼓軍事，以晉鼓鼓金奏，以金鐃止鼓，以金鐸通鼓，以金鐲節鼓。」鄭司農云：「提，謂馬上鼓，有曲木提持鼓立馬髦上者，故謂之提。」杜子春云：「公司馬，謂五人爲伍，伍之司馬也。」

鄭氏鍔曰：春，陽用事，雷始出地，於卦爲震。而鞞人冒鼓，必于起蟄之日。教以此時，從其類也。軍將者，卿六，各爲一軍之將。提使師帥執之者，五百人之衆。左提右挈，在掌握之意。旅帥視師帥爲卑，故執鼙鼓之小而卑者也。百人之卒長知其當止則止，故使執鐃。兩司馬知其當進則進，故使執鐸以通鼓。五人之長曰公司馬，軍制自五人始，人之寡不能節制，則衆皆無節，故使執鐲以節鼓。其職至卑，其名乃同於司馬，欲重其權以服人也。

黄氏度曰：有節制而後能勝，金、鼓所以節制也，故於教振旅辨之。王雖親征，六卿分將，而元帥居乎其中。

蕙田案：王不執鼖鼓而執路鼓者，鄭康成謂「尚之於諸侯也」。鄭剛中亦謂王道之大，無所不通，以道統衆，不必自執，軍中之事，諸侯從王，欲使軍將以下皆聽命，故尚之於諸侯。今考鼓人職，軍事宜執鼖鼓，而路鼓非軍事所宜用，但以其有四面，象人君聲教當四達無間而已，則侯之執鼖，非所以尊尚之，而使衆聽命也。王志長謂「諸侯入朝，佐王田獵，不敢以桴鼓之事上煩天子，故代王執鼖鼓，以鼓軍事」，此説得之。

又案：「賁」、「鼖」，古字通用，蔡氏宸錫欲改「賁」爲「鼖」，亦不必。

以教坐作、進退、疾徐、疏數之節。注：習戰法。疏：坐作、進退、疾徐、疏數之節，大閲具言，於此略説。

李氏嘉會曰：兵事宜尚威武敏捷，必以進退、疾徐、疏數教民者，觀武王伐商，六步七步乃止，齊焉。兵在於結陣之固，進退之齊。武侯八陣，進則皆進，止則皆止，所以不可破。齊之技擊，魏之武卒，秦之鋭士，終不可以當桓、文之節制者，由此而已。

蕙田案：坐作、進退等，皆戰之事，四時之田，雖皆爲教戰而設，然所專於戰者，秋之大閲耳。餘春夏從略，而春教振旅，主於藏兵不用，則尤略之。賈疏最得經意。

遂以蒐田，有司表貉，誓民，鼓，遂圍禁，火弊，獻禽以祭社。注：春田曰蒐。有司，大司徒也，掌大田役，治徒庶之政令。表貉，立表而貉祭也。誓民，誓以犯田法之罰也。誓曰：「無干車，無自後射。」禁者，虞衡守禽之厲禁也。既誓，令鼓而圍之，遂蒐田。火弊，火止也。春田主用火，因焚萊除陳草，皆殺而火止。獻，猶致也，屬也。田止，虞人植旌，衆皆獻其所獲禽焉。詩云：「言私其豵，獻豜于公。」春田主祭社者，土方施生也。疏：蒐，搜也。春時鳥獸字乳，搜取不孕者。「誓曰無干車」云云，此據漢田律而言。無干車，謂無干犯他車。無自後射，象戰陣不逐奔走。「誓民」，即大閲「群吏聽誓於陣前」。鼓者，即「中軍以鼙令鼓，鼓人三鼓」以下。此祭社，因田獵而祭，非月令仲春祭社也。

鄭氏鍔曰：雖教之有素，一旦出田野，臨干戈，安得不三令五申之？此司馬所以誓之也。又曰：月令「仲春之月，毋焚山林」，大司馬乃用火田者，蓋春而焚萊，將以田也。春而焚山林，傷生意也，所以有無焚之令。

王氏曰：社者，土示也。

蕙田案：「有司表貉」，鄭康成謂大司徒，鄭剛中以爲肆師、甸祝，王平仲删翼載王氏説亦以爲甸祝。考肆師「大田獵，祭表貉，則爲位」，甸祝「掌四時之田，表貉之祝號」，若大司徒，總率鄉遂諸官，恐不必以表貉事屬之，當以剛中及王氏説爲正。

春官肆師：凡師甸，用牲于社宗，則爲位。注：社，軍社。宗，遷主也。疏：肆師爲位祭也。

孔氏穎達曰：春時四方施生，獵則祭社爲主。

蕙田案：表貉之祭，四時田獵之所同也。社宗之祭，春蒐之所獨也。

春秋昭公八年穀梁傳：因蒐狩以習武事，車軌塵，馬候蹄，揜禽旅，御者不失其馳，然後射者能中。注：車軌塵，塵不出轍。馬候蹄，發足相應，遲疾相投。揜禽旅，揜取衆禽。不失其馳，不失馳騁之節。

蕙田案：此田獵命中之法，蒐狩並稱，故附于此。

右春蒐

夏苗

周禮夏官大司馬：中夏，教茇舍，如振旅之陳。注：茇舍，草止之也。軍有草止之法。

疏：草字釋茇，止字釋舍。

孔氏穎達曰：夏教茇舍者，以草木茂盛，故教以草舍。

鄭氏鍔曰：詩曰：「召伯所茇。」又左傳言：「晉大夫茇舍，從之。」凡言茇者，皆草舍也。教茇舍者，教以草止之法。軍行而草止，未有營壘之所，草止之地，防患尤嚴。防患之道，夜事尤急。教之無素，則是以衆予敵矣。教茇舍獨于中夏，以月令考之，孟春草木萌動，季春生氣方盛，惟夏之時，生於春者，至是益長；長于春者，至是益茂。軍屯其中，患生不虞，又況莫夜之時。

群吏撰車徒，讀書契。注：撰，讀曰算。算車徒，謂數擇之也。讀書契，以簿書校録軍實之凡要。

疏：群吏，謂軍將至伍長，各有部分，皆選擇其甲士、步卒之等。

蕙田案：康成以撰爲數擇，書契爲簿録，即「師田以簡稽」也。天官小宰言之蓋在平日，大司馬則在臨期，彼此互見耳。

辨號名之用，帥以門名，縣鄙各以其名，家以號名，鄉以州名，野以邑名，百官各象其事，以辨軍之夜事。注：號名者，徽識所以相別也。鄉遂之屬謂之名，家之屬謂之號，百官之屬謂之事。在國以表朝位，在軍又象其制而爲之，被之以備死事。帥，謂軍將及師帥、旅帥及伍長也。以門名者，所被徽識如其在門所樹者也。古者軍將，蓋爲營治于國門。魯有東門襄仲，宋有桐門右師，皆上卿爲軍將者也。縣鄙，謂縣正、鄙師至鄰長也。家謂食采地者之臣也。鄉以州名，亦謂州長至比長也。野，謂公邑大夫。百官，以其職從王者也。此六者皆書，云某某之名、某某之號、某某之事而已。夜事，戒夜守之事。草止者愼于夜，於是主別其部職。

何以辨？

黄氏度曰：號名爲夜事，今軍夜有號。康成以爲徽識，被之以備死事。夫徽識綴于膊上，夜事將

鄭氏鍔曰：帥爲六軍之帥，公邑間田謂之縣，小都謂之鄙，大夫謂之家，鄉謂六鄉。野，六遂也。

或以門，或以號，或以邑，或各以其名，皆有一定之稱。爲主將者名號若此，爲卒伍者從而稱之耳。聞

而心知，心存而意屬，莫夜之間，亦識所從矣。帥以門名，蓋門者人之所由以出入，帥者人之所由以進退，取象猶門也。縣與鄙，一爲天子之吏，一爲公卿王子弟，故各以其名，所以别異其爲某縣某鄙之人。大夫用號者，則爲美稱也。鄭謂公卿大夫其身在朝，其臣在采地，若公山弗擾之類，是以家號爲名也。六鄉有六州長，鄉之軍法，至州而成，故以其州之名名之，言某州之師也。六遂於鄰長言「邑中之政」，於里宰言「掌比其邑之衆寡」，於遂大夫言「凡爲邑者」，此六遂爲邑之證也，故言某邑之師。

王氏與之曰：茇舍之教，乃下寨法，專以辨軍之夜事。蓋休兵偃師之時，宿火而寢，目固無見也；銜枚而處，耳固無聞也。將以鼓鐸而聲之，則所聞必亂；將以旗物而徽之，則所見必昧。於是專以號名爲尚，而號名又必外假者，所以防姦細及間諜等事。先儒不知夜事與夜戰不同，多以管仲「内政

之作使之晝戰目相視，夜戰聲相聞」引證。司馬夜事在於休兵，管仲夜戰所以用兵，豈可同日語？

蕙田案：康成謂號名爲徽識，以備死事，説太迂遠。但黄氏即以號名爲夜事則非也。夜事仍當爲戒夜守之事，方與茇舍義合。次點王氏下寨之説，得其旨矣。

又案：帥、縣、鄙、家、鄉、野等名，鄭剛中説與康成注有異。今考康成説，則以縣鄙爲六遂之長，家爲三等采地之長，鄉爲六鄉之長，野爲四處公邑之長，而帥則六軍之帥，統之者也。其説整齊該括。剛中以縣屬公邑，又添閑田，已覺支離。又以鄙屬小都，則三等采地僅舉其一，豈不挂漏？家爲大夫，亦與遂大夫、鄉大夫相混，不如康成説之的確矣。

又案：州長、黨正等名，據平日治民而言；軍將、師帥、伍長等名，據出師臨陣而言，其實一也。然則帥以門名，已統縣鄙等項在内。辨號名也者，如欲稱帥則以門，欲稱縣鄙則各以其名，亦其實一耳。

其他皆如振旅。

王氏昭禹曰：若平列陳，與夫以教坐作、進退、疾徐、疏數之節皆然。

遂以苗田，如蒐之法，車弊，獻禽以享礿。注：夏田爲苗，擇取不孕任者。若治苗，去不秀實者。車弊，驅獸之車止也。夏田主用車，示所取物稀，皆殺而車止。王制曰：「天子殺則下大綏，諸侯殺則下小綏，大夫殺則止佐車，佐車止則百姓田獵。」礿，宗廟之夏祭也。冬夏田，主于祭宗廟者，陰陽始起，象神之在内。疏：車行遲，故取獸少。引王制者，據始殺而言。毛詩傳云「天子發，抗大綏；諸侯發，抗小綏」，據始殺而言也。

鄭氏鍔曰：礿以飲爲主，四時之享皆用孟。此中夏而享礿，非常祭也，蓋因田而享也。田已得禽，則歸而享祀，猶戰而得雋，則歸而告廟也。

蕙田案：周四時宗廟之祭用仲夏，此一確證。剛中以爲因田而享，謬矣。

右夏苗

秋獮

中秋，教治兵，如振旅之陳。辨旗物之用：王載大常，諸侯載旂，軍吏載旗，師都載旜，鄉遂載物，郊野載旐，百官載旟，各書其事與其號焉。其他皆如振旅。注：軍吏，諸軍帥也。師都，遂大夫也。鄉遂，鄉大夫也。郊，謂鄉遂之州長、縣正以下也。野，謂公邑大夫。百官，卿大夫也。凡旌旗，有軍旅者畫異物，無者帛而已。書，當爲「畫」。疏：凡兵出曰治兵，入曰振旅。春以入兵爲名，尚農事。秋以出兵爲名，秋嚴尚武故也。軍吏者，從軍將以下至伍長皆是。軍吏各書其事與其號者，即是「仲夏，百官各象其事」及號名之等。秋雖不具辨號名，亦略舉之，見四時皆有此物也。

孔氏穎達曰：秋教治兵者，以殺氣方盛則匿邪惡，故教兵。

王氏昭禹曰：旗物以作戰也，故於治兵辨旗物之用。

鄭氏鍔曰：九旗，曰常、曰旂、曰旜、曰物之類，其義不一。自王而下以至百官，分而載之，各寓意義於其間，非苟然也。得天而久照者，日月之常，治兵載大常，以見王者有常德而立武事之意。凡旗之畫，皆二物。旗獨畫龍相交，非也。「交」與「蛟」同。諸侯於國有君道，龍之象也；入朝有臣道，蛟之象也，所以載蛟龍之旂。熊虎之噬，百獸畏之。軍吏者，六軍之帥，當以威武爲先，載熊虎之旗，使將卒畏威而趨令也。通帛則不畫他物，純而不雜也。師都則公卿大夫王子弟之在都鄙者也，爾身在外，乃心罔不在王室，所以載通帛之旜。此言鄉遂，又言郊野，則師當爲都鄙之吏明矣。雜帛爲物，則雜而不一也。鄉之分而爲六，其民散而爲比、閭、族、黨之名；遂之分而爲六，其民散而爲鄰、里、都、鄙之號，可謂雜而不一矣。所以載雜帛之物。龜有甲以自衛，蛇有螫以毒人，皆北方之屬也。天地之氣，始于北方幽陰之所聚，而龜蛇者，至幽陰之物，畫之于旐，以示夫殺氣之所始也。先能自衛者，然後可以殺敵，所以載龜蛇之旐。書曰「我則鳴鳥不聞」，謂鳳也。隼之物，爲挈宮，而貪殘之鳥也。詩云：「鴥彼飛隼，其飛戾天。」易云：「公用射隼于高墉之上。」彼乃鷹鸇之類，安可與鳳爲伍耶？此言鳥隼，説者皆以爲鳳及隼，疑當爲鷹隼也。與隼共文，不可謂之鳳明矣。交龍取其能變化，熊虎取其有威，龜蛇取其能自衛，則鷹隼取其勁疾矣。百官者，六卿之屬。欲其臨事之勁疾，所以載鳥隼之旟。凡行，左青龍而右白虎，前朱雀而後玄武，謂此四者。然軍法正成于鄉遂，而鄉遂大夫乃不預四旗之列而載物者，説者謂其象已屬于軍吏，已無所將故也。凡旗皆謂之載者，言載之于車上也。既有旌旗，又有小徽識之，上各書其事與號，以爲别識也。司常謂之「畫」，此謂之「書」，王安石謂書詳於畫，既書又畫，使人易辨而已。余以爲司常指大閲而言，此指治兵而言。大閲畫，治兵書，各有所主，不一法也。

蕙田案：仲春之師帥、旅帥、卒長、兩司馬、公司馬，即仲夏之縣、鄙、家、鄉、野也。而此諸官，亦即仲春之所謂軍帥，仲夏之所謂帥也。仲春不言百官，則有詳略之異耳。由今思之，大司馬言四時之制，則自鄉遂以達於采地，宜悉舉之，詎有諸侯從獵之制咸在而反遺於畿内者？仲秋治兵尤重於春夏，則官當尤備。鄭康成以軍吏爲諸軍帥，是矣，而以師都爲遂大夫，以鄉遂爲鄉大夫，郊爲州長、縣正以下，野爲公邑大夫。其中尚缺采地，則不得不以百官爲卿大夫。試思仲夏之百官，既解爲各以其職從王者，至仲秋之百官而忽異其解，已屬不確，況夏苗猶備百官，豈秋獮獨無之乎？竊以康成之言未是，惟鄭剛中之辨最爲精確。蓋剛中據司常「大閲」之文，以軍吏爲即大閲之孤卿與芟舍之帥，以百官爲即大閲之大夫士與茇舍之百官，以師都爲即大閲之師都與茇舍之縣鄙，以鄉遂爲即大閲之州里、縣鄙與茇舍之鄉及野，以郊野爲公邑閑田之吏，與鄉遂之郊野異。如此，則整齊包括，處處皆通矣。其辨茇舍之縣鄙與司常之縣鄙，名同而實異，尤精。

王氏應電曰：案司常「王建大常，諸侯建旂」，正與此同，此外所載皆異。夫司常于國之大閲，贊司馬頒旗物，則凡祭祀、賓客、會同、軍旅，並當以之爲準。惟安營出戰，則旗法與此不同。若其初至，不當又有所更置。蓋旌旗以一人之耳目，豈得數易以亂之？此蓋誤文也。

蕙田案：王昭明以旗旜等有誤文，蔡宸錫亦謂此節「旗、旜、物、旟」四字顛倒誤寫，旗當爲旜，旜當爲旗，物當爲旟，旟當爲物，宜以司常職之文爲定。此説精確，當從之。

遂以獮田，如蒐之法，羅弊，致禽以祀祊。注：秋田爲獮。獮，殺也。羅弊，罔止也。秋田主用罔，中殺者多也。皆殺而罔止。「祊」當爲「方」，聲之誤也。秋田主祭四方，報成萬物，詩曰：「以社以方。」　疏：鄭以祊爲誤者，祊是廟門之外，惟祭宗廟及繹祭乃爲祊祭。今因秋田而祭，當是四方之神。

鄭氏鍔曰：秋氣肅殺，故田以殺爲主。

王氏昭禹曰：以物成于秋，所取者衆故也。王制曰「鳩化爲鷹，然後設罻羅」，則秋用羅，宜矣。

又曰：春物始生，故爲民祈而祭社；秋物既成，故爲民報而祀祊。

春官肆師：獮之日，莅卜來歲之戒。注：秋田爲獮，始習兵，戒不虞也。卜者，問來歲兵寇之備。

鄭氏鍔曰：君子除戎器，戒不虞，故知戒爲禁備之事。

陳氏暘曰：先王之時，必預戒來歲之事者，欲先事爲備也。春秋時，鄭石㚟言於子囊曰：「先王卜征五年，而歲習其祥。祥習則行，不習則增修德而改卜。」則是卜不吉必修德而豫戒，然後爲治世之事。」

蕙田案：書「卜三龜，一習吉」，又「朕夢協朕卜，襲于休祥」，即傳所云「祥習則行」也。

又案：莅卜來歲於秋獮，而春夏冬不卜者，秋狩則專於治兵也。

禮記月令：季秋之月，天子乃厲飾，執弓挾矢以獵。注：厲飾，謂戎服，尚威武也。

疏：厲飾，謂嚴厲武猛。飾，謂容飾也。熊氏云：「戎服者，韋弁服也。以秋冬之田，故韋弁服。若春夏則冠弁服。故司服云：『凡甸，冠弁服。』」義或然也。

陳氏祥道曰：周官司服：「凡田，冠弁服。」月令：「季秋，天子乃厲飾。」蓋周、秦之禮異也。

命主祠祭禽于四方。注：以所獲禽祀四方之神也。司馬職曰：「羅弊，致禽以祀祊。」疏：謂獵竟也。主祠，謂典祭祀者也。四方，有功于方之神也。四時田獵，皆祭宗廟，而分時各以爲主也。此天子獵既畢，因命典祀之官取田獵所獲之禽，還祭于郊，以報四方之神也。鄭注「秋獮祀方」云：「秋田主祭四方，報成萬物。詩曰『以社以方』。」下云：「方，迎四方氣於郊也。」鄭又云：「秋祭社與四方，爲五穀成熟報其功也。」

右秋獮

冬狩

周禮夏官大司馬：中冬，教大閲。注：春辨鼓鐸，夏辨號名，秋辨旗物，至冬大閲，簡軍實。

孔氏穎達曰：冬教大閲者，以冬閑無事，備習威儀，故因其田獵教以簡閲也。

王氏詳説：春辨鼓鐸鐲鐃之用，夏辨號名之用，秋辨旗物之用，至冬則戒衆庶，修戰法，而及於旗物、鼓鐸、鐲鐃。要之辨鼓鐸者，未始無旗物，所謂「以旗致民」是也；辨旗物者，未始無號名，所謂「各書其事與其號」也。三時之田，各以其所辨者爲主耳。

前期，群吏戒衆庶修戰法。注：群吏，鄉師以下。　疏：鄉師：「四時之田，前期，出田法於州里，簡其鼓鐸、旗物、兵器，修其卒伍。」以下，則若州長「作民而師田行役之事，則帥而致之，掌其戒令與其賞罰」；黨正「凡國作民而師田行役，則以其法治其政事」；族師「若作民而師田行役，則合其卒伍，簡其兵器，以鼓鐸旗物帥而至」。

虞人萊所田之野，爲表，百步則一，爲三表，又五十步爲一表。注：虞人萊所田之野，芟除其草萊，令車得驅馳。詩曰：「田卒汙萊。」

易氏祓曰：表以步度之，步長六尺，「百步則一，爲三表」，是三表相去二百步。「又五十步爲一表」，則四表爲二百五十步矣。大閱必用四表，所以寓王者節制之師，而大武之四表實象之。蓋周都西南，一表在南，所謂「武始而北出，夾振之而駟伐」，則有振鐸作旗之義。歷二表三表而至四表，則「再始以著往」者也。商都東北，四表在北，所謂「四成而南國是疆，復亂以飭歸」，則有鼓退鳴鐃且卻之義。歷三表二表而復于一表，則「樂終而德尊」者也。大閱亦然。賈氏乃謂後表在北，士卒由後表以至南表，復回身向北以至後表，與樂記之言不合。樂記言大武，則周家一代寓兵之良法，當以樂記爲正。或謂三表相距各百步，每表各六十丈，何以容大閱之衆？若以開方論，其勢誠窄，若據虞人萊所田之野，則迴野左右，何有紀極？鄭氏謂「左右之廣，當容三軍」，此指一旁而言。若左右兩旁，當容六軍，又云「步數未聞」，則六軍分行，左右開張，取其容六軍之衆，不以步數拘也。如此則地勢廣袤，豈止容六軍而已。

田之日，司馬建旗于後表之中，群吏以旗物鼓鐸鐲鐃各帥其民而致。質明，弊旗，誅後至者。乃陳車徒如戰之陳，皆坐。注：質，正也。弊，仆也。皆坐，當聽誓。

李氏嘉會曰：四表止于二百五十步，坐作進退，步行趨驟，爲力不勞，軌範易習。民之左右顧瞻，皆其鄉黨鄰里，自然情親勢一，敵不可乘。此古人結陳堅固也。

易氏袚曰：及田之日，司馬建熊虎六斿之旗于虞人所設後表之中，據樂記舞而言，則後表當是在南一表，於是群吏如鄉師以下，以其旗物及鼓鐸鐲鐃等各帥其民而致于大司馬。

群吏聽誓於陳前，斬牲，以左右徇陳，曰：「不用命者斬之。」注：群吏，諸軍帥也。陳前，南面鄉表也。月令：「季秋，司徒搢扑，北面誓之。」疏：使司徒誓者，此軍吏及士，本是六鄉之民，今雖屬司馬，猶是己之民衆〔一〕，故使司徒誓之也。

易氏袚曰：衆庶已集，命之皆坐于南之一表，群吏聽誓，則自軍帥而下，皆南面向表，誓于陳前。

鄭氏鍔曰：坐而聽誓，斬牲以徇，所謂三令五申也。今見于司馬法，曰：「夏后氏誓于軍中，欲民先其慮也。商誓于軍門之外，欲民先意以待事也。周將交刃而誓之，以致民志也。」車徒皆坐，使群吏聽誓者，群吏各帥其衆，有誓而群吏聽之，則傳達于所統之衆，簡而易知，無敢不從矣。

中軍以鼙令鼓，鼓人皆三鼓，司馬振鐸，群吏作旗，車徒皆作。鼓行，鳴鐲，車徒皆行，及表乃止。三鼓，摝鐸，群吏弊旗，車徒皆坐。注：中軍，中軍之將也。天子六軍，三三

〔一〕「衆」，諸本脱，據周禮注疏卷二九補。

而居一偏。群吏既聽誓，各復其部曲。中軍之將令鼓，鼓以作士衆之氣也。鼓人者，中軍之將、師帥、旅帥也。司馬，兩司馬也。振鐸以作衆〔一〕。作，起也。既起，鼓人擊鼓以行之，伍長鳴鐲以節之。及表，自後表前至第二表也。三鼓者，鼓人也。掩上振之爲摝。摝者，止行息氣也。

又三鼓，振鐸，作旗，車徒皆作。鼓進，鳴鐲，車驟徒趨，及表乃止，坐作如初。注：趨者，赴敵尚疾之漸也。春秋傳曰：「先人有奪人之心。」

乃鼓，車馳徒走，及表乃止。注：及表，自第三前至前表。

鼓戒三闋，車三發，徒三刺。注：鼓戒，戒攻敵。鼓一闋，車一轉，徒一刺，三而止，象服敵。鄭氏鍔曰：每鼓一闋，則車一發而徒一刺，至三而止，是謂節制之兵。三發，即書所謂「不愆于六步七步，乃止齊焉」；三刺，即書所謂「不愆於四伐五伐六伐七伐，乃止齊焉」之意。

乃鼓退，鳴鐃且卻，及表乃止，坐作如初。注：鐃，所以止鼓。軍退，卒長鳴鐃以和衆，鼓人爲止之也。退，自前表至後表。鼓鐸則同，習戰之禮，出入一也。異者，廢鐲而鳴鐃。疏：乃鼓退者，謂至南表，軍吏及士卒回身向北，更從南爲始也。

遂以狩田，以旌爲左右和之門，群吏各帥其車徒以叙和出，左右陳車徒，有司平

〔一〕「振」，諸本作「鼓」，據周禮注疏卷二九改。

之。旗居卒間以分地，前後有屯百步，有司巡其前後。注：冬田爲狩，言守取之無所擇也。軍門曰和，今謂之壘門，立兩旌以爲之。叙和出，用次第出和門也。左右，或出而左，或出而右。有司平之，鄉師居門，正其出入之行列也。旗，軍吏所載。分地，調其部曲疏數。前後有屯百步，車徒異群，相去之數也。車徒畢出和門，鄉師又巡其行陣。疏：「軍門曰和」者，左氏傳云：「師克在和，不在衆。」「立兩旌」者，昭八年穀梁傳云：「秋，蒐于紅，正也。」又云：「刈蘭以爲防，置旃以爲轅門。」是其事也〔一〕。「車徒異群」者，出軍之時，一車甲士三人，步卒七十二人，車徒同群。臨陣，則車徒異群，故車人有異。

險野，人爲主；易野，車爲主。注：險野，人爲主，人居前；易野，車爲主，車居前。

禮庫曰：先王車戰，不求大勝，求爲不可敗而已。鄭莊欲驅馳中原，始爲徼利之名，故鄭莊始用徒兵。自中行穆子乃毀車以從卒，自左師展始乘馬，自趙武靈王始用騎。先王兵制敗壞而不可復，實自莊公始。

既陳，乃設驅逆之車，有司表貉於陳前。

鄭氏鍔曰：驅則自後驅之，使出。逆則自前迎之，使入。驅其後，則獸無所逃；逆其前，雖欲出防而不可得。

〔一〕「事」，諸本作「車」，據周禮注疏卷二九改。

中軍以鼙令鼓，鼓人皆三鼓，群司馬振鐸，車徒皆作。遂鼓行，徒銜枚而進。大獸公之，小禽私之，獲者取左耳。注：群司馬，謂兩司馬也。枚如箸，銜之，有繣結項中。軍法止語，爲相疑惑也。鄭司農云：「大獸公之，輸之于公；小獸私之，以自畀也。」詩云：「言私其豵，獻豣于公。」一歲爲豵，二歲爲豝，三歲爲特，四歲爲豣，五歲爲慎。玄謂：「慎」讀爲「麎」。爾雅曰：「豕生三歲曰豵，豕牝曰豝，麋牡曰麎。」獲，得也。得禽獸者取左耳，當以計功。

易氏祓曰：中軍以鼙令鼓，鼓人皆三鼓，如習戰之時，則師、田之法一焉。

王氏昭禹曰：不專取左耳，則效功者疑于獲一而效二。取左耳以效功，所以謂之馘也。

及所弊，鼓皆駴，車徒皆譟。注：鄭司農云：「及所弊，至所弊之處。」玄謂：「至所弊之處，田所當止也。」天子諸侯蒐狩有常，至其常處，吏士鼓譟，象攻敵剋勝而喜也。

易氏祓曰：駴如馬之駴，譟如鳥之譟，以示勝敵。

徒乃弊，致禽饁獸於郊；入，獻禽以享烝。注：徒乃弊，徒止也。冬田主用衆，物多，故得取也。致禽饁獸于郊，聚所獲禽，因以祭四方神于郊，月令「季秋，天子既田，主祠祭禽四方」是也。入，又以禽祭宗廟。

孔氏穎達曰：冬時萬物衆多，獵則主用衆物以祭宗廟，而亦報于物有功之神于四方也。

蕙田案：月令「季秋，祭四方」，正義謂：「秋時萬物以成，獵則以報祭社及四方爲主也。」乃司馬冬狩云「致禽饁獸于郊，入，獻禽以享烝」，鄭云：「致禽饁獸于郊，聚所獲禽，因以祭四方神于郊也，月令『季秋，天子既田，命主祠祭四方』是也。入，又以禽祭宗廟。」鄭借季秋之禮以釋冬狩之義者，蓋秋祭雖以四方爲主，亦兼祭社；冬祭雖以宗廟爲主，亦兼四方，故互相證之耳。

黄氏度曰：徒取禽，車列陳不動，雖戰亦然，至此徒止，遂獻禽。

易氏祓曰：春社、夏礿、秋祊不言「入獻禽」，而冬烝獨言之者，以外行致禽饁郊之禮，然後獻禽于宗廟，故謂之入。

鄭氏鍔曰：此戰勝而歸，獻捷于廟社之意也。郊言饁獸，烝言獻禽，豈用大于郊而用小于廟？别而言之，則禽獸有大小之殊；合而言之，獸亦可謂之禽也。

右冬狩

頒禽供祭

天官獸人：及弊田，令禽注于虞中。注：弊，仆也。仆而田止。鄭司農云：「弊田，謂春火弊，夏車弊，秋羅弊，冬徒弊。虞中，謂虞人萊所田之野，及弊田，植虞旗于其中，致禽而珥焉。獸人主令田衆得禽者，置虞人所立虞旗之中，當以給四時社廟之祭。故曰：『春獻禽以祭社，夏獻禽以享礿，秋獻禽以祀祊，冬獻禽以享烝。』又曰：『大獸公之，小禽私之。』公之，謂輸之于虞中。珥焉者，取左耳以致功，若斬首折馘。故春秋傳曰：『以數軍實。』」疏：注猶聚也。

春官甸祝：師甸，致禽于虞中，乃屬禽。注：師甸，謂起大衆以田也。致禽于虞中，使獲者各以其禽來致于所表之處。屬禽，别其種類。疏：獮山，山虞植旗；獮澤，澤虞植旌，是爲所表之處。

鄭氏鍔曰：田畢，虞人植旌旗于所表之處，令獲者各致禽其中。甸祝則禽而屬之，使禽獸以類相從也。

地官山虞：及弊田，植虞旗于中，致禽而珥焉。注：弊田，田者止也。植猶樹也。田止樹旗，令獲者皆致其禽而校其耳，以知獲數也。山虞有旗，以其主山，得畫熊虎，其仞數則短也。鄭司農云：「珥者，取禽左耳以效功也。大司馬職曰：『獲者取左耳。』」疏：禮緯：「旌旗之杠，天子九仞，諸侯七仞，大夫五仞，士三仞。」山虞是士，雖有熊虎爲旗，仞數則短，宜三仞。

易氏袚曰：弊田植旗，獸人所謂「令禽注于虞中」是已。致禽而珥之，如小子「珥于社稷」之類，田畢而祭也。鄭氏謂：「珥，當爲『衈』，取其左耳以效功，故曰『衈』。」蓋取字之偏旁以爲左耳。其説未爲不善。如肆師、小子、羊人言「祈珥」，鄭氏亦曰：「珥，當爲『衈』，羽牲曰衈。」且引雜記之言「成廟則釁之」〔一〕，與

〔一〕「雜記」，諸本作「襍記」，據禮記正義卷四三改。

此效功之言不同。人取左耳爲毛牲，謂羽牲曰衈，其文自相背馳。況大司馬言「致禽以祀祊」，「致禽饁獸于郊」，皆行祭禮于致禽之後，不應致禽之後方取左耳以效功。劉執中釋肆師之職曰：「珥，當爲『弭』，字之誤也。『弭』謂小祝之『弭兵災』。蓋田獵所以訓兵，弭災正田獵之事。肆師于『狩之日，涖卜來歲之戒』，亦弭兵災之意。」

蕙田案：「珥」字之義，或云取左耳效功，或云祭名，或云弭兵災也。三説不同，但「取左耳」與「致禽」事屬相聯，于文義尤合。祭以弭災説，似迂遠，且又非山虞所當掌也。

夏官田僕：及獻，比禽。注：田弊，獲者各獻其禽，比種物相從次數之。

鄭氏鍔曰：及田者獻禽，校次而比之，則大小各從其類，然後大獸可得而公，小獸可得而私。

地官澤虞：及弊田，植虞旌以屬禽。注：屬禽，猶致禽而珥焉。澤虞有旌，以其主澤，澤鳥所集，故得注析羽。疏：山虞「致禽」，謂輸之于公，當致之于虞旗之中，而珥焉以效功。此云屬禽，謂百姓致禽訖，虞人屬聚之，别其等類，每禽取三十焉。則「致」與「屬」不同，而鄭云「猶致禽」者，欲明山虞、澤虞文皆不足，互見爲義耳。

王氏昭禹曰：山虞以旗致禽，則熊虎乃山物也。澤虞以旌屬禽，則鳥羽澤物也。

春官小宗伯：若大甸，則帥有司而饁獸于郊，遂頒禽。注：甸，讀曰「田」。有司，大司馬之屬。饁，饋也。以禽饋四方之神于郊，郊有群神之兆。頒禽，謂以與群臣。詩傳曰：「禽雖多，擇取三十焉，其餘以與大夫、士，以習射于澤宮而分之。」

甸祝：及郊，饁獸，舍奠于祖禰，乃斂禽。禂牲、禂馬，皆掌其祀號。注：饁，饋也。以所獲獸饋于郊，薦于四方群兆。入，又以奠于祖禰，薦且告反也。斂禽，謂取三十入腊人焉。杜子春云：「禂，禱也。爲馬禱無疾，爲田禱多獲禽牲。詩云：『既伯既禱。』爾雅曰：『既伯既禱，馬祭也。』」玄謂：禂，讀如「誅」，今侏大字也。爲牲祭，求肥充；爲馬祭，求肥健。疏：群神之兆皆在四郊，還國過群兆，遂薦之。案：王制：「一爲乾豆，二爲賓客，三爲充君之庖。」此入腊人者。案：上殺者，乾之以爲豆實，供祭祀，據重者而言。

劉氏彝曰：禱牲、禱馬者，又因斂禽以祭牲牢之神，求其博碩肥腯也。以祭馬祖之神，求其六閑四種，孔阜奕奕也。詩曰「吉日惟戊，既伯既禱」，其是之謂乎？

王氏志長曰：田弊矣，何以又禱？多獲禽牲。宜從後鄭〔一〕。

禮記王制：天子諸侯無事，則歲三田，一爲乾豆，二爲賓客，三爲充君之庖。

陳氏澔曰：無事，無征伐出行、喪凶之事也。歲三田者，謂每歲田獵，皆是爲此三者之用也。乾

〔一〕「王氏」至「後鄭」二十字，原脱，據味經窩本、乾隆本、光緒本補。

豆，腊之以爲祭祀之豆實也。

春秋桓公四年穀梁傳：四時之田，皆爲宗廟之事也。唯其所先得〔一〕，一爲乾豆，二爲賓客，三爲充君之庖。

昭公八年穀梁傳：禽雖多，天子取三十焉。其餘與士衆，以習射于射宫，射而中，田不得禽，則得禽；田得禽而射不中，則不得禽，是以知古之貴仁義而賤勇力也。注：取三十以共乾豆、賓客之庖。射宫，澤宫。射以不爭爲仁，揖讓爲義。

禮經會元：天子無事，則歲三田，一爲乾豆，二爲賓客，三爲充君之庖。若然，則田獵特爲三事講也。今觀大司馬「四時之田」，皆因田而講武，豈徒爲賓客、庖豆之奉而已哉？蓋王制特爲獲禽設也，非爲講武言也。周禮非區區於獲禽，而實拳拳於講武也。然知古人因田事而講武，而不知古人因武事而寓田。講武本非古人之得已，而殺禽亦豈古人之本心哉？古人不以無事而講武，亦不以無事而殺獸。是以因振旅、茇舍、治兵、大閲之教而寓蒐、苗、獮、狩之儀，因蒐、苗、獮、狩之田而

〔一〕「唯」，諸本作「佳」，據春秋穀梁傳注疏卷三改。「唯」上，春秋穀梁傳注疏卷三有「四時之田用三焉」七字。

爲社、礿、祊、烝之祭。如此則講武爲有名，而殺獸爲有禮也。

周禮天官獸人：凡祭祀、喪紀、賓客，共其死獸、生獸。注：共其完者。凡獸入于腊人，注：當乾之。皮毛筋角入于玉府。注：入玉府，給作器用。

右頒禽供祭

諸侯田獵

天官掌次：諸侯師田，則張幕設案。注：謂諸侯從王師田者。

禮記王制：天子殺則下大綏，諸侯殺則下小綏，大夫殺則止佐車，佐車止則百姓田獵。

陳氏澔曰：綏，旌旗之屬也。下，偃仆之也。佐車，即周禮驅逆之車。驅者，逐獸使趨于田之地。逆者，要逆其走而不使之散亡也。此言田獵之禮，尊卑貴賤之次序。

蕙田案：詩毛傳：「天子發然後諸侯發，諸侯發然後士大夫發。天子發，抗大綏；諸侯發，抗小綏。」抗即下也，亦即周禮大司馬之所謂「弊」也。

陳氏禮書：天子、諸侯發，則抗大綏、小綏，殺之時也；王制言「下大綏、小綏」，既殺之時也。

周禮夏官田僕：凡田，王提馬而走，諸侯晉，大夫馳。

鄭氏鍔曰：此三者，皆行馬之節，然後尊卑之分定矣。田獵雖從禽之樂，君臣不可並驅，必有先後遲速之等，乃所以爲田禮。先儒以爲提遲于馳，皆取尊者體促之義，深知經者也。

王氏曰：提，節之；晉，進之；馳則亟進之。尊者安舒，卑者戚速。

蕙田案：以上諸侯從天子田獵。

春秋桓公四年公羊傳：諸侯曷爲必田狩？一曰乾豆，二曰賓客，三曰充君之庖。

蕙田案：以上諸侯自行田獵。

右諸侯田獵

大夫田獵

史記孟孫獵得麑，使西秦巴持之，其母隨而呼之，西秦巴不忍，而與其母。孟孫適至求麑，對曰：「余不忍而與其母。」孟孫大怒，逐之。居三月，復召爲其子傅。曰：「夫子不忍麑，又且忍吾子乎？」

陳氏祥道曰：春秋傳曰：「惟君用鮮，衆給而已。」是天子、諸侯有四時田獵之禮，大夫、士不與焉，故鄭豐卷將祭請田，而子産止之。

蕙田案：陳用之謂大夫無田獵之禮，此説非是。考賈誼新書論諸侯田獵之禮云：「已祭，取餘獲陳於澤，然後卿大夫相與射禽。」是大夫明有從國君田獵之事。周禮田僕：「王提馬，諸侯晉，大夫馳。」王制「天子殺，下大綏；諸侯殺，下小綏；大夫殺，止佐車」云云，則大夫並有從天子田獵之禮矣。王制又有「大夫不掩群」云云，則大夫又明有自行田獵之禮矣。其禮錯見他門，可以互考。

右大夫田獵

田獵取物之仁

詩小雅車攻：徒御不驚，大庖不盈。

朱子詩傳：大庖，君庖也。不盈，謂取之有度，不極欲也。蓋古者田獵獲禽，面傷不獻，踐毛不獻，不成禽不獻。自左膘而射之，達于右腢爲上殺，以爲乾豆，奉宗廟；達右耳本者次之，以爲賓客；射左髀達于右䯚爲下殺，以充君庖。每禽取三十焉，每等得十，其餘以與士大夫習射於澤宫，中者取之。是以獲雖多，而君庖不盈也。

周禮地官迹人：禁麛卵者與其毒矢射者。注：爲其夭物，且害心多也。麛，麋鹿子。

疏：案月令孟春云「不麛不卵」，又王制云「國君春田不圍澤，大夫不掩群，士不麛不卵」者，彼以春時先乳，特禁之。其月令季春云：「餧獸之藥，毋出九門。」

禮記王制：不麛不卵，不殺胎，不殀夭，不覆巢。

天子不合圍，諸侯不掩群。

陳氏澔曰：合圍，四面圍之也。掩群者，掩襲而舉群取之也。

曲禮：國君春田不圍澤，大夫不掩群，士不取麛卵。

劉向説苑：苗者，毛也。取之不圍澤，不掩群。取禽不麛卵，不殺孕重者。春蒐不殺小麛及孕重者，冬狩皆取之。

陳氏禮書：曲禮「國君春田不圍澤，大夫不掩群」，諸侯在國之禮也。王制「天子不合圍，諸侯不揜群」，諸侯從王蒐之禮也。

春秋昭公八年穀梁傳：過防弗逐，不從奔之道也。面傷不獻，不成禽不獻。注：

過防弗逐，戰不逐奔之義。面傷，嫌誅降。不成禽，惡虐幼小。

詩毛傳：戰不出頃，田不出防，不逐奔走，古之道也。

蕙田案：防，謂田獵之場防限也。

國語韋昭注：禮，聖主之於禽獸也，見其生不食其死，聞其聲不嘗其肉，隱弗忍也，故遠庖厨，仁之至也。不合圍，不掩群，不射宿，不涸澤。豺不祭獸，不田獵；獺不祭魚，不設網罟；鷹隼不鷙，眭而不逮，不出顈羅；草木不零落，斧斤不入山林；昆蟲不蟄，不以火田。不麛，不卵，不刳胎，不殀。魚肉不入廟門，鳥獸不成毫毛，不登庖厨。取之有時，用之有節，則物莫不多。

右田獵取物之仁

經傳田獵之事

書五子之歌：太康畋於有洛之表。

賈誼新書：商湯見祝網者置四面，其祝曰：「從天墜者，從地出者，從四方來者，皆離吾網。」湯曰：「嘻，盡之矣，非桀，其孰爲此？」湯乃解其三面，置其一面，更教之祝曰：「昔蛛蝥作網，今之人循序，欲左者左，欲右者右，欲高者高，欲下者下，吾取其犯命者。」其憚害物也如是。漢南之國聞之，曰：「湯之德及鳥獸矣。」四十國歸之。

詩豳風七月序：陳王業也。周公陳后稷、先公風化之所由，致王業之艱難也。

一之日于貉，取彼狐狸，爲公子裘。注：于貉，謂取狐狸皮也。孟冬天子始裘。

二之日其同，載纘武功。言私其豵，獻豜于公。注：纘，繼。功，事也。豕一歲曰豵，三歲曰豜。大獸公之，小獸私之。疏：至二之日之時，君臣及其民俱出田獵，則繼續武事，年常習之，使不忘戰也。戰鬭不可以不習，四時而習之。兵事不可以空設，田獵蒐狩以閑之。故因習兵而俱出田獵也，美先公禮教備矣。

書無逸：文王不敢盤于遊田，以庶邦惟正之供。

史記：西伯將出獵，卜之，曰：「所獲非熊非彲，非虎非羆，所獲伯王之輔。」于是周西伯獵，果遇太公于渭之陽。與語，大悅，曰：「自吾先君太公曰：『當有聖人適周，周以興。』子真是耶？吾太公望子久矣。」故號之曰「太公望」。載與俱歸，立爲師。

詩召南彼茁者葭：彼茁者葭，壹發五豝。于嗟乎騶虞。彼茁者蓬，壹發五豵。于嗟乎騶虞。

朱子曰：南國諸侯承文王之化，修身齊家以治其國，而其仁民之餘恩，又有以及於庶類。故其春田之際，草木之茂，禽獸之多，至於如此。而詩人述其事而美之。

春秋昭公四年左氏傳：成王有岐陽之蒐。注：成王歸自奄，大蒐于岐山之陽。

通鑑前編：成王五年，蒐于岐陽，因盟諸侯。

詩小雅車攻：我車既攻，我馬既同。四牡龐龐，駕言徂東。田車既好，四牡孔阜。東有甫草，駕言行狩。

朱子詩傳：宣王復文、武之境土，脩車馬，備器械，復會諸侯於東都，因田獵而選車徒焉，故詩人作此以美之。

詩說：車攻，宣王大閱于東都，諸侯畢會，史籀美之，賦也。

吉日序：吉日，美宣王田也。

吉日維戊，既伯既禱。田車既好，四牡孔阜。升彼大阜，從其群醜。吉日庚午，既差我馬。獸之所同，麀鹿麌麌。漆、沮之從，天子之所。傳：漆、沮之水，麀鹿所生也。

從漆沮驅禽，而致天子之所。瞻彼中原，其祁孔有。儦儦俟俟，或群或友。悉率左右，以燕天子。傳：祁，大也。趨則儦儦，行則俟俟。獸三曰群，二曰友。驅禽之左右，以安待天子。既張我弓，既挾我矢。發彼小豝，殪此大兕。以御賓客，且以酌醴。疏：虞人既驅禽待天子，既以張我天子所射之弓，既挾我天子所發之矢，發而中彼小豝，亦又殪此大兕也。既殺得群獸以給御諸侯之賓客，且以酌醴與群臣飲時爲俎實也。

通鑑前編：宣王八年，巡狩東都，朝會諸侯，因以田獵講武。

鄭風叔于田序：叔于田，刺莊公也。叔處于京，繕甲治兵，以出于田，國人説而歸之。疏：國人注心于叔，説之如此，而公不知禁，故刺之。叔于田，巷無居人。豈無居人？不如叔也，洵美且仁。叔于狩，巷無飲酒。豈無飲酒？不如叔也，洵美且好。叔適野，巷無服馬。豈無服馬？不如叔也，洵美且武。

大叔于田序：大叔于田，刺莊公也。叔多材而好勇，不義而得衆也。叔于田，乘乘馬。執轡如組，兩驂如舞。叔在藪，火烈具舉。襢裼暴虎，獻于公所。將叔無狃，戒其傷女。叔于田，乘乘黄。兩服上襄，兩驂雁行。叔在藪，火烈具揚。叔善射忌，又良御忌。抑磬控忌，抑縱送忌。叔于田，乘乘鴇。兩服齊首，兩驂如手。叔在藪，火烈具阜。叔馬慢忌，叔發罕忌。抑釋掤忌，抑鬯弓忌。

蕙田案：段不義而得衆，莊公養成而後處之，是弟慢其兄，實兄絶其弟。序言刺莊公者得之，叔不足道也。

齊風還序：還，刺荒也。哀公好田獵，從禽獸而無厭。國人化之，遂成風俗。子之還兮，遭我乎峱之間兮。並驅從兩肩兮，揖我謂我儇兮。子之茂兮，遭我乎峱之道兮。並驅從兩牡兮，揖我謂我好兮。子之昌兮，遭我乎峱之陽兮。並驅從兩狼兮，揖我謂我臧兮。

張氏叙曰：讀此，而齊之泱泱表海、富强莫敵者可見，而其急功利、喜夸詐之習，亦不掩矣。「詩可以觀」，豈不信哉？

盧令序：盧令，刺荒也。襄公好田獵畢弋而不修民事，百姓苦之，故陳古以風焉。盧令令，其人美且仁。盧重環，其人美且鬈。盧重鋂，其人美且偲。

秦風駟驖序：駟驖，美襄公也。始命有田狩之事，園囿之樂焉。駟驖孔阜，六轡在手。公之媚子，從公于狩。奉時辰牡，辰牡孔碩。公曰左之，舍拔則獲。遊于北園，四馬既閑。輶車鸞鑣，載獫歇驕。

春秋桓公四年：春正月，公狩于郎。左氏傳：春正月，公狩于郎。書時，禮也。

公羊傳：常事不書，此何以書？譏。何譏爾？遠也。

莊公四年：冬，公及齊人狩于禚。公羊傳：公曷爲與微者狩？齊侯也。齊侯則其稱人何？諱與讎狩也。前此者有事矣，後此者有事矣，則曷爲獨于此焉譏？于讎者將一譏而已，故擇其重者而譏焉，莫重乎其與讎狩也。于讎者則曷爲將一譏而已？讎者無時，焉可與通？通則爲大譏，不可勝譏〔一〕，故將一譏而已，其餘從同同。

穀梁傳：齊人者，齊侯也。其曰「人」，何也？卑公之敵，所以卑公也。何爲卑公也？不復讎而怨不釋，刺釋怨也。

昭公八年：秋，蒐于紅。注：革車千乘，不言大者，經文闕也。紅，魯地，沛國縣西有紅亭。

左氏傳：秋，大蒐于紅。自根牟至于商、衛，革車千乘。注：大蒐，數軍實，簡車馬也。根牟，魯東界，瑯琊陽都縣有牟鄉。商，宋地，魯西竟接宋、衛也。言千乘，明大蒐，且見魯衆之大數也。公

〔一〕「譏」，諸本作「説」，據春秋公羊傳注疏卷六改。

羊傳[一]：蒐狩不書，必違禮而後書。于是蒐于紅，自根牟至于商、衛，革車千乘，皆王家之師也。自是而屢蒐，三家所以耀武焉爾。是故桓、莊之狩必言公，昭、定之蒐不言公矣。穀梁傳：蒐于紅，正也。因蒐狩以習用武事，禮之大者也。

十一年：五月，大蒐于比蒲。

二十年左氏傳：冬十二月，齊侯田于沛，招虞人以弓，不進。公使執之，辭曰：「昔我先君之田也，旃以招大夫，弓以招士，皮冠以招虞人。臣不見皮冠，故不敢進。」乃舍之。仲尼曰：「守道不如守官。」君子韙之。

二十有二年：春，大蒐于昌間。

定公十有三年：夏，大蒐于比蒲。注：夏蒐，非時。

十有四年：秋，大蒐于比蒲。

哀公十有四年：春，西狩獲麟。注：冬獵曰狩。大野在魯西，故言西狩。左氏傳：春，西狩于大野，叔孫氏之車子鉏商獲麟，以爲不祥，以賜虞人。仲尼觀之，曰：「麟也。」

［一］「公羊傳」，下文至「不言公矣」，出自宋陳傅良春秋後傳卷九，非公羊傳。

然後取之。

國語魯語：宣公夏濫於泗淵，里革斷其罟而棄之，曰：「古者大寒降，土蟄發，水虞於是乎講罛罶，取名魚，登川禽，而嘗之寢廟，行諸國人，助宣氣也。鳥獸孕，水蟲成，獸虞於是乎禁罝羅，矠魚鼈，以爲夏犒，助生阜也。鳥獸成，水蟲孕，水虞於是乎禁罝罜麗，設穽鄂，以實廟庖，畜功用也。且夫山不槎蘖，澤不伐夭，魚禁鯤鮞，獸長麑麇，鳥翼鷇卵，蟲舍蚳蝝，蕃庶物也，古之訓也。今魚方別孕，而又行網罟，貪無藝也。」公聞之曰：「吾過而里革匡我，不亦善乎！是良罟也，使有司藏之，使吾無忘諗。」師存侍，曰：「藏罟不如寘里革於側之不忘也。」

右經傳田獵之事

五禮通考卷二百四十三

軍禮十一

田獵下

漢

漢書司馬相如傳：嘗從上至長楊獵。是時天子方好自擊熊豕〔一〕，馳逐埜獸，相如因上疏諫。其辭曰：「臣聞物有同類而殊能者，故力稱烏獲，捷言慶忌，勇期賁、育。

〔一〕「自」，諸本脱，據漢書司馬相如傳補。

臣之愚，竊以爲人誠有之，獸亦宜然。今陛下好陵阻險，射猛獸，卒然遇逸材之獸，駭不存之地，犯屬車之清塵，輿不及還轅，人不暇施巧，雖有烏獲、羿蒙之技不得用〔一〕，枯木朽株盡爲難矣。是胡越起於轂下，而羌夷接軫也，豈不殆哉！雖萬全而無患，然本非天子之所宜近也。且夫清道而後行，中路而馳，猶時有銜橛之變。況乎涉豐草，騁丘虛，前有利獸之樂，而內無存變之意，其爲害也不亦難矣〔二〕！夫輕萬乘之重不以爲安，樂出萬有一危之塗以爲娛，臣竊爲陛下不取。蓋明者遠見于未萌，而知者避危於無形，旤固多藏于隱微而發于人之所忽者也。故鄙諺曰：『家累千金，坐不垂堂。』此言雖小，可以諭大。臣願陛下留意幸察。」上善之。

文獻通考：元鼎中，天子行獵新秦中，以勒邊兵而歸。新秦中或千里無亭徼，於是誅北地太守以下。

漢書元帝本紀：永光五年冬，上幸長楊射熊館，布車騎，大獵。

〔一〕「有」，諸本脱，據漢書司馬相如傳補。
〔二〕「亦」，諸本脱，據漢書司馬相如傳補。

成帝本紀：元延二年冬，行幸長楊宫，大校獵，宿萯陽宫。

揚雄傳：十二月，羽獵，雄從。以爲昔在二帝三王，宫館〔一〕、臺榭、沼池苑囿、林麓、藪澤財足以奉郊廟，御賓客，充庖厨而已，不奪百姓膏腴穀土、桑柘之地。女有餘布，男有餘粟，國家殷富，上下交足，故甘露零其庭，醴泉流其唐，鳳凰巢其樹，黄龍遊其沼，麒麟臻其囿，神爵棲其林。昔者禹任益虞，而上下和，草木茂；成湯好田，而天下用足；文王囿百里，民以爲尚小；齊宣王囿四十里，民以爲大：裕民之與奪民也。武帝廣開上林，南至宜春、鼎胡〔二〕、御宿、昆吾，旁南山而西〔三〕，至長楊、五柞，北繞黄山，瀕渭而東，周袤數百里。穿昆明池象滇河，營建章、鳳闕、神明、馺娑，漸臺、泰液象海水周流方丈、瀛洲、蓬萊。游觀侈靡，窮妙極麗。雖頗割其三垂以贍齊民，然至羽獵，田車、戎馬、器械、儲偫、禁御所營，尚泰奢麗誇詡，非堯、舜、

〔一〕「館」，諸本作「室」，據漢書揚雄傳改。
〔二〕「鼎胡」，諸本作「鼎湖」，據漢書揚雄傳改。
〔三〕「南山」，原脱「山」字，據光緒本、漢書揚雄傳補。

成湯、文王三驅之意也。又恐後世復修前好，不折中以泉臺，故聊因校獵賦以風〔一〕。明年，上將大誇胡人以多禽獸，秋，命右扶風發民入南山，西自褒斜，東至弘農，南敺漢中，張羅罔罝罘，捕熊羆豪猪虎豹狖玃狐菟麋鹿，載以檻車，輸長楊射熊館。以罔爲周阹，縱禽獸其中，令胡人手搏之，自取其獲，上親臨觀焉。是時，農民不得收斂。雄從至射熊館，還，上長楊賦，聊因筆墨成文章，故藉翰林以爲主人，子墨爲客卿以風。

後漢書禮儀志：立秋之日，自郊禮畢，始揚威武，斬牲于郊東門，以薦陵廟〔二〕。其儀：乘輿御戎路，白馬朱鬣，躬執弩射牲，牲以鹿麛。太宰令、謁者各一人，載以獲車〔三〕，馳送陵廟〔四〕。於是乘輿還宮〔五〕，遣使者齎束帛以賜武官。武官肄兵，習戰陣之儀、斬牲之禮，名曰貙劉。兵、官皆肄孫、吴兵法六十四陣，名曰乘之。立春，遣使者

〔一〕「聊」，諸本脱，據漢書揚雄傳補。
〔二〕「以」，原脱，據光緒本、後漢書禮儀志中補。
〔三〕「以」，諸本脱，據後漢書禮儀志中補。
〔四〕「馳」下，諸本衍「駟」字，據後漢書禮儀志中删。
〔五〕「於是乘輿」，諸本脱，據後漢書禮儀志中補。

齎束帛以賜文官。貙劉之禮：祠先虞，執事告先虞已，烹鮮時，有司告，乃逡巡射牲。獲車畢，有司告事畢。

野王二老傳：初，光武貳於更始，會關中擾亂，遣前將軍鄧禹西征，送之於道。既反，因於野王獵，路見二老者即禽。光武問曰：「禽何向？」並舉手西指，言〔一〕：「此中多虎，臣每即禽，虎亦即臣，大王勿往也。」光武曰：「苟有其備，虎亦何患？」父曰：「何大王之謬耶！昔湯即桀于鳴條，而大城于亳；武王亦即紂于牧野，而大城於郟鄏。彼二王者，其備非不深也。是以即人者，人亦即之，雖有其備，庸可忽乎！」光武悟其旨，顧左右曰：「此隱者也。」將用之，辭而去，莫知所在。

東平憲王蒼傳：蒼拜驃騎將軍，位在三公上。永平四年春，車駕近出，觀覽城第，尋聞當遂校獵河內，蒼即上書諫曰：「臣聞時令，盛春農事，不聚衆興功。傳曰：『田獵不宿，飲食不享，出入不節，則木不曲直。』此失春令者也。臣知車駕今出，事從約省，所過吏人諷誦甘棠之德。雖然，動不以禮，非所以示四方也。惟陛下因行田野，

〔一〕「言」，諸本脱，據後漢書野王二老傳補。

循視稼穡，消摇仿佯，弭節而旋。至秋冬，乃振威靈，整法駕，備周衛，設羽旄〔一〕。詩云：『抑抑威儀，惟德之隅。』臣不勝憤懣，伏自手書，乞詣行在所，極陳至誠。」帝覽奏，即還宫。

明帝本紀：永平十五年冬，車騎校獵上林苑。

安帝本紀：延光二年十一月，校獵上林苑。

順帝本紀：永和四年冬十月，校獵上林苑。

桓帝本紀：永興二年十一月，校獵上林苑。

延熹元年冬十月，校獵廣成，遂幸上林苑。　六年冬十月丙辰，校獵廣成，遂幸函谷關、上林苑。

靈帝本紀：光和五年冬十月，校獵上林苑，歷函谷關，遂巡狩于廣成苑。

右漢

〔一〕「旄」，原作「毛」，據光緒本、後漢書東平憲王蒼傳改。

魏志文帝本紀：黄初二年春正月甲戌，校獵。

王朗傳：文帝踐阼，朗爲司空，時帝頗出游獵，或昏夜還宫。朗上疏曰：「夫帝王之居，外則飾周衛，内則重禁門，將行則設兵而後出幄，稱警而後踐墀，張弧而後登輿〔一〕，清道而後奉引，遮列而後轉轂，静室而後息駕，皆所以顯至尊，務戒慎，垂法教也。近日車駕出臨捕虎，日昃而行，及昏而反，違警蹕之常法，非萬乘之至慎也。」帝報曰：「覽表，雖魏絳稱虞箴以諷晉悼，相如陳猛獸以戒漢武，未足以喻。方今二寇未殄，將帥遠征，故時入原野，以習戎備。至於夜還之戒，已詔有司施行。」

蘇則傳：則爲侍中，從行獵，槎桎拔，失鹿，帝大怒，踞胡牀拔刀〔二〕，悉收督吏，將斬之。則稽首曰：「臣聞古之聖王不以禽獸害人，今陛下方隆唐堯之化，而以獵戲多殺群吏，愚臣以爲不可。敢以死請。」帝曰：「卿直臣也〔三〕。」遂皆赦之。然以此見憚。

〔一〕「弧」，原作「弛」，據光緒本、三國志魏書王朗傳改。
〔二〕「胡」，諸本脱，據三國志魏書蘇則傳補。
〔三〕「臣」，原脱，據光緒本、三國志魏書蘇則傳補。

吴大帝紀：漢建安二十三年十月，權將如吴，親乘馬射虎於㢘亭〔一〕。馬爲虎所傷，權投以雙戟，虎却廢，常從張世擊以戈，獲之。

右三國

晉

晉書楊濟傳：濟有才藝，常從武帝校獵北芒下，與侍中王濟俱著布袴褶，騎馬執角弓在輦前。猛獸突出，帝命王濟射之，應弦而倒。須臾，復一出，濟受詔，又射殺之，六軍大叫稱快。

右晉

南北朝

宋書文帝本紀：元嘉二十五年三月庚辰，車駕校獵。

〔一〕「乘馬」，諸本脱，據三國志吴書吴主傳補。

禮志：元嘉二十五年閏二月，大蒐於宣武場。主司奉詔列奏申攝〔一〕，剋日校獵，百官備辦。設行宮殿便坐武帳於幕府山南岡。設王公百官便坐幔省如常儀，設南北左右四行旌門。建獲旗以表獲車。殿中郎一人典獲車。主者二人收禽，吏二十四人配獲車。備獲車十二兩。校獵之官著袴褶。有帶武冠者，脱冠者上纓。二品以上擁刀，備槊〔二〕，麾幡，三品以下帶刀。皆騎乘。將領部曲先獵一日，遣屯布圍。領軍將軍一人督右甄，護軍一人督左甄。大司馬一人居中，董正諸軍，悉受節度。殿中郎率獲車部曲〔三〕，在大司馬之後。尚書僕射、都官尚書、五兵尚書、左右丞、都官諸曹郎、都令史、都官諸曹令史幹、蘭臺治書侍御史令史、諸曹令史幹，督攝糺司，校獵非違。至日，會於宣武場，列爲重圍。設留守填街位於雲龍門外内官道北，外官道南，以西爲上。設從官位於雲龍門内大官階北，小官階南，以西爲上。設先置官位於行止車門外内官道西，外官道東，以北爲上。設先置官還位於廣莫門外道之東西，以南爲

〔一〕「主司」，諸本作「主胄」，據宋書禮志一改。
〔二〕「槊」，諸本作「鞘」，據宋書禮志一改。
〔三〕「獲車」，諸本作「護軍」，據宋書禮志一改。下同改。

上。校獵日平旦，正直侍中奏「中嚴」。上水一刻，奏：「搥一鼓。」爲一嚴。上水二刻，奏：「搥二鼓。」爲再嚴。殿中侍御史奏開東中華雲龍門，引仗爲小駕鹵簿。百官非校獵之官，著朱服，集列廣莫門外。應還省者還省。留守填街後部從官就位，前部從官依鹵簿，先置官先行。上水三刻，奏：「搥三鼓。」爲三嚴。上水四刻，奏：「外辦。」正次直侍中、散騎常侍、給事黃門侍郎、散騎侍郎〔一〕、軍校劍履進夾上閤。正直侍中負璽，通事令史帶龜印中書之印。上水五刻，皇帝出。著黑介幘單衣，乘輦。正直侍中負璽陪乘，不帶劍。殿中侍御史督攝黃麾以內。次直侍中、次直黃門侍郎護駕在前。又次直侍中佩信璽、行璽，與正直黃門侍郎從護駕在後。不鳴鼓角，不得諠譁，以次引出，警蹕如常儀。車駕出，騶讚，陛者再拜〔二〕。皇太子入守。車駕將至，威儀唱：「引先置前部從官就位。」再拜。車駕至行殿前迴輦，正直侍中跪奏：「降輦。」次直侍中稱制曰：「可。」正直侍中俛伏起。皇帝降輦，登御座，侍臣升殿。直衛鈒戟虎賁，毛

〔一〕「散騎侍郎」，光緒本、宋書禮志一無此四字。
〔二〕「者」，原作「下」，據味經窩本、乾隆本、光緒本、宋書禮志一改。

頭文衣，鶡尾，以次列階。正直侍中奏：「解嚴。」先置從駕百官還便座幔省。皇帝若親射禽，變御戎服，内外從官及虎賁悉變服，如校獵儀。鈒戟抽鞘，以備武衛。黄麾内官〔一〕，從入圍裏。列置部曲，廣張甄圍，旗鼓相望，銜枚而進。甄周圍會，督甄令史奔騎號法施令曰：「春禽懷孕，蒐而不射；鳥獸之肉不登于俎，不射；皮革齒牙骨角毛羽不登於器，不射。」甄會。大司馬鳴鼓蹴圍，衆軍鼓譟譽角，至宣武場止。大司馬屯北旌門，二甄帥屯左右旌門，殿中中郎率獲車部曲入次北旌門内之右。皇帝從南旌門入射禽。謁者以獲車收載，還陳於獲旗北。王公以下以次射禽，各送詣獲旗下，付收禽主者。事畢，大司馬鳴鼓解圍復屯，殿中郎率其屬收禽，以實獲車，充庖厨。列言統曹正厨，置罇酒俎肉于中逵，以犒饗校獵衆軍。至晡，正直侍中量宜奏嚴，從官還著朱服，鈒戟復鞘。再嚴，先置官先還。三嚴後二刻，正直侍中奏：「外辦。」皇帝著黑介幘單衣。正次直侍中、散騎常侍、給事黄門侍郎、軍校進夾御坐。正直侍中跪

〔一〕「官」，諸本作「外」，據宋書禮志一改。

奏：「還宮。」次直侍中稱制曰〔一〕：「可。」正直侍中俛伏起。乘輿登輦還，衛從如常儀。大司馬鳴鼓散屯，以次就舍。車駕將至，威儀唱：「引留守填街先置前部從官就位。」再拜。車駕至殿前迴輦，正直侍中跪奏：「降輦。」次直侍中稱制曰：「可。」正直侍中俛伏起。乘輿降入。正直次直侍中、散騎常侍、給事黄門侍郎、散騎侍郎、軍校從至閤，亦如常儀。正直侍中奏：「解嚴。」内外百官拜表問訊如常儀，訖，罷。

宋書孝武帝本紀：大明七年春正月癸未〔二〕，詔曰：「春蒐之禮，著自周令；講事之語，書于魯史。所以昭宣德度，示民軌則。今歲稔氣榮〔三〕，中外寧晏。當因農隙，葺是舊章。可克日于玄武湖大閲水師，并巡江右，講武校獵。」二月丁巳，車駕校獵於歷陽之烏江。己未，車駕登烏江縣六合山。十月己巳，車駕校獵于姑孰。

禮志：大明七年二月丙辰，有司奏：「鑾輿巡蒐江左，講武校獵，獲肉先薦太廟、章太后廟，并設醢酒，公卿行事；及獻妃陰室，室長行事。」太學博士虞龢議：「檢周

〔一〕「侍中」，原作「侍郎」，據光緒本、宋書禮志一改。
〔二〕「癸未」，原作「癸酉」，據光緒本、宋書孝武帝本紀改。
〔三〕「今」，原作「念」，據光緒本、宋書孝武帝本紀改。

禮，四時講武獻牲，各有所施。振旅春蒐，則以祭社；茇舍夏苗，則以享礿；治兵秋獮，則以祀方；大閱冬狩，則以享烝。案漢祭祀志：『唯立秋之日，白郊事畢，始揚威武，名曰「貙劉」〔一〕。乘輿入囿，躬執弩以射，牲以鹿麛。太宰令謁者各一人，載獲車馳送陵廟。』然則春田薦廟，未有先准。」兼太常丞庾蔚之議：「龢所言是。蒐狩不失其時，此禮久廢。今時龢表晏，講武教人，又虔供乾豆，先薦二廟，禮情俱允。社主土神，司空土官，故祭社使司空行事。太廟宜使上公。」參議蒐狩之禮，四時異議，禮有損益，時代不同。今既無復四方之祭，三殺之儀，曠廢來久，禽獲牲物，面傷剪毛，未成禽不獻。太宰令謁者擇上殺奉送，先薦廟社二廟，依舊以太尉行事。」詔可。

蕙田案：以上宋。

隋書禮儀志：古者三年練兵，入而振旅，至于春秋蒐獮，亦以講其事焉。梁、陳時，依宋元嘉二十五年蒐宣武場。其法，置行軍殿於幕府山南岡，并設王公百官幕。先獵一日，遣馬騎布圍。右領軍將軍督右，左領軍將軍督左，大司馬董正諸軍。獵

〔一〕「名」，原脱，據光緒本、宋書禮志四補。

日，侍中三奏，一奏，搥一鼓爲嚴，三嚴訖，引仗爲小駕鹵簿。皇帝乘馬戎服，從者悉絳衫幘，黄麾警蹕鼓吹如常儀。獵訖，宴會享勞，比校多少。戮一人以懲亂法。會畢，還宫。

陳書後主本紀：禎明二年冬十月，輿駕幸幕府山，大校獵。

蕙田案：以上梁、陳。

魏書道武帝本紀：登國九年春三月，帝北巡。夏五月，田於河東。

皇始元年春正月，大蒐於定襄之虎山，因東幸善無北陂。

天興六年七月，車駕北巡，築離宫於犲山，縱士校獵，東北踰罽嶺，出參合、代谷。

天賜三年春正月，車駕北巡，幸犲山宫。校獵，至屋孤山。

明元帝本紀：永興四年春二月〔一〕，登虎圈射虎，賜南平公長孫嵩等布帛各有差。

秋七月，大獮於石會山。臨去畿陂觀漁，至於濡源。西巡，幸北部諸落〔二〕，賜以繒帛。

〔一〕「二月」，原作「正月」，據光緒本、魏書太宗本紀改。
〔二〕「部」，原作「郊」，據光緒本、魏書太宗本紀改。

八月，車駕還宮。壬子，幸西宮，臨板殿，大享群臣將吏，以田獵所獲賜之，命民大酺三日。五年六月，西幸五原，校獵於骨羅山，獲禽十萬。

神瑞二年五月丁亥，次于參合，東幸大寧。丁未，田於西岬山。六月戊午，幸去畿陂觀魚。辛酉，次于濡源，築立蟒臺。射白熊于頹牛山，獲之。

泰常元年六月丁巳，車駕北巡。秋七月甲申，帝自白鹿陂西行，大獮于牛川〔一〕，登釜山，臨殷繁水而南，觀于九十九泉。戊戌，車駕還宮。二年五月，車駕西巡，至于雲中，遂濟河，田于大漠。四年正月朔，車駕臨河，大蒐于犢渚。冬十有二月，西巡，至雲中，踰白道，北獵于辱孤山。至于黄河，從君子津西渡，大狩于薛林山。六年夏六月乙酉，北巡，至蟠羊山。秋七月，西巡，獵于柞山，親射虎，獲之。遂至於河。八月，大獮于犢渚。九月，車駕還宮。七年九月己酉，詔太平王率百國以法駕田于東苑，車乘服物皆以乘輿之副。八年三月，帝田于鄴南韓陵山，幸汲郡，至于枋頭。

太武帝本紀：神䴥元年夏四月，西巡，田于河西。冬十月，北巡，田于牛川。十有

〔一〕「牛川」，原作「牛山」，據光緒本、魏書太宗本紀改。

一月，行幸河西，大校獵。　二年十有一月，西巡狩，田于河西，至祚山而還。　三年八月，行幸南宫，獵于南山。

太延元年秋七月，田于椆楊。　十有一月乙丑，行幸冀州。　己巳，校獵于廣川。

二年八月，帝校獵于河西。

太平真君七年二月，幸雍城，田于岐山之陽。

文成帝本紀：太安二年秋八月甲申，畋于河西。　三年夏五月庚申，畋于松山。己巳，還宫。　秋八月，畋于陰山之北。　己亥，還宫。　四年二月，南幸信都，畋遊于廣川。　六月，畋于松山。

和平二年三月，發并、肆州五千人治河西獵道。　三年二月，畋于崞山，遂觀魚于旋鴻池。　四年夏四月癸亥，上幸西苑，親射虎三頭。　壬寅，行幸陰山。　秋七月壬午，詔曰：「朕每歲以秋日閒月，命群官講武平壤。　所幸之處，必立宫壇，糜費之功，勞損非一。　宜仍舊貫，何必改作也？」八月丙寅，遂畋于河西，詔曰：「朕順時畋獵，而從官殺獲過度，既殫禽獸，乖不合圍之義。　其敕從官及典圍將校，自今以後，不聽濫殺。其田獲皮肉，别自頒賚。」

獻文帝本紀：皇興元年十月癸卯，畋于邦南池〔一〕。二年五月乙卯，畋于崞山，遂幸繁畤。冬十月，畋于冷泉。三年夏四月丁酉，畋于崞山。

出帝本紀：永熙二年十有二月丁巳，車駕狩于嵩陽。己巳，遂幸温湯。丁丑，車駕還宫。三年二月辛巳，幸洪池陂，遂遊畋。

周書文帝本紀：魏大統八年冬十二月，魏帝狩于華陰，大享將士。太祖率諸侯朝于行在所。

魏書孝靜帝本紀：武定元年春正月己巳，車駕蒐于邯鄲之西山。冬十有一月甲午〔二〕，車駕狩于西山。

尒朱榮傳：榮之將討葛榮也，軍次襄垣，遂令軍士列圍大獵。有雙兔起於馬前，榮乃躍馬彎弓而誓之曰：「中之則禽葛榮，不中則否。」既而並應弦而殪，三軍咸悦。及破賊之後，即命立碑於其所，號「雙兔碑」。榮性好獵，不舍寒暑，至於列

〔一〕「邦南池」，魏書獻文帝本紀作「那男池」。

〔二〕「一月甲午」，原脱，據魏書孝靜帝本紀補。

圍而進，必須齊一，雖遇阻險，不得回避。虎豹逸圍者坐死，其下甚苦之。太宰元天穆從容謂榮曰：「大王勳濟天下，四方無事，惟宜調政養民，順時蒐狩，何必盛夏馳逐，傷犯和氣？」榮便攘肘謂天穆曰：「太后女主，不能自正，推奉天子者，此是人臣常節。葛榮之徒，本是奴才，乘時作亂，妄自署假，譬如奴走，擒獲便休。頃來受國大寵，未能開拓境土，混一海内，何宜今日便言勳也！如聞朝士尤自寬縱，今秋欲共兄戒勒士馬，校獵嵩原，令貪污朝貴入圍搏虎。仍出魯陽〔一〕，歷三荆，悉擁生蠻，北填六鎮〔二〕。回軍之際，因平汾胡。明年簡練精騎，分出江淮。蕭衍若降，乞萬户侯。如其不降，徑度數千騎，便往縛取。待六合寧一，八表無塵，然後共兄奉天子，巡四方，觀風俗，布政教，如此乃可稱勳耳。今若止獵，兵士懈怠，安可復用也。」

蕙田案：以上北魏。

〔一〕「魯陽」，諸本作「曾陽」，據魏書尒朱榮傳改。
〔二〕「填六」，諸本脱，據魏書尒朱榮傳補。

隋書禮儀志：後齊春蒐禮，有司規大防，建獲旗，以表獲車。蒐前一日，命布圍。領軍將軍一人督左甄，護軍將軍一人督右甄。大司馬一人居中，節制諸軍。天子陳小駕，服通天冠，乘木輅，詣行宮。將親禽，服戎服，鈒戟者皆嚴。武衛張甄圍，旗鼓相望，銜枚而進。甄常開一方，以令三驅。圍合，吏奔騎令曰：「鳥獸之肉，不登于俎者不射。皮革齒牙，骨角毛羽，不登于器者不射。」甄合，大司馬鳴鼓促圍，衆軍鼓譟鳴角，至期處而止。大司馬屯北旌門，二甄帥屯左右旌門。天子乘馬從南旌門入，親射禽。謁者以獲車收禽，載還，陳于獲旗之北。王公已下以次射禽，皆送旗下。事畢，大司馬鳴鼓解圍，復屯。殿中郎中率其屬收禽，以實獲車。天子還行宮，命有司每禽擇取三十，一曰乾豆，二曰賓客，三曰充君之庖，其餘即于圍下量犒將士。禮畢，改服，鈒者韜刀而還。夏苗、秋獮、冬狩，禮皆同。河清中定令，每歲十二月半後講武，至晦遂除。二軍兵馬，右入千秋門，左入萬歲門，並至永巷南下，至昭陽殿北，二軍交。一軍從西上閤，一軍從東上閤，並從端門南，出閶闔門前橋南，戲射並訖。送至城南郭外，罷。

北齊書神武本紀：興和二年十二月，阿至羅别部遣使請降。神武帥衆迎之，出武州塞，不見，大獵而還。

文宣帝本紀：天保四年春正月，巡三堆戍，大狩而歸。五月庚午〔一〕，帝校獵于林慮山。戊子，還宮。

後主本紀：武平四年九月，校獵于鄴東。　七年冬十月丙辰，帝大狩于祈連池。

暴顯傳：顯少經軍旅，善於騎射，曾從魏孝莊帝出獵，一日之中手獲禽獸七十三。

元坦傳：坦爲冀州刺史，性好畋漁，無日不出。秋冬獵雉兔，春夏捕魚蟹，雁犬常數百頭。自言：「寧三日不食，不能一日不獵。」

北史馮淑妃傳：周師之取平陽，帝獵于三堆，晉州亟告急。帝將還，淑妃請更殺一圍，帝從其言。

蕙田案：以上北齊。

隋書禮儀志：後周仲春教振旅，大司馬建大麾于萊田之所。鄉稍之官，以旗物、

〔一〕「庚午」，原作「庚寅」，據光緒本、魏書文宣帝本紀改。

鼓鐸、鉦鐃，各帥其人而致，誅其後至者。建麾于後表之中，以集衆庶。質明，偃麾，誅其不及者。乃陳徒騎，如戰之陣。大司馬北面誓之。軍中皆聽鼓角，以爲進止之節。田之日，于其所萊之北，建旗爲和門。諸將帥徒騎序入其門，有司居門，以平其人。既入而分其地，險野則徒前而騎後，易野則騎前而徒後。既陣，皆坐，乃設驅逆騎。有司表貉于陣前。以太牢祭黄帝軒轅氏，於狩地爲墠，建二旗，列五兵於坐側，行三獻禮。遂蒐田致禽以祭社。仲夏教茇舍，如振旅之陣，遂以苗田如蒐法，致禽以享礿。仲秋教練兵，如振旅之陣，遂以獮田如蒐法，致禽以祀方。仲冬教大閱，如振旅之陣，遂以狩田如蒐法〔一〕，致禽以享烝。

周書武帝本紀：建德五年春正月辛卯，行幸河東、涑川，集關中、河東諸軍校獵。

蕙田案：以上北周田獵儀式，規仿周官，頗爲近古，蓋盧辯輩所潤色也。

右南北朝

〔一〕「遂」，諸本脱，據隋書禮儀志三補。

隋

隋書煬帝本紀：大業三年六月辛巳，獵于連谷。

禮儀志：大業三年，煬帝在榆林，突厥啓民及西域、東胡君長，並來朝貢。帝欲誇以甲兵之盛，乃命有司陳冬狩之禮。詔虞部量拔延山南北周二百里，並立表記。前狩二日，兵部建旗於表所。五里一旗，分爲四十軍，軍萬人，騎五千匹。前一日，諸將各帥其軍，集於旗下，鳴鼓，後至者斬。詔四十道使，並揚旗建節，分申畋令，即留軍所監獵。布圍，圍闕南面〔一〕，方行而前〔二〕。帝服紫袴褶、黑介幘，乘闟豬車，其飾如木輅，重輞縵輪，虯龍繞轂，漢東京鹵簿所謂獵車者也。駕六黑騋。太常陳鼓笳鐃簫角於帝左右，各一百二十。百官戎服騎從，鼓行入圍。諸將並鼓行赴圍，乃設驅逆騎千有二百。闟豬停軔，有司斂大綏，王公以下皆整弓矢，陳於駕前。有司又斂小綏，乃驅獸出，過於帝前。初驅過，有司整御弓矢以前，待詔。再驅過，備身將軍奉進弓矢。

〔一〕「闕」，原脱，據光緒本、隋書禮儀志三補。

〔二〕「行」，諸本作「幘」，據隋書禮儀志三改。

三驅過，帝乃從禽，鼓吹皆振，坐而射之。每驅必三獸以上。帝發，抗大綏。次王公發，抗小綏。次諸將發，則無鼓，驅逆之騎乃止。然後三軍、四夷、百姓皆獵。凡射獸，自左膘而射之，達于右腢，五口反。爲上等。達右耳本，爲次等。自左髀達于右䯚，爲下等。群獸相從，不得盡殺。已傷之獸，不得重射。又逆向人者，不射其面。出表者不逐之。畋將止，虞部建旗於圍内。從駕之鼓及諸軍鼓俱振，卒徒皆譟。諸獲禽者，獻於旗所，致其左耳。大獸公之，以供宗廟，使歸，薦腊于京師。小獸私之。

右隋

唐

唐書禮樂志：皇帝狩田之禮，亦以仲冬。前期，兵部集衆庶修田法，虞部表所田之野，建旗于其後。前一日，諸將帥士集於旗下。質明，獘旗，後至者罰。兵部申田令，遂圍田。其兩翼之將皆建旗。及夜，布圍，闕其南面。駕至田所，皇帝鼓行入圍，鼓吹令以鼓六十陳于皇帝東南，西向；六十陳于西南，東向。皆乘馬，各備簫角。諸將皆鼓行圍，乃設驅逆之騎。皇帝乘馬南向，有司斂大綏以從。諸公、王以下皆乘馬，帶弓矢，陳于前後，所司之屬又斂小綏以從，乃驅獸出前〔一〕。初，一驅過，有司整飭弓矢以前。再驅過，有司奉進弓矢。三驅過，皇帝乃從禽左而射之。每驅必三獸以上。皇帝發，抗大綏；然後公、王發，抗小綏；驅逆之騎止，然後百姓獵。凡射獸，自左而射之達于右腢爲上射，達右耳本爲次射〔二〕，左髀達于右䯚爲下射〔三〕。群獸相從不盡殺，已被射者不重射。不射其面，不剪其毛。凡出表者不逐之。田將畢，虞部建旗于田内，乃雷擊駕鼓及諸將之鼓，士從譟呼。諸得禽獻旗下〔四〕，致其左耳。大獸公之，小獸私之。其上者供宗廟，次者供賓客，下者充庖厨。乃命有司饁獸于四郊，以獸告至于廟〔五〕。開元禮略同。

〔一〕「乃」，原作「又」，據光緒本、新唐書禮樂志六改。
〔二〕「本」，原脱，據光緒本、新唐書禮樂志六補。
〔三〕「左」，原作「右」，據光緒本、新唐書禮樂志六改。
〔四〕「獻」，原作「獸」，據光緒本、新唐書禮樂志六改。
〔五〕「獸」，諸本作「獻」，據新唐書禮樂志六改。

通典：李靖曰：「校獵，一人守圍地三尺，量人多少，以左右兩將爲交頭。其次，左右將各主士伍爲行列，皆以金、鼓、旗爲節制。其初起圍張翼，隨山林地勢，無遠近部分。其合圍地，虞候先擇定訖，以善弧矢者爲圍中騎，其步卒槍幡守圍，有漏獸，坐守圍吏。大獸公之，小獸私之，以觀進止。斯亦教戰一端也。」

唐書高祖本紀：武德三年正月己巳，獵于渭濱。四年閏月己未，幸舊墅。壬戌，獵於好時。乙丑，獵于九嵕。丁卯，獵于仲山。戊辰，獵于清水谷。五年十一月癸卯，獵于富平北原。十二月丙辰，獵于萬壽原。六年二月壬子，獵于驪山。十月庚申，獵于白鹿原。十一月辛卯，獵于沙苑。丁酉，獵于伏龍原。七年十月辛未，獵于鄠南。庚寅，獵于圍川。十二月戊辰，獵于高陵〔一〕。八年十月辛巳，如周氏陂，獵于北原。十一月辛卯，如宜州，獵于西原。庚子，講武于同官。癸丑，獵于華池北原。十二月，獵于鳴犢泉。

巢剌王元吉傳：元吉爲并州總管，劉武周略汾、晉，詔遣右衛將軍宇文歆助守。

〔一〕「高陵」，諸本作「高林」，據新唐書高祖本紀改。

元吉喜鷹狗，出常載罝罔三十車，曰：「我寧三日不食，不可一日不獵。」夜濳出淫民家，府門不閉。歆驟諫，不納，乃顯表於帝曰：「王數出與竇誕縱獵，蹂民田，縱左右攘敚，畜産爲盡。每射于道，觀人避矢以爲樂。百姓怨，不可與共守。」

蘇世長傳：世長拜諫議大夫，從獵涇陽，大獲。帝入旌門，詫左右曰：「今日畋，樂乎？」世長曰：「陛下廢萬機，事遊獵，不滿十旬，未爲樂也。」帝變色，既而笑曰：「狂態發邪？」曰：「爲臣計則狂，爲陛下計則忠矣。」時武功、鄜新經突厥寇掠，鄉聚凋虚，帝將遂獵武功，世長諫曰：「突厥向盜刼人，陛下救恤之言未出口，又獵其地，殆百姓不堪所求。」帝不聽。

呂向傳：向以起居舍人從帝東巡，帝引頡利發及蕃夷酋長入仗内，賜弓矢射禽。向上言：「鴟梟不鳴，未爲瑞鳥；豺虎雖伏，弗曰仁獸；況突厥安忍殘賊，莫顧君父。陛下震以武義，來以文德，勢不得不庭，故稽顙稱臣，奔命遣使。陛下引内從官，陪封禪盛禮，使飛矢于前，同獲獸之樂，是狎昵太過。或荆卿詭動，何羅竊發，逼嚴蹕，冒清塵，縱醢單于，汙穹廬，何以塞責？」帝順納，詔蕃夷出仗。

唐儉傳：儉爲民部尚書，從獵洛陽苑。群豕突出于林，帝射四發〔二〕，輒殪四豕。一豕躍及鐙，儉投馬搏之。帝拔劍斷豕，顧笑曰：「天策長史不見上將擊賊耶？何懼之甚？」對曰：「漢祖以馬上得之，不以馬上治之。陛下神武定四方，豈復快心于一獸？」帝爲罷獵。

褚亮傳：高祖獵，親格虎，亮懇愊致諫，帝禮納其言。

唐書高宗本紀：顯慶二年十一月乙巳，獵于滍南。壬子，講武于新鄭。五年十二月辛未，獵于安樂川。

龍朔元年十月丁卯，獵于陸渾。戊辰，獵于非山。

舊唐書高宗本紀：總章二年九月己亥，發自九成宮。壬寅，停華林頓，大蒐于岐。

唐書高宗本紀：咸亨二年十二月癸酉，獵于昆陽。四年閏五月丁卯，禁作簺捕魚、營圈取獸者。

〔二〕「發」，原脱，據光緒本、新唐書唐儉傳補。

上元元年十一月己酉〔一〕，獵于華山曲武原〔二〕。

通典：高宗永徽元年冬，出獵，在路遇雨。因問諫議大夫谷那律曰：「油衣若爲不得漏？」對曰：「能以瓦爲之，必不漏矣。」上大悅，因此不復出獵。

唐書中宗本紀：神龍元年十月癸亥，幸龍門。乙丑，獵于新安。

通典：睿宗先天元年十一月，獵於驪山之下。侍中魏知古上詩諫曰：「嘗聞夏太康，五子訓禽荒。我后來冬狩，三驅盛禮張。順時鷹隼擊，講事武功揚。奔走未及去，翾飛豈暇翔？飛熊從渭水，瑞翟想陳倉。此欲誠難縱，兹遊不可常。子雲陳羽獵，僖伯諫漁棠。得失鑒齊、楚，仁恩合禹、湯。雍熙諒在宥，亭毒匪多傷。辛則今爲決，虞箴遂孔彰。」手制曰：「所進十韻，三復研精，良增歎美。予時因暇景，爲苗而畋，開一面之羅，展三驅之禮。無情校獵，但慕前禽。卿有箴規，輔予不逮。今賜物五千段，用以勸奬。」

〔一〕「己酉」，諸本作「乙酉」，據新唐書高宗本紀改。
〔二〕「曲武原」，諸本作「回武原」，據新唐書高宗本紀改。

唐書玄宗本紀：開元元年十月甲辰，獵于渭川。

文獻通考：明皇開元三年，大蒐于鳳泉。右補闕崔向上疏曰：「臣聞天子三田，若古有訓，豈惟爲乾豆、賓客、庖厨者哉？亦將閱兵講武，戒不虞也。詩美宣王之田，『徒御不驚，有聞無聲』，謂畋獵時人皆銜枚，有若聞而無讙譁也。」又曰：「悉率左右以燕天子，謂悉驅禽，順有左右之宜，以安待王射也。則知大綏將下，亦有禮焉。側聞獵于渭濱，有異於是。六飛馳騁，萬騎騰躍，衝翳薈，蹴蒙籠，越嶃險，靡榛蘘，紅塵坐昏，白日將暗，毛群擾攘，羽族繽紛，左右戎夷，並伸驍勇，攢鏑亂下，交刃霜飛，而降尊亂卑，爭捷於其間，豈不殆哉！夫環衛而居，暴客攸待；清道而出，行人尚驚。如有墜駕之虞，流矢之變，獸窮則搏，鳥窮則攫，陛下復何以當之哉？惟深思後慮，以誡後圖，天下幸甚！」

唐書吴兢傳：開元十三年，帝東封泰山，道中數馳射爲樂。兢諫曰：「方登岱告成，不當逐狡獸，使有垂堂之危、朽株之殆。」帝納之。

玄宗本紀：十四年十二月，獵于方秀川。　十五年十一月，獵于城南。

舊唐書玄宗本紀：開元十七年十二月，校獵渭濱。

唐書代宗本紀：大曆四年十一月，禁畿内弋獵。十三年十月，禁京畿持兵器捕獵。

德宗本紀：貞元三年十二月，獵于新店。八年十二月，獵于城東。十年十二月，獵于城南。

舊唐書德宗本紀：貞元十一年十二月戊辰，上獵苑中，戒多殺，止行三驅之禮，勞士而還。

唐書憲宗本紀：元和九年十一月戊子，罷京兆府獵獻狐兔。

穆宗本紀：元和十五年正月，即皇帝位。十二月庚辰，獵于城南。壬午，擊鞠于右神策軍，遂獵于城西。甲申，獵于苑北。

長慶二年十月己卯，獵于咸陽。十一月庚午，皇太后幸華清宫。癸酉，迎皇太后，遂獵于驪山。

白居易傳：居易知制誥，穆宗好畋游，獻續虞人箴以諷，曰：「唐受天命，十有二聖。兢兢業業，咸勤厥政。烏生深林，獸在豐草。春蒐冬狩，取之以道。鳥獸蟲魚，各遂其生。民野君朝，亦克用寧。在昔元祖，厥訓孔彰：『馳騁田獵，俾心發狂。』何以效之？」曰羿與康。曾不是誡，終然覆亡。高祖方獵，蘇長進言：『不滿十旬，未足爲懽。』上心既悟，爲之輟畋。降及宋璟，亦諫玄宗。温顔聽納，獻替從容。璟趨以出，鷂死握中。噫！逐獸于野，走馬于路。豈不快哉？銜橛可懼。審其安危，唯聖之慮。」

文宗本紀：太和四年三月癸卯，禁京畿弋獵。

開成元年二月乙亥，停獻鷙鳥、畋犬。

舊唐書武宗本紀：會昌二年十月，帝幸涇陽，校獵白鹿原。諫議大夫高少逸、鄭朗等于閤内論：「陛下校獵大頻，出城稍遠，萬幾廢弛，星出夜歸，方今用兵，且宜停止。」上優勞之。諫官出，謂宰相曰：「諫官甚要，朕時聞其言，庶幾減過。」四年十月，獵于鄠縣。十二月，獵于雲陽。

唐書憲宗懿安皇后郭氏傳：武宗喜畋游，擇五坊小兒得出入禁中。他日問后起居。后曰：「諫臣章疏，宜審覽度。可用用之，有不可，以詢宰相，毋拒直言。」帝再拜還，索諫章閲之，往往道游獵事。自是畋幸希，小兒等不復横賜矣。

右唐

五代

五代史唐莊宗本紀：同光元年十二月壬辰，畋于伊闕。二年十一月癸卯，畋于伊闕。丙午，至自伊闕。三年十二月己卯，畋于白沙。

家人傳：莊宗方與后荒于畋游，十二月己卯，獵畋于白沙，后率皇子、后宫畢從，歷伊闕，宿龕澗。癸未，乃還。

何澤傳：莊宗好畋獵，數踐民田。澤乃潛身伏草間，伺莊宗，當馬諫曰：「陛下未能一天下以休兵，而暴斂疲民以給軍食。今田將熟，奈何恣畋遊以害多稼？使民何以出租賦，吏何以督民耕？陛下不聽臣言〔一〕，願賜臣死于馬前，使後世知陛下之過。」莊宗大笑，爲之止獵。

伶官傳：莊宗好畋獵，獵于中牟，踐民田。中牟縣令當馬切諫，爲民請。莊宗怒，叱縣令去，將殺之。伶人敬新磨知其不可，乃率諸伶走追縣令，擒至馬前，責之曰：「汝爲縣令，獨不知吾天子好獵耶？奈何縱民稼穡以供税賦？何不飢汝縣民而

〔一〕「臣」，諸本脱，據新五代史何澤傳補。

空此地以備吾天子之馳騁？汝罪當死！」因前請亟行刑。諸伶共倡和之。莊宗大笑，乃得免。

明帝本紀：天成二年十二月甲辰，畋于東郊。

宋史符彦卿傳：清泰中，彦卿改易州，兼領北面騎軍，賜戎服、介胄、戰馬。嘗射獵遂城鹽臺淀，一日射麞、㲋、狼、兔四十二，觀者神之。

晉出帝本紀：天福八年十月壬子，畋于近郊。開運二年三月丁未，畋于戚城。十二月丁丑，畋于近郊。

南唐近事：烈祖輔吴，四方多壘，雖一騎一卒，必加姑息。然群校多從禽，聚飲近野，或搔擾民庶。上欲糾之以法，而方藉其材力，思得酌中之計，問於嚴求，求曰：「無煩繩之，易絶耳。請敕泰興、海鹽諸縣罷採鷹鸇，可不令而止。」烈祖從其計，期月之間，禁校無復游墟落者。

右五代

宋

宋史太祖本紀：建隆二年二月己卯，禁春夏捕魚射鳥。十二月庚戌，畋于近郊。

禮志：建隆二年，始校獵于近郊。先出禁軍爲圍場，五坊以鷙鷹細犬從。帝親射走兔三，從官貢馬稱賀。其後，多以秋冬或正月田于四郊，從官或賜窄袍煖鞾，親王以下射中者賜以馬。

太祖本紀：建隆三年十月辛亥，畋近郊。十一月己卯，畋于近郊。

乾德元年冬十月己亥，田近郊。十一月乙亥〔一〕，畋近郊。　二年十一月壬辰，畋近郊。

開寶元年冬十月己未，畋近郊。　二年十月戊子，畋近郊。十一月甲寅，畋近郊。　五年十二月己亥〔二〕，畋近郊。　八年九月壬申，狩近郊，逐兔，馬蹶墜地，因引佩刀刺馬殺之。既而悔之，曰：「吾爲天下主，輕事畋獵，又何罪馬哉！」自是遂不復

〔一〕「乙亥」，諸本作「己亥」，據宋史太祖本紀改。
〔二〕「十二月」，原作「十一月」，據光緒本、宋史太祖本紀改。

獵。九年五月己巳，幸飛龍院，觀漁金水河。

太宗本紀：太平興國二年九月丙辰，狩近郊。十月辛巳，畋近郊。十二月庚午，畋近郊。三年夏四月丙辰，禁民自春及秋毋捕獵。冬十月庚午，畋近郊。十二月庚午，畋近郊。四年二月戊寅，次澶州，觀魚于河。十一月己丑，畋近郊。十二月丁卯，畋近郊。

禮志：太宗將北征，因閱武獵近郊，以多盜獵狐兔者，命禁之。有衛士奪人獐，當死，帝曰：「若殺之，後世必爲我重獸而輕人。」特貰其罪。帝常以臘日校獵，諭從臣曰：「臘日出狩，以順時令，緩轡從禽，是非荒也。」回幸講武臺，張樂，賜群臣飲。其後，獵西郊，親射走兔五。詔以古者蒐狩，以所獲之禽薦享宗廟，而其禮久廢，今可復之。遂爲定式。帝雅不好弋獵，詔除有司行禮外，罷近甸遊畋，五坊所畜鷹犬並放之〔一〕，諸州不得以鷹犬來獻。已而定難軍節度使趙保忠獻鶻一，號「海東青」，詔還賜之。獵日，但命諸王略畋近郊，而五坊之職廢矣。

〔一〕「坊」，諸本作「方」，據宋史禮志二十四改。

太宗本紀：太平興國五年閏三月丙午〔一〕，幸水磑，因觀魚。九月壬戌，畋近郊。十二月庚辰，發大名府，因校獵。　六年十二月己卯，畋近郊。　七年十二月丙申，狩近郊。

李燾長編：太宗雍熙二年十一月，詔曰：「三田之制，其一田乾豆，謂腊之，以供祀也。近以率遵時令，薄狩郊畿，既親射以獲禽，宜奉先而登俎。其以田獵親獲獸付所司薦享太廟，著于令。」

太宗本紀：雍熙四年秋七月丙寅，幸講武池觀魚。　冬十二月庚戌，畋于近郊。

端拱元年冬十月癸未，詔罷遊獵，五坊所畜鷹犬並放之，諸州毋以爲獻。

淳化五年十二月丙戌，命諸王畋近郊。

真宗本紀：咸平三年十二月戊申，狩近郊，以親獲禽獻太廟。

文獻通考：三年十二月，以獵獲狐兔薦廟之餘，賜中書樞密院。

宋史真宗本紀：咸平四年十一月庚寅，畋近郊。

〔一〕「閏」，諸本脱，據宋史太宗本紀補。

景德三年十二月乙酉，狩近郊，以親獲兔付有司薦廟。

大中祥符三年二月己亥，禁方春射獵。每歲春夏所在長吏申明之。

禮志：真宗詔教駿所養鷹鶻量留十餘，以備諸王從時展禮。禁圍草地，許民耕牧。

仁宗本紀：慶曆五年十月庚午〔一〕，幸瓊林苑，遂畋楊村，遣使以所獲馳薦太廟，召父老賜以飲食、茶帛。

文獻通考：慶曆五年，兵部員外郎、直集賢院李柬之言：「祖宗校獵之制，所以順時令而訓戎事也。陛下臨御以來，未嘗講修此禮，願詔有司草儀注，擇日命殿前馬步軍司互出兵馬，以從獵于近郊。詔樞密院討詳先朝校獵制度。」十月御内東門，賜從官酒，三行，奏鈞容樂，幸瓊林苑門，賜從官食，遂獵於楊村。燕幄殿，奏教坊樂。遣使以所獲麞兔馳薦太廟。既而召父老臨問，賜以酒食、茶、絹，及賜五坊軍士銀、絹有差。

〔一〕「慶曆」，原脱，據光緒本、宋史仁宗本紀補。

宋史仁宗本紀：六年十一月辛丑，畋東韓村。乘輿所過及圍内田，蠲租一年。

禮志：六年，復獵于城南東韓村。自玉津園去輦乘馬，分騎士數千爲左右翼，節以鼓旗。合圍場徑十餘里，部隊相應。帝按轡中道，親挾弓矢，屢獲禽焉。是時，道傍居人或畜狐兔梟雉驅場中。帝謂田獵以訓武事，非專所獲也，悉縱之。免圍内民田一歲租，仍召父老勞問，其後以諫者多，罷獵近甸。自是，終靖康不復講。

仁宗本紀：慶曆七年三月，罷出獵。

高宗本紀：紹興二十年二月庚戌，禁民春月捕鳥獸。

蕙田案：宋史兵志不及田獵事，然考其經制，如禁兵以殿前、侍衛二司總之，而建隆之獵，先出禁軍爲圍場，或幸騏驥院，因以射獵。則凡親近扈從諸軍，皆從獵之軍也。又數罷五坊諸人，安有鷹犬、小兒隊長之紛紛哉？蓋宋懲五代唐莊宗弊政，故田獵之事，簡便務實，有可取者。南渡以後，史志闕如，蓋亦無復開國規模矣。

右宋

遼史營衛志：遼國盡有大漠，浸包長城之境，因宜爲治。秋冬違寒，春夏避暑，隨水草就畋漁，歲以爲常〔一〕。四時各有行在之所，謂之「巴納」。春曰鴨子河濼。皇帝正月上旬起牙帳，約六十日方至。天鵝未至，卓帳冰上，鑿冰取魚。冰泮，乃縱鷹鶻捕鵝雁。晨出暮歸，從事弋獵。鴨子河濼東西二十里，南北三十里，在長春州東北三十五里，四面皆沙堝，多榆柳杏林。皇帝每至，侍御皆服墨綠色衣，各備連鎚一柄，鷹食一器，刺鵝錐一枚，于濼周圍相去各五七步排立。皇帝冠巾，衣時服，繫玉束帶，于上風望之。有鵝之處舉旗，探騎馳報，遠泊鳴鼓。鵝驚騰起，左右圍騎皆舉幟麾之。五坊擎進海東青鶻，拜授皇帝放之。鶻擒鵝墜，勢力不加，排立近者，舉錐刺鵝，取腦以飼鶻。救鶻人例賞銀絹。皇帝得頭鵝，薦廟，群臣各獻酒果，舉樂。更相酬酢，致賀語，皆插鵝毛于首以爲樂。賜從人酒，偏散其毛。弋獵網鈞，春盡乃還。夏巴納，無常所，多在圖爾山。道宗每歲先幸黑山，拜聖宗、興宗陵，賞金蓮，乃幸子河避暑。

〔一〕「歲」，諸本脱，據遼史營衛志中補。

圖爾山在黑山東北三百里，近饅頭山。黑山在慶州北十三里，上有池，池中有金蓮。子河在圖爾山東北三百里。懷州西山有清涼殿，亦爲行幸避暑之所。四月中旬起牙帳，卜吉地爲納涼所，五月末旬、六月上旬至。居五旬。與北、南臣僚議國事，暇日遊獵。七月中旬乃去。秋巴納，曰伏虎林。七月中旬，自納涼處起牙帳，入山射鹿及虎〔一〕。林在永州西北五十里。嘗有虎據林，傷害居民畜牧。景宗領數騎獵焉，虎伏草際，戰慄不敢仰視，上舍之，因號伏虎林。每歲車駕至，皇族而下，分布濼水側。伺夜將半，鹿飲鹽水，令獵人吹角效鹿鳴，既集而射之。謂之「舐鹻鹿」，又名「呼鹿」。冬巴納，曰廣平淀，在永州東南三十里，本名白馬淀。東西二十餘里，南北十餘里，地甚坦夷，四望皆沙磧，木多榆柳。其地饒沙，冬月稍煖，牙帳多于此坐冬，與北、南大臣會議國事，時出校獵講武，兼受南宋及諸國禮貢。皇帝牙帳以槍爲硬寨，用毛繩連繫。每帳下黑氈傘一，以芘衛士風雪。槍外小氈帳一層，每帳五人，各執兵仗爲禁圍。南有省方殿，殿北約二里曰壽寧殿，皆木柱竹榱，以氈爲蓋，彩繪韜柱，錦爲壁

〔一〕「及」，諸本作「伏」，據遼史營衛志中改。

衣，加緋繡額。又以黄布繡龍爲地障，窗、槅皆以氈爲之，傅以黄油絹。基高尺餘，兩廂廊廡亦以氈蓋，無門户。省方殿北有鹿皮帳，帳次北有八方公用殿。壽寧殿北有長春帳，衛以梗寨。宫用契丹兵四千人，每日輪番千人祗直。禁圍外卓槍爲寨，夜則拔槍移卓御寢帳。周圍拒馬，外設鋪，傳鈴宿衛。每歲四時，周而復始。

禮志：獵儀。獵，十二月辰日。前期一日，詔司獵官選獵地。其日，皇帝、皇后焚香拜日畢，設圍，命獵夫張左右翼。司獵官奏成列，皇帝、皇后陞轝，多囉倫穆騰以酒二尊、盤飧奉進，北南院大王以下進馬及衣。皇帝降輿，祭東畢，乘馬入圍中。皇太子、親王率群臣進酒，分兩翼而行。皇帝始獲兔，群臣進酒上壽，各賜以酒。至中食之次，親王、大臣各進所獲。及酒訖，賜群臣飲，還宫。應曆元年冬，漢遣使來賀，自是遂以爲常儀〔一〕。統和中，罷之。

太祖本紀：天贊三年十月，獵約囉山，獲野獸數千，以充軍食。十一月，射虎于烏蘭實呼山，抵霸室山。六百餘里，且行且獵，日有鮮食，軍士皆給。

〔一〕「遂」，諸本作「歲」，據遼史禮志三改。

太宗本紀：會同三年九月庚午，侍中崔窮古言：「晉主聞陛下數遊獵，意請節之。」上曰：「朕之遊畋，非徒縱樂，所以練習武事也。」乃詔諭之。

郭襲傳：景宗即位，數游獵，襲上書諫曰：「昔唐高祖好獵，以蘇世長諫罷，史稱其美。伏念聖祖創業艱難，修德布政，宵旰不懈。穆宗逞無厭之欲，不恤國事，天下愁怨。陛下繼統，海内翕然望中興之治。十餘年間，征伐未已，而寇賊未除；年穀雖登，而瘡痍未復。正宜戒謹修省，以懷永圖。側聞恣意遊畋。萬一有銜橛之變，搏噬之虞，悔將何及？況南有彊敵伺隙而動，聞之得無生心乎？伏望陛下節從禽酣飲之樂，爲生靈社稷計，則有無疆之休。」上覽而稱善。

聖宗本紀：統和十四年正月，漁于潞河。十一月，詔諸軍官毋得非時田獵妨農。十五年八月，獵于平地松林，皇太后誡曰：「前聖有言：欲不可縱。我兒爲天下主，馳騁田獵，萬一有銜橛之變，適貽予憂。宜深戒之！」

興宗本紀：重熙十七年閏正月，射虎于哈爾喜。

右遼

金

金史太祖本紀：收國元年三月辛未，獵于寥晦城。二年九月己亥，上獵近郊。

熙宗本紀：皇統二年正月己亥，上獵于來流河。十二月壬申，上獵于哈雅愛滿路。癸未，還。四年九月乙酉，上如東京。壬子，獵于沙河，射虎獲之。十一月己酉，上獵于海島。九年十一月癸巳，上獵于和囉和屯。

世宗本紀：大定三年八月，敕殿前都點檢唐古德温〔一〕：「重九出獵，國朝舊俗。今扈從軍二千，能無擾民〔二〕？可嚴爲約束，仍以錢萬貫分賜之。」九月，秋獵。十月，冬獵。十二月，獵于近郊，以所獲薦山陵〔三〕，自是歲以爲常。九年三月，尚書省定網捕走獸法〔四〕，或至徒，上曰：「以禽獸之故而抵民以法，是重禽獸而輕民命也，豈朕

〔一〕「檢」，諸本作「校」，據金史世宗本紀改。
〔二〕「能」，諸本作「不」，據金史世宗本紀改。
〔三〕「以」，諸本脱，據金史世宗本紀補。
〔四〕「走」，諸本作「禽」，據金史世宗本紀改。

意哉〔一〕？自今有犯，可杖而釋之。」　十年七月，秋獵。放圍場役夫。詔扈從糧食並從官給。又敕扈從人縱畜牧蹂踐禾稼者，杖之，仍償其直。　二十五年十月，禁止上京等路大雪及含胎時採捕。十一月，詔：「豺未祭獸，不許採捕。冬月，雪尺以上，不許用網及蘇克蘇呼，恐盡獸類。」

梁襄傳：世宗將幸金蓮川，襄上疏極諫曰：「陛下神武，善騎射，舉世莫及。銜橛之變，猛摯之虞，姑置勿論。設于行獵之際，烈風暴至，塵埃漲天，宿霧四塞，跬步不辨，以致翠華有崤陵之避、襄城之迷，百官狼狽于道途，衛士參錯于隊伍，當此宸衷，寧無戒悔。臣又聞，陛下于合圍之際，麋鹿充牣圍中，壯而大者纔取數十以奉宗廟，餘皆縱之，不欲多殺，是陛下恩及禽獸而未及隨駕衆多之臣庶也。議者謂前世守文之主，生長深宮，畏見風日，彎弧上馬，皆所不能，志氣弱懦，筋力拘柔，臨難戰懼，束手就亡。陛下監其如此，不憚勤身，遠幸金蓮，至於松漠〔二〕，名爲坐夏打圍，實欲服勞

〔一〕「豈朕意哉」，諸本脱，據金史世宗本紀補。
〔二〕「松漠」，原作「松溪」，據光緒本、金史梁襄傳改。

講武。臣愚以爲，戰不可忘，獵不可廢，宴安鴆毒不可懷，然事貴適中，不可過當。今過防驕惰之患，先蹈萬有一危之途，何異無病而服藥也？況欲習武不必度關，涿、易、雄、保、順、薊之境，地廣又平，且在邦域之中，獵田以時，誰曰不可。伏乞陛下發如綸之音，回北轅之轍，塞鷄鳴之路，安處中都，不復北幸，宗社無疆之休，天下莫大之願也。」世宗嘉納，遂爲罷行。

章宗本紀：大定二十九年正月癸巳，即皇帝位。六月辛卯，修起居注完顏烏者〔一〕、同知登聞檢院孫鐸皆上書諫罷圍獵〔二〕，上納其言。九月丙子，獵于近郊。戊寅，監察御史焦旭劾奏太傅克寧、右丞相襄不應請車駕田獵，上曰：「此小事，不須治之。」十月丙申，冬獵。

明昌元年春正月丁巳，制諸王任外路者許遊獵五日〔三〕，過此禁之，仍令禁約人

〔一〕「完顏烏者」，原作「完顏烏哲」，據味經窩本、乾隆本、光緒本、金史章宗本紀改。
〔二〕「同」，諸本脱，據金史章宗本紀補。
〔三〕「獵」，原作「臘」，據光緒本、金史章宗本紀改。

從，毋擾民。二月丙申〔一〕，遣諭諸王凡出獵毋越本境〔二〕。八月丁未，獵于近郊。十月丁未，獵于近郊。十一月丙子，冬獵。十二月壬午，免獵田今年稅。　二年十二月甲申，獵于近郊。　三年二月甲戌朔，敕明安穆昆許于冬月率所屬户田獵二次，每出不得過十日。丁酉，獵于近郊。九月己卯，如秋山。免圍場經過人户今歲夏秋租稅之半，曾當差役者復一年。十月己巳，獵于近郊。　四年正月癸巳，諭點檢司，行宮外地及圍獵之處悉與民耕，雖禁地〔三〕，聽民持農器出入。丙申，東京路副使王勝進鷹，遣諭之曰：「汝職非輕。民間利害，官吏邪正，略不具聞，而乃以鷹進，此豈汝所職也。後毋復爾。」二月癸丑，獵于桃村淀。十二月丙辰，獵于近郊。　五年六月己亥，出獵，登呼圖巴山，酹酒再拜，曹王永升以下進酒。七月戊辰，獵于和齊寬，一發貫雙鹿。是日，獲鹿二百二十二，賜扈從官有差。辛巳，次羅衮呼實布。是日，上親射，獲黄羊四百七十一。閏十月乙亥，獵于近郊。

〔一〕「二月」，諸本作「六月」，據金史章宗本紀改。
〔二〕「諭」，原脱，據光緒本、金史章宗本紀補。
〔三〕「雖」，諸本作「種」，據金史章宗本紀改。

承安元年八月己酉〔一〕，獵于近郊。　三年八月辛未，獵于近郊。癸酉，獵于香山。九月乙巳，獵于近郊。十月庚午，獵于近郊。十一月甲寅，冬獵。十二月甲子，獵于酸棗林。大風寒，罷獵，凍死者五百餘人。　四年八月己巳，獵于近郊。壬申，獵于香山。丁丑，獵于近郊。　五年七月甲戌，獵于近郊。十月丁未，獵于近郊。

泰和元年正月辛未，上以方春，禁殺含胎兔，犯者罪之，告者賞之。十二月壬寅，獵于近郊。　二年十月丙戌，獵于近郊。十二月戊寅，冬獵。　三年七月庚辰，獵于近郊。十一月丁丑，冬獵，以獲兔薦山陵。　五年七月丙子，定圍場誤射中人罪。六年十月甲子，獵于近郊。　七年二月己未，獵于近郊。九月丙戌，獵于近郊。十月丙辰，獵于近郊。十一月甲午，獵于近郊。

衛紹王本紀：大安二年十一月，獵于近郊。

宣宗本紀：貞祐二年九月戊子，禁軍官圍獵。　三年九月丁卯，以秋稼未獲，禁

〔一〕「承安」，原作「永安」，據光緒本、金史章宗本紀改。

軍官圍獵。

元光元年十月甲申，上獵于近郊，詔免百官迎送，且勿令治道，以勞百姓。二年十月乙亥，制行樞密院及元帥府，農隙之月分番巡徼校獵，月不過三次。丁丑，上獵于近郊。乙酉，上獵于近郊。

哀宗本紀：正大四年十月壬戌，外臺監察御史諫獵，上怒，以邀名賣直責之。十一月丁酉，獵于近郊。六年十二月，罷附京獵地百里，聽民耕稼。

癸辛雜識：北客云：「北方人打圍，凡用數萬騎，各分東西而往，凡行月餘而圍始合，蓋不啻千餘里矣。既合，則漸束而小之，圍中之獸，皆悲鳴相弔。獲獸凡數十萬，虎狼、熊羆、麋鹿、野馬、豪猪、狐狸之類，皆有之，特無兔耳。獵將竟，則開一門，廣半里，許俾餘獸得以逸去，不然，則一網打盡，來歲無遺種矣。」又曰：「未獵之前，隊長去其頭帽，於東南方開放生之門。如隊長復帽，則其圍復合，衆始獵耳。此亦湯王祝網之意也。」

右金

元史兵志：元制自御位及諸王，皆有實保齊，蓋鷹人也。是故捕獵有户，使之致鮮食以薦宗廟，供天庖，而齒革羽毛，又皆足以備用，此殆不可闕焉者也。然地有禁，取有時，而違者則罪之。冬春之交〔一〕，天子或親幸近郊，縱鷹隼搏擊，以爲遊豫之度，謂之飛放。故鷹房捕獵，皆有司存〔二〕。而打捕鷹房人户，多取析居、放良及漏籍布哷齊、還俗僧道，與凡曠役無賴者，及招收亡宋舊役等户爲之。其差發，除納地税、商税，依例出軍等六色宣課外，並免其雜泛差役。自太宗乙未年，抄籍分屬御位下及諸王公主駙馬各投下。及世祖時，行尚書省嘗重定其籍，厥後永爲定制焉。

太宗本紀：二年庚寅春，帝與圖類獵于烏爾罕河。四年壬辰冬十一月，獵于納琳齊拉衮之野。五年癸巳秋八月，獵于伯蘇之地。六年甲午冬，獵于托卜罕地。九年丁酉春，獵于齊齊克察罕之澤。冬十月，獵于野馬川。十年戊戌夏，帝

〔一〕「冬春」，諸本誤倒，據元史兵志四乙正。
〔二〕「有」，諸本重，據元史兵志四删。

獮于齊齊克察罕之澤。　十一年己亥春，復獮于齊齊克察罕之澤。　十三年辛丑春二月，獮于齊齊克察罕之澤。十一月丁亥，大獮齊齊克察罕。

定宗本紀：元年丙午冬，獮黄羊於野馬川。

憲宗本紀：三年癸丑春正月，帝獮于齊齊克察罕之地。　四年甲寅春，帝獮于齊齊克察罕。夏，幸伊爾穆爾齊之地。冬，大獮于額默根哈爾察海之地。　八年五月，皇子阿蘇岱因獵獨騎傷民稼，帝見讓之，遂撻近侍數人。士卒有拔民葱者，即斬以徇。由是秋毫不敢犯。

世祖本紀：中統三年冬十月乙丑，禁京畿田獵。

至元元年秋八月〔一〕，陝西獵户移獵商州。　冬十月乙巳，禁上都畿内捕獵。　二年五月戊子〔二〕，禁北京、平灤等處人捕獵。　三年十月，申禁京畿畋獵。　四年十一月，申嚴京畿畋獵之禁。　七年七月，命達嚕噶齊烏蘭濟達給上都扈從畋獵糧。

〔一〕「八月」，原作「七月」，據光緒本、元史世祖本紀改。
〔二〕「五月」，諸本作「四月」，據元史世祖本紀改。

九年冬十月己亥，敕自七月至十一月終聽捕獵，餘月禁之。　十年正月己未，禁鷹坊擾民。九月辛巳，遼東飢，弛獵禁。戊子，禁京畿五百里内射獵。己丑，敕自今秋獵鹿豕先薦太廟。　十二年二月，敕輝和地春夏毋獵孕字野獸。十月辛丑，弛北京、義、錦等處獵禁。　十四年八月，車駕畋於上都之北。冬十月辛酉，弛蓋州獵禁。十七年春正月丁卯，畋近郊。　十八年春正月丁未，畋於近郊。五月，禁高麗、全羅等處畋獵擾民者。九月癸亥朔，畋于近郊。　十九年春正月丙子，車駕畋于近郊。三月丙戌，禁益都、東平、沿淮諸郡軍民官捕獵。冬十月庚寅，以歲時不登，聽諸軍捕獵於汴梁之南。　二十二年春正月丙申，帝畋于近郊。七月癸酉，詔禁捕獵。　二十三年十一月，敕禽獸字孕時無畋獵。　二十四年二月甲午，畋于近郊。乙未，禁輝和地禽獸孕孳時畋獵。閏二月乙丑，畋于近郊。　二十五年春正月，弛遼陽漁獵之禁，惟毋殺孕獸。丙午，畋于近郊。二月，敕江淮勿捕天鵝。弛魚濼禁。三月甲午，禁捕鹿羔。　二十七年三月乙巳，中山畋户飢，給六十日糧。九月，申嚴漢人畋獵之禁。　二十八年十一月，武平、平灤諸州飢，弛獵禁，其孕字之時勿捕。　二十九年二月丁卯，畋于近郊。戊子，禁杭州放鷹。

成宗本紀：大德元年三月癸酉，畋于柳林。丁亥，禁正月至七月捕獵，大都八百里内亦如之。五月丁丑，禁民間捕鬻鷹鶻。八月丁未，命諸王阿濟格自今出獵〔一〕，悉自供具，毋傷民力。十一月癸亥，詔自今畋獵始自九月。閏十二月，弛湖泊之禁，仍聽正月捕獵。二年二月己巳，畋于漷州。五年冬十月丙戌，以歲飢禁醸酒，弛山澤之禁，聽民捕獵。七年二月，真定路飢，賑鈔五萬錠，仍諭諸王小薛及鷹師等毋于真定近地縱獵擾民。

武宗本紀：至大元年十一月辛巳，罷益都諸處哈喇齊等狩獵。三年秋七月，立河南打捕鷹坊魚課都提舉司，秩正四品。八月甲子，獵於瑪固諾爾之地。十一月，以益都、寧海等處連歲飢，罷鷹坊縱獵。其餘獵地，並令禁約，以俟秋成。

仁宗本紀：至大四年三月，仁宗即位。四月，禁鷹坊擾民。九月，復置中宫位下齊哩克昆諸色民匠打捕鷹坊都總管府，秩正三品。十二月，禁漢人持弓矢〔二〕、兵器田獵。

〔一〕「王」，原脱，據光緒本、元史成宗本紀補。
〔二〕「漢」，諸本脱，據元史仁宗本紀補。

皇慶元年五月，諸王托果斯哈雅默色以農時出獵擾民，敕禁止之。自今十月方許出獵。二年七月，諸被災地並弛山澤之禁，獵者毋入其境。

延祐二年四月乙巳，車駕幸上都。宣徽院以供尚膳，遣人獵于歸德，敕以其擾民，特罷之。三年春正月，以真定、保定薦飢，禁畋獵。三月，鷹坊博囉等擾民於大同，敕拘還所奉璽書。禁天下春時畋獵。五年三月庚午，立諸王鄂囉木烏遜部打捕鷹坊諸色人匠齊哩克昆總管府，秩從四品。六年十一月，中書省臣言：「曩賜諸王阿濟格鈔三萬錠，使營子錢以給畋廩膳，毋取諸民。今其部阿勒呼木等出獵，恣索於民，且為姦事，宜令宗正府、刑部訊鞫之，以正典刑。」制曰「可」。

英宗本紀：至治元年二月丁巳，畋于柳林。三年二月癸酉，畋于柳林。

泰定帝本紀：泰定二年春正月乙未，以畿甸不登，罷春畋。三年八月甲午，以災變罷獵。辛丑，次中都，畋于翁果察圖之地。四年二月壬午，狩于漷州。

致和元年正月己卯〔一〕，帝將畋獵柳林，御史王獻等以歲飢諫，帝曰：「其禁衛士毋

〔一〕「己卯」，原作「乙卯」，據光緒本、元史泰定帝本紀改。

擾民家。」命御史二人巡察之。

文宗本紀：天曆二年正月癸酉，敕罷今歲柳林畋狩。十一月甲子，止鷹坊毋獵畿甸。至順元年二月甲午〔一〕，立諸色民匠打捕鷹坊都總管府，秩正二品。十一月，知樞密院事雅克布琳請依舊制，全給鷹坊芻粟，使毋貧乏。帝曰：「國用皆百姓所供，當量入爲出，朕豈以鷹坊失所，重困吾民哉！」不從。戊戌，立打捕鷹坊紅花總管府於遼陽行省，秩四品〔二〕。十二月癸酉，詔宣忠扈衛親軍都萬户府：「凡立營司境内所屬山林川澤，其鳥獸魚鱉悉供内膳，諸獵捕者坐罪。」甲戌，賑遼陽行省所居鷹坊户糧一月。二年八月丁巳，命郯王巴延特穆爾圍獵于撫州。

順帝本紀：至元三年春正月戊午，帝獵于柳林，凡三十五日。秋七月癸卯，車駕出獵。四年二月庚午，車駕獵于柳林。

蕙田案：元代最重田事。史志所紀御位下打捕鷹房官至一千二百餘户，諸

〔一〕「甲午」，諸本作「庚寅」，據元史文宗本紀改。
〔二〕「秩」下，諸本衍「正」字，據元史文宗本紀删。

王位下打捕鷹房官幾至千户，約計天下州縣所設獵户幾三萬三千餘户，既非隸籍之兵，又非屯田之卒，姦民未免寄食于其中以擾害閭閻矣。

右元〔一〕

明

明大政紀：永樂二十年五月乙酉，車駕度偏嶺，命將士獵于道傍山下。上顧從臣曰：「朕非好獵，顧士卒隨朕征討，道中唯畋獵可以馳馬揮戈，振揚武士，作其驍勇之氣耳。」

明史宣宗本紀：宣德四年十月甲午，閲武于近郊。乙未，獵于峪口。戊戌，還宫。

五年十月丙子，巡近郊。己卯，獵于坌道。丙戌，至洗馬林，徧閲城堡兵備。壬辰，還宫。

九年九月癸未，自將巡邊。乙酉，度居庸關。丙戌，獵于坌道。丁酉，至洗馬林，閲城堡兵備。己亥，大獵。冬十月丙午，還宫。

〔一〕「右元」，原脱，據光緒本補。

王圻續通考：明英宗天順二年十月，上校獵南苑。苑在京城南二十里，方一百六十里。苑中有按鷹臺，臺旁有三海，皆元之舊也。本朝闢四門，繚以周垣，獐鹿雉兔甚多，設海户千餘守視。自永樂定都以來，歲時蒐獵於此，亦所以訓武也。是日，上親御弓矢，命勳戚武將應詔馳射，獲輒獻之。既畢，賜酒饌，以所獲分賜從臣而歸。

大政紀：正德十二年正月，上獵南海子。九月二十七日，上獵大同、陽和衛城，天雨雹，軍士有死者。是夜，又星隕。明日，駕赴大同。十三年四月，上親詣天壽山，祭告六陵，遂往黄花鎮、密雲等處遊獵。

明史武宗本紀：正德十四年春二月丁丑，大祀天地於南郊，遂獵于南海子。冬十一月乙巳，漁於清江浦。

蕙田案：明史兵志不載田獵事，本紀亦不詳，禮志復不及之。蓋有明一代，惟宣宗、孝宗頗有志講武者。由今考之，侍衛上直軍及四衛營，其皆從獵之軍歟？

右明

火田附

周禮夏官大司馬：仲春，教振旅。遂以蒐田，火獘，獻禽以祭社。注：火獘，火止也。春田主用火，因焚萊，除陳草，皆殺而火止。疏：火弊者，謂田止也。

司爟掌行火之政令，時則施火令。注：焚萊之時。野焚萊，則有刑罰焉。注：野焚萊，民擅放火。疏：野焚萊有罰者，大司馬仲春田獵云「火弊」，鄭云「春田主用火，因除陳生新」，則二月後擅放火則有罰也。

蕙田案：施火令，謂昆蟲既蟄以後。刑焚萊，謂春田火獘以後也。

牧師：凡田事，贊焚萊。注：焚萊者，山澤之虞。疏：山虞二月焚萊，除陳生新。

禮記王制：昆蟲未蟄，不以火田。疏：謂未十月之時，十月則得火田，故羅氏云：「蜡則作羅襦。」注云：「今俗放火張羅。」從十月以後至仲春，皆得火田。若陶鑄之火，則季春出火，季秋内火。案：春秋傳：「三月，鄭人鑄刑鼎。士文伯曰：『火未出而作火，鄭其有災乎！』」刑鼎，則陶鑄也。

蕙田案：疏云：「十月至仲春，皆得火田。」此正司爟修火令之時也。與季春出火、季秋内火無涉。

月令：仲春之月，毋焚山林。

方氏慤曰：毋焚山林，主田者言之也。

蕙田案：孔疏「十月至仲春，皆得火田」，此云「毋焚山林」者，蓋已在日夜分之後，春蒐火弊獻禽已畢，司爟所謂「野焚萊者有罰」時也。

郊特牲：季春出火，爲焚也。注：謂焚萊也。凡出火，以火出。然後簡其車賦而歷其卒伍，而君親誓社，以習軍旅，左之右之，坐之起之，以觀其習變。注：君親誓社，誓吏士以習軍旅。既而遂田，以祭社也。言祭社，則此是仲春之禮也。仲春以火田，田止弊火，然後獻禽。至季春火出，而民乃用火。今云「季春出火」，乃後誓社，記者誤也。疏：祭社既用仲春，此出火爲焚，當在仲春之月。今云季春者，以季春之時，民始出火，遂以爲天子、諸侯用焚亦在季春，故誤爲「季春」，當爲「仲春」也。「出火，以火出」者。案春秋火出爲夏三月，此出火者，謂陶冶之火，故左氏昭六年，鄭人鑄刑書，火未出而用火，士文伯譏之。若田獵之火，則昆蟲蟄後，得火田以至仲春也。案司爟云：「季春出火，民咸從之。」作記之人，謂爲焚萊祭社，故稱季春。

春秋桓公七年：春二月乙亥，焚咸丘。注：焚火田也。咸丘，魯地。譏盡物，故書。疏：以火焚地。明爲田獵，故知焚是火田也。不言蒐狩者，以火田非蒐狩之法，而直書其焚，以譏其盡物也。禮記王制云：「昆蟲未蟄，不以火田。」則是已蟄得火田也。又爾雅釋天云：「火田爲狩。」似法得火田，而譏其焚者。説爾雅者，李巡、孫炎皆云「放火燒草，守其下風」。周禮羅氏「蜡則作羅襦」，鄭云：「襦，細密之羅。此時蟄者畢矣，可以羅網圍取禽也。今俗放火張羅，其遺教。」然則彼火田者，直焚其一叢一聚，羅守下風，非謂焚其一澤也。禮，天子不合圍，諸侯不掩群。尚不盡取一群，豈容并焚一澤？知其譏盡物，故書也。沈氏以周禮「仲春火弊」謂夏之仲春，今周之二月乃夏之季冬，故譏其盡物，義亦通也。

蕙田案：疏解火田之説，是。

爾雅釋天：火田爲狩。注：放火燒草，獵亦爲狩。疏：與冬獵同名，故云「亦」也。

蕙田案：冬獵曰狩。火田在昆蟲既蟄之後，亦冬獵也。狩不必皆火田，而火田常在冬時，故二者同名。春秋書「焚咸丘」于春二月，於夏時爲季冬，非譏其不時，譏其盡物也。

陳氏禮書：建辰之月，鶉火見于南方，則令民出火，所謂「季春出火」是也。建戌之月，火伏于日下，故令民納火，所謂「季秋納火」是也。司烜「仲春修火禁」，以火未出而不可以作火故也。王制「昆蟲未蟄，不以火田」，以火伏而后蟄者畢故也。然孟春啓蟄，而周禮中春之田有火弊者，焚圃草以田可也，焚山林以田不可也。月令仲春禁焚，禮也；郊特牲「季春出火爲焚」，非禮也。春秋之時，楚子田，使齊侯載燧，此火田之所用者歟？

蕙田案：周禮司爟「四時變國火」，此鑽燧之火，順陰陽之衰旺以爲變改之宜，所以平飲食也。「季春出火，季秋内火」，此陶冶之火，視心星之伏見以爲出内之候，所以利器用也。王制「昆蟲未蟄，不以火田」，爾雅「火田曰狩」，此田獵之火，視昆蟲之動蟄以爲焚萊之節，所以仁庶物也。鑽燧之火，四時不廢。陶冶之火，用於夏至，季秋而納之。田狩之火，用於冬至，中春而禁之。三者各爲一事，全不相涉。火田之令，自孟冬閉蟄而始，至中春蒐田而止。大司馬云「火弊」，火弊者，火止也。火止則焚山林有禁矣。月令之文，與周官互相發明。郊特牲云「季春出火，爲焚也」，蓋誤合出火與焚萊而一之，鄭注駁之最是。陳氏禮書於此處似未明晰，故其言多鶻突。後世如遼道宗清寧二年詔曰「方夏長養鳥獸孳育之時，不得縱火於郊」，其有合於「昆蟲未蟄，不以火田」之義者矣。

右火田附

五禮通考卷二百四十四

軍禮十二

馬政上

蕙田案：馬者，國之大用，故政官以司馬名之，重其事也。考古天子之馬有二：一曰國馬，亦曰王馬；一曰民賦之馬。民賦者，井邑丘甸中所出戎馬。一甸出戎馬四匹，畿内提封萬井，出戎馬四萬匹，是皆民養之。平日有軍旅則賦之，故曰萬乘、千乘、百乘，此軍政也。國馬則天子使人自養之。周禮校人以下，趣馬、牧師、廋人、圉師及馬質等，皆以養馬爲職。其事則牧之有地，聚之有廐，孳息有候，阜育有方，制馭有法，勞逸有節，所以養之教之，盡物之性，以供國之用者，皆馬政也。自井田法廢，馬不賦于民，而盡養于官。漢、唐以來，言馬政者日亟，其盛衰得失之由，關于軍國者鉅矣，故詳述其源流，以備考鑒。

周馬政

周禮夏官校人：掌王馬之政。注：政，謂差擇、養乘之數也。月令曰：「頒馬政。」疏：辨六馬，是差擇也。頒良馬而養乘，是養乘也。馬政謂齊其色，度其力。

呂氏忱曰：自黄帝、堯、舜觀象立制，服牛乘馬，自此馬始爲用。考三代之制，天子萬乘，諸侯千乘，大夫百乘，立國制賦之法，莫不以馬爲本，所以乘馬之法，在古今最爲精密。然大而天子，次而諸侯，下而大夫，乘馬之數，多寡不同。細考當時之數，所謂牧養之馬，有養之于官，有藏之于民。如丘甸歲取一匹之類，皆是藏之于民，不仰國家芻秣，如有事田獵征伐，臨時徵召。在天子之都，諸侯之國，大夫之家，未嘗不自蓄馬，此是養之于官者。

蔡氏德晉曰：兵政莫急于馬，故校人爲政官重職，而以中大夫爲之。校人所養，皆公家之馬，萬有餘匹。自路馬而外，凡郎衞、兵衞，從王師田巡狩者，皆當以此給之也。

蕙田案：馬政之利病多矣，然其要必在民馬與官馬分，而其法始經久而無弊，何則？兵之所資者，民馬也。兵衆則馬亦衆，非賦于民，其何以給？故三代之時，俾人自養其馬，則馬得所養，而國無養馬之費。此民馬之不可以官與焉者也。國之所用者，王馬也。王馬之所任者國事，非養于官，何以爲政？故校人以下，俾官共養吾馬，則馬得蕃息，而民無養馬之累。若官馬而以民與之，則爲户馬，爲保馬，爲括馬，而其害不可勝言矣。此校人職特著明曰「王馬之政」，可知民馬之無與于官，官馬之不資于民，而馬政之大綱舉矣。

易坤彖傳：牝馬地類，行地無疆。

繫辭傳：服牛乘馬，引重致遠，以利天下，蓋取諸隨。

蕙田案：以上二條，言馬之用。

説卦傳：乾爲馬。疏：乾象天，天行健，故爲馬也。

項氏安世曰：造化權輿云：乾，陽物也，馬故蹄圓。坤，陰物也，牛故蹄拆。陽病則陰，故馬疾則卧；陰病則陽，故牛疾則立。馬，陽物，故起先前足，卧先後足。牛，陰物，故起先後足，卧先前足。

爲良馬，爲老馬，爲瘠馬，爲駁馬。疏：良馬，取其行健之善也。老馬，取其行健之久也。瘠馬，取其行健之甚，瘠馬骨多也。駁馬，有牙如鋸，能食虎豹，取其至健也。

震，其於馬也，爲善鳴，爲馵足，爲作足，爲的顙。疏：善鳴，取雷聲之遠聞也。馬後足白爲馵，取其動而見也。作足，取其動而行健也。的顙，白額爲的顙，亦取動而見也。

坎，其於馬也，爲美脊，爲亟心，爲下首，爲薄蹄，爲曳。疏：美脊，取其陽在中也。亟，急也，取其中堅内動也。爲下首，取其水流向下也。爲薄蹄，取水流迫地而行也。曳，取水磨地而行也〔一〕。

崔氏憬曰：内陽剛動，故爲亟心。

蕙田案：以上馬取象。

周禮夏官校人：辨六馬之屬，種馬一物，戎馬一物，齊馬一物，道馬一物，田馬一物，駑馬一物。注：種，謂上善似母者。以次差之，玉路駕種馬，戎路駕戎馬，金路駕齊馬，象路駕道馬，田路駕田馬，駑馬給宫中之役。

鄭氏鍔曰：種馬者，馬之最善，育其種類，使生生不窮。

馬質：馬量三物，一曰戎馬，二曰田馬，三曰駑馬。

蔡氏德晉曰：戎馬以即戎，田馬以出獵，駑馬以供冗役之用。

高氏愈曰：校人職馬有六種，而此止言三物者，蓋種馬不常有，齊馬、道馬皆王所乘，以給臣民之

〔一〕「磨」，原作「麾」，據周易正義卷九改。

用者，唯三物而已。

廋人：馬八尺以上爲龍，七尺以上爲騋，六尺以上爲馬。

王氏應電曰：八尺以上，天子以備五路者，月令所謂「駕蒼龍」也。七尺以上，諸侯之上駟，詩所謂「騋牝三千」也。六尺以上，常馬耳。

蕙田案：後世論馬，皆以尺計，蓋本此。

詩魯頌駉：駉駉牡馬，在坰之野。薄言駉者，有驈有皇，有驪有黄，以車彭彭。思無疆，思馬斯臧。傳：駉駉，良馬腹幹肥張也。驪馬白跨曰驈，黄白曰皇，純黑曰驪，黄騂曰黄。

駉駉牡馬，在坰之野。薄言駉者，有騅有駓，有騂有騏，以車伾伾。思無期，思馬斯才。傳：蒼白雜毛曰騅，黄白雜毛曰駓，赤黄曰騂，蒼祺曰騏〔一〕。

駉駉牡馬，在坰之野。薄言駉者，有驒有駱，有駵有雒，以車繹繹。思無斁，思馬斯作。傳：青驪驎曰驒，白馬黑鬣曰駱，赤身黑鬣曰駵，黑身白鬣曰雒。

駉駉牡馬，在坰之野。薄言駉者，有駰有騢，有驔有魚，以車祛祛。思無邪，思馬

〔一〕「祺」，原作「黑」，據味經窩本、乾隆本、光緒本、毛詩正義卷二一改。

斯徂。傳：陰白雜毛曰駰，彤白雜毛曰騢，豪骭曰驔，二目白曰魚。

邶風定之方中：騋牝三千。箋：國馬之制，天子十有二閑，馬六種，三千四百五十六匹。邦國六閑，馬四種，千二百九十六匹。

禮記明堂位：夏后氏駱馬黑鬣，殷人白馬黑首，周人黄馬蕃鬣。

爾雅釋畜：騊駼馬。野馬。駮，如馬，倨牙，食虎豹。騉蹄，趼，善陞甗。騉駼，枝蹄趼，善陞甗。小領，盜驪。絶有力，駥。膝上皆白，惟馵。四骹皆白，驓。四蹢皆白，首。前足皆白，騱。後足皆白，狗。前右足白，啓。左白，踦。後右足白，驤。左白，馵。駵馬白腹，騵。驪馬白跨，驈。白州，驠。尾本白，騴。尾白，駺。馰顙，白顛。白達素，縣。面顙皆白，惟駹。回毛在膺，宜乘。在肘後，減陽。在幹，茀方。在背，闋廣。逆毛，居馻。騋牝，驪牡。玄駒，褭驂。牡曰騭，牝曰騇。駵白，駁。黄白，騜。駵馬黄脊，騝。驪馬黄脊，騽。青驪，駽。青驪驎，驒。青驪繁鬣，騥。驪白雜毛，駂〔一〕。黄白雜毛，駓。陰白雜毛，駰。蒼白雜毛，騅。彤白雜毛，騢。白馬黑鬣，駱。

〔一〕「駂」，諸本作「鴇」，據爾雅注疏卷一〇改。下同改。

白馬黑脣，駩。黑喙，騧。一目白，瞷。二目白，魚。注：騊駼，山海經云：「北海有獸，狀如馬，名騊駼，色青。」野馬，如馬而小，出塞外。駮，山海經云：「駮如白馬，黑尾，音如鼓，食虎豹。」鼤，山形似甑，上大下小。騉蹄，蹄如趼而健上山，秦時有騉蹄苑。騉駼，亦似馬而牛蹄。穆天子傳曰：「天子之駿，盜驪、騄耳。」又曰：「右服盜驪。」盜驪，千里馬。驈，即馬高八尺。骹，膝下也。首，俗呼爲踏雪馬。啓，左傳曰「啓服」。左白，前左脚白。右白，後左脚白。易曰：「震爲馵足。」騂，赤色黑鬣。驪，黑色。跨，髀間。州，竅。尾本白，尾株白。尾白，但尾毛白。馰顙，戴星馬也。素，鼻莖也，俗所謂漫髗徹齒。顙，額。回毛在膺，樊光云：「俗呼之官府馬。」伯樂相馬法，旋毛在腹下如乳者，千里馬。」幹，脅。皆別旋毛所在之名。逆毛，馬毛逆刺。騋牝，詩云：「騋牝三千。」馬七尺以上爲騋。見周禮。玄駒，小馬別名褭驂耳。或曰此即騕褭，古之良馬名。騭，今江東呼駁馬爲騭。騇，草馬名。駁騜，詩曰：「皇駁其馬。」騝、騽，皆背脊毛黃。駽，今之鐵驄。驒，色有深淺，斑駁隱粼，今之連錢驄。禮記曰：「周人黃馬繁鬣。」繁鬣，兩被毛，或云美髦鬣。駂，今之烏驄。駓，今之桃花馬。陰，淺黑，今之泥驄。騅，詩曰：「有騅有駓。」騢，即今之赭白馬，形赤。禮記曰：「夏后氏駱馬黑鬣。」騮，今之淺黃色者爲騮馬。魚，似魚目也。詩曰：「有驔有魚。」

論語：驥不稱其力，稱其德也。

伯樂相馬經：馬頭爲王欲得方，目爲丞相欲得光，脊爲將軍欲得強，腹脇爲城郭欲得張，四下爲令欲得長。眼欲得高，有紫艷光。鼻孔欲得大，鼻頭有「王」、「火」字。膺門欲開，汗溝欲深，口中欲得赤，權頰欲滿如月，膝骨圓而長。耳欲得相近而前，竪小而厚。膺門，馬前胸。汗溝，馬中脊也。又曰：伏龍骨欲得成，頸欲得長，雙趺欲得大而突，蹄欲得厚，腹下欲得平，有「八」字，尾骨欲得高而垂，眼下懸蠶懸鑿欲得成。

埤雅：舊説相馬，眼欲得有紫艷，口欲得有紅光，上唇欲得緩，下唇欲得急。上齒欲鉤，鉤則壽；下齒欲鋸，鋸則怒。耳欲如劈竹，睛欲如懸鈴。頭欲高如剥兔，項欲起如飛龍。又曰：人眼鳥目，鹿背麟腹，虎胸黿尾，擎頭如膺，垂尾如彗。又曰：望之大，就之小，筋馬也；望之小，就之大，肉馬也。前視見目，傍視見腹，後視見足，駿馬也。毛束皮，皮束筋，筋束肉，肉束骨，五者兼備，天下之馬也。又曰：口中紅白間色者壽，鼻中紅色如米點書者壽，眼中赤色如字形者壽。

齊民要術：耳小識人意，鼻大則能奔，目大則猛利不驚，目四滿則朝暮健。腎欲得小，膁腹小則易養。致瘦欲得見其肉，謂前肩守肉等類。致肥欲得見其骨。謂頭顱等類。龍顱突目，平脊大腹，脞重有肉，此三事備者，亦千里馬也。脞，胃脘也。頜下欲深，嗣骨欲廉，如織杼而闊，又欲長。頰下側八骨是。牙欲去齒一寸，牙如劍鋒則千里，額欲方平，鬐欲戴，中骨高二寸。鬐，中骨也。胸欲直而出，頸骨欲大，背欲短而方，脊欲大而抗，胸筋欲大，胸筋，夾脊筋也。三府欲齊，兩髂及中骨也。附蟬欲大，夜眼也。肘後欲開，髀骨欲短，兩肩骨欲深，蹄欲厚三寸，硬如石，下欲深而明，其後開如鷂翼，能久走。

國憲家猷：汗溝欲深，入如斬竹，口中色如日月光者，行千里。口中有黑者曰銜烏，短壽。白額入口，名梅雁，一名的盧。

安驥書：頭宜少肉，如剝兔頭，口中欲鮮明，舌欲方而薄，長而大如朱。

相馬經：馬生下墮地無毛，行千里。尿舉一脚，行五百里。蘭筋竪者，千里。旋毛在腹下如乳者，千里。膝如團麴，三軍莫逐。但知所發，不知所宿。一云：蹄團如麴，目成人者，行千里。一筋從玄中出，謂之蘭筋。玄中者，目上陷如井字。目成人者，瞳子中人頭足皆見。

國策：張儀曰：「秦馬之良，探前趹後，蹄間三尋。」三尋，三尺也。

海客日談：凡善走之馬，前蹄之痕印地，則後蹄之痕反在前蹄之先，謂之跨竈。

馬蹄之下有兩空處，名曰竈門。

全雅：馬之駿者，溺皆射前足。

列子：伯樂對秦穆公曰：「良馬可以形容筋骨相也。天下之馬，若滅若沒，若亡若失。若此者絶塵弭轍。臣有所與九方皋，其相馬非臣之下也。」公使行求馬，三月而反，報曰：「已得之，在沙丘。」公曰：「何色？」對曰：「牝而黄。」往取之，牡而驪。公曰：「物色牝牡尚弗能知，何馬之能知？」伯樂曰：「若皋之所觀，天機也。得其精而忘其粗，在其内而忘其外。」馬至，果天下之馬也。若滅若没，若亡若失，言恍惚而不定，不可以形求也。

集異記：寧王得二馬，其一價一千緡，一五百緡。坐客觀之，不相上下，莫測其價之懸殊。寧王令驗之，馳驅數四，乃顧千緡者曰：「此馬緩急百返，蹄下不起纖塵。」復顧五百緡者，曰：「此馬往來十過，足下頗生塵埃。」以此品其高下焉。

相馬經：凡相馬之法，先除三羸、五駑，乃相其餘。大頭小頸，一羸；弱脊大腹，二羸；小脛大蹄，三羸。五駑者，大頭緩耳，一駑；長頸不折，二駑；短上長下，三駑；大髂短脅，四駑；淺髖薄髀，五駑。

國憲家猷：秣馬之法，必視其齒曆勞逸而調息之。馬四年而兩齒，五年而四齒，六年而六齒成矣。七年而右一齒缺，八年而上下兩邊各一齒缺，九年而上下盡缺，十年而下兩齒齨，十一年而下四齒齨，十二年盡齨，十七年上四齒齨，十八年盡齨，十九年上兩齒平，二十年上四齒平。年之長少，惟馬齒最準。故人自謙曰：「犬馬之齒長矣。」

相馬經：馬一歲，上下齒二；十四歲，齒黄；三十四歲，齒落不復出。

馬經釋義：案内經，頭爲諸陽之首，具五官，通七竅，六腑清陽之氣，五藏精華之血，皆會於頭。故庭闕宜張，蕃蔽欲見。心氣通舌，心主血也。肝氣通目，肝主筋也。脾氣通口，脾主肉也。肺氣通鼻，肺主氣也。腎氣通耳，腎主骨也。腰脊者，身之大關節也。腹脅者，臟腑之郭也。膺門者，氣海之所藏也。跂脛者，所以管趨翔也。又五臟六腑之精氣，皆上注於目而爲之精。精之窠爲眼，骨之精爲瞳子，腎所屬也。筋之精爲黑眼，肝所屬也。血之精爲絡，心所屬也。其窠氣之精爲白眼，肺所屬也。肌肉之精爲約束，脾所屬也。

蕙田案：以上辨馬之名物。

周禮夏官校人：凡頒良馬而養乘之：乘馬一師四圉。三乘爲皁，皁一趣馬。三皁爲繫，繫一馭夫。六繫爲廄，廄一僕夫。六廄成校，校有左右。駑馬三良馬之數，麗馬一圉，八麗一師，八師一趣馬，八趣馬一馭夫。注：良，善也。善馬，五路之馬。鄭司農云：「四匹爲乘，養馬爲圉。故春秋傳曰：『馬有圉，牛有牧。』」玄謂：二耦爲乘。師、趣馬、馭夫、僕夫，帥之名也。趣馬下士，馭夫中士，則僕夫上士也。自乘至廄，其數二百一十六匹。易「乾爲馬」，此應乾之筴也。至校變言「成」者，明六馬各一廄，而王馬小備也。校有左右，則良馬一種者四百三十二匹，五種合二千一百六十匹。駑馬三之，則爲千二百九十六匹。五良一駑，凡三千四百五十六匹。然後王馬大備。麗，耦也。駑馬自圉至馭夫，凡馬千二十四匹，與三良馬之數不相應，「八」皆宜爲「六」，字之誤也。師十二匹，趣馬七十二匹，則馭夫四百三十二匹矣。然後從而三之。既三之，無僕夫者，不駕於五路，卑之也。

鄭氏鍔曰：養之冀其繁盛，乘之冀其調良。乘馬一師而四圉之，則牧馬之僕也，師則教圉以養乘之法也。四馬爲一圉，則養之必專；四圉爲一師，則教之必審。合三乘爲十二匹，則同一皁。傳曰：「牛驥同皁。」皁言皁隸之所掌也。合三皁而三十六匹，則同一繫，繫則繫屬而不散之義。合六繫而二百一十六匹，則同一廄，廄則數至于此而已終既也。先儒謂乾之策二百一十有六，于易「乾爲馬」，天子之馬，應爻之策，其數盡于此，故以廄名之。合六廄而成一校，而六廄又分爲左右，則十二閑矣。

王氏應電曰：舊説謂駑馬一千二百九十六匹，是駑馬爲良馬三之一，非三良馬之數矣。八麗十六匹，一圉師教之。八師一百二十八匹也，一趣馬督之。八趣馬一千二十四匹也，一馭夫領之。止于馭夫而不屬于僕夫者，以駑馬止充雜用，而不當王之五路也。凡七馭夫，爲馬七千一百六十八匹，則與三良馬之數略相當矣。

蔡氏德晉曰：一千二百四十匹而一馭夫。自師至馭夫，皆以八登之，則有八馭夫可知矣。然則合天子良馬、駑馬之數計之，共得馬一萬七百八十四匹，而民間之馬不與也。舊解誤。

王氏昭禹曰：良馬自圉師至于校人，則以中大夫爲之，其官爲稍尊。駑馬自圉師至馭夫而止者，以其材下于良馬，故掌養乘之者，兼其數而掌其事，則官至于中士之馭夫而已。蓋八趣馬則一馭夫掌之，亦兼總于校人矣。

等馭夫之禄、宫中之稍食。注：馭夫，于趣馬、僕夫爲中，舉中見上下。稍食，師、圉府史以下〔一〕。

廋人：正校人員選。注：校人，謂師圉也。正員選者，選擇可備員者平之。

王氏應電曰：馭夫而下，可以備員于校人，而中其選者，廋人差而正之也。

蕙田案：以上畜馬官職、禄食及選舉之政。

〔一〕「府」，原作「夫」，據光緒本、周禮注疏卷三三改。

校人：天子十有二閑，馬六種；邦國六閑，馬四種；家四閑，馬二種。注：降殺之差，每廄爲一閑。諸侯有齊馬、道馬、田馬，大夫有田馬，各一閑，其駑馬則皆分爲三焉。

蔡氏德晉曰：十二閑，良馬四閑。三廄爲一閑，駑馬八閑，每馭夫爲一閑也。邦國，諸侯之國。六閑，良馬二閑，駑馬四閑也。四種，無種馬、戎馬也。家，天子公卿之家。四閑二種，田馬一閑，駑馬三閑也。

又曰：邦國六閑，良馬二閑，爲一千二百九十六匹；駑馬四閑，爲四千九十六匹，合計之，當得五千三百九十二匹。衛文公「騋牝三千」，齊景公「有馬千駟」，未嘗過制也，而陳用之譏其僭侈踰禮，亦考之不詳矣。

鄭氏鍔曰：周制，自上而下，禮之降殺各以兩，獨諸侯之於天子，不止於兩而已。天子六軍，諸侯則三軍；天子之馬十二閑，諸侯則六閑。其降殺不止於兩者，爲其地近而嫌也，故曰「成國半天子之軍」，則馬之閑半乎天子，豈不宜哉？天子法天之大數，故馬六種，分爲十二閑。諸侯馬四種，分爲六閑，半天子之制也。大夫有田馬、駑馬二種，分爲四閑，又半諸侯也。以司馬法論之，甸方八里，有戎馬四匹，長轂一乘。大夫采地四甸，一甸供王，其餘三甸纔有馬十二匹，謂與校人之職甚異。康成以爲司馬法爲民出軍賦，無與於天子國馬之數。余以其說考之，古者天子有國馬，有民賦之馬。民馬出於井田之賦，如所謂「提封萬乘，馬四萬匹」；提封千乘，「馬四千匹」者是也。若乃國馬，則國所自養牧以待用者，即此校人以下所云是也。蓋養於國者，爲車路之備；出於民者，爲用兵之防。此所以各足其事而不相傷也。

凡馬，特居四之一。注：欲其乘之性相似也。物同氣則心一。鄭司農云：「四之一者，三牝一牡。」

鄭氏鍔曰：特，謂牡馬也。詩云：「實惟我特。」又曰：「百夫之特。」則特者，雄而特立之義。

蕙田案：特與牡有異。牡對牝而言，特又別于牡而言。牡所以駕服，特所以蕃孳也。閑中之馬，特馬居牡馬四之一，所以「仲月通淫」、月令「季春合累牛騰馬，遊牝于牧」者也。故廋人「佚特」用之，不使甚勞，所以安其氣血；校人「夏，攻特」，以牝馬方孕，攻去其特，勿使近牝，以爲蕃馬之本。皆先王順時育物，能盡物性之義。

又案：以上養馬之數。

牧師：掌牧地，皆有厲禁而頒之。注：頒馬授圉者所牧處〔一〕。疏：言厲禁者，謂可牧馬之處，亦使其地之民遮護禁止，不得使人輒牧牛馬也。

鄭氏鍔曰：水草繁多之地，可以放牧。馬之就牧者甚衆，而官之所掌，各有數之多寡，故頒之以地也。

蕙田案：馬必就牧，雖官馬之在閑者，當水草茂盛之候，亦皆當置之牧地也。

孟春焚牧。注：焚牧地，以除陳生新草。

鄭氏鍔曰：孟春，草將生，焚去地之陳根，使發生新芽，則馬食而充肥。

蕙田案：以上牧馬之地，後世謂之牧廠，設監以治之，唐之四十八監等是也。

中春通淫。注：中春，陰陽交，萬物生之時，可以合馬之牝牡也。月令「季春，乃合累牛騰馬，遊牝于牧」，秦時書也。秦地寒涼，萬物後動。

禮記月令：季春之月，乃合累牛騰馬，遊牝于牧。注：所合牛馬皆繫在厩者，其牝欲遊，則就牧之牡而合之。

方氏慤曰：合牛馬而遊牝于牧，所以順陰陽之性，且欲其孳生之繁也。牧，蓋畜養之地。

〔一〕「馬」，諸本脱，據周禮注疏卷三三補。

蕙田案：此遊牧孳息之令。

周禮夏官圉人：掌養馬芻牧之事，以役圉師。

王氏昭禹曰：芻以食馬，牧以放馬，皆所以養之。

蕙田案：芻牧，以芻牧之所，謂牧養也。王氏説與牧師複。

又案：此條馬之芻牧，序官：「圉夫，良馬匹一人，駑馬麗一人。」

圉師：掌教圉人養馬，春除蓐，釁厩，始牧。夏庌馬，冬獻馬。疏：莊公二十九年左傳：「春，新延厩。書不時也[一]。凡馬，日中而出，日中而入。謂春分秋分治厩當于是時。」

劉氏彝曰：冬寒以草藉馬曰蓐。春則除之，去其穢也。釁厩，辟去其惡也。

蔡氏德晉曰：始牧，始出牧放也。庌，廡也。夏酷暑，而馬尤畏熱，故爲廡以涼之。養馬之事，莫要于温涼，出入之以時，故特舉之。

趣馬：辨四時之居治，以聽馭夫。注：居，謂牧庌所處。治，謂執駒攻駒之屬。疏云：「辨四時之居治」者，謂二月以前、八月以後在厩，二月以後、八月以前在牧，故云「四時」也。云「牧庌」者，放牧之處，皆有庌廠以廕馬也。

〔一〕「書」，諸本脱，據周禮注疏卷三三補。

蕙田案：此條因時厩牧之政。

校人：春執駒。注：鄭司農云：「執駒，無令近母，猶攻駒也。二歲曰駒，三歲曰駣。」玄謂：執猶拘也。春通淫之時，駒弱，血氣未定，爲其乘匹傷之。

夏頒馬，攻特。注：夏通淫之後，攻其特，爲其蹄齧，不可乘用。鄭司農云「謂騬之」。

蕙田案：先鄭云「騬之」，騬，去勢也，馬必騬而後可用。春執駒，已騬之矣。及夏，而通淫之特亦并騬之，使供用也。

禮記月令：仲夏之月，游牝别群，則縶騰駒。

周禮夏官廋人：掌十有二閑之政教，以阜馬、佚特、教駣、攻駒，及執拘、散馬耳、圉馬。注：阜，盛壯也。鄭司農云：「散謂括馬耳，毋令善驚也。」玄謂：佚者，用之不使甚勞，安其血氣也。教駣，始乘習之也。攻駒，制其蹄齧者。散馬耳，以竹括押其耳，頭動摇，則括中物，後遂串習，不復驚。

王氏應電曰：每圉二廋人，一廋人所統三馭夫、九趣馬、二十七圉師、一百八圉人，政以治之，教以導之，自阜馬以至圉馬皆是也。阜者秣飼以時，使之壯盛。佚者駕乘有節，使不過勞。三歲曰駣，始教以乘習。二歲曰駒，攻治其蹄齧。執駒以熟其性，圉馬以就牢籠。然後馬之惡者可使馴，柔者可使良，而無踶駕驚奔之患。

馬質：綱惡馬。注：謂以縻索綱維狎習之也。

蕙田案：先王所以盡馬之性者，亦唯養之教之而已。校人總其綱，廋人、馬質兼掌之。

巫馬：掌養疾馬而乘治之，相醫而藥攻馬疾，受財于校人。注：乘，謂驅步以發其疾，知所疾處乃治之。相，助也。疏：財，謂共祈具及藥直。

天官獸醫：凡療獸病，灌而行之以節之，以動其氣，觀其所發而養之。凡療獸瘍，灌而劀之以發其惡，然後藥之、養之、食之。

蕙田案：以上療馬疾。

夏官校人：秋臧僕，冬獻馬，講馭夫〔一〕。注：臧僕，謂簡練馭者，令皆善也。玄謂：馭五路之僕。獻馬者，見成馬于王也。馭夫馭貳車、從車、使車者。講猶簡習。疏：云「講猶簡習」者，亦謂秋時物成，講之使成也。

趣馬：賞贊正良馬，而齊其飲食，簡其六節。注：贊，佐也。佐正者，謂校人臧僕講馭夫

〔一〕「馭」，原作「圉」，據光緒本、周禮注疏卷三三改。

之時。簡，差也。節猶量也。差擇王馬，以爲六等。

劉氏彝曰：目以知其膽之不驚，口以知其性之不悖，耳以知其力之不殫，鬣以知其血之有餘，毛以知其氣之不暴，蹄以知其行之不給。六者，簡馬之大節也。

王氏應電曰：簡其六節者，凡馬，驅之而晉，旋之而反，此進退之節；提之而走，控之而止，此行止之節；驟之而趨，馳之而奔，此馳驟之節。簡者，督策之，使合節。此教導之法也。

蕙田案：此養馬、調馬之佐校人者。六節，王氏與注及劉執中説不同，王氏爲優。蓋此言贊正良馬，則駑馬應不在内，且與「節」字親切。簡馬之道，六者不可廢也。

掌駕説之頒〔一〕。疏：凡用馬，當均勞逸，故駕説須依次第〔二〕。

馬質：馬及行，則以任齊其行。注：謂其所載輕重及道里，齊其勞逸乃復用之。

蕙田案：齊飲食、簡六節、掌駕説等，皆所以臧僕而講馭夫之事，歸於善養、善教、善用之，馬政之實際也。

〔一〕「駕説」，原誤倒，據光緒本、周禮注疏卷三三乙正。下「蕙田案」同。
〔二〕「駕説」，諸本作「脱駕」，據周禮注疏卷三三改。

詩小雅吉日：既差我馬。傳：差，擇也。

爾雅釋畜：既差我馬。差，擇也。宗廟齊毫，戎事齊力，田獵齊足。注：齊毫尚純，齊力尚强，齊足尚疾。

周禮夏官校人：凡軍事，物馬而頒之。注：物馬，齊其力。

蕙田案：以上差擇頒馬之政。

馬質：掌質馬。馬量三物，一曰戎馬，二曰田馬，三曰駑馬，皆有物賈。注：此三馬，買以給官府之使，無種也。鄭司農云：「皆有物賈，皆有物色及賈直。」

蔡氏德晉曰：質，平也。馬之價直不等，故立馬質平之，謂買馬則驗其駑良，平其價直也。

易氏祓曰：此言市馬之政。

凡受馬于有司者，書其齒毛與其賈。馬死，則旬之内更；旬之外入馬耳，以其物更；其外否。注：鄭司農云：「更，謂償也。」玄謂：旬之内死者，償以齒毛與賈，受之日淺，養之惡也。旬之外死，入馬耳，償以毛色，不以齒賈，任之過其任也。「其外否」者，旬之外踰二十日而死，不任用，非用者罪。疏：旬之内日少，若養之善，未能致死也，故更。旬之外日多，任之過，馬力既竭，雖養之善，容得致死，故不償。

若有馬訟，則聽之。注：訟，謂買賣之言相負。

巫馬：馬死，則使其賈粥之，入其布於校人。

蕙田案：以上市馬之事。

馬質：禁原蠶者。注：原，再也。天文，辰爲馬。蠶書：蠶爲龍精。月直大火，則浴其種，是蠶與馬同氣。物莫能兩大，禁原蠶，爲其傷馬歟？

蕙田案：此養馬之禁。

校人：春祭馬祖。注：馬祖，天駟也。孝經説曰：「房爲龍馬。」

鄭氏鍔曰：馬未嘗有祖，此言馬祖者，賈氏謂天駟也。以天文考之，天駟，房星也。房爲龍馬，馬生者，其氣實本諸此，則馬祖爲天駟可知。於春則祭，春者，萬物始生之時。

夏祭先牧。注：先牧，始養馬者。其人未聞。

鄭氏鍔曰：先牧，始教人以放牧者也。夏草方茂，馬皆出而就牧，思其始教以養牧之法，故祭於夏。

秋祭馬社。注：馬社，始乘馬者。世本曰：「相土作乘馬。」

王氏昭禹曰：馬社，廄中之土示。凡馬，日中而出，日中而入。秋，馬入廄之時，故祭馬社。

鄭氏鍔曰：皂廄所在，必有神焉。賴乎土神以安其所處，故祭馬社。

蕙田案：王氏、鄭氏説與注不同，似更優。

冬祭馬步。注：馬步，神，爲災害馬者。

鄭氏鍔曰：寒氣總至，馬方在厩，必存其神，使不爲災。唐人之頌曰：「冬祭馬步，存神也。」馬之難育也，必祈諸神以爲之助。四時祭之，順其時，各有蕃馬之法。

王氏昭禹曰：馬步，爲馬禱行。冬則大閱之時，故祭馬步〔一〕。

庾人：掌祭馬祖，祭閑之先牧。注：閑之先牧，先牧制閑者。

鄭氏鍔曰：庾人職卑，安得主馬祖之祭？於校人祭馬祖之時，己則祭閑之先牧。校人祭先牧，迺祭始教牧之人；此祭閑之先牧，則祭始作閑以牧馬之神。

春官甸祝：禂牲，禂馬，皆掌其祝號〔二〕。注：杜子春云：「禂，禱也。爲馬禱無疾，爲田禱多獲禽牲〔三〕。」詩云：「既伯既禱。」爾雅云：「馬祭也。」玄謂：禂讀如伏誅之誅，今侏大字也。爲牲祭，求肥充；爲馬祭，求肥健。疏：知此皆有祭者，以其言「皆掌其祝號」，是有祭事。

蕙田案：以上馬政祭祀。

又案：三代以後，國之需馬益急，養馬之政益煩，而卒至于耗弊而無實者，究

〔一〕「王氏」至「祭馬步」二十一字，原脱，據味經窩本、乾隆本、光緒本補。
〔二〕「號」，原脱，據光緒本、周禮注疏卷二六補。
〔三〕「牲」，諸本脱，據周禮注疏卷二六補。

由畜牧之不精也。今考周禮校人、趣馬、巫馬、牧師、廋人、圉師、圉人等職，大小相維，詳要具舉，則官得其人矣。牧地有厲禁，廄牧有時令，則天地之和協矣。芻秣有專司，疾病有醫療，而養之極其精矣。贊正良馬而教駣、攻駒、散馬耳，綱惡馬，則教之極其馴矣。至于仲月通淫，游牝攻特，則又全其孳息之性焉。後世論牧政者，所當詳究也。

右周馬政

秦漢

史記秦本紀：造父以善御幸于周穆王，得驥、温驪、驊駵、騄耳之駟。其後又有非子居犬丘，好馬及畜，善養息之。孝王召使主馬于汧、渭之間，馬大蕃息。

貨殖傳：烏氏倮韋昭曰：烏氏，縣名。倮，名也。畜牧，及衆，斥賣，求奇繒物，間獻遺戎王。戎王什倍其償，與之畜，畜至用谷量馬牛。秦始皇帝令倮比封君，以時與列臣朝請。

歸氏有光曰：周禮牧馬之事，皆自古以來傳其法，所以能盡物之性者也。或謂周蓋令民間養馬，考其實不然。丘甸之馬，國有賦調，民自具馬以即戎，民之平日養馬，官何與焉？唯校人以下之職乃爲王馬，而天子使人自養之者也。牧師所謂「牧地」，皆在草莽水泉之區，若今之苑馬然。其後，天子亦不盡如其制，而自以其意使人養馬。穆王時，造父馭八駿，孝王命非子主馬汧、渭之間，皆非如周禮有一定之官也。春秋時，魯、衛弱國，而魯僖公坰牧之盛，衛文公「騋牝三千」，詩人歌頌之。秦起西北，牧多健馬，其詩曰「駟驖孔阜，六轡在手」，又曰「騏駵是中，騧驪是驂」，言秦馬之良也。諸侯力政，國各有馬至千萬騎。後秦併六國，馬皆入之秦。及山東豪俊起，章邯以百萬之師，數進數卻，竟以敗降，秦馬無聞焉。

漢書百官公卿表：太僕，秦官，應劭曰：周穆王所置也，蓋大御衆僕之長，中大夫也。掌輿馬，有兩丞。屬官有大廄、未央、家馬三令，各五丞一尉。師古曰：家馬者，主供天子私用，非大祀、戎事軍國所須，故謂之家馬也。又車府、路軨、騎馬、駿馬四令丞；伏儼曰：主乘輿路車，又主凡小車。軨，今之小馬車曲輿也。師古曰：軨音零。又龍馬、閑駒、橐泉、騊駼、承華五監長丞〔一〕；

〔一〕「承」，諸本作「丞」，據漢書百官公卿表改。

如淳曰：橐泉廄在橐泉宮下。師古曰：閑，闌，養馬之所也，故曰閑駒。駒騟出北海中，其狀如馬。又邊郡六牧師苑令，各三丞；師古曰：漢官儀云牧師諸苑三十六所，分置北邊、西邊，分養馬三十萬頭。又牧橐、昆蹏令丞，如淳曰：爾雅曰：昆蹏趼〔一〕，善升甗者也，因以爲廄名。師古曰：牧橐，言牧養橐駞也。昆，獸名也。蹏趼者，謂其蹏下平也。善升甗者，謂山形如甑而能升之也。蹏即古「蹄」字耳。皆屬焉。

金日磾傳：輸黃門養馬，牽馬過殿下，馬又肥好，拜爲馬監。

史記平準書：漢興，丈夫從軍旅，老弱轉糧饟，作業劇而財匱，自天子不能具鈞駟，而將相或乘牛車。爲秦錢重難用，更令民鑄錢〔二〕，一黃金一斤，約法省禁。而不軌逐利之民，蓄積餘業以稽市物，物踊騰糶，米至石萬錢，馬一匹則百金。至今上即位數歲，國家無事，衆庶街巷有馬，阡陌之間成群，而乘字牝者儐而不得與會。

漢書文帝本紀：二年，詔太僕見馬遺財足，師古曰：遺，留也。減留纔足充事而已。餘皆以給傳置。

〔一〕「趼」，原作「研」，據光緒本改。下同。
〔二〕「錢」，原脱，據光緒本、史記平準書補。

蕙田案：此裁省厩馬之始。

食貨志：鼂錯曰：「今令民有車騎馬一匹者，復卒三人。車騎者，天下武備也，故爲去聲。復卒。」

蕙田案：此養馬復卒之始。

孝景二年，始造苑馬以廣用，宫室、列館車馬益增修矣。

景帝本紀：四年，御史大夫綰奏：「禁馬高五尺九寸以上，齒未平，不得出關。」

漢儀注：太僕、牧師諸苑三十六所，分布北邊、西邊，以郎爲苑監官，奴婢三萬人，養馬三十萬匹。

武帝本紀：建元元年，罷苑馬以賜貧民。師古曰：養馬之苑，舊禁百姓不得芻牧采樵，今罷之。

蕙田案：此牧地弛禁之始。

史記平準書：大將軍再出擊胡，漢軍士馬死者十餘萬。天子爲伐胡，盛養馬，馬之來食長安者數萬匹，卒牽掌者，關中不足，乃調旁近郡。而胡降者，皆衣食縣官，縣官不給，天子乃損膳，解乘輿駟，出御府禁臧以贍之。

匈奴列傳：初，漢兩將軍大出圍單于〔一〕，所殺虜八九萬。而漢士卒物故者亦數萬〔二〕，漢馬死者十餘萬匹。匈奴雖病，遠去，而漢亦馬少〔三〕，無以復往。

漢書食貨志：令民得蓄邊縣，孟康曰：令得蓄牧于邊縣〔四〕。官假馬母，三歲而歸，及息什一，以除告緡，用充入新秦中。李奇曰：邊有官馬，今令民能蓄官母馬者，滿三歲歸之，十母馬還官一駒，此爲息什一也。師古曰：官得母馬之息，以給用度，得充實秦中，故除告緡之令。明年，車騎馬乏，縣官錢少，買馬難得，迺著令，令封君以下至三百石吏以上差出牝馬天下亭〔五〕，亭有蓄字馬，歲課息。

蕙田案：建元罷苑馬，而畜馬之本傷矣。數出師，而用馬之力殆矣。于是爲假母歸息之令，而車騎之馬遂乏，甚至官吏出馬不踰時，更籍吏民馬矣。

〔一〕「軍」，諸本脱，據史記匈奴列傳補。
〔二〕「卒」，諸本脱；「數萬」，諸本誤倒，據史記匈奴列傳補、乙正。
〔三〕「亦馬」，諸本誤倒，據史記匈奴列傳乙正。
〔四〕「牧」，原作「物」，據光緒本、漢書食貨志改。
〔五〕「牝」，諸本作「牡」，據漢書食貨志下校勘記改。

史記貨殖傳：塞之斥也，唯橋姚已致馬千匹，牛倍之，羊萬頭。注：塞斥者，言因斥開邊塞，更令寬廣，故橋姚得恣其畜牧也。

漢書武帝本紀：元鼎四年，馬生渥洼水中。李斐曰：南陽新野有暴利長遭刑，屯田燉煌界，數于此水旁見群野馬中有奇異者，與凡馬來飲此水。利長先作土人，持勒靽于水旁。後馬玩習，久之代土人持勒靽收得其馬，獻之，欲神異此馬，云從水中出。作天馬之歌。

史記大宛列傳：張騫爲天子言大宛多善馬，馬汗血，其先天馬子也。漢使烏孫，烏孫使使獻馬。初，天子發書易，云「神馬當從西北來」。得烏孫馬好，名曰「天馬」。及得大宛汗血馬，益壯，更名烏孫馬曰「西極」，名大宛馬曰「天馬」云。漢使者往既多，言「宛有善馬在貳師城，匿不肯與漢使」。天子既好宛馬，聞之甘心，使壯士請宛王貳師城善馬。宛謀曰：「貳師馬，宛寶馬也。」不肯與漢使。天子大怒，拜李廣利爲貳師將軍，期至貳師城取善馬。是歲，太初元年也。

漢書李廣利傳：太初元年，以廣利爲貳師將軍，期至貳師城取善馬，故號「貳師將軍」。拜習馬者二人爲執驅馬校尉，備破宛擇取其善馬。圍其城，宛大恐，遣人使貳師，約曰：「漢無攻我，我盡出善馬，恣所取而給漢軍食。即不聽我，我盡殺善馬。」貳師許宛之約。宛乃出其馬〔一〕，令漢自擇之。漢軍取其善馬數十匹，中馬以下牝牡三千餘匹。

西域傳：大宛俗嗜酒，馬耆目宿。宛別邑七十餘城，多善馬。馬汗血，言其先天馬子也。師古曰：言大宛國有高山，其上有馬不可得，因取五色母馬置其下與集，生駒，皆汗血，因號曰「天馬子」云。張騫始爲武帝言之，上遣使者持千金及金馬，以請宛善馬。宛王以漢絶遠，大兵不能至，愛其寶馬不肯與。漢使妄言，師古曰：謂詈辱宛王。宛遂攻殺漢使，取其財物。于是天子遣貳師將軍李廣利將兵前後十餘萬人伐宛，連四年。宛人斬其王毋寡首，獻馬三千匹，漢軍乃還，語在張騫傳。貳師既斬宛王，更立貴人素遇漢善者名昧蔡爲宛王。後歲餘，宛貴人以爲昧蔡諂，使我國遇屠，師古曰：諂，古「諂」字。相與共殺昧蔡，立毋寡弟蟬封爲王，遣子入侍，質于漢，漢因使使賂賜鎮撫之。又發使十餘輩，抵宛西諸國求奇物，因風諭以伐宛之威。師古曰：風，讀曰諷。宛王蟬封與漢約，歲獻天馬二匹。漢使采蒲陶、目宿種歸。天子以天馬多，又外國使來衆，益種蒲陶、目

〔一〕「乃」，原作「大」，據光緒本、漢書李廣利傳改。

宿離宮館旁，極望焉。師古曰：今北道諸州舊安定、北地之境往往有目宿者，皆漢時所種也〔一〕。

後漢書馬援傳：孝武皇帝時，善相馬者東門京鑄作銅馬法獻之，有詔立馬於魯班門外，則更名魯班門曰金馬門。

武帝本紀：太初二年，籍吏民馬補車騎馬。師古曰：籍者，總入籍，録而取之。西域傳：征和中，上下詔，深陳既往之悔，禁苛暴，止擅賦，力本農，修馬復令，以補缺，毋乏武備而已。孟康曰：先是，令長吏各以秩養馬，亭有牝馬，民養馬皆復不事。後馬多絶乏，至此復修之也。師古曰：此説非也。馬復，因養馬以免徭賦也。郡國二千石各上進畜馬方略補邊狀，與計對。師古曰：與上計者同來赴對也。

徐氏曰：案晁錯疏言「民有車騎馬一匹者，復卒三人」，即馬復令也。

昭帝本紀：始元四年秋七月，詔：「往時令民共出馬，其止勿出。諸給中都官者，且減之。」

五年夏，罷天下亭母馬及馬弩關。應劭曰：武帝令天下諸亭養母馬，欲令其繁孳。又作馬

〔一〕「時」，諸本作「使」，據漢書西域傳改。

上弩機關，今悉罷之。孟康曰：舊馬高五尺六寸齒未平〔一〕、弩十石以上者，皆不得出關，今不禁也。

元鳳二年六月，詔曰：「朕閔百姓未贍，前年減漕三百萬石，頗省乘輿馬及苑馬，以補邊郡三輔傳馬。其令郡國毋斂今年馬口錢。」文穎曰：往時有馬口出斂錢，今省。如淳曰：所謂租及六畜也。

蕙田案：此係昭帝元鳳二年事，文獻通考以爲宣帝五鳳二年，誤。

元帝本紀：初元元年六月，省苑馬，以振困乏。九月，詔太僕減穀食馬。二年三月，詔罷黄門乘輿狗馬。五年四月，詔大官所具各減半，乘輿秣馬，無乏正事而已。

貢禹傳：禹奏言：「高祖、孝文、孝景皇帝，循古節儉，厩馬百餘匹。方今厩馬食粟將萬匹。今民大飢，而厩馬食粟，苦其大肥，氣盛怒至，乃日步作之。願減損乘輿服御，厩馬亡過數十匹。」天子納善其忠，乃下詔令太僕減食穀馬〔二〕。

成帝本紀：建始二年秋，減乘輿厩馬。

〔一〕「五尺六寸」，諸本作「五尺九寸以上」，據漢書昭帝本紀改。
〔二〕「令」，諸本脱，據漢書貢禹傳補。

林氏曰：漢初，民出善賦，以備車馬。武帝於口賦錢人增三錢，以補車騎馬。昭帝元鳳二年，令郡國毋斂今年馬口錢。又稍復古制，勸民養馬，有一匹者，復卒三人。蓋居閑則免三人之算，有事則當三人之卒，此内郡之制也。至於邊塞，則縱民畜牧而官不禁。烏氏居塞，則馬數千群。橋姚居塞，則致馬千匹。貨殖傳。于時内郡之盛，則衆庶有馬，阡陌成群。食貨志。邊郡之盛，則三十六苑，分置西、北。漢儀注。武帝初年，單于入塞，見馬布野而無人牧者，征伐四彝，而馬往來食長安者數萬匹。既數出師，馬大耗乏，乃行一切之令，自封君而下至三百石吏，以次出馬。則内郡庶民之有馬者，欲望復卒難矣。又令民得畜邊者從官假馬母而歸，其息十一，則邊郡之欲廣蓄牧難矣。又匿馬者有罪。有以列侯匿馬而至腰斬者。功臣表黎頃侯召奴。有以民或匿馬，馬不具，而長安令幾坐死者。汲黯傳。故内郡不足，則籍民馬以補車騎；邊郡不足，則發酒泉騾驢，負石至玉門關。武紀太初三年。輪臺之恨，始修馬令。吁，亦晚矣。

歸氏有光曰：漢馬莫盛于孝武之世，後以馬耗，故爲假馬母歸息諸一切法，此後世民養官馬之始也。然不久而罷。漢太僕所領，若車府、路軨、騎馬、駿馬、龍馬、閑駒、騊駼諸監廄，皆内馬也。邊郡六牧師苑及漢陽流馬苑，此皆在外。而諸牧師苑，分在河西六郡中。北地、靈州有河奇苑、號非苑。歸德有堵苑、白馬苑，郁郅有牧師苑，襄平有牧師官，鴻州有天封苑，太原有家馬官〔一〕。其後又置越巂長利、高望、始昌三苑，益州有萬歲苑，犍爲有漢平苑，皆太僕屬也。

後漢書百官志：太僕，卿一人，掌車馬。丞一人〔二〕。未央廄令一人，主乘輿及廄中諸馬。長樂廄丞一人。舊有六廄，中興省約，但置一廄。後置左駿令、廄，别主乘輿御馬，後或併省。又有牧師苑，皆令官，主養馬，分在河西六郡界中，中興皆省，唯漢陽有流馬苑，但以羽林郎監領。

馬援傳：援好騎，善别名馬。於交趾得駱越銅鼓，乃鑄爲馬式，還上之。因表曰：「夫行天莫如龍，行地莫如馬。馬者，甲兵之本，國之大用。安寧則以别尊卑之序，有變則以濟遠近之難。昔有騏驥，一日千里，伯樂見之，昭然不惑。近世有西

〔一〕「太原」，諸本作「太官」，據震川集卷四改。
〔二〕「一人」，原作「二人」，據光緒本、後漢書百官志二改。

河子輿，亦明相法。子輿傳西河儀長孺，長孺傳茂陵丁君都，君都傳成紀楊子阿，臣援嘗師事子阿，受相馬骨法。考之於行事，輒有驗效。臣愚以爲傳聞不如親見，視景不如察形。今欲形之於生馬，則骨法難備具，又不可傳之於後。臣謹依儀氏鞚，中帛氏口齒，謝氏脣鬐，丁氏身中，備此數家骨相以爲法。」馬高三尺五寸，圍四尺五寸。有詔置於宣德殿下，以爲名馬式焉。注：援銅馬相法曰：「水火欲分明。水火在鼻兩孔間也[一]。上脣欲急而方，口中欲紅而有光，此馬千里。頷下欲深，下唇欲緩。牙欲前向。牙欲去齒一寸，則四百里；牙劍鋒，則千里。目欲滿而澤。腹欲充，膁欲小，季肋欲長，縣薄欲厚而緩。縣薄，股也。腹下欲平滿，汗溝欲深長，而膝本欲起，肘腋欲開，膝欲方，蹄欲厚三寸，堅如石。」

和帝本紀：永元五年二月，詔有司省減內外廄及涼州諸苑馬。

安帝本紀：永初元年九月，詔：「廄馬非乘輿常所御者，皆減半食。」六年春正月，詔：「越嶲置長利、高望、始昌三苑。又令益州郡置萬歲苑，犍爲置漢平苑。」

順帝本紀：漢安元年，始置承華廄。東觀記曰：時以遠近獻馬衆多，園廄充滿，故置。

[一]「兩孔」，諸本誤倒，據後漢書馬援傳乙正。

馬氏端臨曰：當時隱士魏桓，被徵不出，謂人曰：「廄馬萬匹，其可減乎？」蓋當時畜馬未嘗以資軍國之用，徒侈服御、糜廩粟而已。

靈帝本紀：光和四年正月，初置騄驥廄丞，領受郡國調馬。注：調，謂徵發也。豪右辜榷，馬一匹至二百萬。注：辜，障也。榷，專也。謂障餘人賣買而自取其利。

中平元年三月，詔公卿出馬、弩。十一月，詔廄馬非郊祭之用，悉出給軍。

右秦漢

南北朝

晉書職官志：太僕，統典牧，乘黄廄、驊騮廄、龍馬廄等令。太僕，自元帝渡江之後或省或置。太僕省，故驊騮爲門下之職。

馬政志：梁置太僕卿，與太府、少府爲夏卿。太僕，漢爲中二千石，梁列爲十二卿，至後魏第二品，最高品矣。後與九卿並第三品。大氏以後品皆第三。時南、北二朝，南朝有廢置，北朝無廢置。

魏書太宗紀：永興五年，詔諸州六十户輸戎馬一匹。

泰常六年春二月，調民二十户輸戎馬一匹，大牛一頭。三月乙亥，制六部，民羊滿百口，輸戎馬一匹。

世祖紀：太延二年十一月，行幸棝陽，驅野馬於雲中，置野馬苑。

宇文福傳：太和十七年，車駕遷洛，敕福檢行牧馬之所。福規石濟以西〔一〕、河内以東，拒黄河南北千里爲牧地。事尋施行，今之馬場是也。及從代移雜畜于牧所，福善於將養，並無耗損，高祖嘉之。轉驍騎將軍，仍領太僕、典牧令。

食貨志：世祖之平統萬，定秦隴，以河西水草善，乃以爲牧地。畜産滋息，馬至二百餘萬匹，橐駝將半之，牛羊則無數。高祖即位之後，復以河陽爲牧場，恒置戎馬十萬匹。每歲自河西徙牧於并州，以漸南轉，欲其習水土而無死傷也。而河西之牧彌滋矣。正光以後，天下喪亂，遂爲群盜所盜掠焉。

隋書百官志：後齊太僕寺，掌諸車輦、馬、牛、畜産之屬。統驊騮、掌御馬及諸鞍乘。左右龍、左右牝掌駝馬。等署令、丞。驊騮署，又有奉承直長二人。左龍署，有左龍局。

〔一〕「石濟」，諸本作「汳濟」，據魏書宇文福傳改。

右龍署，有右龍局。左牝署，有左牝局。右牝署，有右牝局。

右南北朝

隋唐

隋太僕寺又有獸醫博士員，一百二十八。統驊騮、乘黄、龍厩等署。各置令。二人。乘黄减一人。

隴右牧，置總監、副監、丞，以統諸牧。其驊騮牧及二十四軍馬牧，每牧置儀同及尉、大都督、帥都督等員。驢騾牧置帥都督及尉。原川十二馬牧〔一〕，每牧置大都督及尉各一人，帥都督二人。緣邊交市監及諸屯監，每監置監、副監各一人。畿内者隸司農，自外隸諸州焉。

煬帝即位，太僕减驊騮署入殿内。尚乘局改龍厩曰典厩署，有左、右駁皂二厩。加置主乘、司庫、司廩官。

〔一〕「原川」，諸本作「苑川」，據隋書百官志下改。

尚乘局置左右六閑：一左右飛黄閑，二左右吉良閑，三左右龍媒閑，四左右騊駼閑，五左右駃騠閑，六左右天苑閑。有直長十四人，又有奉乘十人。

禮儀志：隋制，常以仲春用少牢祭馬祖於大澤。諸預祭官，皆於祭所致齋一日〔一〕，積柴於燎壇，禮畢，就燎。仲夏祭先牧，仲秋祭馬社，仲冬祭馬步，並於大澤，皆以剛日。牲用少牢，如祭馬祖，埋而不燎。

唐書兵志：唐之初起，得突厥馬二千匹，又得隋馬三千於赤岸澤，徙之隴右，監牧之制始於此。其官領以太僕；其屬有牧監、副監。監有丞，有主簿、直司、團官、牧尉、排馬、牧長、群頭，有正，有副。凡群置長一人，十五長置尉一人，歲課功，進排馬。又有掌閑，調馬習上。又以尚乘掌天子之御，左右六閑：一曰飛黄，二曰吉良，三曰龍媒，四曰騊駼，五曰駃騠，六曰天苑。總十有二閑爲二廐：一曰祥麟，二曰鳳苑，以繫飼之。其後禁中又增置飛龍廐。初，用太僕少卿張萬歲領群牧，自貞觀至麟德四十年間，馬七十萬六千，置八坊岐、豳、涇、寧間，地廣千里：一曰保樂，二曰甘露，三曰南

〔一〕「皆」，諸本脱，據隋書禮儀志三補。

普閏，四曰北普閏，五曰岐陽，六曰太平，七曰宜禄，八曰安定。八坊之田，千二百三十頃，募民耕之，以給芻秣。八坊之馬，爲四十八監，而馬多地狹不能容，又析八監列布河西豐曠之野。凡馬五千爲上監，三千爲中監，餘爲下監。監皆有左、右，因地爲之名。方其時，天下以一縑易一馬。萬歲掌馬久，恩信行於隴右。後以太僕少卿鮮于匡俗檢校隴右牧監。儀鳳中，以太僕少卿李思文檢校隴右諸牧監使，監牧有使自是始。後又有群牧都使，有閑廐使，使皆置副，有判官。又立四使：南使十五，西使十六，北使七，東使九。諸坊若涇川、亭川、闕水、洛、赤城，南使統之；清泉、温泉，西使統之；烏氏，北使統之；木硤、萬福，東使統之。他皆失傳。其後益置八監於鹽州，三監於嵐州。鹽州使八，統白馬等坊。嵐州使三，統樓煩、玄池、天池之監。凡征伐而發牧馬，先盡强壯，不足則取其次。録色、歲、膚第印記、主名送軍，以帳馱之，數上於省。自萬歲失職，馬政頗廢。永隆中，夏州牧馬之死失者十八萬四千九百九十。景雲二年，詔群牧歲出高品，御史案察之。開元初，國馬益耗，太常少卿姜晦乃請以空名告身市馬於六胡州〔一〕，率三十

〔一〕「晦」，諸本作「誨」，據新唐書兵志改。

匹讐一游擊將軍。命王毛仲領内外閑厩。九年，又詔：「天下之有馬者，州縣皆先以郵遞軍旅之役，定户復緣以升之。百姓畏苦，乃多不畜馬，故騎射之士減曩時。自今諸州民勿限有無廕，能家畜十馬以上〔一〕，免帖驛郵遞征行，定户無以馬爲貲。」毛仲既領閑厩，馬稍稍復。始二十四萬，至十三年乃四十三萬。其後突厥款塞，明皇厚撫之，歲許朔方軍西受降城爲互市，以金帛市馬，於河東、朔方、隴右牧之。既雜胡種，馬乃益壯。天寶後，諸軍戰馬動以萬計。王侯、將相、外戚牛駝羊馬之牧布諸道，百倍於縣官，皆以封邑號名爲印自别；將校亦備私馬。議者謂秦、漢以來，唐馬最盛。天子又鋭志武事，遂弱西北蕃。十一載，詔二京旁五百里勿置私牧。十三載，隴右群牧都使奏：牛馬駝羊總六十萬五千六百，而馬三十二萬五千七百。安禄山以内外閑厩都使兼知樓煩監，陰選勝甲馬歸范陽，故其兵力傾天下而卒反。肅宗收兵至彭原，率官吏馬抵平凉，蒐監牧及私群，得馬數萬，軍遂振。至鳳翔，又詔公卿百寮以後乘助軍。其後邊無重兵，吐蕃乘隙陷隴右，苑牧畜馬皆没矣。乾元後，回紇恃功，歲入

〔一〕「上」，諸本作「下」，據新唐書兵志校勘記改。

馬取繒，馬皆病弱不可用。永泰元年，代宗欲親擊吐蕃，魚朝恩乃請大搜城中百官、士庶馬輸官，曰「團練馬」。下制禁馬出城者，已而復罷。德宗建中元年，市關輔馬三萬實内廄。貞元三年，吐蕃、羌、渾犯塞，詔禁大馬出潼、蒲、武關者。元和十一年伐蔡，命中使以絹二萬市馬河曲。其始置四十八監也〔一〕，據隴西、金城、平涼、天水，員廣千里，繇京度隴，置八坊爲會計都領，其間善水草腴田皆隸之。後監牧使與坊皆廢，故地存者一歸閑廄。旋以給貧民及軍吏，間又賜佛寺、道館幾千頃。十二年，閑廄使張茂宗舉故事，盡收岐陽坊地，民失業者甚衆〔二〕。十三年，以蔡州牧地爲龍陂監。十四年，置臨漢監於襄州，牧馬三千二百〔三〕，費田四百頃。穆宗即位，岐人叩闕訟茂宗所奪田，事下御史案治，悉予民。太和七年，度支鹽鐵使言：「銀州水甘草豐，請詔刺史劉源市馬三千，河西置銀州監，以源爲使。」襄陽節度使裴度奏停臨漢監。

〔一〕「也」，諸本作「地」，據新唐書兵志改。
〔二〕「民」，諸本脱，據新唐書兵志補。
〔三〕「三千」，諸本作「二千」，據新唐書兵志改。

開成二年，劉源奏：「銀川馬已七千〔一〕，若水草乏，則徙牧綏州境。今綏南二百里，四隅險絕，寇路不能通，以數十人守要，畜牧無他患。」乃以隸銀川監。其後闕，不復可紀。

歸氏有光曰：漢以來牧官，後世不聞。唯唐張萬歲、王毛仲，此兩人名最著而馬特盛，議者以爲唐得人，專其職也。初置監牧秦、渭二州北，會州南，蘭州、狄道西，蓋跨隴西、金城、平涼、天水四郡之地。漢志云「武威以西，本匈奴昆邪王、休屠王地，習俗頗殊，地廣民稀，水草宜畜牧，故涼州之畜爲天下饒」，皆唐之牧地之所包絡也。

舊唐書禮儀志：仲春，祭馬祖；仲夏，祭先牧；仲秋，祭馬社；仲冬，祭馬步。並於大澤，用剛日。牲各用羊一，籩、豆各二，簠、簋各一。

明集禮：唐設壇於長安四十里外龍豪澤中，其制高三尺，周迴九步。

開元禮仲春祀馬祖：將祀，有司筮日，如別儀。以下先牧、馬社、馬步皆筮日。前祀三日，應饗之官散齋二日，致齋一日，如別儀。前祀二日，守宮設祀官次於東壝外

〔一〕「銀川」，諸本作「銀州」，據新唐書兵志改。下「銀川監」同改。

道南，北向，西上，陳饌幔於内壝外。郊社令積柴於燎壇，方高五尺。太官令具特牲之饌。未明二刻，太史令、郊社令升設神座於壇上，席以莞，南向。奉禮設獻官位於壇東南，西向。執事位又於東南，俱西向，北上。設奉禮位於獻官西南，贊者二人在南差退。又設奉禮贊者位於燎壇東北，俱西向，北上。設望燎位當柴壇北〔一〕，南向。設祀官等門外位於東壝外道南，西上。郊社令設酒罇於壇上，東南隅，北向。洗於壇東南，北向。執罇篚者如常。未明一刻，太祝獻官等各服其服，郊社令與良醞令入實罇罍及幣。質明，謁者引獻官以下俱就門外位。奉禮郎帥贊者先入就位。贊引引太祝與執罇罍篚冪者入，當壇南，重行，北面，西上。立定，奉禮曰「再拜」，贊者承傳，太祝以下俱再拜，太祝與執罇者升東階，至罇所，執罍洗篚冪者各就位。謁者引獻官以下入就位，立定，奉禮曰「再拜」，在位者俱再拜。謁者進獻官之左，白：「有司謹具，請行事。」退，復位。太官令出詣饌所，太祝跪取幣於篚，興，立罇所。謁者引獻官詣神座前，北面立。太祝奉幣，東向授獻官，獻官受幣，進，北面跪奠於神座，俛伏，興，少

〔一〕「設」，諸本脱，據通典卷一三三、開元禮卷八九補。

退，北面再拜。謁者引獻官還本位。太官令引饌入，升南陛，太祝迎引於壇上，設於神座前，訖，太官令以下降復位，太祝還罇所。謁者引獻官詣罍洗，盥手洗爵訖，謁者引獻官升自南陛，詣酒罇所，執罇者舉冪，獻官酌酒，謁者引獻官進神座前，北向跪，奠爵，俛伏，興，少退，北向立。太祝持版，進於神座之右，東向跪讀祝文曰：「維某年歲次月朔日，天子謹遣具官臣姓名，昭告於馬祖天駟之神。爰以春季遊牝於牧，祇薦制幣犧齊、粢盛庶品，明薦於馬祖天駟之神，尚饗。」訖，興，獻官再拜。太祝進，跪奠版於神座，俛伏，興，還罇所。太祝以爵酌福酒，進獻官之右，西向立。獻官再拜，受爵，跪祭酒，遂飲，卒爵。太祝進受爵，復於坫〔一〕。獻官俛伏，興。太祝帥齋郎進俎，減神前胙肉以授獻官，受以授齋郎，謁者引獻官降自南陛，還本位，立。太祝進，跪徹豆，俛伏，興，還罇所。奉禮曰「再拜」，在位者皆再拜。已飲福受胙者不拜。奉禮曰「再拜」，在位者俱再拜。謁者進獻官之左，白：「請就望燎位。」謁者引獻官就望燎位，南向立。奉禮又帥贊者退立於燎壇東北位。太祝進神座前，跪取制幣、祝版、爵酒，

〔一〕「復」，諸本脱，據通典卷一三三、開元禮卷八九補。

又以俎載牲體黍、稷飯〔一〕，興，當柴壇東南行，自南陛登柴壇，以幣、酒、祝版饌置柴上。訖，奉禮曰「可燎」，東西南各二人以炬燎，火起〔二〕，以炬投壇上。火半柴，謁者進獻官之左，白：「禮畢。」遂引獻官以下出。奉禮贊者還本位。贊引引太祝以下俱復執事位，立定，奉禮曰「再拜」，太祝以下皆再拜，贊引引出。仲夏饗先牧、仲秋祭馬社、仲冬祭馬步同〔三〕。前饗三日，應饗之官散齋二日於正寢，致齋一日於饗所。右校埽除壇之内外，爲瘞埳於壇之壬地，方深取足容物。衛尉設饗官次於東壝外道南，北向，西上。太官令具特牲之饌。其日未明二刻，以下至設贊者位於瘞埳西南，同馬祖儀。設瘞埳位於壇之西南，北向。設饗官以下門外位，以下至讀祝文，如馬祖儀。祝文曰：「昭告於先牧之神，肇開牧養，厥利無窮，式因頒馬，爰以制幣云云，尚饗。」訖，興，獻官再拜。太祝進，跪徹，以下至燔版，如馬祖儀。其埳實土，東西各二人。祭馬社祝文曰：「惟神肇教人乘，用賴於今，式用肆僕，爰以制幣云云，尚饗。」馬步祝文曰：「惟

〔一〕「稷」，諸本脱，據通典卷一三三補。
〔二〕「起」，諸本作「者」，據通典卷一三三、開元禮卷八九改。
〔三〕「仲秋」，諸本脱「仲」字，據通典卷一三三補。

神爲國所重，在於閑牧，神其屏兹凶慝，使無有害，載因獻校，爰以制幣云云，尚饗。」

册府元龜：永泰五年四月丙午，命太常寺復置馬祖壇，依常式饗祭。

右隋唐

五代

五代會要：後梁開平四年，頒奪馬令，冒禁者罪之。先是，梁師攻戰，得敵人之馬必納官，故出令，命獲者有之。

後唐同光三年，下河南、河北諸州，和市戰馬，官吏除一匹外，匿者有罪。

長興四年，敕：「沿邊藩鎮，或有蕃部賣馬，可擇其良壯者給券，具數以聞。」

先是，上問見管馬數，樞密使范延光奏：「天下常支草粟者近五萬匹。見今西北諸蕃賣馬者，往來者如市，其郵傳之費，中估之直，日四十五貫。以臣計之，國力十耗其七。馬無所使，財賦漸銷，朝廷甚非所利。」上善之，故有是敕。

晉天福九年，發使於諸道州府，括取公私馬，以備禦契丹。

右五代

五禮通考卷二百四十五

軍禮十三

馬政下

宋

宋史兵志：太祖初置左、右飛龍二院，以左、右二使領之。太平興國五年，改爲天厩坊。雍熙四年，改爲騏驥院，左右天駟監四、左右天厩坊二皆隸焉。真宗咸平三年，置群牧使，以内臣勾當制置群牧司，京朝官爲判官。景德二年，改諸州牧龍坊悉爲監，賜名鑄印以給之。在外之監十有四：大名曰大名，洺州曰廣平，衛州曰淇水，並分第一、第二，河南曰洛陽，鄭州曰原武，同州曰沙苑，相州曰安陽，澶州曰鎮寧，邢州曰安國，中牟曰淳澤，許州曰單鎮。四年，以知樞密院陳堯叟爲群牧制置使、副、都監、判官。凡厩牧之政，皆出于群牧司，自騏驥而下，皆聽命焉。諸州有牧監，知州、通判兼領之。

蕙田案：此宋初牧監之法。馬政以牧監爲上，國無養馬之費，馬有蕃息之功，外此而市馬、茶馬猶可權宜行之。若户馬、保馬、社馬，則皆使民養之，于是民累深而馬政亦壞矣。其故皆由牧監之廢，故首著之。

文獻通考：太祖始置養馬二務，又興葺舊馬務四，以爲牧放之地。分遣中使詣邊州歲市馬，自是閑厩之馬始備矣。凡市馬之處，河東則府州、岢嵐軍，陝西則秦、渭、涇、原、儀、環、慶、階、文州、鎮戎軍，川峽則益、黎、戎、茂、雅、夔州、永康軍，皆置務，遣官以主之。歲得五千餘匹，以布帛茶他物準其直。招馬之處，秦、渭、階、文之吐蕃、回紇，麟府之党項，豐州之藏才族，環州之白馬、鼻家、保家、名市族，洎、涇、儀、延、鄜、火山、保安軍、唐龍鎮、制勝關之諸蕃〔一〕，每歲皆給空名敕書，委沿邊長吏擇牙

〔一〕「關」，諸本作「開」，據文獻通考卷一六〇改。

吏入蕃招募，給券以詣京師，至則估馬司定其直。

宋史兵志：太平興國四年，太宗觀兵于幽，得汾、晉、燕、薊之馬四萬二千餘匹，內皂充牣，始分置諸坊。

名臣奏議：太宗端拱元年，國子博士李覺上奏曰：「臣聞冀北燕、代，馬之所生，戎之所恃也。故制敵之用，實資騎兵爲急。議者以爲欲國之多馬，在乎啗戎以利，使重譯而至焉。然市馬之費歲益，而廐牧之數不加者，蓋失其生息之理也。且戎人畜牧轉徙，馳逐水草，騰駒游牝，順其物理，由是浸以蕃滋也。暨乎市易之馬，至于中國，則縶之維之，飼以枯槁，離析牝牡，制其生性，玄黄虺隤，因而減耗，宜然矣。又不同中國之馬，服習成性，食枯芻，處華廐，率以爲常，故多生息。古者用賦之法，六十四井出戎馬四匹，天子畿方千里，出戎馬四萬匹，兵車萬乘。此賦馬之數也。諸侯大者，馬四千匹，車千乘，故稱千乘之國。卿大夫大者，馬四百匹，兵車百乘，故稱百乘之家。則天下之廣，諸侯之衆，戎馬之賦多矣。是以唐堯暨晉，皆處河北而無邊患，由馬之多。後世戎馬悉從官給，是以匈奴爲患，由馬之少也。故晁錯説文帝勸農功，令民有車騎、馬一匹者，復卒三人，謂免三人甲卒之賦也。至武帝七十年間，衆庶街巷有馬，阡陌成群，乘牝字者，擯而不得會聚。此則馬皆生于中國，不聞市之于戎也。今軍伍中，牝馬乘多，而孳息之數尤鮮者，何也？皆云官給秣飼之費不充，又馬多産則羸弱，駒能食則侵其芻粟，馬母愈瘠，養馬之卒有罪無利，是以駒子生乃令齅灰而死。其後官司知有此蠹，于是議及養駒之卒，量給賞緡，其如所賜無幾，尚習前弊。今切揣量，國家所市戎馬直之少者，匹不下二十千，往來資給賜予復在數外。是貴市于外夷而賤棄于中國，非理之得也。國家縱未暇别擇牝馬以分蓄牧，宜且減市馬之半直，賜畜駒之將卒，增爲月給，俟其後納馬即止焉。則是貨不出國，而馬者滋也。大率牝馬二萬，而駒收其半，亦可歲獲萬匹。況復牝又生駒，十數年間馬必倍矣。」

真宗大中祥符元年，立牧監賞罰之令，外監息馬，一歲終以十分爲率，死一分以上勾當官罰一月俸，餘等第決杖。牧倍多而死少者，給賞緡有差。凡生駒一匹，兵校而下賞絹一匹。當是時，凡内外坊、監及諸軍馬凡二十餘萬匹，飼馬兵校一萬六千三十八人。每歲，京坊草六十六萬六千圍〔一〕，麩料六萬二千二百四石，鹽、油、藥、糖九

〔一〕「坊」，宋史兵志十二改爲「城」。

萬五千餘匹，石，諸州軍不預焉。左右騏驥六坊、監止留馬二千餘匹，皆春季出就牧，孟冬則別其羸病，就棧皂養飼。其尚乘之馬，唯備用者在焉。

文獻通考：天禧初，宰相向敏中言：「國馬之數，方先朝倍多，廣費芻粟。若令群牧司度數出賣，散于民間，緩急取之，猶外厩耳。」是秋，乃詔十三歲以上配軍馬，估直出賣。

蕙田案：開國之始，馬政必嚴，承平之後，馬多，必變法省初費，而變爲賣馬，馬政由是多故矣。

宋史兵志：凡牧監之在河南北，天禧後，靈昌監爲河決所衝。至乾興、天聖間，兵久不試，言者多以爲牧馬費廣而亡補，乃廢東平監，以其地賦民。五年，廢單鎮監。六年，廢洛陽監。于是河南諸監皆廢，悉以馬送河北。

蕙田案：開國之初，習于軍旅，每以馬政爲重。設監置牧，馬必蕃庶。及承平日久，上下恬熙，民不知兵，往往以馬多爲無補，而專惜其費，於是牧監漸廢。及需馬之時，馬不足用，一切苟且之政行，而馬益耗，民益困。此漢、唐、宋、明之錮病，前後一轍也。

名臣奏議：仁宗四年，知諫院余靖上奏略曰：「臣謹案，詩、書已來，中國養馬蕃息故事，乃知不獨出于戎狄也。秦之先曰非子，居犬丘，好馬及畜，善養息之。周孝王召使主馬于汧、渭之間，馬大蕃息。犬丘，今之興平。汧、渭，今之秦、隴州界也。周官校人之職，春執駒以養血氣，夏攻特以防踶齧。衛文公居河之湄，以建其國，而詩人歌之曰『騋牝三千』。不言牡而言牝，則牝爲蓄息之本也。衛則今之衛州也。詩人又頌魯僖公能遵伯禽之業，亦云『駉駉牡馬』。魯，今屬兖州。左氏云：『冀之北土，馬之所生。』即今鎮、定、并、代，皆其地也。月令『季春之月，乃合累牛騰馬，遊牝于牧。仲夏之月，遊牝别群，則縶騰駒』，亦秦人之馬政也。漢之太原有家馬厩，一厩萬匹。又樓煩、玄池，皆出名馬，即今之并、嵐、石、隰界也。武帝出攻匈奴，官私馬十四萬匹，于漢之馬最爲多矣。唐以沙苑監最爲宜馬，即今之同州也。又案，唐自貞觀至麟德，中國馬四十萬匹。開元中，置七坊四十八監，半在秦、隴、綏、銀，則知古來牧馬之政，修之由人，不在于地。今之同州及太原、巴東、相、衛、邢、洛，皆有馬監，其餘州軍牧地七百餘所。乞敕于群牧使、副、都監、判官等内一員，往監牧舊地，相度水草，揀擇孳生，四遠牧放，一依周官、月令之法，務令蕃息，别立賞罰，以明勸沮，庶幾數年之後，馬蓄蕃盛。」

仁宗皇祐五年，中書舍人丁度言：「祥符、天聖間，牧馬至十餘萬。其後言者以天下無事，不可虚費，遂廢八監。然猶秦、渭、環、階、麟、府、文州、火山、保德、岢嵐軍，歲市馬二萬二百匹，補京畿、塞下之闕。自西鄙用兵，四年所收，三萬而已。馬少地閑，坊監誠可罷。若賊平馬歸，則不可闕。今河北、河東、京東、西、淮南皆籍丁壯爲兵，請令民畜一戰馬者得免二丁，仍不計資産以升户等，則緩急有備，而國馬蕃矣。」言不果行。

嘉祐中，韓琦請括諸監牧地，留牧外，聽下户耕佃。遣都官員外郎高訪等括河北，得閒田三千三百五十頃募佃，歲約得穀十一萬七千八百石，絹三千二百五十匹，草十六萬一千二百束。群牧司言：「諸監牧地間有水旱，每監牧放外，歲刈白草數萬束，以備冬飼。今悉賦民，異時，監馬增多，及有水旱，無以轉徙牧放。」詔遣左右廂提點官相度，除先被侵冒已根括出地權給租佃，餘委群牧司審度存留，有閒土即募耕佃。五年，群牧司言：「凡牧一馬，往來踐食，占地五十畝。諸監既無餘地，難以募耕，請存留如故。廣平廢監先賦民者，亦乞取還。」乃詔：「河北、京東牧監帳管草地，自今毋得縱人請射，犯者論以違制。」

文獻通考：至和二年，歐陽修上奏略曰：「今之馬政，皆因唐制，而今馬多少，與唐不同者，其利病甚多，不可悉舉。至于唐世牧地，皆與馬性相宜，西起隴右金城、平涼、天水外，暨河曲之野，内則岐、豳、涇、寧，東接銀、夏，又東至于樓煩，皆唐養馬之地也。以今考之，或陷没戎狄，或已爲民田，皆不可復得。惟聞今河東路嵐、石之間，山荒甚多，及汾河之側，草地亦廣，其間草軟水甘，最宜牧養，往時河東軍馬常在此處牧放。今馬數全少，閑地極多，此乃唐樓煩監牧地也，可以興制一監。臣謂推迹而求之，則天池三監之地尚冀可得。又臣往年因奉使河東，嘗行威勝以東及遼州平定東，見其不畊之地甚多。而河東一路，山川深峻，水草甚佳，其地高寒，必宜馬性。及京西路唐、汝之間，久荒之地，其數甚廣。欲乞更下河東、京西轉運司，差官就近于轄下訪求草地，若可以興制新監，則河北諸監内，有地不宜馬處，却可議行廢罷。」

宋史兵志：神宗熙寧元年，手詔文彦博等曰：「方今馬政不脩，官吏無著效，豈任不久而才不盡歟？是何監牧之多，官吏之衆，而乏才之甚也！昔唐用張萬歲三世典群牧，恩信行乎下，故馬政脩舉，後世稱爲能吏。今上自提總官屬，下至坊、監使臣，既非銓擇，而遷徙迅速，謂之『假道』，欲使官宿其業而盡其能，不可得也。爲今之計者，當簡其勞能，進之以序。自坊、監而上至于群牧都監，皆課其功而第進之，以爲任事者勸焉。」于是，樞密副使邵亢請以牧馬餘田脩稼政〔一〕，以資牧養之利。而群牧司言：「馬監草地四萬八千餘頃，今以五萬馬爲率，一馬占地五十畝，大名、廣平四監餘田無幾，宜且仍舊。而原武、單鎮、洛陽、沙苑、淇水、安陽、東平等監，餘良田萬七千頃，可賦民以收芻粟。」從之。已而樞密院又言：「舊制，以左右騏驥院總司國馬。景德中，始增置群牧使、副、都監、判官，以領廄牧之政。使領雖重，未嘗躬自巡察，不能周知牧畜利病，以故馬不蕃息。今宜分置官局，專任責成。」乃詔河南北分置監牧使，以劉航、崔台符爲之，又置都監各一員。其在河陽者，爲孳生監。凡外諸監並分屬兩使，各條上所當行者。諸官吏若牧田縣令佐，並委監牧使舉劾，專隸樞密院，不領于群牧制置。時上方留意牧監地，然諸監牧田皆寬衍，爲人所冒占，故議者爭請收其餘資以佐芻粟。言利者乘之，始以增賦入爲務。二年，詔括河南北監牧司總牧地。舊

〔一〕「邵亢」，諸本作「邵元」，據宋史兵志十二改。

籍六萬八千頃，而今籍五萬五千，餘數皆隱于民。自是，請以牧地賦民者紛然，而諸監尋廢。是歲，天下應在馬凡十五萬三千六百有奇。

文獻通考：熙寧五年，廢太原監。七年，廢東平、原武監，而合淇水兩監爲一。八年，遂廢河南八監，惟存河苑一監，而兩監牧司亦罷。河苑監先以隸陝西提舉監牧，至是復屬之群牧司云。

河北察訪使曾孝寬言：「慶曆中，嘗詔河北民户以物力養馬，備非時官買，乞參考申行之。」而户馬法始此。

自諸監既廢，仰給市馬，而義勇、保甲馬復從官給，議者常患國馬未備。元豐三年春，以王拱辰之請，乃詔開封府界京東西、河北、陝西、河東路州縣户，各計資産市馬。坊郭家産及三千緡，鄉村五千緡，若坊郭、鄉村通及三千緡以上者，各養一馬。增倍者，馬亦如之，至三匹止。馬以四尺三寸以上，齒以八歲以下爲斷。齒及十五歲，則更市如初。提舉司籍記之。於是諸道各以其數來上。先是，熙寧中嘗令德順軍蕃部養馬，帝問其利害。王安石對：「今坊監以五百緡乃得一馬，若委之熙河蕃部，决當不至重費。蕃部以畜牧爲生，且其地宜馬，誠爲便利。」既而得駒瘠劣，亡失者責償，蕃部苦之，其法尋廢。至是，環慶路經略司復言，已誘勸諸蕃部令養馬。詔：「閱實及格者，一匹支五縑；鄜延、秦鳳、涇原路，准此。」養馬之令，復行蕃部矣。

宋史兵志：保甲養馬者，自熙寧五年始。先是，中書省、樞密院議其事于上前，文彦博、吴充言：「國馬宜不可闕。今法，馬死者責償，恐非民願。」安石以爲令下而京畿投牒者已千五百户，決非出于驅迫，持論益堅。五月，詔開封府界諸縣保甲願牧馬者聽，仍以陝西所市馬選給之。六年，曾布等承詔上其條約：凡五路義勇、保甲願養馬者，户一匹，物力高願養二匹者聽，皆以監牧見馬給之，或官與其直令自市，毋或彊與。府界毋過三千匹。襲逐盜賊之外，乘越三百里者有禁〔一〕。在府界者，免輸量草二百五十束，加給以錢布；在五路者，歲免折變緣納錢。三等以上，十户爲一保；四等以下，十户爲一社，以待病斃逋償者。保户馬斃，保户獨償之。社户馬斃，社户半償之。歲一閱其肥瘠，禁苛留者。凡十四條，先從府界頒焉。五路委監司、經略司、

〔一〕「乘」，諸本脱，據宋史兵志十二補。

州縣更度之。于是，保甲養馬行于諸路矣。

文獻通考：時河東騎軍有馬萬一千餘匹，歲番戍邊，率十年而一周。議者以爲費廩食而多亡失，乃行五路義勇保甲養馬法。繼而兵部言：「河東正軍馬九千五百匹，請權罷官給，以義勇保甲馬五千補其闕，合萬匹爲額，俟正軍不及五千始行給配。」事下中書、樞密院議。樞密院以爲：「車騎，國之大計，不當專以一時省費輕議廢置。且官養一馬，歲爲錢二十七千。民養一馬，纔免折變緣納錢六千五百，計折米而輸其直，爲錢十四千四百，餘皆出於民，決非所願。若芻秣失節，或不善調習，緩急無以應用。況減馬軍五千匹，即異時當減軍正數九千九百人，又減分數馬三千九百四十匹，於邊防事宜，何所取備？若存官軍馬如故，漸令民間從便牧養，不必以五千匹爲限，於理爲可。」而中書謂：「官養一匹，以中價率之，爲錢二十三千。募民養牧，可省雜費八萬餘緡，且使入中，芻粟之家無以邀厚利。計前二年官馬死，倍於保甲馬，而保甲有馬，可以習戰禦盜，公私兩利。」上竟從樞密院議，河東騎軍得不減耗，而民馬不至甚病者，由帝獨斷之審也。

元豐六年，提舉河東路保甲王崇拯言〔一〕：「請令本路保甲十分取二，以教騎戰。每官給二十五千，令市一馬，限以五千，當得馬六千九百十有八匹，爲緡錢十七萬二千九百有五十。」詔以京東鹽息錢給之，令崇極上所買數，於是保甲皆兼市馬矣。

七年，京東提刑霍翔請募民養馬，蠲其賦役。乃詔京東、西路保甲免教閱，每一都保養馬五十匹，匹給十千，限以京東十年、京西十五年而數足。置提舉保馬官，京西呂公雅、京東霍翔並領其事，而罷鄉村先以物力養馬之令。尚養户馬者免保馬，凡養馬免大小保長税租、支移，每歲春夫、催税、甲頭、盜賊、備賞、保丁、巡宿，凡七事。於是京東、西户馬更爲保馬矣。

宋史兵志：公雅又令每都歲市二十匹，限十五年者促爲二年半。京西不産馬，民貧乏益不堪，詔如元令，稍增其數。公雅乃請每都歲市八匹，限以八年，山縣限以十年。翔又奏本路馬已及萬匹，請令諸縣弓手各養一匹，以贖失捕之罪〔二〕。哲宗嗣位，

〔一〕「王崇拯」，諸本作「王崇極」，據文獻通考卷一六〇改。
〔二〕「捕」，諸本作「補」，據宋史兵志十二改。

言新法之不便者，以保馬爲急〔一〕。乃詔曰：「京東、西保馬，期限極寬。有司不務循守，遂致煩擾。先帝已嘗手詔詰責，今猶未能遵守〔二〕。其兩路市馬年限並如元詔。」尋又詔以兩路保馬分配諸軍，餘數付太僕寺，不堪支配者斥還民户而責官直。翔、公雅皆以罪去，而保馬遂罷。

馬氏端臨曰：熙寧五年所行者，户馬也。元豐七年所行者，保馬也。皆是以官馬責之於民，令其守養。户馬則是蠲其科賦，保馬則是蠲其征役。法行之初，民皆樂從，初非官府抑逼。夫樂從之説，出於建議者之口，未必有是事實。然當時賦役必繁重，故苟有一役於官而得以自免，則亦不暇詳慮却顧而靡然從之。及其久也，馬之斃者，賠償不訾，奉行之吏，務爲苛峻，於是重爲民病矣。

蕙田案：户馬、保馬，此令民養馬之弊政也。馬氏之論，極中當時議者之隱。

元祐初，議興廢監，以復舊制。于是詔庫部郎中郭茂恂往視陝西、河東所當置

〔一〕「保馬」，諸本作「保甲」，據宋史兵志十二改。
〔二〕「猶」，諸本作「又」，據宋史兵志十二改。

監，尋又下河北、陝西轉運、提點刑獄司按行河、渭、并、晉之間牧田以聞。時已罷保甲，教騎兵，而還户馬于民。于是右司諫王巖叟言：「兵之所恃在馬，而能蕃息之者，牧監也。昔廢監之初，識者皆知十年之後天下當乏馬。已而不待十年，其弊已見。此甚非國之利也。乞收還户馬三萬，復置監如故，監牧事委之轉運官，而不專置使。今鄆州之東平，北京之大名、元城，衛州之淇水，相州之安陽，洺州之廣平監，以及瀛、定之間，棚塞草地，疆畫具存，使臣牧卒，大半猶在，稍加招集，則指顧之間措置可定，而人免納錢之害，國收牧馬之利，豈非計之得哉？又況廢監以來，牧地之賦民者，爲害多端，若復置監牧而收地入官，則百姓戴恩，如釋重負矣。」自是，洛陽、單鎮、原武、淇水、東平、安陽等監皆復。初，熙寧中，併天駟四監爲二，而左、右天廄坊亦罷。至是，復左、右天廄坊。紹聖初，用事者更以其意爲廢置，而時議復變。太僕寺言，府界牧田，占佃之外，尚存三千餘頃，議復畿内孳生十監。後二年而給地牧馬之政行矣。先是，知任縣韓筠等建議：「凡授民牧田一頃，爲官牧一馬而蠲其租。縣籍其高下、老壯、毛色，歲一閲，亡失者責償。已佃牧田者依上養馬。」知邢州張赴上其説，且謂授田一頃，爲官牧一馬，較陝西沿邊弓箭手既養馬又戍邊者爲優。樞密院是其請，且言：「熙寧中，罷諸監以賦民，歲收緡錢至百餘萬。元祐初，未嘗講明利害，惟務罷元豐、熙寧之政，奪己佃之田而復舊監。桑棗井廬，多所毀伐，監牧官吏，爲費不貲，牧卒擾民，棚井抑配，爲害非一。蓋自復監以來，臣僚屢陳公私之害。若循元祐倉卒更張之法，久當益弊。且左右厢今歲籍馬萬三千有奇，堪配軍者無幾，惟沙苑六千匹愈于他監。今赴等所陳授田養馬，既蠲其租，不責以孳息，而不願者無所抑勒，又限以尺寸，則緩急皆可用之馬矣。」乃下太僕寺，應監牧州縣悉行之。時殿中侍御史陳次升言：「給地牧馬，其初始于邢州守令之請，未嘗下監司詳度。諸路各有利害，既不可知。民居與田相遠者，難就耕牧。一頃之地所直不多，而亡失責償，爲錢四五十千，必非人情所願。」言竟不行。四年，遂廢淇水、單鎮、安陽、洛陽、原武監，罷提點所及左右厢，惟存東平、沙苑二監。曾布自叙其事曰：「元祐中，復置監牧，兩厢所養馬止萬三千匹，而不堪者過半。今既以租錢置蕃落十指揮于陜西，養馬三千五百。又人户願養者亦數千，而所存兩監各可牧萬馬。馬數多于舊監，而所省官吏之費非一，近世良法，未之能及。」時三省皆稱善。其後，沙苑復隸陜西買馬監牧司，而東平監仍廢。大觀元年，尚書省言：「元祐置監，馬不蕃息，而費用不貲。今沙苑最號多馬，然占牧田九千餘頃，芻粟、官曹歲費緡錢四十餘萬，而牧馬止及六千。自元符元年至二年，亡失者三千九百。且素不調習，不中於用。以九千頃之田、四十萬緡之費，養馬而不適于用，又亡失如此，利害灼然可見。今以九千頃之田，計其磽瘠，三分去一，猶得良田六千頃。以直計之，頃爲錢五百餘緡，以一頃募一馬，則人得地利，馬得所養，可以紹述先帝隱兵于農之意。請下永興軍路提點刑獄司及同州詳度以聞。俟見實利，則六路新邊閑田，當以次推行。」時熙河路蘭湟牧馬司又請兼募願養牝馬者，每收三駒，以其二歸官，一充賞，詔行之。四年，復罷京東、西路給地牧馬，復東平監。政和二年，詔諸路復行給地牧馬，復罷東平監。

名臣奏議：熙寧五年，樞密使文彦博論監牧疏：「馬之有牧，其來尚矣。禹貢之『萊夷作牧』，周官之『牧田任遠郊之地』。宣王，中興之主，則有考牧之詩；僖公遵伯禽之法，則有在坰之頌。蓋日中而出，所以遂物性而生息也。漢、唐之盛，苑監實繁。祖宗以來，修舉甚至。七八十年，蒐用不絶。熙寧元年，陛下創置南北監牧使，設官振職，其制益嚴，若有未至，自當增修。而近時議者，多不深究本末，熟詳利害，乃欲賦牧地與農民，斂其租課；散國馬于編户，責其孳息。即不知所賦之地肥瘠皆可畊乎？所斂租課豐凶皆可得乎？復不知户配一馬，繫之維之，皆可蕃息乎？既不蕃息，則後將可繼乎？或謂監牧之馬，率多少弱，既非齊力，難勝具裝。且馬既蕃庶，必有駑良，量材用之，所得不少。張萬歲典牧，最爲甚多，以至馬直一縑，若計所直，豈皆良馬？又謂緣牧所費，殆將不貲，歲月計之，有損無益。臣嘗謂，計河北監户，歲入牧地之租，可充吏兵之費，所不足者，亦無幾焉。唯河南諸監所入尚少，漸增地利，亦可自充。如此則仰給度支者不多，所收馬課亦不少。大率草馬二萬，歲收六課，爲駒一萬二千，三歲之中，若失其半，猶得六千匹。駑良相參，匹直十五千，是歲獲九萬貫。此就小計之，所得不少矣。今若取一時浮淺之議，則廢之甚易；他時欲復祖宗之制，則興之甚難。坊監廐庫，棚房井泉，官廨營房，七八十年，經營成就，若廢罷之後，蕩然一空，却欲復之，功費愈大。如向時廢罷茶法，自後議欲復故，而園户彫殘，場務破壞，言者雖衆，竟不能復。必若采廢置之言，即乞委臣寮博求利害而審處之，利百則變，乃無後悔。」

蕙田案：給地牧馬之弊，盡于此疏矣。

蔡京既罷政，新用事者更言其不便。宣和二年，詔罷政和二年以來給地牧馬條令，收見馬以給軍，應牧田及置監處並如舊制。又復東平監。凡諸監興罷不一，而沙苑監獨不廢。六年，又詔立賞格，應牧馬通一路及三千匹，州通縣及一千，縣及三百，其提點刑獄、守令各遷一官，倍者更減磨勘年。于是諸路應募牧馬者爲户八萬七千六百有奇，爲馬二萬三千五百。既推賞如上詔，而兵部長貳亦以兼總八路馬政遷官。然北方有事，而馬政亦急矣。

靖康元年，左丞李綱言：「祖宗以來，擇陝西、河東、河北美水草高涼之地，置監凡三十六所，比年廢罷殆盡。民間雜養以充役，官吏便文以塞責，而馬無復善者。今諸軍闕馬者大半，宜復舊制。權時之宜，括天下馬，量給其直，不旬日間，則數萬之馬猶可具也。」然時已不能盡行其説矣。

歸氏有光曰：前史言牧政者，唯宋爲詳。而户馬、保馬，餘地牧馬，爲後世害。蓋自熙、豐變法以至崇、宣，小人在位，亟復亟變，迄無善政，而宋隨以亡。渡江以後，頗置監收，而江南多水田。其後三衙遇暑月，放牧於蘇、秀，大爲民患。郢、鄂之間，亦置監牧，然皆不可用，而戰馬悉仰川、秦、廣三邊焉。

凡收市馬，戎人驅馬至邊，總數十百爲一券，一馬預給錢千，官給芻粟，續食至京師，有司售之，分隸諸監，曰券馬。邊州置場，市蕃漢馬團綱，遣殿侍部送赴闕，或就配諸軍〔一〕，曰省馬。陝西廣鋭、勁勇等軍，相與爲社，每市馬，官給直外，社衆復裒金益之，曰馬社。軍興，籍民馬而市之以給軍，曰括買。宋初，市馬唯河東、陝西、川峽三路，招馬唯吐蕃、回紇、党項、藏牙族、白馬、鼻家、保家、名市族諸蕃。至雍熙、端拱間，河東則麟〔二〕、府、豐、嵐州、岢嵐火山軍、唐龍鎮、濁輪砦，陝西則秦、渭、涇、原、儀、延、環、慶、階州、鎮戎保安軍、制勝關、浩亹府，河西則靈、綏、銀、夏州，川峽則益、文、黎、雅、戎〔三〕、茂、夔州、永康軍，京東則登州。自趙德明據有河南，其收市唯麟、府、涇、原、儀、渭、秦、階、環州、岢嵐火山、保安保德軍。其後置場，則又止環、慶、延、渭、原、秦、階、文州鎮戎軍而已〔四〕。

蕙田案：此宋市馬之法。

〔一〕「諸」，諸本脱，據宋史兵志十二補。
〔二〕「河東」，諸本脱，據宋史兵志十二補。
〔三〕「戎」，諸本作「成」，據宋史兵志十二改。
〔四〕「秦」，諸本作「奉」，據宋史兵志十二改。

文獻通考：提舉茶場李杞言：「賣茶易馬，固爲一事，乞同提舉買馬。」詔如其請。其後，群牧判官郭茂恂言：「承詔議專以茶市馬〔一〕，以物帛市穀，而併茶馬爲一司。臣聞頃時以茶市馬，兼用金帛者，亦聽其便。近歲事局既分，始專用銀絹錢鈔〔二〕，非蕃部所欲，且茶馬二事，事實相須。」乃詔專以雅州之名山茶爲易馬之用。自是，番馬之至者稍衆。久之，買馬司復罷兼茶事。自李杞建議，始於提舉茶事兼買馬，其後，二職分合不一。

蕙田案：此宋茶馬之法。茶馬最善，明代行之，極有成效，其原出于此也。

高宗渡江以來，無復國馬。紹興二年，始命措置牧監。後置于饒州，以守倅領之。擇官田爲牧地，復置提舉，俄廢。四年，又置於臨安之餘杭、南蕩。上曰：「輔臣進呈廣馬，幾似代北所生。春秋列國不相通，所用之馬，皆取於其國中而已。申公巫臣使於吴，與其射御，教吴乘車，則是雖吴亦自有馬〔三〕。今必産馬處求之，則是馬政

〔一〕「議」，諸本作「義」，據文獻通考卷一六〇改。
〔二〕「鈔」，諸本作「錢」，據文獻通考卷一六〇改。
〔三〕「吴」，諸本作「無」，據文獻通考卷一六〇改。

不修也。」

十九年夏，詔：「馬五百匹爲一監，牡一而牝四之。監分四群，歲生産駒三分及斃二分以上，有賞罰。」先是川路所買馬，歲付鎮江軍中養牧。至是〔一〕，上以未見孳生之數，遂分送江上諸軍〔二〕。後又置監於郢、鄂之間，牡牝千餘，十有餘年，纔生三十駒，而又不可用，乃已。故凡戰馬，悉仰川、秦、廣三邊焉。

馬政志：宋初市馬，歲僅得五千餘匹。天聖中，蕃部省馬至三萬四千九百餘匹。嘉祐以前，原、渭、德順，凡三歲市馬至萬七千一百匹，秦州券馬歲至萬五千匹〔三〕。元豐四年，詔專以雅州名山茶爲易馬用。自是，蕃馬至者稍衆。崇寧四年，詔曰：「神宗皇帝厲精庶政，經營熙河路茶馬司，以致國馬，法制大備。其後監司欲侵奪其利，以助糴買，故茶利不專，而馬不敷額。近雖更立條約，令茶馬司總運茶博馬之職，猶慮有司苟於目前近利，不顧悠久深害。三省其謹守己行，毋輒變亂元豐成法。」自是，提

〔一〕「是」，諸本脱，據文獻通考卷一六〇補。
〔二〕「遂分送」，諸本作「歲分」，據文獻通考卷一六〇改。
〔三〕「至」，諸本作「置」，據宋史兵志十二改。

舉茶事兼買馬，其職任始一。凡宋之市馬，分而爲二。其一曰戰馬，生于西陲，良健可備行陣，宕昌、峰貼峽、文州所産是也。其二曰羈縻馬，産西南諸蠻，短小不及格，黎、叙等五州所産是也。紹興三年，即邕州置司提舉，市於羅殿、自杞、大理諸蠻。然自杞諸蕃本自無馬，蓋又市之南詔。南詔，今大理國也。大理地連西戎，故多馬，雖互市於廣南，其實猶西馬也。

歸氏有光曰：宋自熙寧未變法以前，然苑馬之政，亦未稱善。世之害馬者有三：曰選吏，曰繁法，曰易地。吏非馬之所宜，其害馬一也；法非馬之所宜，其害馬二也；地非馬之所宜，其害馬三也。古有豢龍氏，周官服不氏掌養猛獸而教擾之，馬非異獸，必有能馴之者，非世官不可也。羌童項髻徒跣，隨水草畜牧，馬與人意相喻，非有書生文學法度理也。法數變，馬與人皆不自適，何以能遂其生？況置之磽陿，無所縶畜，或禾稼稻秔之田，溝塍封限，遊騰莫逞，非所以適其走壙之性也。昔元魏起代北，故馬爲特盛，雖唐馬未必能及也。故曰馬陸居則食草飲水，喜則交頸相靡，怒則分背相踶，此馬之真性也。

政和五禮新儀〔一〕：仲春祀馬祖，仲夏享先牧，仲秋祭馬社，仲冬祭馬步，並擇日。馬祖、先牧、馬社、馬步壇各廣九步，高三尺，四出陛，一壝二十五步。中興後，以紹興三十一年於行在昭慶寺設位行祭。

蕙田案：馬政莫繁于宋，亦莫壞于宋。夫牧監者，畜牧之正也。宋初以監牧致馬蕃息，乃以承平日久，用馬者少，遂慮其多費而更易之。不數年間，馬遂耗。而軍事用馬又亟，于是一切權宜苟且之法行。户馬、保馬、給地牧馬，累民滋甚，而馬政大弊，雖欲復舊時監牧之利，而不可得矣。南渡後，雖置監牧馬，而風土不宜，馬不盛産，于是專藉之市馬，而馬政不可問矣。

右宋

遼金元

遼史食貨志：初，太祖爲達喇府額爾奇木，懲耀尼氏單弱，於是撫諸部，明賞罰，

〔一〕「政和五禮新儀」，諸本誤，下文出自文獻通考卷一六〇。

不妄征討，因民之利而利之，群牧蕃息，上下給足。及即位，伐河東，下代北郡縣，獲牛、羊、駝、馬十萬餘。樞密使耶律色珍獲馬二十餘萬，分牧水草便地，數歲所增不可勝算。自太祖及興宗垂二百年，群牧之盛如一日。天祚初年，馬猶有數萬群，每群不下千匹。祖宗舊制，常選南征馬數萬匹，牧于雄、霸隙地，間以備燕、雲緩急；復選數萬，給四時遊畋；餘則分地以牧。法至善也。至末年，累與金戰，番漢戰馬十損六七，雖增價數倍，竟無所買，乃冒法買官馬從軍。諸群牧私賣日多，田獵亦不足用，遂爲金所敗。棄衆播遷，以訖于亡。松漠以北善馬，皆爲達實林牙所有。

金史太宗本紀：天會三年七月，詔南京括官豪牧馬，以等第取之，分給諸軍。

兵志：天德間，置迪河鄂爾多、阿爾本、富僧額、永安、沃濟五群牧所，皆仍遼舊名，各設官以治之。又于諸色人内，選家富丁多及品官家子、明安穆昆佛寧軍與司吏家餘丁及奴，使之司牧，謂之群子，分牧馬駞牛羊，爲之立蕃息衰耗之刑賞。後稍增其數爲九。契丹之亂，遂亡其五。世宗置所七，曰特們、圖們、阿都齊、布沙堪、額勒本、和囉噶、伊囉斡。大定二十年，更定群牧官、詳衮托迪、扎布、群牧人滋息損耗賞罰格。二十一年，敕諸所，馬三歲者付女直人牧之。時遣使閲實其數，缺則杖其官，而令牧人償之。二十八年，蕃息之久，馬至四十七萬。明昌五年，散騋馬，令中都、西京、河北東、西路驗民物力分畜之。又令他路民養馬者，死則於前四路所養者給換，若欲用則悉以送官。此金之馬政也。然每有大役，必括於民，及取群官之餘騎，以給戰士焉。

元政典：元起朔方，俗善騎射，因以弓馬之利取天下。世祖中統四年，設群牧所。其牧地，東越耽羅，北踰和哩圖們，西至甘肅，南暨雲南等地，凡一十四處，自上都、大都以至約尼伯葉、濟蘭格爾，周迴萬里，無非牧地。馬之群，或千百，或三五十，左股烙以官印，號火印之馬。牧人曰哈齊、哈喇齊，有千户、百户，父子相承任事。自夏及冬，隨地之宜，行逐水草，十月各至本地。朝廷歲以九月、十月遣守官馳驛閲視，較其多寡，有所産駒，即烙印取勘，收除見在數目，造蒙古、回回、漢字文册以聞，其總數蓋不可知也。幸上都，太僕卿以下皆從。先驅馬出建德門外，取其肥可取乳者以行，汰其羸瘦不堪者還于群。自天子以及諸王百官，各以脱羅氈置撒帳，爲取乳室。車駕還京師，太僕卿先期遣使徵馬五十鄂瑪堆來京師。鄂瑪堆，承乳車之名也。既至，俾哈齊、哈喇齊之在朝爲卿大夫者，親秣飼之。每鄂瑪堆，牝馬四十。每牝馬一，官給芻一束、菽八升。駒一，給芻一束、菽五升。菽貴，則其給減半，以小稻充。芻粟每旬取給于度支，寺官亦以旬詣閑廄閲肥瘠。凡御位下、正宫位下、隨朝諸色目人，及甘肅、土番等處草地，内及江南腹裏諸處，應有係官孳生馬、牛、駞、騾、羊點數之處，一十四道牧地，各置千户、百户等名目。

右遼金元

明

明史兵志：明制，馬之屬内廄者曰御馬監，中官掌之，牧于大壩，蓋倣周禮十有二閑意。牧于官者，爲太僕寺、行太僕寺、苑馬寺及各軍衛，即唐四十八監意。牧于民者，南則直隸、應天等府，北則直隸及山東、河南等府，即宋保馬意。其曰備養馬者，始于正統末，選馬給邊，邊馬足，而寄牧于幾甸者也。官牧給邊鎮，民牧給京軍，皆有孳生駒。官牧之地曰草場，或爲軍民佃種曰熟地，歲徵租佐牧人市馬。牧之人曰恩軍，曰隊軍，曰改編軍，曰充發軍，曰抽發軍。苑馬分三等，上苑萬，中七千，下四千。一夫牧馬十匹，五十夫設圉長一人。凡馬肥瘠登耗，籍其毛齒而時省之。三歲，寺卿偕御史印烙，鬻其羸劣以轉市。邊衛、營堡、府州縣軍民壯騎操馬，則掌于行寺卿。邊用不足，又以茶易於蕃，以貨市于邊。其民牧皆視丁田授馬，始曰户馬，既曰種馬，案歲徵駒。種馬死，孳生不及數，輒賠補。此其大凡也。

○初，太祖都金陵，令應天、太平、鎮江、廬州、鳳陽、揚州六府，滁、和二州民牧馬。洪武六年，設太僕寺于滁州，統于兵部。後增滁陽五牧監，領四十八群。已，爲四十監，旋罷，惟存天長、太興、舒城三監。置草場于湯泉、滁州等地。復令飛熊、廣武、英武三衛，五軍養一馬，馬歲生駒，一歲解京。既而以監牧歸有司，專令民牧。江南十一户，江北五户，養馬一，復其身。太僕官督理，歲正月至六月報定駒，七月至十月報顯駒，十一、二月報重駒。歲終考馬政，以法治府州縣官吏。凡牡曰兒，牝曰騍。兒一、騍四爲群，群頭一人。五群，群長一人。三十年設北平、遼東、山西、陝西、甘肅行太僕寺，定牧馬草場。

○永樂初，設太僕寺于北京，掌順天、山東、河南。舊設者爲南太僕寺，掌應天等六府二州。四年，設苑馬寺于陝西、甘肅，統六監，監統四苑。又設北京、遼東二苑馬寺，所統視陝西、甘肅。十二年，令北畿民計丁養馬，選居閒官教之畜牧。民十五丁以下一匹，十六丁以上二匹，爲事編發者七户一匹，得除罪。尋以寺卿楊砥言，北方人户五丁養一，免其田租之半；薊州以東至南海等衛，戍守軍外，每軍飼種馬一。又定南方養馬例：鳳、廬、揚、滁、和，五丁一；應天、太、鎮，十丁一。淮、徐初養馬，亦以丁爲率。十八年，罷北京苑馬寺，悉牧之民。

○洪熙元年，令民牧二歲徵一駒，免草糧之半。自是，馬日蕃，漸散于鄰省。濟南、兖州、東昌民養馬，自宣德四年始也。彰德、衛輝、開封民養馬，自正統十一年始也。已而也先入犯，取馬二萬，寄養近京，充團營騎操，而盡以故時種馬給永平等府。景泰三年，令兒馬十八歲、騍馬二十歲以上免算駒。

○成化二年，以南土不產馬，改徵銀。四年，始建太僕寺常盈庫，貯備用馬價。是時，民漸苦養馬。六年，吏部侍郎葉盛言：「向時歲課一駒，而民不擾者，以芻牧地廣，民得爲生也。自豪右莊田漸多，養馬漸不足。洪熙初，改兩年一駒。成化初，改三年一駒。馬愈削，民愈貧。然馬卒不可少，乃復兩年一駒之制，民愈不堪。請敕邊鎮隨俗所宜，凡可以買馬足邊、軍民交益者，便宜處置。」時馬文升撫陝西，又極論邊軍償馬之累，請令屯田卒田多丁少而不領馬者，歲輸銀一錢，以助賠償。雖皆允行，而民困不能舒也。繼文升撫陝者蕭禎，請省行太僕寺。兵部覆云：「洪、永時，設行太僕及苑馬寺，凡茶馬、番人貢馬，悉收寺、苑放牧，常數萬匹，足充邊用。正統以後，北敵屢入抄掠，馬遂日耗。言者每請裁革，是惜小費而忘大計。」于是敕諭禎，但令加意督察。而北畿自永樂以來〔一〕，馬日滋，輒責民牧，民年十五者即養馬。太僕少卿彭禮以户丁有限而課駒無窮，請定種馬額。會文升爲兵部尚書，奏行其請，乃定兩京太僕種馬，兒馬二萬五千，騍馬四之，二年納駒，著爲令。時弘治六年也。

〇十五年冬，尚書劉大夏薦南京太常卿楊一清爲副都御史，督理陝西馬政。一清奏言：「我朝以陝右宜牧，設監苑，跨二千餘里。後皆廢，惟存長樂、靈武二監。今牧地止數百里，然以供西邊尚無不足，但苦監牧非人，牧養無法耳。兩監六苑，開城、安定水泉便利，宜爲上苑，牧萬馬；廣寧、萬安爲中苑；黑水草場逼窄，清平地狹土瘠，爲下苑。萬安可五千，廣寧四千，清平二千，黑水千五百。六苑歲給軍外，可常牧馬三萬二千五百，足供三邊用。然欲廣孳息，必多蓄種馬，宜增滿萬匹，兩年一駒，五

〔一〕「自」，諸本作「是」，據明史兵志四改。

年可足前數。請支太僕馬價銀四萬二千兩，於平、慶、臨、鞏買種馬七千。又養馬恩隊軍不足，請編流亡民及問遣回籍者，且視恩軍例，凡發邊衛充軍者，改令各苑牧馬，增爲三千人。又請相地勢，築城通商，種植榆柳，春夏放牧，秋冬還廐，馬既得安，敵來亦可收保。」孝宗方重邊防，大夏掌兵部，一清所奏輒行。遷總制，仍督馬政。

○諸監草場，原額十三萬三千七百餘頃，存者已不及半。一清覈之，得荒地十二萬八千餘頃，又開武安苑地二千九百餘頃。正德二年聞于朝，及一清去官，未幾復廢。時御史王濟言：「民苦養馬。有一孳生馬，輒害之。間有定駒，賂醫諱之；有顯駒，墜落之。馬虧欠不過納銀二兩，既孳生者已聞官，而復倒斃，不過納銀三兩，孳生不死則飢餓。馬日瘦削，無濟實用。今種馬、地畝、人丁，歲取有定額，請以其額數令民買馬，而種馬孳生，縣官無與。」兵部是其言。自後，每有奏報，輒引濟言縣官無與種馬事，但責駒于民，遺母求子矣。

○初，邊臣請馬，太僕寺以見馬給之。自改徵銀，馬日少，而請者相繼，給價十萬，買馬萬匹。邊臣不能市良馬，馬多死。太僕卿儲巏以爲言，請仍給馬。又指陳各邊種馬盜賣私借之弊。語雖切，不能從。而邊鎮給發日益繁。延綏三十六營堡，自弘治十一年始，十年間，發太僕銀二十八萬有奇，買補四萬九千餘匹，寧夏、大同、居庸關等處不與焉。至正德七年，遂開納馬例，凡十二條。九年，復發太僕銀市馬萬五千于山東、遼東、河南及鳳陽、保定諸府。

○嘉靖元年，陝西苑馬少卿盧璧條上馬政，請督逋負，明印烙，訓醫藥，均地差，以救目前。而闢場廣蓄，爲經久計。帝嘉納之。自後言馬事者頗衆，大都因事立説，補救一時而已。二十九年，諳達入寇，太僕馬缺，復行正德納馬例。已，稍增損之。至四十一年，遂開例至捐馬授職。

○隆慶二年，提督四夷館太常少卿武金言：「種馬之設，專爲孳生備用。備用馬既別買，則種馬可遂省。今備用馬已足三萬，宜令每馬折銀三十兩，解太僕。種馬盡賣，輸兵部，一馬十兩，則直隸、山東、河南十二萬匹，可得銀百二十萬，且收草豆銀二十四萬。」御史謝廷傑謂：「祖制所定，關軍機，不可廢。」兵部是廷傑言。而是時，内帑乏，方分使括天下逋賦。穆宗可金奏，下部議。部請養、賣各半，從之。

○太僕之有銀也，自成化時始，然止三萬餘兩。及種馬賣，銀日增。是時，通貢互市，所貯亦無幾。及張居正作輔，力主盡賣之議。自神宗九年始，上馬八兩，下至五兩，又折徵草豆地租，銀益多，以供團營買馬及各邊之請。然一騸馬輒發三十金，而州縣以駑馬進，其直止數金。且仍寄養于馬户，害民不減曩時。又國家有興作、賞賚，往往借支太僕銀，太僕帑益耗。十五年，寺卿羅應鶴請禁支借。二十四年，詔太僕給陝西賞功銀。寺臣言：「先年庫積四百餘萬，自東西二役興，僅餘四之一。朝鮮用兵，百萬之積俱空。今所存者，止十餘萬。況本寺寄養馬歲額二萬匹，今歲取折色，則馬之派徵甚少，而東征調兑尤多。卒然有警，馬與銀俱竭，何以應之？」章下部，未能有所釐革也。

○崇禎初，核户、兵、工三部，借支太僕馬價至一千三百餘萬。蓋自神宗以來，冏政大壞，而邊牧廢弛，愈不可問。既而遼東督師袁崇煥以缺馬，請于兩京州縣寄養馬内，折三千匹價買之西邊。太僕卿涂國鼎言：「祖宗令民養馬，專供京營騎操，防護都城，非爲邊也。後來改折，無事則易馬輸錢，有警則出銀市馬，仍是爲京師備禦之意。今折銀已多給各鎮，如并此馬盡折，萬一變生，奈何？」帝是其言，却崇煥請。

○案明世馬政，法久弊叢。其始盛終衰之故，大率由草場興廢。太祖既設草場于大江南北，復定北邊牧地：自東勝，以西至寧夏、河西、察罕諾爾，以東至大同、宣府、開平，又東南至大寧、遼東，抵鴨緑江又北千里，而南至各衛分守地，又自雁門關西抵黄河外，東歷紫荆、居庸、古北抵山海衛，荒閒平埜，非軍民屯種者，聽諸王駙馬以至近邊軍民樵採牧放，在邊藩府不得自占。永樂中，又置草場于畿甸。尋以順聖川至桑乾河百三十餘里，水草美，令以太僕千騎，令懷來衛卒百人分牧，後增至萬二千匹。宣德初，復置九馬坊于保安州。于是兵部奏：「馬大蕃息，以色别而名之，其毛色二十五等，其種三百六十。」其後，莊田日增，草場日削，軍民皆困于孳養。弘治初，兵部主事湯冕、太僕卿王霽、給事中韓祐、周旋、御史張淳皆請清覈。而旋言：「香河諸縣地占于勢家，霸州等處俱有仁壽宫皇莊，乞罷之，以益牧地。」雖允行，而占佃已久，卒不能清。南京諸衛牧場亦久廢，兵部尚書張鎣請復之。御史胡海言「恐遺地利」，遂止。京師團營官馬萬匹，與旗手等衛上直官馬，皆分置草場。歲春末，馬非聽用者，坐營官領下場放牧，草豆住支，秋末回。給事御史閲視馬𦗟軍逃者以聞。後上直馬不出牧，而騎操馬仍歲出如例。嘉靖六年，武定侯郭勛以邊警爲辭，奏免之，徵各場租以充公費，餘貯太僕買馬。于是營馬專仰秣司農，歲費至十八萬，户部爲詘，而草場益廢。議者爭以租佃取贏，浸淫至神宗時，弊壞極矣。

○茶馬司，洪武中，立於川、陝，聽西番納馬易茶，賜金牌信符，以防詐僞。每三歲，遣廷臣召諸番合符交易，上馬，茶百二十觔；中馬，七十觔；下馬，五十觔。以私茶出者，罪死，雖勛戚無貸。末年，易馬至萬三千五百餘匹。永樂中，禁稍弛，易馬少。乃命嚴邊關茶禁，遣御史巡督。正統末，罷金牌，歲遣行人巡察，邊氓冒禁私販者多。成化間，定差御史一員，領敕專理。弘治間，大學士李東陽言：「金牌制廢，私茶盛，有司又屢以敝茶給番族，番人抱憾，往往以羸馬應。宜嚴敕陝西官司揭榜招諭，復金牌之制，嚴收良茶，頗增馬直，則得馬必蕃。」及楊一清督理苑馬，遂命并理鹽、茶。一清申舊制，禁私販，種官茶。四年間易馬九千餘匹，而茶尚積四十餘萬觔。靈州鹽池增課五萬九千，貯慶陽、固原庫，以買馬給邊。又懼後無專官，制終廢也。於正德初，請令巡茶御史兼理馬政，行太僕、苑馬寺官聽其提調，報可。御史翟唐歲收茶七十八萬餘觔，易馬九千有奇。後法復弛。嘉靖初，户部請揭榜禁私茶，凡引俱南户部印發，府州縣不得擅印。三十年詔給番族勘合，然初制訖不能復矣。

○馬市者，始永樂間。遼東設市三，二在開原，一在廣寧，各去城四十里。成化中，巡撫陳鉞復奏行之。後至神宗初不廢。嘉靖中，開馬市于大同，陝邊、宣鎮相繼行。隆慶五年，諳達上表稱貢。總督王崇古市馬七千餘匹，爲價九萬六千有奇。其價，遼東以米布絹，宣、大、山西以銀。市易外有貢馬者，以鈔幣加賜之。

○初，太祖起江左，所急惟馬，屢遣使市于四方。正元壽節，内外藩封將帥皆以馬爲幣。外國、土司、番部以時入貢，朝廷每厚加賜予，所以招攜懷柔者備至。文帝勤遠略，遣使絶域，外國來朝者甚衆，然所急者不在馬。自後狃于承平，駕馭之權失，馬無外增，惟恃孳生歲課，重以官吏侵漁，牧政荒廢，軍民交困矣。蓋明自宣德以後，祖制漸廢，軍旅特甚，而馬政其一云。

歸氏有光馬政議：竊惟古之馬，唯養於官。而其養之于民者，官初無所與。司馬法「甸出長轂牛馬」，及所謂「萬乘」、「千乘」、「百乘」，此皆寓兵于農，有事則賦調，而官不與知也。惟其養于官者，如周禮校人、牧、圉之屬，與月令所載其養之之法備盡，此則官之所自養也。夫周之時既養馬矣，而民之馬，官有不與，是以民各自以其力養己之馬，而無所不盡其心，故有事徵發，而車與馬無不辦也。漢之苑馬，即校人之王馬，而民間私牧，官無所與，而皆得以自孳息，故街巷有馬，而橋姚以致馬千匹。逮武帝出師馬少，而始有假母歸息之令，亦兵興一切之制，非久用也。秦、漢以來，唐馬最盛，皆天子所自置監牧，其擾不及于民，而馬之盛如此。我國家苑馬之設，即其遺意。然又于兩京畿、河南、山東編户養馬，乃又兼宋人保甲之法，蓋不獨養于官，而又養于民也。今監牧之馬未見蕃息，民間牧養又日以耗，且以今畿郡之養馬言之，夫馬既繫于官，而民以爲非民之所有；官既委于民，而官以爲非官之所專：馬烏得而不敝？自其立法之初，已知其弊必至于今日也。且天下有治人，無治法。苟能如其舊而得人以求實效，亦未嘗不可以藉其用也。今保馬既不可變，而於其間又不能守其舊，往往數爲紛更，循其末流而不究其本始，愈變而愈敝，必至于不可復爲而後已。此今日天下之事皆然，而非獨馬政也。嘗考洪武初制，令有司提調孳牧，江南十一户共養馬一匹，江北五户共養馬一匹，以丁多之家爲馬頭，專養一馬，餘令津貼，以備倒失買補。每二歲，納駒一匹。又立群頭、群長，設官鑄印，與守令分民而治，有牧馬草場，又免其糧草之半，每加優恤，使有司能責實而行之，常使民得養馬之利，則馬亦何憂於不蕃也？今顧不能修其舊，而徒以法之敝而亟變之，則天下安得有善法？夫令民養馬，國家之意，本欲得馬而已，而有所謂本色折色，何爲也？責民以養馬，而又責其輸銀，如此則取其銀可矣，而又何以馬爲？于是民不以養馬爲意，而以輸銀爲急矣。牧地本與民養馬也，而徵其子粒，又有加增子粒，如此則遂併之田税而已，而又何以責之馬户？於是民不以養馬爲意，而以輸子粒爲急矣。養馬者，課其駒可也，不用其駒，而使之買俵，於是民不以養馬爲意，而以買俵爲急矣。夫折色之議，本因江南應天、太平等處非産馬之地，變而通之，雖易銀可也。遂移之河北。今又變賣種馬而征其草料。原今變者之意，專欲責民之輸銀，而非責民之養馬也。官既無事于養馬，而獨規目前之利，民復恣爲姦僞，而爲利己之圖，有駒不報，而上于欺隱，不肯以駒備用，而獨願以銀買俵，至或戕其孕字，絶其游牝，上下交征利以相欺而已。衛文秉心塞淵，致騋牝之三千；魯僖以「思無邪」，致馬之斯徂。夫官民一於爲利以相欺，何望于馬之蕃息乎？今之議者，又方日出新意，以變賣馬之半爲未盡，因欲盡賣種馬，而惟以折色征解，略不思祖宗立法之深意，可爲太息也。夫河北之人驍健，良馬，冀之所産，昔人所以謂此地「王不得無以王，霸不得無以霸」者也。今舉冀之良産盡棄之，一旦國家有事，西邊之馬可得以爲畿内用乎？古語曰「變而不如前，易而多所敗」者，亦不可不復也。今欲講明馬政，必盡復洪武、永樂之舊。江南折色可也，畿輔、河南、山東之折色不可也；草場之舊額可清也，子粒不可征也；官吏之侵漁可黜可懲也，而管馬官、群長、獸醫不可省也。行馬復之令，使民得寬其力。民知養馬之利，則雖官馬亦以爲己馬矣。又修金牌之制，通關互市，益得好馬，别賦之民，以爲種馬，而有司加督視之，洪武、永樂之舊猶可復也。蓋修茶馬而渥洼之産至矣，弛草地而坰牧之息繁矣，恤編户，恣芻牧，而烏倮、橋姚之富臻矣。故曰：車騎，天下之武備也，其所以壯神京、防後患者，豈淺淺哉？抑古之相、衛、邢、洺皆有馬監，即皆今之畿輔地也。如使盡覈官民所耕佃牧馬草場盡出之，與夫群不墾者，皆立埄堆以爲監牧之地，而盡歸于苑馬，宋人户馬、保馬之法雖罷之可也，何必規規然沿其末流而日事紛更乎？

蕙田案：歸氏此議，利弊灼然，惜未能見之行事也。

王圻續通考：太祖都金陵。馬祖、先牧、太僕廟，洪武二年建，祭馬祖、先牧、馬步、馬社之神。初，命築壇於後湖，祀馬祖諸神。禮官奏言：「周官牧人掌天馬之屬，春祭馬祖，夏祭牧人，冬祭馬步。馬祖，天駟星也。孝經説云：『房爲龍馬。』先牧，始養馬者，其人未聞。馬社，始乘馬者。世本曰：『相土作乘馬。』馬步，謂神之災害於馬者。隋用周制，祭以四仲之月，唐、宋因之。擬春秋二仲月甲、戍、庚日爲宜。」於是遣官行禮。爲壇四，壇用羊一，豕一，幣一，其色白，籩豆各四，簠、簋、登、象尊、壺尊各一，用時樂。獻官齋戒，公服，行三獻禮。祝文曰：「維神始于天地之初，而司馬於世，牧養蕃息，馭而乘之，閑廐得所。歷代興邦，戡定禍亂，咸賴戎馬，民人是安。朕自起義以來，多資於馬，摧堅破敵，大有功焉。稽古案儀，載崇明享，爰伸報本，以昭神功。謹以制幣牲齊，式陳明薦，尚享。」自後定以春秋仲月十五日遣兵部官祭，歲以爲常。

明史禮志：洪武四年，蜀明昇獻良馬十，其一白者，長丈餘，不可加韉勒。太祖曰：「天生英物，必有神司之。」命太常以少牢祀馬祖，囊沙四百斤壓之，令人騎而遊苑中，久之漸馴。帝乘之以夕月於清涼山。比還，大悦，賜名「飛越峰」。復命太常祀馬祖。五年并諸神爲一壇，歲止春祭。永樂十三年，立北京馬神祠於蓮花池。其南京馬神，則南太僕主之。

孝宗實録：弘治九年三月，詔修通州馬神祠。祠在治之北，地名壩上安德鄉也。初，文皇帝靖難兵起，戰其地，覺有神相之，因詔作馬神祠。久之，祠廢。至是，順天府尹彭禮等修之。

明會典：嘉靖三十八年，以先牧廟建自永樂，歲久頽敝，修之。

歸氏有光曰：天文，辰爲馬精。龍與馬同氣。古之聖人，非通天地萬物之理，其孰能與於此？是以制祭祀，而國家受福，百物皆昌也。余觀秦、趙史記，自益爲朕虞，佐舜調馴鳥獸，其後費昌、仲衍世爲御，有功，列爲諸侯。而造父幸於周穆王，得驥、温驪、驊騮、騄耳之駟，獻之穆王。穆王使造父御，西巡，見西王母，樂之忘歸。而徐偃王反，造父御穆王，日馳千里以歸。造父由此封於趙城。其後奄父爲宣王御，而非子以善養馬，孝王封之犬丘，豈以柏翳爲虞而子孫世世善御能息馬哉？上古聖賢，皆神靈通於萬物，不可以後世測度也。穆王、造父之事奇矣。夫社祀以勾龍，稷祀以棄，若造父、非子，豈今所謂先牧耶？太僕，秦官，主奉車，又掌馬事。意秦制蓋有所本，抑周禮軼而不備，不然，何前世御者皆能善馬？太僕職兼奉車與馬，其出於古，非秦官明矣。

右明